超圖解

總體經濟學入門
考試全攻略・快速上手

石川秀樹 著

徐先正 譯

從零開始，快速上手總體經濟學！

五南圖書出版公司 印行

課程開始前
―有效率學習的重要事項―

1. 本書的目的與特色

　　本書的目的乃是「僅憑這1冊，就可從零開始達到理解總體經濟學的合格水準」。期以「最短」距離達到「合格」的目標。

　　本書具備以下幾個特色。

【1】理解容易

特色1	不使用難解的數學式
特色2	運用日常會話使理解容易
特色3	徹底詳細地解說圖形
特色4	先提示經濟學的思考模式

因此，
即使初學者也
不用擔心！

　　本書為《超圖解總體經濟學》，在標題中含有「考試全攻略（考試對策）」的詞語。此乃強烈地期望讀者使用本書後，能順利通過學系考試、公務員考試、會計師考試、中小企業顧問考試、不動產估價師考試、證券分析師考試和研究所考試等測驗。

　　然而，**雖然本書帶有「考試全攻略」的標題，卻並非以學會考試技巧為首要目標，也並非僅止於經濟學的外貌，而是以期望能夠獲得「原來如此！」的真實體驗之程度，進而理解為首要目標**。這才是取得經濟學合格分數的捷徑。

　　即使是為了考試而學的經濟學，也並不存在專為考試特有的經濟學，而是和在大學裡所學習到的經濟學之內容相同。然而，僅會因考試的不同，出題趨勢或多或少有所差異。因此，本書一方面將大學裡所教的經濟學內容融入考試出題趨勢中，並藉由上述4個特色使其容易理解地進行說明。

　　希望無論是應試者還是非應試者，能夠受到想要有效率地學習經濟學的讀者所愛用，並覺得「用此書學習，很容易理解！」，筆者喜悅莫過於此。

【2】為了「快速上手！」而網羅了總體經濟學的主要論點「就此1冊」

> 特色5 統整考試及格所必要的內容「就此1冊」

(1) 為了短時間內學習的編排方式

要將此書整本快速學會仍不容易。因此，在本書中，將1頁分為左右2部分，左側為本文，在右側則準備了「理由」、「舉例」、「陷阱」、「數學入門」、「徹底解說」、「用語」、「補充」、「考試對策」、「技巧」、「圖形化」、「復習」、「時事」和「對後續的影響」等圖示，再者，藉由將圖示所說明的本文反黑，讓讀者一看即可清楚分辨。

此外，在本文中重要的文句也使用粗體字，一目瞭然。

(2) 揭露各個考試的出題可能性與難易度

另外，因為各個考試中出題可能性不同，故將各個考試的出題可能性與難易度揭露如下：（編註：下表考試難易度是以日本各種考試為例，供想到日本念書或就業的讀者參考）

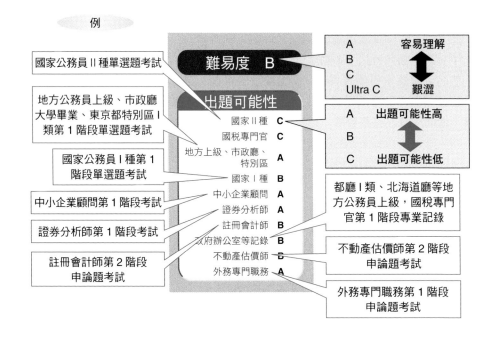

我們試著將其難易度以縱軸、出題可能性以橫軸表示，畫出以下圖形如**圖表 序－1**。如此一來，可以區分成〈Ⅰ〉〈Ⅱ〉〈Ⅲ〉〈Ⅳ〉4個象限。

〈Ⅰ〉難易度低，出題可能性高的論點

　　由於難易度低，因而能夠在短時間內學會，且因為出題可能性高，所以是得分效率高的論點。基於這層意義，可說是重要度最高的部分。

〈Ⅱ〉難易度高，出題可能性也高的論點

　　由於難易度高，因此需要花費時間學會，惟出題可能性高，所以是無法放棄的論點。這部分能學習到哪種程度，將成為勝負關鍵。

〈Ⅲ〉難易度低，出題可能性也低的論點

　　雖然是出題可能性低的論點，但因為難易度低，所以能夠在短時間內學會。因此，不會嚴重影響得分效率。

〈Ⅳ〉難易度高，出題可能性低的論點

　　由於難易度高，因此需要花費時間學會，而且因為出題可能性低，所以是屬於得分效率差的範圍。可說是在沒有時間而全部都不會時，最應該放棄的範圍。

圖表 序 -1 ●難易度 × 出題可能性

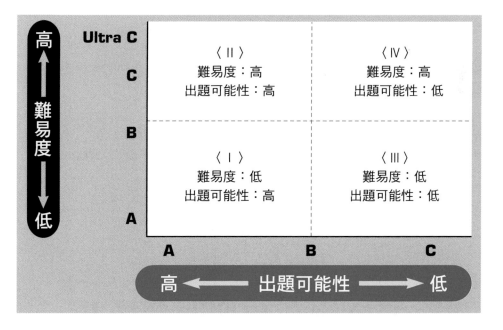

(3) 活用網路充實售後服務

① 當發現謬誤之處時，迅速地提供資訊

雖然對讀者難以啟齒，不限於本人的著作，在書中謬誤之處所在多有。包括本人，儘管也有人公開著作的勘誤表，惟仍屬極少數，事實上大多書籍並不會出勘誤表。然而，這並不表示沒有錯誤，只是沒有公開罷了，大多會在私底下做出更正。

由於本書以「僅憑這1冊，就可從零開始達到理解總體經濟學的合格水準」為目的，所以必須避免因誤謬造成大家誤信而導致失敗。

當然，因為如此，在書籍製作過程中，會比一般的書籍花費更多工夫進行核對，期努力減少謬誤等錯誤發生。然而，很遺憾地，即便如此仍無法斷言完全不會出錯。因此，在本人的網頁上登載了勘誤表。

經濟學入門塾 http://www.hideki123.com/

關於此勘誤表，因為收到「若不特意去看的話就不會知道，頗為麻煩」的意見，所以已經做了改進，只要進一步在該網頁登錄電子郵件雜誌「經濟學入門塾」的話，一旦有了新的更正時，將會通知所有讀者。

② 提供課程、摘要等免費內容（由於課程以日文解說，不適用臺灣的讀者，有興趣的讀者請自行上網學習。）

本書乃將本人的課程加以精簡而成之書籍化作品。由於如此，期藉由影像與聲音，至少一次視聽本人的課程狀況與節奏，並隨著漸進閱讀本書的同時，可以加深對本人課程的印象，並能兼具臨場感的學習。

因此，預計在網路上將可以免費視聽幾小時的課程。此外，考慮將增加徹底解說各個考試的趨勢與對策之摘要和課程的影片等內容，並持續提供。這些最新資訊也將透過電子郵件雜誌「經濟學入門塾」進行通知，所以敬請期待！

> 影片與音檔預定自 2011 年春季起陸續提供。
> 只要在下列 HP 登錄電子郵件雜誌的話，即會獲得最新資訊。
> http://www.hideki123.com/

如此一來，
將能夠在短期間合格！

2. 依類型考取計畫範例　你屬於哪種類型？

儘管本書的目的為「僅憑這 1 冊，就可從零開始達到理解總體經濟學的合格水準」，但這樣將考試所必要的知識學會，在資格考試的世界中稱為「累積實力」。

然而，只有這種「累積實力」並不足夠，有必要配合考試，將累積的知識加以整理，作為解答而表現出來。舉例來說，若為申論題的話，有必要學會申論題的寫法，當選擇題的時候，則有必要掌握選擇題的要領，並在短時間內進行處理。這些稱為「展現實力」，為了有效率地提升「展現實力」的能力，本身有必要磨練臨場感，解答近幾年考試曾經出過的題目 (稱為「歷屆試題」)。

另外，在申論題考試的時候，由於理解申論題的寫法甚為重要，因此如果有時間的話，建議合併使用《新‧經濟學入門塾〈V〉申論題精通篇》。再者，當有複雜的計算題出題時，則建議合併使用《新‧經濟學入門塾〈VI〉計算精通篇》。

＊個體經濟學的考取計畫請參閱本書的後續著作「超圖解個體經濟學」。

類型 1 ◆有志於公務員考試 (國家公務員 II 種、國稅專門官、地方上級公務員、市政廳職員、法院事務官 I 種‧II 種、勞工標準檢查官 A、眾議院‧參議院事務職職員 I 種‧II 種等) 考試及格者

藉由活用本書與《新‧經濟學入門塾》系列，可以達到名列前茅的合格水準。因為考慮到沒有時間，而有志於有效率地達到合格水準的人，以及花時間想要將經濟學當作得分來源的人，提出了考取計畫。

〈考取計畫範例 -1〉花最少的時間，只要達到經濟學及格標準即可的人

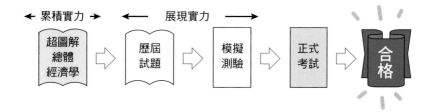

〈考取計畫範例 -2〉花時間下工夫，想要將經濟學當作得分來源並拉開差距的人

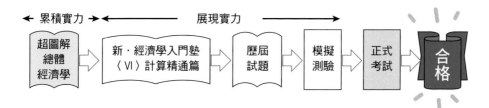

類型 2 ◆有志於中小企業顧問第 1 階段考試及格者

〈考取計畫範例〉

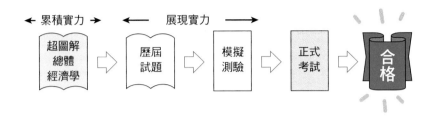

類型 3 ◆有志於證券分析師考試 (第 1 階段) 及格者

　　證券分析師考試所出題的論點為固定。首先，看過了歷屆試題之後再讀本書的話，可以更有效率地學習。因為本考試會問到有關經濟統計與金融等詳細的知識，該部分除了本書之外，有必要以協會教材作為補充。

　　另外，由於第 2 階段考試大多會出題問到總體經濟學的綜合力判斷之題目，所以有必要將本書的所有論點學會。

〈考取計畫範例〉

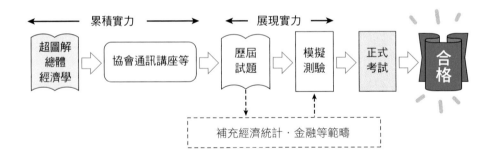

類型 4 ◆有志於國家公務員 I 種 (法律類別、行政類別) 考試及格者

　　雖然也曾出過難易度非常高的題目，惟若要確保合格水準的話，應該和類型 I 的人使用相同學習方法即可。

〈考取計畫範例〉花最少的時間，只要達到經濟學及格標準即可的人

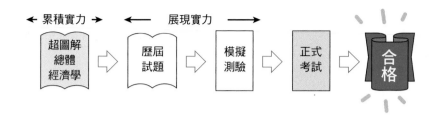

類型 5 ◆有志於通過學系考試或研究所入學考試及格者

　　由於依大學的不同，出題內容、出題形式 (或有申論題形式，也可能有計算題) 也有所差異，所以首先蒐集歷屆試題，掌握大致的概念相當重要。

　　考試題目若為填空與申論題形式的話，應該照以下的計畫即可。然而，如果是複雜的計算題出現較多的情況，也請學習作為展現實力對策的《新・經濟學入門塾〈Ⅵ〉計算精通篇》。

〈考取計畫範例〉

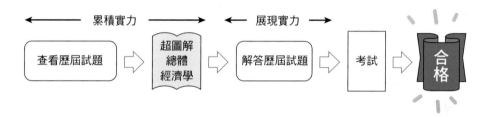

類型 6 ◆想要當作學習，對經濟學有所瞭解的人

　　由於本書網羅了正規的總體經濟學論點，所以可以在短時間內對總體經濟學有所瞭解。

　　另外，想瞭解個體經濟學相關經濟理論的發生背景，以及經濟理論與實體經濟之間的關係等內容的人，建議也可閱讀《超圖解個體經濟學入門》。

那麼，現在開始，
一起努力吧！

目　次

Part 1

經濟學的
學習方法與概觀
─瞭解經濟學的祕訣─

　　所謂總體經濟學乃分析一國經濟學的學問，如「政府應該實施何種經濟政策作為景氣對策」、「日本央行的貨幣政策是否適當」等等，與經濟新聞有著相當深厚的關聯。然而，單憑看經濟新聞，閱讀「瞭解日本經濟」的時事書籍，仍難以充分地理解總體經濟學。為何如此，乃因總體經濟學為經濟學這門學問中的範疇之一，有經濟學特有的思考方式(思考模式)與說明方法之故。

　　無論什麼事物都有其效率地學習祕訣，唯有一開始將經濟學特有的思考方式(思考模式)與說明方法學會，才是「有效率地學習經濟學之祕訣」。在第1部中，便將傳授此「祕訣」。

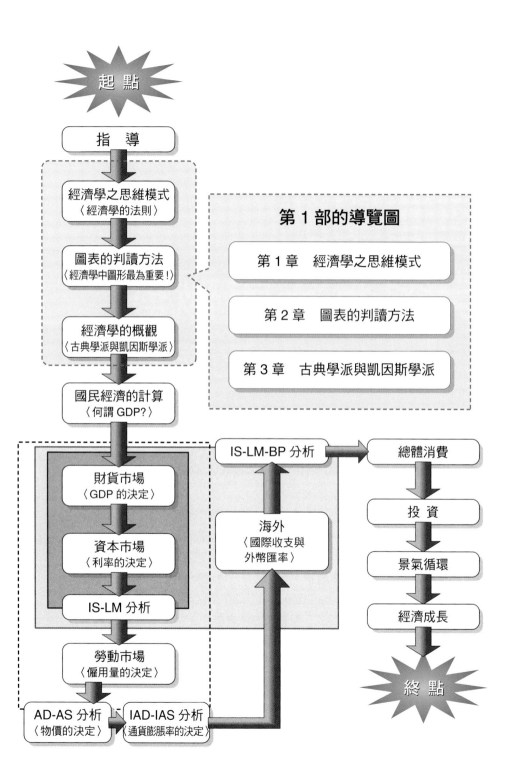

起　點

指　導

經濟學之思維模式
〈經濟學的法則〉

圖表的判讀方法
〈經濟學中圖形最為重要！〉

經濟學的概觀
〈古典學派與凱因斯學派〉

國民經濟的計算
〈何謂 GDP?〉

第 1 部的導覽圖

第 1 章　經濟學之思維模式

第 2 章　圖表的判讀方法

第 3 章　古典學派與凱因斯學派

IS-LM-BP 分析

總體消費

財貨市場
〈GDP 的決定〉

資本市場
〈利率的決定〉

IS-LM 分析

海外
〈國際收支與
外幣匯率〉

投　資

景氣循環

經濟成長

勞動市場
〈僱用量的決定〉

AD-AS 分析
〈物價的決定〉

IAD-IAS 分析
〈通貨膨脹率的決定〉

終　點

總體經濟學的舞台・登場人物・故事

實體經濟─財貨市場・資本市場・勞動市場緊密結合而關係複雜

所謂總體經濟乃指整體國家的經濟。因此「景氣好壞」，還是「經濟成長」等一國經濟(總體經濟)的狀態，在大多數的場合下，都以國民所得(GDP)的高低為基準加以評論。

在總體經濟(一國整體經濟)中，涵蓋財貨市場、資本市場(貨幣市場・債券市場)、勞動市場3種類。這些市場相互影響，同時也受到海外的經濟所影響，進而決定GDP。因此，真的應該將財貨市場・資本市場・勞動市場這3個市場與海外同時加以考量。

> **用 語**
>
> 所謂GDP(國內生產毛額)亦稱為國民所得。詳細內容將在第4章學習。

> **用 語**
>
> 所謂財貨市場，亦稱為產品市場，為財貨(物品與服務)的市場，所謂資本市場乃指從事資產的買賣與借貸之市場，而所謂勞動市場則是處理勞動服務的市場。

> **舉 例**
>
> 在資本市場中，一旦股價下跌，因為股票而蒙受損失的人，將變得無法購買財貨。在財貨市場上財貨若無法售出的話，連帶企業將進行組織調整，因而導致勞動市場發生失業的情況。

舞台(分析對象)─以假設單純化以限定舞台─

然而，驟然將3個市場與海外同時分析的話，將會相當複雜。

因此，在第3部中所學的45度線分析法中，將僅聚焦於對財貨市場的分析。

為了聚焦於財貨市場的分析，所以假設取決於資本市場的利率，以及與勞動市場之關係所決定的物價為固定。要是取決於資本市場的利率，以及與勞動市場之關係所決定的物價變動的話，將有必要就其為何變動，以及資本市場及勞動市場加以分析。由於如此，藉由假設將取決於資本市場的利率，以及與勞動市場之關係所決定的物價為固定不變，方可不就資本市場及勞動市場進行分析。

在第4部的資本市場中，為了聚焦於

對資本市場的分析，所以假設取決於財貨市場的國民所得(GDP)，以及取決於勞動市場的物價為固定。此外，為了僅聚焦於國內的資本市場，亦假設為不考慮海外的閉鎖經濟。

> 在經濟學中，當不打算分析某市場時，便假設該市場所決定的因素皆為固定不變。

參考次頁圖表 0-1

圖表 0-1 ●總體經濟學的舞台（分析對象）一覽表

隨分析對象增加而逐漸地變得複雜化 →

舞台 (分析對象)	取決 事項	第 3 部 45 度線分析	第 4 部 資本市場	第 5 部 IS-LM 分析	第 6 部 AD-AS 分析 IAD-IAS 分析	第 7 部 IS-LM-BP 分析
財貨市場	國民所得 (GDP)	○	× 國民所得固定	○	○	○
資本市場	利率	×	○	○	○	○
勞動市場	物價	× 物價固定	× 物價固定	× 物價固定	○	× 物價固定
海外	國際收支	○	× 閉鎖經濟	× 閉鎖經濟	× 閉鎖經濟	○

起初僅就單一
市場加以分析

在第 5 部的 IS-LM 分析中，將同時對第 3 部的財貨市場與第 4 部的資本市場進行分析，藉由同時分析 2 個市場，財貨市場對於資本市場的影響，以及資本市場對於財貨市場的影響等方面，可進行較複雜的分析。此處，為了聚焦於對財貨市場與資本市場的分析，假設取決於勞動市場的物價為固定。此外，亦假設為不考慮海外的閉鎖經濟。

在第 6 部的 AD-AS 分析與 IAD-IAS 分析中，除了第 5 部的 IS-LM 分析 (財貨市場、資本市場) 之外，亦對勞動市場進行分析。為了聚焦於財貨市場、資本市場與勞動市場，所以假設為不考慮海外的閉鎖經濟。

在第 7 部的 IS-LM-BP 分析中，除了第 5 部的 IS-LM 分析 (財貨市場、資本市場) 之外，亦對海外進行分析。所謂海外，具體而言，即考慮財貨市場有關的進出口與資本市場有關的國際資本移動。由於未考慮勞動市場，所以假設由與勞動市場之關係所決定的物價為固定。

Point!

在 AD-AS 分析、IAD-IAS 分析及 IS-LM-BP 分析裡，皆以 IS-LM 分析為基礎。因此，若不能確實理解 IS-LM 分析的話，將難以瞭解後續的 AD-AS 分析、IAD-IAS 分析及 IS-LM-BP 分析。由於有所謂「能掌控 IS-LM 分析的人，將足以掌控總體經濟學」的說法，所以此處請確實掌握其內容。

用 語

所謂國際資本移動，乃指跨越國界的資金移動。

登場人物 (經濟主體)

在總體經濟學中，家計單位、企業、政府、海外、一般銀行、中央銀行、國際投資者等角色相繼登場。

家計單位：所謂家計單位，乃指進行財貨消費、作為勞動供給之經濟主體，具體而言，如所謂的「家計簿」一樣，以一般人的家庭為概念即可。此外，在總體經濟學裡，並非指個別家計單位，而是設定為在整體國家中具代表性的家計單位。

企業：所謂企業，乃指有勞動需求，並使用該勞動從事財貨的生產、供給之經濟主體。以具代表性的企業之公司為概念即可。此外，在總體經濟學裡，並非指個別的企業，而是設定為在整體國家中具代表性的企業。

政府：地方政府 (省市縣區與市鎮村) 和中央政府 (國家) 統稱為政府。政府乃向家計單位與企業徵收稅金，並以此為財源，採用公共建設等政府支出的形式，作為對財貨的需求。此外，也有對企業與家計單位提供補貼的情事。

海外 (外國)：雖然在海外同樣有海外的家計單位、海外的企業、海外的政府，但為免複雜起見，統稱為「海外」。考慮外國的話，在財貨市場裡，將衍生出貿易 (出口與進口)，而在資本市場裡，也將出現使資金跨越國界而流動的國際投資者。

中央銀行：印製並供給作為現金的紙幣。在資本市場之一的貨幣市場中擔任供給者的角色。

一般銀行：中央銀行透過一般銀行，對企業與家計單位供給貨幣。

用 語

在經濟學中從事經濟活動的人與組織 (登場人物) 稱為經濟主體。

圖表 0-2 ● 在舞台上主要登場人物所扮演的角色

舞台	需求者	供給者
財貨市場	家計單位 (消費) 企業 (投資) 海外 (出口－進口)	企業
資本市場	家計單位 企業	中央銀行 一般銀行
勞動市場	企業	家計單位

用 語

所謂中央銀行，乃指發行作為現金的紙幣之銀行稱之。詳細內容將在第 12 章中學習。

用 語

〈一般銀行〉

中央銀行以外的銀行稱之。我們個人往來的銀行皆為一般銀行。

故事的進展 (構成)

在經濟學中，經濟學派有其思考方式 (思維模式)。若想有效率地理解經濟學的理論，首先要理解經濟學的思維模式，並依循該模式漸次學習相當重要。誠如「入境隨俗」的道理。因此，一開始的第 1 章中將學習「經濟學的思維模式」。

此外，在經濟學中，很多情況會利用圖表進行說明為其特色。正因為如此，有必要確實地學會如何判讀圖表。因此，在第 2 章中將徹底地從基本複習圖表的判讀方法。

若是將第 1 章經濟學的思維模式、圖表的判讀方法學會的話，便已完成了總體經濟學一開始的準備工作。然而，若是驟然進入個別的論點，恐將「見樹不見林」而不知道該從整體中的何處著手學習，反而導致學習效率變差。因此，在第 3 章中，在切入個別的論點之前，先要理解經濟學的概觀 (森林整體的概括印象)。具體而言，將就古典學派與凱因斯學派的總體經濟學兩大思想方式，給予概括的印象。

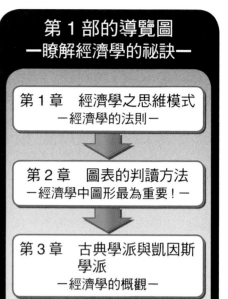

第 1 部的導覽圖
—瞭解經濟學的祕訣—

第 1 章　經濟學之思維模式
—經濟學的法則—

第 2 章　圖表的判讀方法
—經濟學中圖形最為重要！—

第 3 章　古典學派與凱因斯學派
—經濟學的概觀—

Chapter 1

經濟學之思維模式
─入境隨俗！〈經濟學的法則〉─

Point

1 經濟學裡有所謂「定義→假設→分析→結論→優點、缺點」的思維模式。

2 有鑑於依循經濟學的思維模式學習便易於理解，因此務必活用。

3 在論文考試、專業筆試等場合，依循此思維模式書寫答案。

出題可能性

雖然不會在考試中直接出題，但在學習所有經濟學的論點上卻是必要的。

　　經濟學有所謂經濟學派的思考方式(思維模式)。若想有效率地理解經濟學的理論，首重要務乃瞭解經濟學的思維模式，並依循此模式漸進學習。正是所謂「入境隨俗」的道理。

　　此外，無論是論文，還是專業書寫形式的考試，也會要求依循此思維模式論述，因此一開始就以此思維模式學習的話，寫作論文將變得容易。

1. 何謂經濟學？

—經濟學中有經濟學的法則「思維模式」—

所謂「經濟學」，即分析實體經濟的學問。因為如此，首先要觀察實體經濟，然後分析其乃以什麼樣的機制在運作。

然而，由於實體經濟複雜，無法就其原貌加以分析。因此，經濟學藉由「定義→假設→分析→結論→優點、缺點」的思維模式創建出理論。我們姑且將此稱為「經濟學的思維模式」。

有鑑於經濟學的理論乃依循「經濟學之思維模式」所構築而成，我們將「經濟學之思維模式」確實地理解，依循此模式學習經濟學的話，理解經濟學可以是出乎意料之外地容易。

因此，在開始說明經濟學的具體論點之前，先就「經濟學之思維模式」加以解釋。

用 語

雖然各學者對於經濟學的定義有不同見解，但廣為人知的是羅賓斯 (Lionel Charles Robbins) 在《論經濟科學的性質和意義》一書中之論述。他指出「經濟學是研究人類行為的科學，該人類行為與各種目的及具有替代用途的稀缺手段有關」。儘管是看似頗為艱澀的表現方式，總之即是為了達成某個目的，決定採用何種手段這樣的選擇問題上之處理。如果是以此定義，舉凡勞動、生產、所得、消費等等公認為一般的經濟問題，乃至除此之外的結婚、交友等等，皆為廣域經濟學的研究對象。

補 充

反過來說，花費許多時間也無法理解經濟學的人，大部分是未能活用此「經濟學之思維模式」，而是採用自己的方式學習，以致不能心領神會。

Point!

這並非如前言般無關緊要，而是為了理解經濟學最重要的觀察，因此請仔細閱讀。

2. 觀察實體經濟
─創建經濟學理論上的爭議點為何？─

比方說某位經濟學者正在思考消費的理論。因而首先，何者稱之為消費便很可能是個問題。購買商品並不一定等同消費。購屋並非消費，而被稱為投資。

再者，儘管統稱為消費，也有各種不同的消費模式。例如，購買 150 日圓的保特瓶裝茶飲，是因為該茶飲具有超過 150 日圓的價值才去購買的這種情況。因為能獲得超過所支付金額的滿足感，這是購買商品最主要的動機。此乃冷靜且合理的消費模式。（模式 1）

其他還有為了不想被周遭的人比下去而購買商品（模式 2）、受到折扣贈品的引誘而購買商品（模式 3）、順應風潮而購買商品（模式 4）的情況也有。也就是說，實體經濟是相當複雜的。

讓我們來討論要如何分析如此複雜的實體經濟。

Step 1 定義的明確化

首先，讓用語涵義清楚明確！

或許一般認為「所謂消費不就是指購買商品與勞務罷了」，但購買商品與勞務並不僅僅是消費，也可能是投資，因此有必要加以區別。

經濟學中所指消費，是說利用財貨（商品與勞務）滿足人們的欲望，投資則是指為了生產・供給人們消費的財貨，而擴增機械、建築物等設備與店鋪存貨。

圖表 1-1 ●複雜的實體經濟

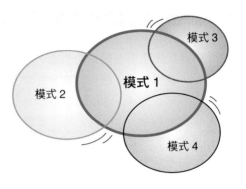

模式 3
模式 1
模式 2
模式 4

Point!

而且，模式 1 到模式 4 所代表的消費行動模式，由於是完全不同的東西，所以創建出足以統一概括說明所有模式的理論是不可能的。

─ 舉 例

儘管說買東西是為了滿足在便利商店購買飯糰這種「想吃飯糰」的欲望，此種購買是一種消費行為，但企業添購機器乃是一種投資。

再者，若是購屋以滿足「想住在這個家！」的欲望為考量的話，雖然似乎被認為像是消費，卻是被歸類為住宅投資。若是住宅基於勞動者休息恢復精神的場所，以「為了生產而必需的建築物」為考量，則與「投資是為了生產、供給人們消費的財貨，而擴增機械、建築物等設備與店鋪存貨」的定義相符。

Step 2 訂定假設

創建單純化實體經濟的模型 (model)

　　實際的消費行動有各種不同的模式，模式 1 到模式 4 所代表各自的消費行動模式，由於是完全不同的東西，所以無法創建出足以概括說明所有模式的理論。

　　因此，經濟學者在進行消費分析時，假設沒有模式 2 到 4，而是創建出一個單純只有模式 1 的世界 (稱為單純化實體經濟的「模型」)，可被多數所認同，便可以此模型為考量。藉此作為可使分析變得容易。

用 語

　　所謂的 model 乃塑膠模型 (plastic model) 的 model，表示模型的意思。因為是為了理論而將現實加以單純化所創建的模型，所以也稱為理論模型。

Point!

　　由於現實經濟複雜，無法就其原貌加以分析。因此，才會訂定假設並創建單純化的模型進行分析。

Step 3 分析單純化模型

　　若有了所謂只有模式 1 的單純模型，聰慧的經濟學者便可從事各種分析，進而創建出理論。

Step 4 導出結論

　　藉由模型的分析，便可以導出「消費行為是以如此機制運作的！」這樣的結論。

補 充

因此一個理論誕生。

Step 5 現實適切性的確認

　　創建的理論究竟是好是壞，取決於能否解釋實體經濟。再怎麼看起來漂亮的理論，要是無法解釋實體經濟的話，便無任何意義。

　　如果欠缺現實適切性的話，要對為何無法解釋的情況加以檢視。欠缺現實適切性的原因，有可能是訂定的假設不合理，以至於創建了與現實背離的模型，或是分析本身不合常理。

理 由

　　是因為經濟學是分析實體經濟的學問之故。

用 語

　　理論是否可以解釋實體經濟，亦即可否通用於現實世界，稱為「現實適切性」。

考試中所出的理論，由於不存在分析本身不合常理的情況，故欠缺現實適切性的原因，即為訂定的假設中有問題，以至於該模型與現實有所背離。

如圖表 1-2 所示，整理了本章所具體說明的「經濟學之思維模式」。

圖表 1-2 ●經濟學之思維模式

1 定義的明確化

2 訂定假設
・實體經濟太過複雜，難以就其原貌加以分析

模式 3
模式 1
模式 2
模式 4

・訂定假設，使實體經濟單純化，創建可供分析的世界 (模型)

模式 3
模式 1
模式 2
模式 4

3 分析被單純化的模型

模式 1

4 導出結論 結 論

5 現實適切性的確認
・理論可解釋現實
　　➡ 獲得認可 (理論的優點)
・理論無法解釋現實
　　➡ 未獲認可 (理論的缺點)

(1) 分析不合常理
(2) 假設的訂定有問題，模型與現實背離

探究原因

─ 舉 例 ─

若是僅以為折扣贈品而購買的模式 3 當做分析對象作成模型的話，分析的結論將是「無論商品是什麼都好，只要折扣贈品有吸引力的商品就買」。

這樣的結論，由於僅是以模式 3 當作分析對象，雖然並無任何錯誤，但只能適用於現實社會中的極少數人，而無法解釋現實中的大多數，所以作為理論將不太具有意義。

因此，此後雖然還會出現各種不同的理論，惟理論是否正確，請以通常哪個理論能夠合理地解釋實體經濟的觀點為考量。

3. 假設並非前言，而是最重要的步驟！

此思維模式最重要的步驟為「假設」。藉由訂定「假設」，雖然將複雜的實體經濟加以單純化而易於分析，但同時也有可能存在作為分析對象的理論模型與現實背離的風險。因此，經濟學當中，如何訂定良好的假設乃成敗關鍵。「長久以來，對學習經濟學感到棘手」的人當中，有覺得「經濟學的前言很多，由於遲遲未切入正題，所以不喜歡」的人存在。個人認為，儘管聽到「前言」似乎指的就是「假設」，但因為「假設」不能只當作「前言」看待，所以才會成為經濟學令人棘手的原因。

就「假設」而言，在考量「並非前言，而是攸關理論優劣的重要事項」，以及「藉此假設的訂定，可能達到何種單純化、易於分析的效果」的同時，請留意「藉此假設成就的單純化是否與現實有所背離」。

Chapter 2
圖表的判讀方法
─經濟學中圖形最為重要！─

Point

1 藉由 5 個步驟確實判讀圖形。「①橫軸、縱軸為何→②曲線是表示何者與何者之間的關係→③圖形呈現出什麼樣的關係→④為何呈現出這樣的關係→⑤從圖形可以瞭解什麼」。

2 勿搞混曲線上的移動與曲線的位移。
曲線上的移動：縱軸（橫軸）的變動造成橫軸（縱軸）的變動
曲線的位移：縱軸（橫軸）以外的數量變動造成橫軸（縱軸）的變動

3 直線圖形：
y=ax+b 其中 a 為斜率，b 為截距

4 斜率＝邊際＝縱的變動量／橫的變動量

5 平均＝縱的總量／橫的總量

6 直線的交點之值即為聯立方程式的解

在本章裡，將精通圖形的判讀方法與畫法，這在理解經濟學上非常重要。未能正確判讀圖形，被認為是無法讀懂經濟學的主要原因之一。因此，所有人在開始學習經濟學的內容之前，請確實地理解圖形的判讀方法。

1. 何謂圖形？

所謂表，指的是如圖表 2-1 中 A 一樣的東西，所謂圖形，則是如圖表 2-1 中 B 一樣的東西，這應該不難理解。

附帶一提，學院系所與公務員考試、資格考試程度的圖形，多以 2 個數值關係為主，不太會去處理 3 個以上的數值關係。原因在於處理 3 個以上數值的話，必須畫 3 個以上的軸，圖形變成立體後，處理起來亦變得複雜。由於大家此後利用的圖形為 2 個數值關係，只需縱軸與橫軸 2 個即足夠，所以在平面上可以整齊地畫出。

接下來，在圖表 2-1 中，讓我們具體地說明 2 個數值關係的圖形。

圖表 2-1 的 A、B，乃將每個 100 日圓的糖果個數與支付金額的關係，分別用表和圖形的方式表現出來。

支付金額 = 個數 ×100 日圓

以上關係無庸置疑。

此算式中，支付金額與個數稱作「函數」。

這裡互有關係的 2 個數值是個數和支付金額。這 2 個數值，當個數從 0 開始增加時，支付金額隨之變化，整理列表後即為 A 表，而將該關係以圖的方式表現，即為 B 圖形。

圖表 2-1 的 B 圖形中，以橫軸為個數，以縱軸為支付金額。橫軸的個數為 0 時，支付金額亦為 0 日圓，1 個時 100 日圓、2 個時 200 日圓……依此類推地表現。也就是說，所謂圖形乃表現出橫軸的數值與縱軸的數值之關係。由於如此，在判讀圖形上：

✚ 補 充

被問到正確敘述何謂表、圖形時，會感到困擾的人應該很多。所謂表，乃將複雜的事項，藉由有組織的整理、配置表列出來，使其容易理解。所謂圖形，乃將 2 個以上互有關係的數值，以直線和曲線等圖示表現出來。

圖表 2-1 ●表與圖形

A

個數	0	1	2	3	4	5
支付金額	0	100	200	300	400	500

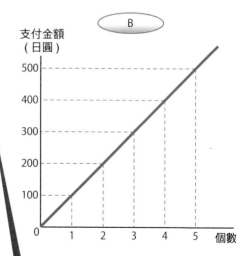

數學入門 Mathematics

聽到函數，或許想到數學頭就痛起來，但總之即是數與數之間的關係。因此，簡略地用「函數」來稱呼而已。

① 首先，要瞭解橫軸與縱軸分別代表何種數值；
② 必須瞭解其中一方數值改變時，另一方的數值是如何隨之變化的。

　　因此，接下來，我們將利用經濟學中最有名的供需圖形，來解釋如何正確判讀圖形的 5 個步驟。

2. 判讀圖形的 5 個步驟
─謹慎判讀乃成功之道─

　　圖表 2-2 是某商品的供需圖形。因為是經濟學中最有名的圖形，**說不定知道的人也不少。**

➕ 補　充 ⸫⸫⬜

　　需求與供給的關係，除了是經濟學的基本之外，同時也是最重要的事項，僅僅只是「知道」是不行的，請務必「完全理解」。

Step 1 確認橫軸、縱軸

　　橫軸是數量 (個數)，縱軸是價格 (日圓)。

圖表 2-2 ●需求與供給圖形

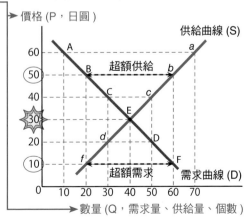

Step 2 確認曲線為何者與何者之間的關係

以需求曲線 (D) 的情況來說，橫軸的數量代表**需求量**，縱軸是價格，所以是表示需求量與價格的關係。也就是說，需求曲線 (D) 的圖形，在橫軸上用數量 (需求量)、在縱軸上用價格標記，表示價格與數量 (需求量) 這 2 個數值的關係。

> **用 語**
>
> 所謂需求量乃是在某一價格下願意購買的數量。此外，因為需求在英語為 Demand，所以需求曲線略稱為 D。

就供給曲線 (S) 而言，橫軸的數量代表**供給量**，縱軸是價格，所以是表示供給量與價格的關係。也就是說，供給曲線 (S) 的圖形，在橫軸上用數量 (供給量)、在縱軸上用價格標記，表示價格與數量 (供給量) 這 2 個數值的關係。

> **用 語**
>
> 所謂供給量乃是在某一價格下供應 (= 有意出售) 的數量。此外，因為供給在英語為 Supply，所以需求曲線略稱為 S。

Step 3 理解曲線所表示的關係究竟是什麼樣的關係

表示需求量與價格關係曲線的需求曲線 (D) 呈現負斜率的狀態。所謂負斜率，可知就是隨著 (60 日圓→ 50 日圓→ 40 日圓→ 30 日圓) 縱軸的價格減少，連帶 (10 → 20 → 30 → 40) 橫軸的需求量上升的這種關係。

再者，表示供給量與價格關係曲線的供給曲線 (S) 呈現正斜率的態勢。所謂正斜率，可知就是隨著 (10 日圓→ 20 日圓→ 30 日圓→ 40 日圓) 縱軸的價格增加，連帶 (20 → 30 → 40 → 50) 橫軸的供給量上升的這種關係。

> ✚ **補 充**
>
> 儘管需求曲線 (D)、供給曲線 (S) 兩者皆被畫成直線，卻都稱為「曲線」。這是因為圖表 2-2 偶爾畫成直線，卻也有以曲線呈現的時候。還有，曲線的線條偶爾是筆直的線，因而稱為直線，可見直線乃曲線的特例，即使是筆直的直線也可稱為「曲線」。

> ✚ **補 充**
>
> 由於在 E 點的價格 30 日圓時，需求量與供給量相等，因此不構成超額供給、超額需求。

Step 4 思考為何會形成步驟 3 的關係

負斜率的需求曲線乃指價格一減少，需求量就上升的關係。大略而言，由於價格下降而變得容易得到，因此需求量增加。

再者，正斜率的供給曲線乃指價格一增加，供給量就上升的關係。大略而言，由於商品價格走揚而使企業可賺得比以往更多的錢，所以會想要提供更多的數量。

Step 5 理解圖形所表達的意涵

從圖表 2-2 負斜率的需求曲線與正斜率的供給曲線來看，價格是需求量與供給量相等時而得到的價格，以圖表 2-2 來說，可以看出需求曲線與供給曲線的交點 E，其所決定的價格為 30 日圓。接著，讓我們來思考一下 30 日圓是如何決定出來的。

從圖表 2-2 中，當價格是 30 日圓時，無論需求量還是供給量都是 40 個，兩者相等。若價格高於 30 日圓，來到 50 日圓時，會造成超額供給 (供給量高於需求量的狀態)，在 50 日圓的價格下，商品將無法賣完而剩下，所以市場上的價格將逐漸下滑。只要超額供給 (賣不完、商品過剩) 存在，價格便會下降，所以結果將導致點 E 的價格下滑到 30 日圓為止。

相反地，當價格低於 30 日圓，來到 10 日圓時，會造成超額需求 (需求量高於供給量的狀態)。這種狀態下，市場上的價格將逐漸上漲。只要超額需求 (商品不足) 存在，價格便會上漲，所以會上升到 E 點 30 日圓為止，直到超額需求消失。

✚ 補　充

確切內容將在個體經濟學的消費理論及生產理論中解釋。

略　語

該需求曲線 (D) 與供給曲線 (S) 的交點通常被標記為 E。究其原因，該 E 表示「Equilibrium(均衡)」的 "E"，亦含有（等於、相等）Equal 的意思，該 E 點的價格 30 日圓，乃因需求量＝供給量之故。

用　語

價格為 50 日圓時，相對於需求量為 B 點的 20 個，供給量為 b 點的 60 個。供給大於需求量達到 60-20=40 個。這樣供給量超過需求量的情況稱為超額供給。想要出售商品的人很多，商品呈現未完售而剩下的狀態。

用　語

價格為 10 日圓時，雖然需求量為 F 點的 60 個，但供給量只有 f 點的 20 個。這樣需求量超過供給量的情況稱為超額需求。想要購買商品的人很多，商品呈現缺貨狀態。

Point !

在這裡並未直接回答「為何決定是 30 日圓？」的問題，而是提供「若非 30 日圓的情況下，將回到 30 日圓價位」的解釋方法。今後這種解釋方法也將頻繁使用，因此非常重要。

1. 曲線上的移動與曲線的位移

　　圖形判讀時，容易搞錯的是曲線上的移動與曲線本身的位移。

　　接下來，單以剛才圖表 2-2 的需求曲線，在圖表 2-3 中解釋此道理。

　　該需求曲線 (D) 由於是負斜率，所以表示價格下跌時需求量上升的關係。也就是說，價格下跌導致需求量增加，乃需求曲線所表示的關係，因此以 A → B → C → E → D → F 點的路徑在需求曲線上移動。

　　相對來看，試想與縱軸、橫軸兩者皆無相關的數值，例如不景氣造成所得下滑的情況。所得減少的話，通常即使價格不變，需求量也將會減少。

　　現在，受所得減少的影響，價格 60 日圓時的需求量從 30 個減少至 10 個，價格 50 日圓時的需求量從 40 個減少至 20 個。因此，價格與需求量的關係，不是 A 和 B，而是以 A′ 和 B′ 的方式向左移動。同樣地，C、E、D、F 亦分別以 C′、E′、D′、F′ 的方式移動。因為如此，所得減少後的需求曲線，亦即價格與需求量的關係，不是 ABCEDF，而成了 A′B′C′E′D′F′，需求曲線本身從 D 左移到 D′。這稱為「向左位移」。

　　像這種藉由縱軸、橫軸以外的數值變動，而造成橫軸變動時，圖形 (曲線) 便會位移。

用 語

　　曲線本身的移動，稱為曲線的位移。

Point!

　　所謂圖形，乃縱軸數值與橫軸數值的關係，亦即表示因縱軸數值變動而使得橫軸數值產生相對應的改變。因此，藉由縱軸的價格變動造成的橫軸需求量變動，就是曲線本身。也就是說，因為這是曲線上的移動，所以曲線本身並不會移動 (位移)。

圖表 2-3 ●曲線上的移動與曲線的位移

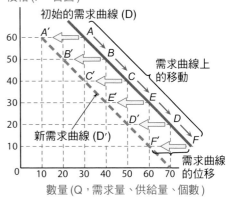

> 曲線上的移動：因縱軸 (橫軸) 的變動而造成橫軸 (縱軸) 的變動
> 曲線的位移：因縱軸 (橫軸) 以外的數值變動而造成橫軸 (縱軸) 的變動

接下來，讓我們來解決與曲線位移與曲線上移動有關的問題。

【問題 2-1】
　　需求曲線位移的情況 (A 圖)，以及未發生位移而是點在同一需求曲線上移動的情況 (B 圖)，兩者務必區分清楚。請從下列選項中選出與 B 圖相符的答案。

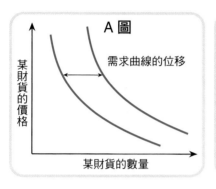

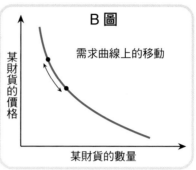

A. 其他財貨的價格發生變化時　　B. 對財貨的喜好程度發生變化時

C. 所得增加時　　D. 所得減少時

E. 該財貨的價格發生變化時

(中小企業顧問)

解　答

　　E 的「該財貨的價格發生變化時」的需求量 (數量) 變化，乃縱軸「某財貨的價格」與橫軸「某財貨的數量 (需求量)」之關係。這的確是需求曲線表示的意思，並且形成需求曲線上的移動 (B 圖)。除 E 以外，由於縱軸的「某財貨的價格」之外的因素 (其他財貨的價格」、「喜好」、「所得」) 的變化，導致橫軸「某財貨的數量 (需求量)」變動，因而形成需求曲線的位移 (A 圖)。

正確解答　　E

4. 直線圖形的畫法
—掌握截距和斜率—

在總體經濟學中所出現的圖形幾乎都是直線。因此，在這裡，讓我們以直線為限，學習圖形與數學式之關係。

我想大家應該都學過 y=ax+b(a,b 為常數) 的圖形是直線。

數學裡多用 x、y 代表變數，但經濟學中多半以變數的第 1 個字母表示。例如，消費的英文為 Consumption，所以用 C 表示，所得為 Yield 則用 Y 表示。因此，名為凱因斯的學者，將消費與所得的關係表示為 C=a+bY(a,b 為常數)。由於用 a、b 不易瞭解，所以令 a=100，b=0.7，來思考 C=100+0.7Y 這個算式。

當 Y=0 的時候，算式將為 C=100+0.7×0=100，縱軸截距為 100(A 點)。

當 Y=100 時，C=100+0.7×100=170(B 點)

當 Y=200 時，C=100+0.7×200=240(C 點)

當 Y=300 時，C=100+0.7×300=310(D 點)

當連結 A、B、C、D 這些點時，就可畫出 C=100+0.7Y 的圖形。

再者，隨著 Y 從 0 → 100 → 200 → 300 以每次增加 100 的方式遞增 (橫軸 Y 的變動量 ΔY 為 +100)，C 將由 170 → 240 → 310 以每次增加 70 的方式遞增 (縱軸 C 的變動量 ΔC 為 +70)。此意味著，橫軸的 Y 每增加 1 時，縱軸的 C 就增加 0.7，這不外乎是 C=100+0.7Y 的 Y 前面有 0.7 之故。

補　充

由於總體經濟學為分析一國的整體經濟，因此所謂消費，乃是所有對物品與服務之消費的加總。順道一提，日本國內的消費約為 300 兆日圓。

補　充

由於總體經濟學為分析一國的整體經濟，因此所謂所得，並非指個人的所得，而是國內所賺得所得之加總。稱為國民所得或是國內生產毛額 (GDP)。詳細內容將在第 4 章中說明。順道一提，日本的國民所得 (GDP) 約為 500 兆日圓。

圖表 2-4 ● C=100+0.7Y 的圖形

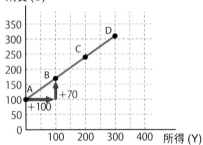

數學入門 Mathematics

所謂縱軸截距乃線與縱軸的交點。圖表 2-4 中 A 點即縱軸截距。

補　充

Δ 讀作 delta，代表變動量。Y 從 200 增加到 300 時，只會以 +100 的方式變動。有時以 ΔY(Y 的變動量)=+100 表示。

斜率：在橫軸上以 +1 變動
時，縱軸上只會發生
怎樣的變化

$$斜率 = \frac{+70}{+100} = 0.7$$

圖表 2-5 ●何謂斜率

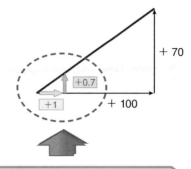

因此，經濟學中該「**在橫軸上 (Y) 以 +1 變動時，縱軸上 (C) 只會發生怎樣的變化**」即定義為斜率。

────── 理　由 ──────────

　　從角度來看，只知道大概是 45 度、90 度左右，而用此種方式的話則較容易表現。例如，圖表 2-4 的斜率無法用角度來表現，卻可以用 0.7 來表示。

C=100+0.7Y
　　↑　　　↑
縱軸截距　斜率

　　由上可知，只要知道截距與斜率，就可以畫出和圖表 2-6 一樣的直線圖形。

圖表 2-6 ●縱軸截距 100，斜率 0.7 的圖形

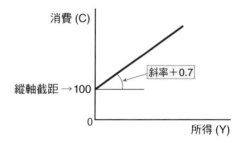

5. 邊際與平均
─應注意變動還是全體 (總量)─

經濟學裡斜率以「邊際」一詞表示。例如,圖表 2-6 的消費與所得圖形中,斜率 (在橫軸上以 +1 變動時縱軸的變動) 稱為邊際消費傾向 (所得增加 1 單位時,消費量的增加量)。

「平均」的意思容易與邊際一詞混淆。所謂平均是指每單位平均的意思,以圖表 2-7 來說,每 1 單位所得的平均消費量稱為平均消費傾向。例如,在 B 點,由於所得 100 時的消費為 170,所以將消費 170 除以所得 100,即得到 1 單位所得的消費為 1.7。也就是說,以平均來說,務必注意是消費 (總量) 除以所得 (總量),而非如同邊際 (= 斜率) 那樣的「變動量」。

將平均用圖形表現的話,即為 B 點與原點相連而成的直線 OB 之斜率。

圖表 2-7 ● 邊際與平均

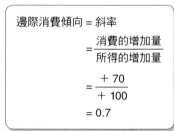

$$邊際消費傾向 = 斜率$$
$$= \frac{消費的增加量}{所得的增加量}$$
$$= \frac{+70}{+100}$$
$$= 0.7$$

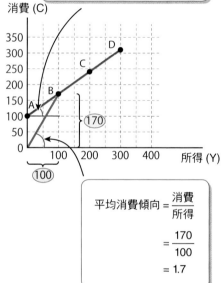

$$平均消費傾向 = \frac{消費}{所得}$$
$$= \frac{170}{100}$$
$$= 1.7$$

$$邊際 = 直線的斜率 = \frac{縱的變動量}{橫的變動量}$$

$$平均 = 原點與直線上的一點相連而成的直線之斜率 = \frac{縱的量 (總量)}{橫的量 (總量)}$$

➕ 補 充

所謂 +Q 即 (+1)×Q,表示橫軸的 Q 前面之數字為 +1。因此,橫軸上 Q 增加 1 時,縱軸上 P 的變動亦為 +1,所以斜率為 +1。

6. 圖形交點即聯立方程式的解
―高重要性的圖形交點―

接著，本章的最後將說明圖形的交點。

例如，價格為 P、數量為 Q 時，兩者為以下關係。

需求函數為 P=100-Q

供給函數為 P=20+Q

接下來，考試中會被問到「此時請計算出價格與交易量」。

首先，從需求函數可知，

$$P= 100 - Q$$

縱軸截距　斜率 (-1)

可畫出如圖表 2-8 的 D 一樣的需求曲線。

同樣地，從供給函數可知，

$$P= 20 + Q$$

縱軸截距　斜率 (+1)

可畫出如圖表 2-8 的 S 一樣的供給曲線。

然後，負斜率的需求曲線與正斜率的供給曲線相交於一點。該交點為 E，我們將 E 點的價格、數量分別稱為 P_e、Q_e。

此時價格已是需求與供給均衡的水準，也就是說，知道它會落在圖表 2-8 中的 P_e 上。因此，我們把這個 P_e 的值計算出即可。

用 語

> 需求量與價格的關係稱為需求函數。將需求函數圖形化即成為需求曲線。

用 語

> 供給量與價格的關係稱為供給函數。將供給函數圖形化即成為供給曲線。

➕ 補 充

> 所謂 -Q 即 (-1)×Q，表示橫軸的 Q 前面之數字為 -1。因此，橫軸上 Q 增加 1 時，縱軸上 P 的變動為 -1，所以斜率為 -1。

圖表 2-8 ⬤ 直線的交點

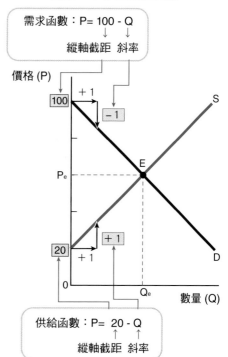

需求函數：P= 100 - Q
↓　↓
縱軸截距 斜率

供給函數：P= 20 - Q
↑　↑
縱軸截距 斜率

由於交點 E 同時通過需求曲線與供給曲線，因此滿足下列兩個式子。

需求函數為 P=100-Q ……①

供給函數為 P=20+Q ……②

因為可求出同時滿足①和②的 P、Q，所以①、②的聯立方程式也可解出。

從①、②可求出 Q_e。

P=100-Q=20+Q

100-20=Q-(-Q)

80=2Q

Q=40

另外，將 Q=40 代入①式中，也可求出 P_e。

P=100-Q

 =100-40

 =60

數學入門 Mathematics

所謂方程式

① 附有等號 " = "，

② 有 x 與 y 之類的文字

（此處為 P 與 Q)，

③ 有特定數值填入該文字的值中之算式稱之。

再者，該方程式有 2 個以上的算式時，稱為聯立方程式。

如此求出 2 條直線交點數值的問題常被問到。

例如：

在第 3 部中，乃財貨的需求 (Y^D) 與供給 (Y^S) 的交點

在第 4 部中，乃貨幣的需求 (L) 與供給 (M/P) 的交點

在第 5 部中，乃稱為 IS 曲線的直線與稱為 LM 曲線的直線之交點

在第 6 部中，乃稱為 AD 曲線的直線與稱為 AS 曲線的直線之交點

在第 7 部中，乃稱為 IS 曲線的直線、稱為 LM 曲線的直線與 BP 曲線等 3 條直線的交點。

以上全部都可藉由 2 條直線方程式的聯立方程式求解而得出。

2 條直線交點的值 =2 條直線方程式的聯立方程式之解

Chapter 3

古典學派與凱因斯學派

―首先要對經濟學的森林整體具備概括印象―

Point

1 所謂經濟學的基本問題，乃指活用有限的資源，盡可能的滿足人們的欲望稱之。

2 亞當・史密斯 (Adam Smith) 為首的古典學派認為，任憑市場運作的話，透過價格機制的導引，可解決經濟問題。然而，以此無法解釋大量失業持續的經濟大恐慌之情況。

3 凱因斯藉由「需求多寡由 GDP 與僱用量所決定」之有效需求的原理，解釋經濟大恐慌，並提出從恐慌中脫離的政策。

4 個體經濟學聚焦在個別的財貨與企業、家計單位，總體經濟學則是就一國經濟的需求與供給等總量加以分析。個體經濟學以學習古典學派的思想為主，而總體經濟學則是以學習凱因斯學派的思想為主。

難易度　A

出題可能性	
國家 II 種	**C**
國稅專門官	**C**
地方上級、市政廳、特別區	**C**
國家 I 種	**C**
中小企業顧問	**B**
證券分析師	**C**
註冊會計師	**B**
政府辦公室等記錄	**B**
不動產估價師	**B**
外務專門職務	**B**

在各種不同的狀況下皆有其必要性。

那麼，從本章開始終於要進入經濟學的內容了。即便如此，仍不能一下子就進入個別的論點(經濟學這整座森林中一棵一棵的樹)。為何如此，乃因為如果一開始不先理解經濟學的概觀(森林整體的概括印象)的話，將不知道該從整體中的何處著手學習，因而變成「見樹不見林」，反而導致學習效率變差之故。有鑑於此，在進入第 4 章開始的個別論點前，在此先掌握經濟學的概觀。

1. 何謂經濟學？
—關鍵詞「稀少性」—

所謂**經濟的基本問題**，指的是

①**生產什麼？生產多少？**

②**如何生產？**

③**為誰生產？**

這樣的問題。

說到為何會產生經濟的基本問題，如圖表 3-1 所示，**相對於無限的欲望，為了滿足該欲望的資源卻是有限的**，即是原因所在。

如果資源相當充裕，越滿足欲望就會剩餘越多的話，我們就無須考慮這些問題了。為何如此，乃因為資源過剩的話，無論使用什麼，都是以無效率的方法浪費資源，將不會造成任何問題。

再者，儘管沒有考慮為了誰等問題，只要大家想要的話就去消費即可。在這樣的世界裡，將不會發生經濟的基本問題，也就沒有學習經濟學必要了。

然而，現實的世界顯然不同。在我們現實的世界裡，資源相對於欲望而言過於稀少，因而產生經濟的基本問題，也創建出經濟學這門學問。

用 語

經濟學乃分析各式各樣的問題，將這些經濟上的問題徹底釐清，並觸及經濟的基本問題稱之。

用 語

相對於欲望而言，為了滿足該欲望的資源過於稀少，此稱為「資源的相對稀少性」。「稀少性」乃指數量少的意思。

用 語

所謂資源，在經濟學中指的是生產要素的意思。所謂生產要素，乃為滿足欲望所需商品的生產上所必要的條件，須有資本、勞動、土地。資本為生產所需的工具，人們生產所需的生產要素，具體而言，請以工廠的機械和農具等作為概括印象。勞動即人力，土地表示從自然環境獲得的生產要素。因此，經濟學中所指生產要素的土地，不僅僅是一般的土地，石油、鐵礦石等天然資源也包括在內。

2. 何謂市場經濟？

所謂「市場」指的就是進行商品交易的場所。因此，**經濟基本問題的解決，將交由市場機制決定**，便稱為**市場經濟**。

例如，人們所必需的物品，由於在市場上需求量多，因此價格上揚，因為價格上揚，企業為賺得更多，因而大量生產並供給。這就是說，稀少的資源多半使用在人們需求較多的物品上。

相反地，人們不需要的物品，由於在市場上需求量少，因此價格下跌，因為價格下跌，企業賺不到錢，因而減少生產量。這就是說，稀少的資源大多不會使用在人們不太需要的物品上。

➕ **補　充** `⋮□⋮`

所謂交由市場機制決定，乃經由人們自主性的交易行為，解決經濟的基本問題。

🏷 **用　語**

藉由如此，將價格當作signal（信號），因應人們的需求而從事生產，因應需求而供給，稀少的資源多用於人們所必需的物品上。此稱為**價格的調整機制**。

圖表 3-1 ●市場經濟與計畫經濟

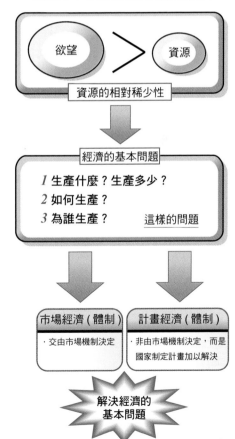

欲望 > 資源

資源的相對稀少性

經濟的基本問題

1 生產什麼？生產多少？
2 如何生產？
3 為誰生產？　　這樣的問題

市場經濟（體制）
‧交由市場機制決定

計畫經濟（體制）
‧非由市場機制決定，而是國家制定計畫加以解決

解決經濟的基本問題

最初，在市場經濟中，經濟問題乃藉由市場的價格調整機制來解決，所以政府的角色，被認為應該僅限於國防、警察，以及必要情況下最低限度的行政事務，而不應介入經濟問題。

然而，邁入 19 世紀，由於產業革命帶動經濟出現飛躍式的發展，勞工在低薪條件下被迫長時間勞動，過著悲慘的生活，此外，國家未對老人與病人給予援助，所謂社會中弱勢者的生活亦同樣悲慘。對此情況，勞動者要求改善薪資的行動頻繁地上演，有時也會引起暴動，徒增社會不安。

為了解決這樣的市場經濟問題，蘇聯等社會主義國家採用計畫經濟取代了市場經濟。

另一方面，強化政府對市場經濟的介入，進而解決相關問題的想法也已經萌芽。也就是說，**儘管依然以市場經濟為中心，但為了解決救濟弱勢者等社會問題，政府仍應該介入經濟問題**的想法。基本上經濟乃透過民間部門來運作，而部分有國家介入，由政府部門來運作。如此一來，**經濟裡兼具民間部門與政府部門的情況稱為混合經濟**。

我們所學習的經濟學，乃以混合經濟為前提。我們所研究的世界，儘管依然以市場經濟為中心，但仍存在國家對經濟的政府介入。

其次，學習古典學派與凱因斯學派中，古典學派認為應信任市場，極力反對政府對經濟活動的干預，凱因斯學派則認為國家應該干預。

用 語

此種想法稱為「小政府」或「廉價政府」。像這樣認為國家的角色，應僅限於國防、警察及必要情況下最低限度的行政事務之想法，亦稱為「夜警國家觀」。此乃意指政府只需扮演好守夜人 (watchman) 的角色，而不應該介入經濟問題的用詞。由於該想法認為國家無須介入經濟，經濟可放任市場機制自由運作即可，所以也稱為「自由放任主義 (【法】laissez-faire)」。

補 充

舊蘇聯與北韓等社會主義國家的經濟，乃採用計畫經濟運作，但卻已窒礙難行。

計畫經濟中，不只是國家預算，而是所有的經濟都由國家訂定計畫並運作的，所以汽車與西裝等生產也都是國家所計畫好的。應該不難想像其與國民的需求差距甚大的項目很多。

再者，由於計畫經濟只要達到國家要求的目標，即使再怎麼工作與否，薪水也不會有所改變，因此只要做出正常水準的數量即可，也不會激起想要做出品質好的產品，或是做出正常水準以上數量的欲望。

舉 例

勞工為了獲得與其貢獻相符的所得以提高生活水準，所以給予勞工籌組工會及與企業交涉的權利，政府也對於社會上的弱勢者 (老人、病人、失業者等等) 進行救濟。政府應該考慮藉由老人‧醫療‧失業對策等社會福利政策的實施，積極地提升國民福祉 (幸福感)。如此一來的結果，政府的角色將變得重要，「小政府」也將不復存在。

3. 個體與總體

所謂**個體經濟學**，乃是就細微的項目加以分析的經濟學，**用來分析個別企業與家計單位的行為，以及某財貨、勞務市場**。例如：汽車或蘋果這類特定的財貨之需求量、供給量與價格的關係，某企業的生產行為，某家計單位的消費行為等等進行分析。

> **補 充**
>
> 所謂「個體」，英文為 MICRO，也稱為微觀。乃「細微」、「微小」的意思。縮微膠片稱為 microfilm。

相對於此，**總體經濟學**乃就大方向加以分析的經濟學，**用來分析國家整體的經濟**。例如：思考一個國家經濟整體的物價、總需求、總供給，以及國民所得、失業等等的關係。此外，電視新聞所報導「日圓升值、日圓貶值對日本經濟的影響」、「作為景氣對策的經濟政策是否應該實施」、「日本央行的貨幣政策」等等，由於是日本經濟整體的議題，所以也是總體經濟學。

> **補 充**
>
> 所謂「總體」即「全體的」、「大的」的意思。總體一詞在平常的日語中不太會用到。然而，在工作上會使用到像「不要只討論細節，要用全面性地思考」這樣的說法。此指不要單就細節方面討論，而是要用更宏觀的角度看待事物整體的意思。

個體經濟學中，思考某財貨的需求量與供給量等等，其數量的單位為多少輛和多少個。另一方面，在總體經濟學中，思考一個國家經濟整體的生產量與需求量。那麼，該數量的單位會是什麼呢？

例如：試想某一國家生產 1 輛汽車與蘋果 1,000 個。此時若用汽車 1 輛與蘋果 1,000 個相加而得到 1,001 的產值來表現的話，根本毫無意義。由於汽車價值 100 萬日圓、蘋果價值 100 日圓，所以不如以 1 輛 ×100 萬日圓 +1,000 個 ×100 日圓 =110 萬日圓的方式計算金額，才能瞭解生產出來的產品其價值為何。如此一來，總體經濟學中，因各種不同物品其數量的單位相異，在換算為金額後即可相加。因此，將生產量換算成金額後加總而成的數值，即稱為**國內生產毛額 (GDP) 或國民所得**。

圖表 3-2 ● 總體經濟學與個體經濟學

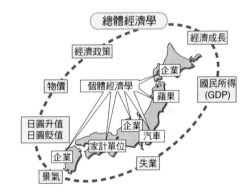

> **補 充**
>
> 所謂國內生產毛額 (GDP) 或國民所得，請以 1 年內某一國家的國民產出（已生產）物品的加總金額來理解。確切來說，將在「第 4 章 GDP 與物價」中討論。

此外，就價格而言，在總體經濟學與個體經濟學亦有所差異。在總體經濟學裡，汽車的價格為 100 萬日圓這樣清楚明瞭。然而，在總體經濟學裡，由於是分析整體國家的經濟，所以必須將各種不同的物品價格加以平均。像這樣，各式各樣的財貨與服務之價格的平均值稱為**物價**。

另外，總體經濟為整體，卻未必應該將個別的個體經濟加總。即使將個別的個體經濟加總，也會有無法構成整體的總體經濟之情況發生。此時，**若認為個別經濟活動 (個體經濟) 的結論也適用於整體國家的經濟 (總體經濟) 的話，將造成誤判**，稱為「**合成的謬誤**」(fallacy of composition)。

凱因斯舉出「**節儉的矛盾**」作為此合成的謬誤之例子。所謂儲蓄乃從每個月的薪資 (所得) 中節省的部分，所以若想到某人儲蓄增加，亦可認為是減少消費。因此，此「消費減少 (節省) →儲蓄增加」之結論，存在所得為固定之默認的前提。

然而，**當某國家的全體國民減少消費 (節省)，而使儲蓄增加的話**，由於該國家的消費低迷，所以在商店裡的商品銷售不佳，工廠的訂單量也下滑。此結果將導致該國的經濟狀態惡化，連帶企業利益減少，甚至造成虧損，而從業人員的薪資與分紅也恐將縮減。也就是說，所得將會減少。如此一來，**消費減少也將導致所得下滑，最終儲蓄能否增加，亦為未知**。

補　充

某特定物品的價值雖為價格，但各種不同物品之平均值稱為物價。因此，可以說汽車的「價格」高，但日本「各式各樣物品的價格普遍」較高，不說是日本的「價格」高，而說是日本的「物價」高。

補　充

所謂謬誤乃是「錯誤，差錯」的意思。

補　充

將在第 5 節詳細說明的總體經濟學中最重要的人物。

Point!

像這樣，就個體經濟學的觀點，即使一個人以增加儲蓄為目的而減少消費，亦不致導致景氣惡化，所以所得不變而儲蓄增加，但以總體經濟學的觀點，全體國民以增加儲蓄為目的而減少消費的話，將造成景氣惡化、所得下滑，也未必可增加儲蓄。此稱為「儲蓄的矛盾」或「節儉的矛盾」。

4. 何謂古典學派？

【1】何謂古典學派？

　　一提到**亞當‧史密斯** (Adam Smith)，或許有不少人都知道其為經濟學之父。亞當‧史密斯認為國家繁榮的基礎在於國內的經濟活動，而為了活絡該經濟活動，必須要有自由的經濟體系。**自由的經濟活動藉由市場上「看不見的手」所指引，得以順遂地實現社會的利益**為其看法。其後，李嘉圖將此亞當‧史密斯的想法加以發展，進而成為古典經濟學理論的完成者。

　　繼承這樣的古典學派理論，進一步以企業的生產理論與家計單位的消費行為等個體經濟學的範疇為中心，開始運用「邊際」這樣的概念，進行邊際成本、邊際效用等精密分析。此種變動稱為邊際革命，由於其乃源自古典學派的新想法，稱為新古典學派。藉由需求與供給而決定價格之理論乃新古典學派的思想。

> ✚ 補　充
>
> 　　由於凱因斯亦將新古典學派涵蓋在內稱為古典學派，所以本書中將古典學派與新古典學派統稱為「古典學派」。

圖表 3-3 ●古典學派與新古典學派

古典學派
自亞當‧史密斯創始，由李嘉圖完成整合，重視透過自由價格的市場調整機制。

新古典學派
繼承古典學派的思想，並進一步用邊際的概念，對個體經濟學加以精密分析。

凱因斯將兩者皆涵蓋在內統稱「古典學派」

【2】古典學派的基本思想

　　古典學派的經濟學，主要分析個體經濟學，由於價格的變動，達到需求與供給相等為其考量。其認為即使有銷售過剩（超額供給），由於價格將下跌至需求與供給相等之 P_E 的水準，所以銷售過剩的情況將消失（圖表 2-2）。

　　將此應用在勞動市場上加以思考。所謂勞動市場的需求量，乃指想僱用勞動之企業的錄取人數。相對於此，所謂勞動的供給量則是想提供本身勞動力的謀職者人數。在勞動市場的價格為工資率。所謂工資率，乃指每小時的工資，包括時薪、日薪、月薪、年薪等等。

圖表 2-2（同前圖）●需求與供給圖形

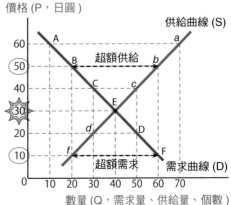

價格 (P，日圓)

數量 (Q，需求量、供給量、個數)

因此，**在勞動市場上，古典學派也認為藉由作為價格的工資率變動，供給量與需求量將達到相等**。

這表示謀職者人數與企業錄取人數相同的意思。也就是說，**肇因於景氣惡化以致想工作卻無法工作的失業**（此稱為「**非自願失業**」）並不存在。此種不存在想工作卻無法工作的失業之所謂非自願失業的狀態，稱為「**充分就業**」。

的確，即使是充分就業的狀態下，古典學派亦非指在實體經濟中完全沒有失業。其認為仍存在自願失業與摩擦性失業。古典學派的失業，若是**為了追求更好的條件而造成的失業**（自願失業），以及**為了作為適應新職場與產業結構的準備期間而導致的失業**（摩擦性失業），可說是非常積極正面，為了達到更好的狀態而形成的失業。

如上所述，在古典學派的想法裡，若是財貨銷售過剩（超額供給），價格將下跌促使銷售過剩消失，一旦勞動銷售過剩（超額供給），也就是說，非自願失業發生的話，作為勞動之價格的工資率將下降直到需求與供給相等，亦即到非自願失業消失為止，應會持續低迷。

因此，**對古典學派而言，無論是財貨或勞動，透過價格的調整，經濟應該總是會達到需求量 = 供給量的完美狀態**，可以說無須刻意考慮整體國家的經濟。

➕ 補　充

其實，所謂非自願失業，乃是由經濟大恐慌時出現的凱因斯所命名而得。在凱因斯以前的古典學派裡，因為並無非自願失業，所以也沒有這樣的用詞。

➕ 補　充

所謂**充分就業**，乃指**勞動市場的需求量與供給量達到相等**的狀態，所以是想工作的人全部得以工作之完美狀態。

用　語

所謂自願失業，乃指在現有的工作條件下，不願繼續工作的失業，即為了尋求條件更佳之工作的狀態。

用　語

所謂摩擦性失業，乃指勞動市場資訊不完全與產業結構轉換等因素，導致暫時性的失業現象。所謂勞動市場資訊不完全，乃指辭去工作至找到下個工作為止，因為要花費時間謀職，以致維持失業狀態之意。所謂產業結構轉換，如石碳產業衰退，取而代之的是網際網路產業成長，然而原來的石碳產業工作者，由於無法立即成為網際網路的技術人員，所以在產業過渡期造成某種程度上的失業現象。

➕ 補　充

因此，古典學派支持所謂「**供給能夠創造其本身的需求**」之「**賽伊法則** (Say's Law)」。此法則乃透過價格調整，促使供給量與需求量自發性地達成一致，就算生產也不會一直銷售過剩，必定會銷售完畢。

5. 經濟大恐慌與凱因斯的出現

【1】古典學派的爭議點
──由凱因斯所指出

依古典學派的思維，藉由工資率這樣的價格調整，由於欲僱用的勞動需求量與想工作的勞動供給量總是相等，所以不存在想工作卻無法工作之非自願失業。

然而，發端自 1929 年華爾街股災的**經濟大恐慌**，在美國造成國民生產毛額從 1929 年起連續 4 年出現大幅減少，失業率也從 1929 年的 3.2% 暴增至 1933 年的 24.9%。美國以外的資本主義各國 (英國、法國、德國、義大利等歐洲各國及日本)，也都遭遇與美國相似的悲慘經濟狀態 (大量失業、國內生產毛額驟減)。失業率 24.9%，亦即 **4 個人中有 1 個人失業的悲慘狀態，與所謂失業只有積極正面意義，不存在想工作卻無法工作的非自願失業之古典學派思維難以相容**。顯然，經過經濟大恐慌這樣的景氣惡化，導致就算想工作也無法就職的非自願失業大量地發生。

凱因斯透過創造「非自願失業」這樣的概念，在 1936 年《就業、利息與貨幣的一般理論》中，解釋了經濟大恐慌為何發生。經濟學中只要談到《一般理論》，便是指該本凱因斯的著作。「一般」這樣的用語，不過是古典學派理論在分析充分就業的特殊狀態下之經濟，建構涵蓋不景氣的概括性一般理論，其中包括凱因斯的想法。

➕ **補 充**

更正確的來說，在古典學派裡並無「非自願失業」這樣的說法，「非自願失業」這樣的說法乃是如前面所述，由凱因斯所提出的。

圖表 3-4 ⬤ 經濟大恐慌時的美國經濟

	實質 GNP 成長率	失業率	消費者物價指數
1929	−9.8%	3.2%	100
1930	−7.6%	8.7%	97.4
1931	−14.7%	15.9%	88.8
1932	−1.8%	23.6%	79.7
1933	9.1%	24.9%	75.6
1934	9.9%	21.7%	78.1
1935	13.9%	20.1%	80.1
1936	5.3%	16.9%	80.9
1937	−5.0%	14.3%	83.8
1938	8.6%	19.0%	83.2
1939	8.5%	17.2%	81.0
1940	16.1%	14.6%	81.8
1941	12.9%	9.9%	85.9
1942	13.2%	4.7%	95.1

當景氣惡化時，造成生產減少 (GNP 成長率為負值)，可知後續出現失業率上升、物價下跌的現象。

資料來源：美國商務部長期統計

* **注 1**：此數據無記憶的必要。
* **注 2**：所謂 GNP 乃指國民生產毛額，此處為與整體國家生產量的 GDP 相似之指標。詳細內容將在第 4 章中加以說明。

關鍵人物 key person

約翰 · 梅納德 · 凱因斯
(John Maynard Keynes)
(1883 ～ 1946)

在 1936 年發表了《就業、利息與貨幣的一般理論》(*The General Theory of Employment, Interest, and Money*)，創建了總體經濟學的基礎。本書內容的 8 成為凱因斯的理論，或為凱因斯的思想，由其他學者為了易於瞭解進而說明所提出的架構 (framework)。有關凱因斯的思考方式，將在本文詳細說明。

【2】凱因斯理論

① 為何會發生經濟大恐慌？

凱因斯認為，由於有效需求減少，因而引起經濟大恐慌。也就是說，**因為對於企業所生產的財貨之訂單 (有效需求) 減少，所以企業不得不降低生產量，導致企業的勞動需求 (欲僱用的人數) 減少，此結果使得部分現有的從業人員遭到解僱，連帶造成大量失業之想法。**

凱因斯認為，作為有效需求要有消費與投資。尤其在經濟大恐慌時，自 1929 年紐約股市大崩盤以來，人們對於全球經濟未來的前景不安感日益升高，企業暫緩為了提高未來生產力的設備投資，以致有效需求 (企業所生產的財貨，此處為對設備的訂單量) 減少，此結果導致國內生產毛額 (企業的生產量) 下降，為其想法。若是國內生產毛額減少的話，由於無僱用勞動者的必要，所以勞動需求量下滑，部分勞動者遭到解僱，連帶造成大量失業。

如以上所述，從「有效需求」的觀點來考量經濟大恐慌，惟僅憑這些仍不甚完備。為何如此，乃因即使有效需求減少，在勞動市場上勞動需求量將隨之下降，因而發生超額供給 (失業)，惟在勞動市場上作為價格的工資率一旦下滑，超額供給 (失業) 應會消失。然而，事實卻並非如此，因為大量失業已發生。因此，**凱因斯訂定貨幣 (名目) 工資率在現實環境中不易下滑 (向下僵固性) 的前提。**足以解釋如果名目工資率的確呈現向下僵固性而不下降的話，在勞動市場上存在的超額供給 (失業) 並不會消失，而將會持續。

用 語

所謂有效需求，乃指具有貨幣購買能力的財貨 (物品與服務) 需求稱之。所謂「具有貨幣購買能力」，乃指並非單純「想要購買」的願望，而是實際上「一想到要買就有足夠的金錢可以消費」之情況。

Point!

有效需求的多寡取決於生產水準 (GDP) 及僱用量，此凱因斯的思想稱為「有效需求原理」。此與「供給能夠創造其本身的需求」之所謂古典學派的賽伊法則，乃是完全相反的看法。

圖表 3-5 ● 經濟大恐慌的說明 (凱因斯)

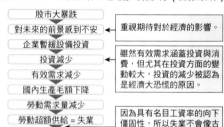

股市大暴跌
對未來的前景感到不安 ← 重視期待對於經濟的影響。
企業暫緩設備投資
投資減少 ← 雖然有效需求涵蓋投資與消費，但尤其在投資方面的變動較大，投資的減少被認為是經濟大恐慌的原因。
有效需求減少
國內生產毛額下降
勞動需求量減少
勞動超額供給 = 失業 ← 因為具有名目工資率的向下僵固性，所以失業不會像古典學派所說的自然消失。
失業持續

補 充

此為圖表 2-2 中所說明的古典學派之想法。在古典學派的世界裡，隨著價格 (在勞動市場為工資率) 波動，需求與供給將達到相等的完美狀態。

用 語

所謂貨幣 (名目) 工資率的貨幣 (名目)，乃指以金額表示的意思。例如，時薪 1,000 日圓為名目工資率。有關名目將在第 4 章 (P.62) 中詳細解釋，此處請以金額加以思考。

② 因應經濟大恐慌的對策為何？

　　凱因斯認為有效需求的減少乃經濟大恐慌的原因，所以提升有效需求的話，將可脫離經濟大恐慌。雖說如此，當經濟大恐慌時，不僅企業暫緩投資，連個人也不願增加消費。也就是說，構成有效需求的投資與消費無法輕易增加。因此，凱因斯繼投資、消費之後，將目光放在作為第3個有效需求的政府支出上。就物品與服務的需求之層面上，從企業的觀點而言，客戶無論來自民間或是來自政府都無關緊要。只要物品與服務能以該價格消費並付款即可。

　　因此凱因斯認為，藉由公共工程等政府支出的提高，有效需求(對物品、服務的需求)將增加，企業的生產量提升的結果，連帶國內生產毛額增加、勞動需求提高，所以可降低失業。

　　然而，由於不景氣時，企業的獲利下滑，個人所得也減少，所以用來自企業的獲利與個人的所得之稅金，作為收入的政府之稅收理應下滑。即便如此，如凱因斯所主張的，一旦政府支出提高的話，將出現財政赤字(政府支出高於政府收入)。如果財政赤字持續的話，政府將變得負債累累，照理說將陷入財政困難的窘境，但凱因斯卻認為無須擔憂。為何如此，乃因其認為不景氣時期即使出現財政赤字，但相反地，景氣繁榮時期也將出現財政盈餘，因此就長遠的眼光來看，財政收支將達到均衡之故。

圖表 3-6 ●因應經濟大恐慌的對策

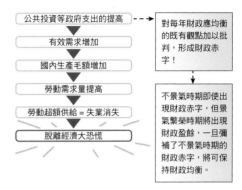

公共投資等政府支出的提高 ---→ 對每年財政應均衡的既有觀點加以批判，形成財政赤字！

有效需求增加

國內生產毛額增加

勞動需求量提高

勞動超額供給 = 失業消失

脫離經濟大恐慌

不景氣時期即使出現財政赤字，但景氣繁榮時期將出現財政盈餘，一旦彌補了不景氣時期的財政赤字，將可保持財政均衡。

用 語

　　在景氣繁榮時期，由於無必要作為景氣對策而擴張政府支出，所以政府支出較少，而景氣繁榮促使企業的獲利與個人的所得增長，因此稅收變多，其結果理應呈現財政盈餘。

用 語

　　在凱因斯之前的經濟學家與政策負責人，由於以「每年財政應均衡」之財政均衡主義為主流，所以此在當時為劃時代的意見。此意見存在「部分菁英為國家整體利益為考量，足以引導國家方向」之前提(凱因斯出生家庭所面對的道路為其緣由，稱為「Harvey Road presumption」)。也就是說，要是菁英治國，即使在景氣不好的時期出現財政赤字，但在景氣繁榮時期將可扭轉劣勢，因此凱因斯認為就長期而言，財政將維持均衡。然而，實際上，在第2次世界大戰後採用凱因斯政策的各國政治家(菁英！？)，在景氣繁榮時期為了討好選民，並不會縮減政府支出，導致財政赤字逐漸擴大。可見現實環境中「Harvey Road presumption」無法一體適用。

6. 繼承凱因斯思想的凱因斯學派

繼承以上所述凱因斯思想的學派(一群學者)稱為凱因斯學派。有關凱因斯學派的思想,我們將與古典學派加以對照進行說明。

圖表 3-7 表示某國在景氣繁榮時期,財貨的需求量為 100,與供給量呈現均衡,而在景氣不好時,需求量將下滑到 80。此時,有意出售的供給量仍為 100 並未改變。因此,相對於財貨的供給量 100,由於財貨的需求量下滑到 80,所以依此情況將出現 20 的超額供給(銷售剩餘)。此調整方法在古典學派與凱因斯學派有所不同。

✚ 補 充

第 3 部將學習的 45 度線分析,以及第 5 部的 IS-LM 分析為凱因斯學派(並非凱因斯本身)中具代表性的理論,其訂定物價固定之假設。凱因斯雖假設名目工資率為固定,但與凱因斯學派所假設的物價固定有所差異。

━ 理 由

為何如此,乃因景氣繁榮時的總供給量為 100,此國家的企業擁有生產 100 的資本(工廠)與勞動力。

圖表 3-7 ●古典學派與凱因斯學派

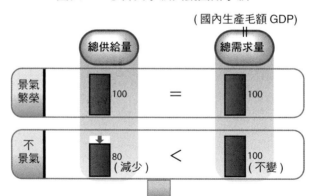

① 古典學派的例子

在所有的財貨市場上，直到超額供給
(銷售剩餘) 消失為止，價格將持續下
滑。此結果導致作為價格平均值的物價下
跌，促使總需求量從 80 開始增加，直到
超額供給 (銷售剩餘) 消失。

② 凱因斯學派的例子

企業不調降價格，作為價格平均值的
物價也不會下跌 (向下僵固性)。**由於物
價不下跌，總需求不會從 80 開始增加，
超額供給 (銷售剩餘) 也不會消失。**

在整體經濟中，雖然其實想要供給
100，但由於生產 100 的話，將有 20 的銷
售剩餘，因此含淚減少生產量至 80。儘
管原本在整體經濟擁有生產 100 的資本
(工廠) 與勞動力，惟只生產 80 的話，理
所當然將引發工廠倒閉、縮減僱員等組織
調整。**此結果，將導致失業發生。**此乃凱
因斯學派對於不景氣的分析。

因此，凱因斯學派主張，由於原本不
景氣乃肇因於總需求相對於總供給呈現不
足，所以政府藉由提高總需求，以彌補總
需求不足的部分，促使總需求與總供給相
等，應可使經濟趨於安定。

在圖表 3-7(凱因斯學派的世界) 的情
況下，總需求即使從 100 開始下滑到 80
時，物價因為向下僵固性而不會下跌，所
以總需求仍維持下滑後的 80，相對於總
供給量 100 有 20 的不足。因此，其主張
**政府的經濟對策只要提升 20 的總需求的
話，總需求將回復 100 的水準，總需求
與總供給成為相等，而恢復景氣繁榮。**

Point!

依據凱因斯學派的想法，
總需求一旦減少，則配合減少
的總需求量，將使總供給量也
隨之減少。此結果，可以對於
「需求的多寡取決於生產水準
及僱用量」之所謂凱因斯的有
效需求原理做出很好的解釋。

➕ 補 充

不限於日本，無論任何國家，一旦變得
景氣不好時，政府將提高政府支出以作為景
氣對策，乃由於景氣不好時總需求不足，以
致政府藉由增加本身的需求，以解除總需求
不足的情況，此乃提高國內生產毛額 (GDP)
的凱因斯經濟學為基礎之思維。

7. 古典學派與凱因斯學派何者正確？

① 何謂「經濟政策爭論」？

　　站在古典學派的立場，價格為可上下伸縮移動的，一旦需求與供給不相等，將可藉由迅速的價格上下調整而消失。其認為將此應用在觀察整體國家的總體經濟學上，可藉由物價調整使總需求與總供給達到均衡，亦不致造成失業。如此一來，將不需要政府的經濟安定政策。

　　相對於此，凱因斯學派認為，在景氣不好的時期，價格 (總體經濟學中為物價) 呈僵固性而難以下跌，超額供給 (需求過少) 將不會消失。如此一來，為了消除超額供給 (需求過少)，政府應該增加支出，促使總需求擴大為其主張。

② 評價的觀點－現實適切性

　　所謂經濟學，乃是釐清現實中經濟結構之學問，哪個學說正確、哪個學說能夠較令人信服地解釋實體經濟，可就此觀點加以評價。

③ 評價

　　接下來，讓我們試著以何者足以解釋實體經濟的觀點加以思考。

〈當實體經濟處於不景氣的時期〉

　　當景氣不好的時候，物品銷售不佳，失業也將發生。如古典學派所說的，物品銷售不佳，即使發生銷售剩餘 (超額供給 = 需求過少)，但直到銷售剩餘消失為止，不太會見到價格下滑的情況。企業當然會為了維持價格免於崩跌的風險，而減少生產量。當景氣不好的時候，從報紙看到這樣的企業消息相當顯眼，像「○○企業、××工廠停工進行生產調整」，「△△業界正式縮減生產量以維持價格」等等，即是不調降價格，而以縮減生產量，力求銷售剩餘 (超額供給) 的情況不至於發生。此即凱因斯學派所認同的世界。如此一來，在經濟景氣不好時，凱因斯經濟學的一方具有說服力。

用　語

　　像「古典學派與凱因斯學派何者正確？」的問題，由於牽扯到「政府是否應該實行經濟安定政策？」，故被稱為「古典學派與凱因斯學派的經濟政策爭論」。

👆 **Point!**

　　實體經濟時時刻刻都在改變，這一點非常重要。例如，在泡沫經濟極盛時期，從泡沫經濟崩解的平成不況來看，其差異之處一目瞭然。

✚ 補　充

　　古典學派的世界若為現實環境，在報紙上應該會充斥「○○企業，相對於大量銷售過剩，採取降價因應。工廠維持滿載生產」這樣的消息。

✚ 補　充

　　此乃理所當然的結論。為何如此，乃因凱因斯經濟學原本就是為了打破無法解釋經濟大恐慌的大量失業、大量銷售剩餘 (超額供給 = 需求過少) 之古典學派而提出的學說。

〈當經濟處於景氣繁榮的時期〉

所謂經濟景氣繁榮，乃指客戶給予多數企業的訂單 (= 需求) 數量多，生產量也多，多數勞動處於受僱的狀況。因此，想工作卻無法工作的非自願失業並不存在，只要生產出貨，就可銷售出去，即所謂「供給能夠創造其本身的需求」之賽伊法則成立之古典學派的世界。

④ 新古典綜合學派

像這樣，由於在景氣不好的時期符合凱因斯學派的理論，而在景氣繁榮的時期則符合古典學派的理論，所以保羅・薩繆爾森 (Paul A. Samuelson) 認為「在景氣不好時期適用凱因斯學派，在景氣繁榮時期適用古典學派」，使用上應該有所區別 (新古典綜合學派)。

關鍵人物 key person

保羅・薩繆爾森
(Paul A. Samuelson)
(1915 ～)

在經濟學多方面活躍的美國經濟學者。1970 年獲得諾貝爾經濟學獎。創建在景氣不好時期適用凱因斯學派的理論，而在景氣繁榮時期適用古典學派的理論，使用上有所區別的新古典綜合學派之思想。為了易於瞭解地解釋凱因斯理論，發明了 45 度線分析 (將在本書的第 8 章學習)，此外，在物價呈現僵固性的前提下，思考出景氣循環理論 (將在第 31 章希克斯—薩繆爾森的景氣循環理論學習)。

薩繆爾森乃所謂新古典綜合學派，由於在景氣不好的時期採用凱因斯學派的理論，所以可以想成**凱因斯學派**。

---

8. 貨幣學派與理性預期學派
—古典學派的復活！？—

進入 1970 年代，在美國財政赤字呈現緩慢化，即使擴大財政支出，也無法達到國內生產毛額增加及失業減少的效果，也就是說，或許已成為凱因斯理論所無法解釋的狀況。如此一來，促使在總體經濟學裡與古典學派思想也相近的貨幣學派與理性預期學派之派系形成，開始對凱因斯學派進行攻訐。

補 充

有關貨幣學派與理性預期學派，將在「第 25 章 菲利浦曲線」、「第 26 章 IAD-IAS 曲線」與「第 31 章 景氣循環」中詳細學習。

與古典學派相同，貨幣學派和理性預期學派認為，藉由價格與物價的調整，經濟擁有安定秩序的力量，政府不應該為了促使經濟安定化而進行干預。因此，稱為「新古典學派」。

此「新古典學派經濟學」與凱因斯學派的爭論，乃針對「為了經濟安定是否應該實行政策」之論點，所以稱為「經濟政策論爭」。在此時期，凱因斯學派的形勢處於劣勢，而「新古典學派」的氣勢興盛。此乃因為原本凱因斯理論乃基於經濟大恐慌，也就是國內生產毛額大幅減少、大量失業及物價下跌等狀況下所建構而成，但 1970 年、1980 年美國的經濟並未達到如此嚴重蕭條的地步。

圖表 3-8 ● 1970 ～ 85 年的美國經濟

		實質 GNP 成長率	物價 漲幅 ＊ 1	失業率	
第一次石油危機	1970	0.2%	5.3%	4.9%	物價持續上漲（通貨膨脹）
	1971	3.4%	0.5%	5.9%	
	1972	5.3%	4.3%	5.6%	
	1973	5.8%	5.6%	4.9%	
	1974	-0.5%	9.0%	5.6%	
	1975	-0.2%	9.5%	8.5%	
	1976	5.3%	5.8%	7.7%	
第二次石油危機	1977	4.6%	6.4%	7.1%	雖然數值高，但並未比經濟大恐慌時(20% 左右) 的失業率還要高
	1978	5.6%	7.0%	6.1%	
	1979	3.2%	8.3%	5.8%	
	1980	-0.2%	9.1%	7.2%	
	1981	2.5%	9.4%	7.7%	
	1982	-1.9%	6.1%	9.7%	
	1983	4.5%	3.9%	9.6%	
	1984	7.2%	3.8%	7.5%	
	1985	4.1%	3.0%	7.2%	

陷阱

「新古典學派」與「新的古典學派」？？

「新古典學派」乃在 1870 年代，透過運用邊際的概念，將古典學派經濟學以個體經濟學為中心，發展出更精緻的理論 (P.31)。相對於此，「新的古典學派經濟學」乃指貨幣學派與理性預期學派等派系，將重視價格 (物價) 之調整機制的新古典學派個體經濟理論應用到總體經濟學，而在 1970 年代批判凱因斯學派的總體經濟理論並展開爭論。儘管是相似的名稱，但因為內容相異，所以將其差異與共通點整理如下。

	新古典學派 (neo-classical school)	新的古典學派 (new classical economics)
共通點	藉由價格 (物價) 的調整，經濟維持安定不需要政府為了促使經濟安定而進行干預	
差異	主要用於個體經濟學 1870 年代 (在凱因斯之前)	主要用於總體經濟學 1970 年代 (在凱因斯之後)

此外，有必要注意，既為新的古典學派經濟學也稱為新古典學派經濟學者的人亦存在。此時只能從上下文敘述、在凱因斯之前或之後，以及個體經濟學或是總體經濟學等等差異來加以判斷。

* **注 1**：稱為 GNP 平減指數的物價指數增長率
* **注 2**：所謂 GNP 乃指國民生產毛額，是與作為整體國家生產之 GDP 相似的指標。詳細內容將在第 4 章中加以說明。
* **注 3**：此數據無須記憶。

資料來源：美國商務部長期統計

【問題 3-1】以下組合中，錯誤的組合為何者？

A. 古典學派－賽伊法則　　　　　　B. 薩繆爾森－貨幣學派

C. 凱因斯－有效需求原理　　　　　D. 古典學派－價格機制

E. 亞當‧史密斯－看不見的手

（市政廳‧消防官類題）

〈解答‧解說〉　B. 的薩繆爾森為新古典綜合學派，因此有誤。　　**正確解答　B**

9. 總體經濟學的概觀
―本書的導覽圖―

接著，在本章的最後，將說明經濟學的概觀，以及從此開始本書將學習的具體項目之關係。在總體經濟學中，以分析一個國家總體經濟的凱因斯與凱因斯學派的思想為中心，同時學習有關與其對立的古典學派和相近古典學派的貨幣學派、理性預期學派之思想。

第 2 部 國民經濟之計算

在總體經濟學中，由於要分析一個國家的總體經濟，所以存在生產量等數量要以何種方式加總，還有將個別的財貨價格加以平均用來計算物價時，以何種方式平均的問題。這樣的「合計」與「平均」的規則將在「第 2 部 國民經濟之計算」中學習。此部的學習裡，我們將理解國內生產毛額 (GDP) 的正確意涵。由於「景氣好壞」這類的「經濟成長」等一個國家的經濟 (總體經濟學)，要以國內生產毛額 (GDP) 的高低為基準加以討論，所以正確地理解此國內生產毛額 (GDP) 的意涵相當重要。

第 3 部 財貨市場

此處僅聚焦於財貨市場，思考如何決定國內生產毛額 (GDP)。

第 4 部 資本市場

此處聚焦於資本市場，尤其是貨幣市場，思考如何決定利率 (利息)，而其又如何影響國內生產毛額 (GDP)。同時也思考有關日本央行的貨幣政策。

第 5 部 IS-LM 分析 (對財貨市場與資本市場同時進行分析)

在「第 3 部 財貨市場」中，僅針對財貨市場加以分析，在「第 4 部 資本市場」中，僅針對資本市場進行分析。因此，在「第 5 部 IS-LM 分析」裡，將對財貨市場與資本市場同時進行分析，也思考有關市場間彼此如何相互影響。順道一提，所謂 IS-LM 分析，乃是利用表示財貨市場均衡的 IS 曲線，以及表示貨幣市場均衡的 LM 曲線，同時分析財貨市場與貨幣市場的方法。

第 6 部 AD-AS 分析 ‧ IAD-IAS 分析 (對財貨市場、資本市場與勞動市場同時進行分析)

在第 6 部裡，將更進一步發展可同時分析財貨市場與資本市場的 IS-LM 分析，並透過 AD-AS 分析 (總需求－總供給分析) 與 IAD-IAS 分析，學習將勞動市場也列入考慮的分析方法。在此部裡，凱因斯學派與古典學派的對立，將成為重點項目。

第 7 部 IS-LM-BP 分析 (對財貨市場、資本市場與海外同時進行分析)

在第 7 部中，將更進一步發展可同時分析財貨市場與資本市場的 IS-LM 分析，並學習 IS-LM-BP 分析，此乃將海外也列入考慮的分析方法。此外，也學習外幣匯率的決定，日圓升值、日圓貶值對日本經濟的影響，以及國際收支等作為預備知識。

另外，也將學習景氣循環理論，以瞭解短期的不景氣與景氣繁榮等景氣變動如何發生，以及經濟如何長期間成長之經濟成長理論。然後，在最後將學習凱因斯以外的消費理論與投資理論。此處，凱因斯學派與古典學派的思考方式之差異，也將在景氣循環、經濟成長、消費、投資的理論中顯現。

圖表 3-9 ●本書的流程 (本書的構成)

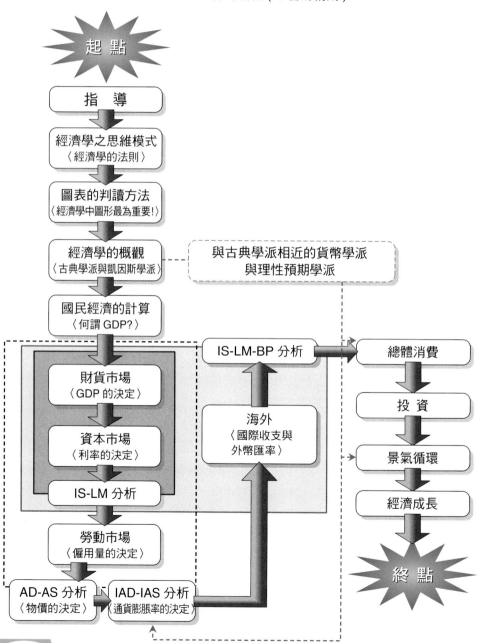

國民經濟之計算

─如何衡量日本經濟？─

　　日本雖被譽為經濟大國，但經濟規模的大小應該如何衡量呢？此外，我們常說物價上漲還是下跌，而物價又是如何計算出來的呢？此部將學習有關這種攸關一個國家經濟（總體經濟）之統計計算規則，並瞭解從經濟統計中又可知道些什麼。

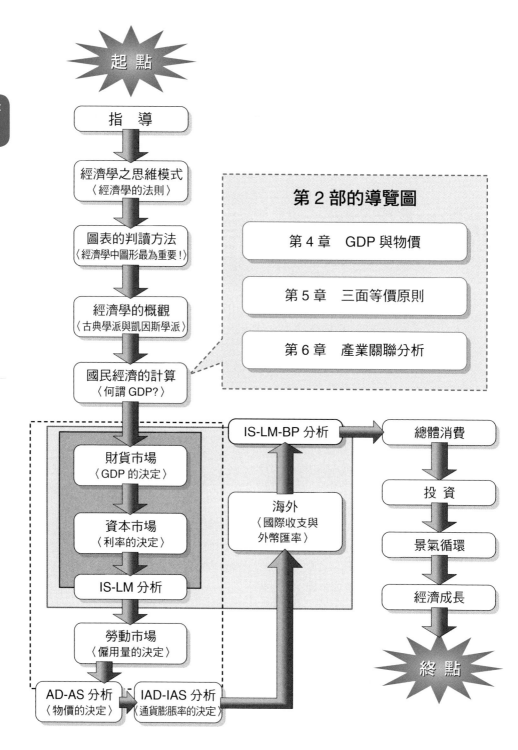

起 點

指 導

經濟學之思維模式
〈經濟學的法則〉

圖表的判讀方法
〈經濟學中圖形最為重要！〉

經濟學的概觀
〈古典學派與凱因斯學派〉

國民經濟的計算
〈何謂 GDP？〉

第 2 部的導覽圖

第 4 章 　GDP 與物價

第 5 章 　三面等價原則

第 6 章 　產業關聯分析

財貨市場
〈GDP 的決定〉

資本市場
〈利率的決定〉

IS-LM 分析

勞動市場
〈僱用量的決定〉

AD-AS 分析
〈物價的決定〉

IAD-IAS 分析
〈通貨膨脹率的決定〉

海外
〈國際收支與
外幣匯率〉

IS-LM-BP 分析

總體消費

投 資

景氣循環

經濟成長

終 點

第 2 部的登場人物與故事

舞台 (分析對象) ─聚焦於財貨市場加以計算─

在總體經濟 (一國整體經濟) 中，市場涵蓋財貨市場、資本市場 (貨幣市場、債券市場) 與勞動市場 3 種類。在此部裡，將特別聚焦在財貨市場，學習一個國家的經濟是如何計算出來的。

> **用 語**
>
> 所謂財貨市場，亦稱為產品市場，為財貨 (物品與服務) 的市場，所謂資本市場乃指從事資產的買賣與借貸之市場，而所謂勞動市場則是處理勞動服務的市場。

> **用 語**
>
> 就一個國家之經濟的計算上，存在有體系的規則，稱為國民經濟會計制度 (SNA：System of National Account)。

登場人物 (經濟主體)

所謂財貨市場，乃是進行財貨交易的市場。所謂財貨乃指物品 (有形的物品) 與無形之服務的加總。所生產具有價值，也稱為產品。因此，財貨市場亦稱為產品市場。在財貨市場上，家計單位、企業、政府、海外等 4 個角色登場。

家計單位：以消費與住宅投資的形式，對財貨有所需求。

企業：以投資的形式，對財貨有所需求的同時，亦進行財貨的供給。

政府：以政府支出的形式，對財貨有所需求。

海外 (外國)：以出口與進口的形式，與財貨的需求有關。

> **用 語**
>
> 在經濟中的登場人物稱為經濟主體。

> **用 語**
>
> 所謂家計單位乃指進行財貨的消費，並提供勞動的經濟主體稱之，具體而言，如「家計簿」所說的，用一般大眾的家庭為概念即可。

> **用 語**
>
> 所謂企業，乃對勞動有需求，並利用該勞動進行財貨的生產、供給之經濟主體。作為代表性的企業可以公司為概念即可。

> **用 語**
>
> 在海外，其實存在海外的家計單位、海外的企業，以及海外的政府，但由於過於複雜，所以均視為「海外」。

在「第4章 GDP 與物價」中，首先，將學習有關 GDP、GNI 等表示經濟規模的統計計算規則，以及物價的計算規則。

其次，在「第5章 三面等價原則」裡，將學習三面等價原則之統計上的法則，從該原則進而理解思考貿易盈餘原因的 IS 均衡理論這樣的看法。

其後，在「第6章 產業關聯分析」中，將學習考慮產業間相互的經濟效果之分析方法。此產業關聯分析，乃是計算奧運帶來的經濟效果與新幹線開通帶來的經濟效果等情況時所用到的方法。

第 2 部的導覽圖

第 4 章　GDP 與物價

第 5 章　三面等價原則

第 6 章　產業關聯分析

Chapter 4

GDP 與物價

—如何衡量日本經濟？—

Point

1 國內生產毛額 (GDP) 等國民所得乃被用來作為判斷國家經濟狀況的基準。

2 所謂國內生產毛額 (GDP)，乃指①一定期間內，②在國內，③產出，④未扣除 (= 包含) 固定資本耗損 (折舊)，⑤原則上以市場價格表示，⑥附加價值之加總。

3 所謂流量 (flow) 乃指一定期間內的變動，存量 (stock) 則是某時點的庫存 (餘額)。

4 國民所得毛額 (GNI) ≡ GDP ＋國外要素所得－國外要素支出

5 國內生產毛額 (GDP) 等國民所得只能就客觀上可計算的數據加以計算。此為其優點，亦為其缺點。

難易度　A

出題可能性

國家 II 種	**B**
國稅專門官	**C**
地方上級、市政廳、特別區	**B**
國家 I 種	**A**
中小企業顧問	**B**
證券分析師	**A**
註冊會計師	**A**
政府辦公室等記錄	**C**
不動產估價師	**C**
外務專門職務	**C**

不僅會直接出題，在 45 度線分析與 IS-LM 分析的題目裡，也會作為解題的前提，故為有必要理解的論點。

「景氣好壞」這類的「經濟成長」等方式表現的一個國家之經濟 (總體經濟學)，大多情況下，要以 GDP 的高低為基準加以討論。另一方面，「用 GDP 並無法衡量真正的幸福！」有這樣的批判亦為事實。

因此，瞭解 GDP 如何計算而得、具有何種特徵，以及存在怎樣的爭議點，在總體經濟學中非常重要。

1. 廣義的國民所得
—1 年內整個國家賺得多少錢—

若是問答題的話，流量與存量、GDP 與 GNI(GNP)，以及 GDP 的爭議點要好好把握住。在單一選擇題中，由於也會出有關 GDP、GNI、NI 相互間關係的計算題，所以這些關係式有必要默背起來。

所謂廣義的國民所得，概括來說，乃是「某國家的國民在 1 年內所賺得的所得加總」。因此，可以說國民所得越多越富裕，國民所得被視為是衡量國民富裕程度的指標。

然而，為何可以獲取所得呢？此乃因為產出了相當於該價值的東西。舉例來說，可以賺得 100 萬日圓的所得，不外乎是產出了 100 萬日圓的價值。因此，此後說明的國內生產毛額 (GDP)、國民生產毛額 (GNP) 與國民所得毛額 (GNI) 也都被稱為是廣義的國民所得。

用 語

廣泛意義下的國民所得稱為「廣義的國民所得」。相對於此，狹隘意義下的國民所得 (狹義的國民所得)，意指後面將說明的「國民所得」(NI：National Income) 之特定的經濟指標。

補 充

考慮生產與所得關係時，「附加價值」這樣的概念將是關鍵，後面將會解釋有關「附加價值」。

1. 國內生產毛額
—(GDP：Gross Domestic Product)—

作為代表一個國家經濟活動規模的指標，最為有名的便是 GDP。

若將國內生產毛額 (GDP) 正確地定義，可定義如下。

① 一定期間內
② 在國內
③ 產出
④ 未扣除 (= 包含) 固定資本耗損 (折舊)
⑤ 原則上以市場價格表示
⑥ 附加價值之加總

略 語

所謂 GDP，乃是 Gross Domestic Product 的略稱，稱為國內生產毛額。Gross 表示「毛額」，Domestic 表示「國內」，Product 表示「生產」。

由於從①到⑥，在計算國內生產毛額上有其重要意涵，所以將依序加以說明。

【1】「一定期間內」

一般指 1 年以內。「1 年內生產多少」乃表示流量的概念。

○流量與存量

所謂**流量**，乃指**一定期間內的變動量**。

相對於此概念，則是存量的概念。所謂存量，乃是「儲存、蓄積」的意思。所謂**存量**，乃指**在某時點的庫存**。以圖表 4-1 的自來水為例，在一定期間內從水龍頭流出的水量，由於是一定期間內的變動量，所以是流量。相對於此，水所蓄積的量，因為是在某一時點的庫存，所以是存量。

試以儲蓄為例加以思考。舉例來說，本月儲蓄了 1 萬日圓是流量 (圖表 4-2)。為何如此，乃因相較於本月初的儲蓄餘額 10 萬日圓，本月底儲蓄餘額為 11 萬日圓，增加了 1 萬日圓，亦即發生了變動。

相對於此，本月初的儲蓄餘額與本月底的儲蓄餘額則是存量的概念。為何如此，乃因表示本月初或是本月底所在時點的儲蓄庫存。

由此可知，所謂在一定期間的變動之流量，即為某期間結束的時點 (稱為期末) 之存量與該期間起始的時點 (稱為期初) 之存量的差額。

補 充

流量的英文寫作 FLOW，乃「流動」的意思。即 flow chart(流程圖) 的 flow。

補 充

存量的英文寫作 STOCK，乃「儲存、蓄積」的意思。

Chapter 4

G D P 與物價

圖表 4-1 ●流量與存量

流量

存量

圖表 4-2 ●儲蓄與儲蓄餘額

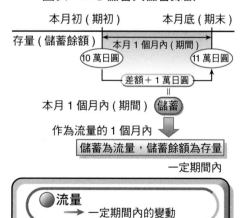

本月初 (期初)　　　本月底 (期末)

存量 (儲蓄餘額)

本月 1 個月內 (期間)

10 萬日圓　　　　　11 萬日圓

差額＋ 1 萬日圓

本月 1 個月內 (期間)　儲蓄

作為流量的 1 個月內

儲蓄為流量，儲蓄餘額為存量

一定期間內

●流量
→ 一定期間內的變動

●存量
→ 某時點的庫存 (餘額)

【2】「在國內」－ Domestic 的意思

按照字面上的意思，乃是計算在國內所生產的物品。即使是日本人所生產的物品，只要是在日本國外所生產的話，就不能計算在內。

【3】「產出」－ Product 的意思

由於 GDP 是產品加總所得，所以非來自生產而獲得的利潤，不包含在 GDP 之內。

① 股票與土地等資產價格的變動

在泡沫經濟時期，藉著股票與土地的價格上揚而獲得暴利的人很多。然而，此獲利本身並非來自生產所得，因此不會計入 GDP 中。

② 中古市場的交易

在中古市場的交易，由於是將過去生產的物品變更所有人而已，並非從事新的生產，所以也不會列入 GDP 的計算。

【4】「未扣除(包含)固定資本耗損」－ Gross 的意思

GDP 的 G 為 Gross，乃「總價」或是「毛額」的意思。這表示並未扣除某數值的意思。

＋ 補 充

此點將在後面解釋與 GNP(國民生產毛額)、GNI(國民所得毛額) 的差異。

＋ 補 充

然而，藉著股票與土地的價格上揚而獲得暴利的人，若是用於高級車與洋裝等消費的話，由於汽車製造商與洋裝廠商將連帶大量生產，所以該時點 GDP 也會增加。

＋ 補 充

股票與土地的交易相關仲介手續費，因產出謂之仲介服務的附加價值，所以加入 GDP 的計算之中。

＋ 補 充

另外，中古市場的交易相關仲介手續費，因產出仲介服務的附加價值，所以加入 GDP 的計算之中。

＋ 補 充

相反地，將某數值 (雜質) 扣除之後即為 Net，乃「純」的意思。

舉 例

包含消費稅為 108 日圓的物品，未含消費稅的價格為 100 日圓。此時，包含消費稅可說是總價 108 日圓，未含消費稅 (扣除消費稅) 的價格則是淨額 100 日圓。此外，在貿易等方面，包含手續費的價格稱為總價、扣除手續費的價格稱為淨額等等。

說到 GDP 是未扣除何者的話,乃是未扣除固定資本耗損。所謂固定資本,乃指機械等設備稱之。所謂耗損,乃指消耗磨損之意。如此一來,所謂**固定資本耗損**,乃指藉由生產,機械等設備消耗摩損,以致**機械等設備價值減少的情況**稱之。

舉例來說,假設 100 萬日圓的機械,在 1 年之內創造了 50 萬日圓的產值之後,結果機械耗損而減少 5 萬日圓的價值,變得僅剩 95 萬日圓的價值。在此情況下,1 年之內的產值達到 50 萬日圓,由於機械的價值減少 5 萬日圓,所以表示收益的話,應該只有 50 萬日圓 −5 萬日圓 =45 萬日圓。然而,**在 GDP 的計算上,並未扣除此機械的價值減損,亦即固定資本耗損。**

【5】「原則上以市場價格表示」

GDP 乃將市場上交易的物品加以計算,所以以市場價格表示 (以市場價格評價產出之財貨的價值) 為原則。為何如此,乃因物品的價值因人而有所不同,但只要以某市場價格進行買賣的話,將不會有人反對其具有該價格的價值。也就是說,**市場價格具備客觀性與說服力。**

如此一來,原則上在市場未交易的財貨 (公害與主婦的家事勞動等等) 之價值無法列入計算。

➕ 補　充

固定資本耗損在會計學上稱為折舊。

➕ 補　充

順道一提,從 GDP 中扣除此固定資本耗損之後,稱為國內生產淨額 (NDP)。有關這部分將在 P.56 中說明。

➕ 補　充

儘管公害會降低國民的福祉 (幸福程度,收益),但由於通常未在市場上交易,所以 GDP 並未計算。然而,以國民的收益來思考的話,因為公害的受損部分將減少收益導致不幸 (＝蒙受損失),所以被認為有必要扣除。

➕ 補　充

主婦的家事勞動,乃提供家事服務使家庭受益,惟市場上並未交易,所以以未計入 GDP 中。然而,由於幫傭打理家事可以在市場上交易,所以有計入 GDP 之中。

然而，即使沒有市場價格，也有納入 GDP 計算的例外情況。

例外 1　自有房屋設算租金

擁有自有房屋的人，由於本身既是房東也是房客，因此無須刻意地付自己房租。然而，住在月租達 10 萬日圓之自有房屋的人，每個月都獲得 10 萬日圓的確幸。為了將此確幸反映在 GDP 上，因而考慮讓擁有自有房屋的人當成租借的人，將房租付給亦為房東的自己，並將此假定的房租計入 GDP 裡。像這樣，住在自有房屋的人，就好像自己付房租給自己一樣之考量，稱為自有房屋設算租金。

例外 2　農家留供自用消費

農家消費自有田畝耕作所得產品，稱為農家留供自用消費。在此情況下，不必刻意地將自己的產品賣給自己以獲得金錢。如此一來，將不會在市場上交易。

然而，自己所生產的食用米與青菜亦有其價值才生產，為了將此生產價值反映在 GDP 上，有關農家留供自用消費，將視為農家將自己所生產的產品銷售給自己，而計入 GDP 的計算裡。

例外 3　公共服務

警察、消防、行政等公共服務，其成本乃由稅金承擔，因此價格為零，幾乎沒在市場上交易。然而，公共服務也有產出價值，對國民的幸福有所貢獻。

此公共服務，對國民生活影響亦大，乃 GDP 計算上例外的加項。

＋ 補　充

由於住家被認為持續產出所謂居住空間的價值，因此納入國內生產毛額考量。

＋ 補　充

在自有房屋設算租金與農家留供自用消費的情況裡，可以用相似物件的租金，以及銷售的農產品價格等相似的市場價格，作為計算的參考。

舉　例

請試想在無警察的社會裡。夜晚令人恐懼而害怕走在路上，由於沒有逮捕犯人的人，所以犯罪也會激增，國民將會陷入不幸之中。

Point！

就公共服務的情況，由於在市場上並未交易，不僅沒有市場價格，連相似的價格也沒有。因此，以要素成本來表示，也就是說，用提供公共服務所需花費的成本來估計，以算出 GDP。

【6】「附加價值之加總」

原則上，GDP 雖然是將代表市場價格的價值加總所得，但並非將銷售額加總。

請思考日本經濟為一個單純的世界，僅有豐田汽車、新日鐵、日本板硝子、普利司通共 4 家公司，在 1 年內生產 1 輛 200 萬日圓的 Prius 汽車 (圖表 4-3)。將各家公司的銷售額單純相加的話，將成為 20 ＋ 10 ＋ 10 ＋ 200=240 萬日圓。然而，由於在這 1 年內只有生產 1 台 200 萬日圓的 Prius 汽車，所以國內生產毛額應該是 200 萬日圓。240 萬日圓與 200 萬日圓的差額，究竟是從何而來的呢？

此乃鐵 (20 萬日圓)、玻璃 (10 萬日圓)、輪胎 (10 萬日圓) 的金額加總而得。這些都是汽車所需的原材料，已經計入原材料廠商的銷售額中，而豐田汽車的銷售額也計入，因此乃重複計算了 2 次 (重複計算)。

也就是說，單純加總銷售額的話，會有將中間產物 (原材料) 重複計算的問題發生。

因此，會使用附加價值一詞。以附加價值考量的話，豐田汽車雖然生產了 200 萬日圓的 Prius，惟實際上有 40 萬日圓的鐵、輪胎與玻璃乃由原材料廠商所製造。如此一來，由於豐田汽車用 40 萬日圓的原材料製作出 200 萬日圓的 Prius，所以產出了相當於 160 萬日圓的價值。

由於如此，豐田汽車所產出的附加價值為 160 萬日圓。此外，再加上原材料廠商所產出 40 萬日圓附加價值的話，將成為 160 ＋ 40=200 萬日圓，足以表示此經濟產出 1 輛 Prius 的事實。

＋ 補 充

也稱為產出值、生產值。

＋ 補 充

經濟大國日本在 1 年內只生產 1 台 Prius，雖然是非現實的假設，但為了加以單純化，並容易理解之故，還請體諒。

圖表 4-3 ●銷售額與附加價值

- 新日鐵：鐵……20 萬日圓
- 日本板硝子：玻璃……10 萬日圓

豐田汽車

1 輛 Prius 賣得 200 萬日圓！

- 普利司通：輪胎……10 萬日圓

用 語

像輪胎與鐵等原材料一樣，所產出的物品，乃為了某項生產而使用的物品，稱為中間產物，如汽車一樣，所產出的物品，可依其原貌被使用，則稱為最終產物。

用 語

所謂附加價值，乃指該企業所產出的 (額外增加的) 價值稱之。

Point!

GDP 為了避免重複計算中間產物 (原材料) 的價值，所以採取附加價值加總計算。

附加價值 ＝ 銷售額 － 原材料成本

接著，試解答有關 GDP 計算方法的問題。

【問題 4-1】

　以下有關 GDP 的敘述中，適當者為何？

1. 1 億日圓的土地進行交易，當支付 10% 的手續費給仲介該筆交易的不動產業者時，此交易相關的土地價格與仲介手續費將計入 GDP 之中。
2. 畫作以 10 億日圓進行交易，就算有作為仲介手續費而支付給畫商交易金額的 5%，但因為繪畫與股票這樣的資產交易不計入 GDP 之中，所以仲介手續費也不計入。
3. 在 GDP 中，並非將市場上交易的所有物品都計入，而是將各產業的產出值扣除原材料等中間產物價值後，僅以所得的附加價值計算。
4. 農家所生產的物品，就算未在市場上交易的留供自用消費部分，該金額仍計入 GDP 中。同樣地，上班族在庭院裡種植蔬菜，將其供給本身消費的情況，亦將作為留供自用消費而計入 GDP 中。
5. 日本企業前往美國發展，在當地設立工廠從事生產時，該處僱用的美國勞工之薪資所得，雖使美國的 GDP 增加，但從日本派遣過去的日本勞工之薪資所得，則會使日本的 GDP 增加。

（國家公務員 II 種）

〈解答‧解說〉

1. ✕ 由於不過是土地所有權的轉移，而並未從事任何生產，所以土地價格不包含在 GDP 之中。然而，因為仲介手續費乃由仲介服務之產出所得，所以包含在 GDP 之中。
2. ✕ 由於仲介手續費為仲介服務之產出所得，所以包含在 GDP 之中。
3. ○ 正確的敘述。
4. ✕ 因為上班族的家庭菜園並非農家的留供自用消費，所以不計入 GDP 中。
5. ✕ 由於 GDP(國內生產毛額) 聚焦在日本國內這樣的場所，所以在美國國內的工廠之生產，就算是日本勞工所貢獻的，仍屬於美國的 GDP(國內生產毛額)。

正確解答　3

3. 國民生產毛額
—(GNP：Gross National Product)—

相對於 GDP（國內生產毛額）是著眼於場所位於日本，GNP（國民生產毛額）則是著眼於人屬於日本國民。也就是說，**GNP（國民生產毛額）乃日本國民所生產的附加價值加總而得。**此外，在法律上所謂國民，雖表示擁有該國之國籍的人，但在此國民經濟的統計上，將居住時間超過 1 年的人視為國民。

在此試想日本歌手在北京舉辦演唱會。假設此演唱會產出了 1 億日圓的附加價值。由於該日本歌手在日本居住超過 1 年，所以視為日本國民，因而計入日本的國民生產毛額 (GNP) 之中。然而，因為在日本國外的北京，亦即中國境內產出，所以計入中國的國內生產毛額 (GDP) 之中，而不算在日本的國內生產毛額 (GDP) 裡。

相反地，假設由美國人組成的劇團在日本舉辦公演，產出的附加價值為 2 億日圓。由於該美國劇團在美國居住超過 1 年，所以在 GNP 的計算上屬於美國國民，因而計入美國的 GNP，並不算在日本的 GNP 之中。然而，因為在日本國內舉辦，所以算在日本的國內生產毛額 (GDP) 之中。

要觀察日本的景氣如何，瞭解在日本國內的生產情況相當重要，國內生產毛額 (GDP) 較為適合。因此，儘管以往是使用國民生產毛額 (GNP)，但如今則是國內生產毛額 (GDP) 被頻繁地使用。

從 2000 年起，開始用 GNI(Gross National Income：國民所得毛額) 的統計來取代國民生產毛額 (GNP)。雖然 GNI 與 GNP 有些微差異，但在數值本身是相同的。

用語

所謂要素所得，乃指勞動與資本等生產要素所獲取的所得。因此，所謂「國外要素所得」，乃指日本國民在國外作為生產要素對生產帶來貢獻，因而獲取的所得稱之，在剛才的例子中，乃指日本歌手在北京舉辦演唱會所獲取的所得。相對於此，所謂「國外要素支出」，則是指外國人在日本國內作為生產要素對生產帶來貢獻，因而由日本支付給外國的所得稱之，在剛才的例子中，乃指美國劇團在日本舉辦公演所賺取的所得。

$$GNP(GNI) = GDP + 國外要素所得 - 國外要素支出$$

日本歌手在北京舉辦演唱會　　美國劇團在日本舉辦公演

接著，試解答有關 GDP 計算方法的問題。

【問題 4-2】

下列之中包含在日本國內生產毛額 (GDP) 的為何？

A. 美國出資的企業在日本國內所產出的附加價值。

B. 日本出資的企業在美國國內所產出的附加價值。

C. 日本出資的企業在美國國內所產出的利益之中，匯款回日本國內的部分。

D. 中國出資的企業在美國國內所產出的利益之中，匯款回日本國內的部分。

(證券分析師 1 次類似題)

〈解答・解說〉

由於國內生產毛額 (GDP) 並非「由誰所生產」，而是著眼於場所位於國內，所以只有 A. 是在日本國內所生產的物品，包含在日本的 GDP 之中。

正確解答　A

4. NDP 與 NNI
─將 GDP、GNI 扣除固定資本耗損後─

如同已敘述過的，GDP 乃「④未扣除 (包含) 固定資本耗損 (折舊)」之數值。然而，舉例來說，假設 100 萬日圓的機械，在 1 年內產出 50 萬日圓的附加價值後，因機械耗損而減少了 5 萬日圓的價值，只剩下 95 萬日圓的價值。此情況下，1 年內所產出的價值雖為 50 萬日圓，但由於機械價值減損了 5 萬日圓，所以就利益的表示上，應該只有 50 萬日圓 −5 萬日圓 =45 萬日圓的利益。

因此，此機械價值的減少，亦即從 GDP 中扣除固定資本耗損後，即為國內生產淨額 (NDP：Net Domestic Product)。

圖表 4-4 ● NDP 與 NNI

	國民 (居住超過 1 年：National)	國內 (Domestic)
未扣除固定資本耗損 (GROSS)	GNP(國民生產毛額) ⇩ GNI(國民所得毛額)	GDP (國內生產毛額)
扣除固定資本耗損 (NET)	NNP(國民生產淨額) ⇩ NNI(國民所得淨額)	NDP (國內生產淨額)

✚ 補　充　:‥□:‥:

在衡量利益的意義上，雖以扣除固定資本耗損之 NDP 與 NNI 較好，惟通常不太使用 NDP 與 NNI，而是常用 GDP 與 GNP。為何如此，乃因所謂固定資本耗損，是指機械等之價值減少，但要確切將其掌握甚為困難，所以無法計算出正確的 NDP 與 NNI 之故。

國民經濟之計算

同樣地，將國民所得毛額 (GNI) (=GNP) 扣除固定資本耗損後，即為國民所 得 淨 額 (NNI：Net National Income) (=NNI)。

形成以下關係：

國內生產淨額 (NDP) ≡ 國內生產毛額 (GDP) – 固定資本耗損

國民所得淨額 (NNI) ≡ 國民所得毛額 (GNI) – 固定資本耗損

> **技 巧** Technique
>
> GDP、GNI、GNP、NDP、NNI 及 NNP 的出現似乎顯得有些混亂。 這 6 個名詞不用完全死背，而是如圖 表 4-4 所示整理後再加以理解記憶。

5. 國民所得
—(NI：National Income)—

所謂國民所得，廣義上可作為 GDP、 NDP、GNI、NNI、GNP 及 NNP 等等的統 稱。 然 而， 狹 義 上 則 指 NI(National Income)。此處，將就狹義的國民所得 NI(National Income) 加以說明。

相對於 GDP 與 GNP 乃著眼於附加價 值 (新產出的額外增加的價值) 之生產 面，此 NI 則著眼於分配面。因為產出的 附加價值理應分配給對生產有貢獻的人， 所以將此分配給國民的所得加總。

接著，將說明從國內生產毛額 (GDP) 中，計算此國民所得 (NI) 的方法。

首先，從國內生產毛額 (GDP) 中， 加上國外要素所得並扣除國外要素支出， 求出國民所得毛額 (GNI)。

此 GNI 之中包含資本價值減損部分 之固定資本耗損，由於此數值未分開，因 此加以扣除。從 GNI 扣除固定資本耗損 後即為國民所得淨額 (NNI)。此國民所得 淨額 (NNI) 之中包含像從客戶預扣的消費 稅一樣之間接稅，此間接稅未分給企業關 係人，而必須繳納給稅務機關。因此，將 從國民所得淨額 (NNI) 扣除間接稅。

> **補 充**
>
> 在國內所產出的附加價值，乃分配給勞 工與資本家 (股東)。因此，作為勞工所得 的薪資，以及作為企業 (股東) 所得的營業 盈餘兩者加總後，即為國內所得 (DI： Domestic Income)。此相當於給予對附加 價值之產出有貢獻的生產要素 (勞工與股東) 之分配 (支付)，所以也稱為「國內要素所 得」。此國內所得 (DI) 之中，加上來自國 外要素獲取的所得，並扣除來自國外要素所 得的支出後，即為國民所得 (NI)。

> **Point!**
>
> 請記住國民所得 (NI) 屬 於「國民」的「範圍」這一點。

> **用 語**
>
> 所謂間接稅，乃指繳納稅金給稅 務機關的人 (稱為納稅人) 與負擔稅 金的人 (稱為負稅人) 並非相同之稅 金稱之。雖然消費稅設定由消費者來 負擔，但繳納給稅務機關的卻是商 家，因此並不相同。

若就此認為「可知這些即歸屬於國民的範圍！」卻並非如此。為何如此，乃因如果獲得來自國家之補貼的話，該部分將使範圍擴增之故。因此，將國民所得淨額 (NNI) 扣除間接稅後，還要加上補貼。

結果，將成為如圖表 4-5 所示的關係。

圖表 4-5 ●從 GDP 求出 NI

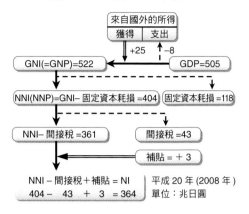

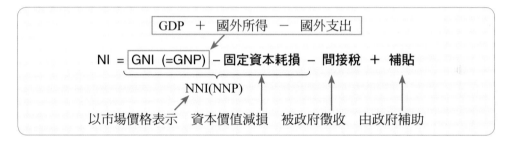

$$GDP + 國外所得 - 國外支出$$

$$NI = \underbrace{GNI\ (=GNP) - 固定資本耗損}_{NNI(NNP)} - 間接稅 + 補貼$$

以市場價格表示　資本價值減損　被政府徵收　由政府補助

6. 國民所得的爭議點
—真正的富裕如何衡量？—

GDP、GNI 等廣義的國民所得，原則上未在市場上交易的物品便不計入。因此，即使透過自然環境破壞與長時間工作等，因而導致國民幸福的減損，該部分並不會扣除。

我們雖然也知道存在這樣的爭議點，仍以**客觀地可計算**的 GDP 與 GNI(GNP) 來討論經濟。

➕ 補 充

已開發出杜賓 (James Tobin) 與諾德豪斯 (William Nordhaus) 的 MEW (Measure of Economic Welfare：經濟福利量度)，以及日本的國民純福祉等指標。然而，這些指標雖用金額換算環境破壞、通勤時間、家事勞動及休閒時間等因素，惟依前提條件的差異，金額也大不相同，由於並不客觀，因此不太被使用。

7. 物價的計算方法

所謂物價，乃指「個別財貨之價格的平均值」。然而，並非單純地平均，而是經濟佔比較大的財貨之價格反映較大，經濟佔比較小的財貨之價格僅些微反映，如此以重要性為考量加以平均。

接著，讓我們利用圖表 4-6 來說明其平均的方法。隨著時空背景改變，汽車產業在數量、價格都成為 2 倍，但蘋果產業在價格、數量均未改變。此結果，導致在 2000 年 300 萬日圓的 GDP 中，有 200 萬日圓即 66% 為蘋果產業所佔有，但在 2010 年 600 萬日圓的 GDP 中，則有 400 萬日圓即 66% 為汽車產業所佔有。也就是說，產業的主角已從蘋果產業轉變為汽車產業。

用 語

物價並不會具體地用 1 萬 5,000 日圓這樣的數字表示，而是以某基準年的物價作為 100，相對於該基準為 199 的方式表現。這樣的表示方法稱為指數。因此，物價稱為物價指數。

用 語

像這樣以權重相加而平均者，稱為加權平均。

圖表 4-6 ●物價的計算

	2000 年 （基期）	2010 年 （計算期）	比較（將 10 年與 00 年比較）
汽車產業	1 輛 100 萬日圓 / 輛	2 輛 200 萬日圓 / 輛	數量 2 倍 價格 2 倍
＋ 蘋果產業	200 箱 1 萬日圓 / 箱	200 箱 1 萬日圓 / 箱	數量不變 價格不變
＝ 國內生產毛額 (GDP)	1 輛 ×100 萬日圓 ＋ 200 箱 ×1 萬日圓 ＝ 300 萬日圓	2 輛 ×200 萬日圓 ＋ 200 箱 ×1 萬日圓 ＝ 600 萬日圓	數量 汽車 2 倍 蘋果不變 價格 汽車 2 倍 蘋果不變

物價的計算方法有拉氏指數 (Pr) 與柏式指數 (Pp)2 種，首先，我們從拉氏指數開始說明。所謂**拉氏指數 (方式)** 乃以「**基期 (前期) 的數量作為基準，用以計算物價的方法**」。也就是說，相較於以 2000 年當時的價格購買作為基期之 2000 年的數量 (汽車 1 輛、蘋果 200 箱)，若以 2010 年的價格購買的話，將成為幾倍的金額。

其次，讓我們說明有關柏氏指數。所謂**柏氏指數 (方式)** 乃是「**以計算期 (當期) 的數量作為基準，用以計算物價的方法**」。也就是說，相較於以 2000 年當時的價格購買作為計算期之 2010 年的數量 (汽車 2 輛、蘋果 200 箱)，若以 2010 年的價格購買的話，將成為幾倍的金額。

圖表 4-6 的例子，乃假設基期 2000 年為 100，以拉氏指數的話為 133，物價上漲將為 33%，而以柏氏指數的話為 150，物價上漲將為 50%。此乃因為在拉氏指數中，汽車的生產量為 1 輛，而在柏氏指數中，汽車的生產量為 2 輛，為其 2 倍之故，所以柏氏指數受到汽車價格成為 2 倍的影響，因而計算出較大的數值。像這樣，依計算方法的不同，物價的變動率也有所差異的情況，有必要加以留意。

── 舉 例 ──

雖然消費者物價指數為拉氏指數，但次頁說明的 GDP 平減指數 (GDP deflator) 為柏氏指數。

╋ 補 充

拉氏 (Laspeyres)、柏氏 (Paasche) 為發明指數的學者姓名。

── 舉 例 ──

在圖表 4-6 的例子中，由於數量為基期 (前期) 故為 2000 年的數量 (汽車 1 輛、蘋果 200 箱)。該數量以 2000 年的價格 (汽車 100 萬日圓、蘋果 1 箱 1 萬日圓) 購買的話，將必須花費 1 輛 ×100 萬日圓＋ 200 箱 ×1 萬日圓 =300 萬日圓。然而，以 2010 年的價格 (汽車 200 萬日圓、蘋果 1 箱 1 萬日圓) 購買相同數量的話，則必須花費 1 輛 ×200 萬日圓＋ 200 箱 ×1 萬日圓 =400 萬日圓。也就是說，儘管是購買相同數量的物品，在 2000 年的話用 300 萬日圓就可以，但 2010 年則要 400 萬日圓，將成為 1.33 倍。這種情況，可說「以拉氏指數來看，相對於 2000 年，2010 年的物價水準為 133，上漲了 33%」。

── 舉 例 ──

在圖表 4-6 的例子中，由於數量為計算期 (當期) 故為 2010 年的數量 (汽車 2 輛、蘋果 200 箱)。該數量以 2000 年的價格 (汽車 100 萬日圓、蘋果 1 箱 1 萬日圓) 購買的話，將必須花費 2 輛 ×100 萬日圓＋ 200 箱 ×1 萬日圓 =400 萬日圓。然而，以 2010 年的價格 (汽車 200 萬日圓、蘋果 1 箱 1 萬日圓) 購買相同數量的話，則必須花費 2 輛 ×200 萬日圓＋ 200 箱 ×1 萬日圓 =600 萬日圓。也就是說，儘管是購買相同數量的物品，在 2000 年的話用 400 萬日圓就可以，但 2010 年則要 600 萬日圓，將成為 1.5 倍。這種情況，可說「以柏氏指數來看，相對於 2000 年，2010 年的物價水準為 150(1.5)，上漲了 50%」。

【問題 4-3】

考慮僅生產並消費 X 財貨、Y 財貨的經濟。下表顯示在各時點兩財貨的價格與生產 (消費) 數據。假設 2000 年為 1 時，則在 2005 年時點的 GDP 平減指數與消費者物價指數的組合，何者正確？

此外，假設兩財貨經由家計單位全部被消費。

	2000 年	2005 年
X 財貨的價格	60,000	50,000
X 財貨的生產 (消費) 數量	1,000	2,000
Y 財貨的價格	2,000	4,000
Y 財貨的生產 (消費) 數量	5,000	2,500

	GDP 平減指數	消費者物價指數
1.	0.88	0.8
2.	0.88	1
3.	1.04	1
4.	1.04	1.2
5.	1.12	0.8

(國家公務員 I 種)

〈解答‧解說〉

Step 1 假設以 2000 年為基期 (前期)、2005 年為計算期 (當期)。此外，為避免數量與價格的混亂，數量以個、價格以日圓之單位加以標記。

Step 2 **GDP 平減指數的計算**

計算期 (2005 年) 的價格

$$\text{GDP 平減指數} (= \text{柏氏指數}) = \frac{\boxed{50,000 \text{ 日圓}} \times \boxed{2,000 \text{ 個}} + \boxed{4,000 \text{ 日圓}} \times \boxed{2,500 \text{ 個}}}{\boxed{60,000 \text{ 日圓}} \times \boxed{2,000 \text{ 個}} + \boxed{2,000 \text{ 日圓}} \times \boxed{2,500 \text{ 個}}}$$

基期 (2000 年) 的價格 ‥‥‥ 計算期 (當期，2005 年) 的數量

$$= \frac{50,000 \text{ 日圓} \times 2,000 \text{ 個} + 4,000 \text{ 日圓} \times 2,500 \text{ 個}}{60,000 \text{ 日圓} \times 2,000 \text{ 個} + 2,000 \text{ 日圓} \times 2,500 \text{ 個}} = \frac{100,000 \text{ 日圓} + 10,000 \text{ 日圓}}{120,000 \text{ 日圓} + 5,000 \text{ 日圓}}$$

$$= \frac{110,000 \text{ 日圓}}{125,000 \text{ 日圓}} = \frac{110}{125} = \frac{22}{25} = \frac{22 \times 4}{25 \times 4} = \frac{88}{100} = 0.88$$

將分子、分母同乘以 4

Step 3 **消費者物價指數的計算** 計算期 (2005 年) 的價格

$$\text{消費者物價指數} (= \text{拉氏指數}) = \frac{\boxed{50,000 \text{ 日圓}} \times \boxed{1,000 \text{ 個}} + \boxed{4,000 \text{ 日圓}} \times \boxed{5,000 \text{ 個}}}{\boxed{60,000 \text{ 日圓}} \times \boxed{1,000 \text{ 個}} + \boxed{2,000 \text{ 日圓}} \times \boxed{5,000 \text{ 個}}}$$

基期 (2000 年) 的價格 ‥‥‥ 基期 (前期，2000 年) 的數量

$$= \frac{50,000 \text{ 日圓} \times 1,000 \text{ 個} + 4,000 \text{ 日圓} \times 5,000 \text{ 個}}{60,000 \text{ 日圓} \times 1,000 \text{ 個} + 2,000 \text{ 日圓} \times 5,000 \text{ 個}} = \frac{50,000 \text{ 日圓} + 20,000 \text{ 日圓}}{60,000 \text{ 日圓} + 10,000 \text{ 日圓}} = \frac{70,000 \text{ 日圓}}{70,000 \text{ 日圓}} = 1$$

Step 4 依 GDP 平減指數 =0.88，消費者物價指數 =1，可知正確選項為 2。

正確解答 2

8. 名目與實質

試思考比圖表 4-6 更單純的圖表 4-7。在圖表 4-7 中，2000 年與 2010 年的汽車與蘋果的生產量皆為汽車 1 輛、蘋果 1 箱，兩者相同。

然而，單純將金額加總而得到的 GDP，將從 101 萬日圓增加成為 1.99 倍 (約 2 倍) 的 201 萬日圓。

不過，生產量仍是汽車 1 輛與蘋果 1 箱沒有任何改變，照理說財富也不會變動。此乃數量未改變，物價卻變成將近 2 倍的 1.99 所致。這樣看來，GDP 並不能作為衡量財富與價值的生產量指標。

因此，將 GDP 排除物價的變動所造成之影響，而採用確實掌握數量的實質 GDP，方能真正地計算出產出價值。

✚ 補 充

由於基期的數量與計算期的數量相同，所以用基期的數量計算之拉氏指數，與用計算期的數量計算之柏氏指數相同。

$$= \frac{1\ 輛 \times 200\ 萬日圓 + 1\ 箱 \times 1\ 萬日圓}{1\ 輛 \times 100\ 萬日圓 + 1\ 箱 \times 1\ 萬日圓}$$

$\times 100 = 201\ 萬日圓 /101\ 萬日圓 \times 100 = 199$

兩者皆如上式，可知物價上漲到 1.99 倍。

◯ 用 語

單純地將金額加總所得之 GDP，稱為名目 GDP。

圖表 4-7 ●物價的計算

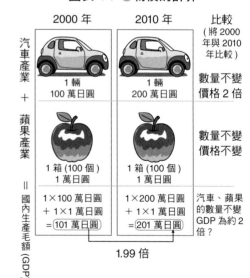

	2000 年	2010 年	比較 (將 2000 年與 2010 年比較)
汽車產業	1 輛 100 萬日圓	1 輛 200 萬日圓	數量不變 價格 2 倍
＋ 蘋果產業	1 箱 (100 個) 1 萬日圓	1 箱 (100 個) 1 萬日圓	數量不變 價格不變
＝ 國內生產毛額 (GDP)	1×100 萬日圓 + 1×1 萬日圓 =101 萬日圓	1×200 萬日圓 + 1×1 萬日圓 =201 萬日圓	汽車、蘋果的數量不變 GDP 為約 2 倍？

1.99 倍

在圖表 4-7 的例子中，2010 年的名目 GDP 雖為 201 萬日圓，惟物價變成 1.99 倍，所以實質 GDP 乃 201 萬日圓 ÷1.99=101 萬日圓，與 2000 年相同。如此可正確地表現出生產量未改變的事實。

用更容易瞭解的例子來說，請考慮與去年相比，雖然數量 (生產量) 不變，但所有的價格都變為 2 倍的例子。因為所有的價格都變為 2 倍，所以物價亦為 2 倍。名目 GDP 也成為 2 倍，實質 GDP 將為名目 GDP 2 倍 ÷ 物價 2 倍 =1，足以正確地表現出生產量不變的事實。

因此，一般而言，GDP 與 GNP 較前年呈現正增加或減少時，都考慮用實質 GDP 與實質 GNP 加以比較。

用 語

以 GDP 計算時的物價指數，稱為 GDP 平減指數。

形成實質 $= \dfrac{\text{名目}}{\text{物價}}$ 之關係。

對於我們而言，生產多少個財貨、能否獲取所得與消費能力才是重要的，而不是表面的金額。即使月薪有 1 億日圓，若是物價上漲以致電車的基本票價即為 1 億日圓的話，由於只有基本票價的薪水而已，生活將極為艱苦，如此一來，實質的月薪可說是極低。

重點建議

所謂「實質○○」，用「幾個數量的○○物品」來思考較容易理解。

MEMO

Chapter 5

三面等價原則

―從經濟數據中可瞭解什麼？―

難易度　A

Point

1 生產面的國民所得、分配面的國民所得與支出面的國民所得，在統計上總是相等 (三面等價原則)。

2 三面等價原則乃總是成立的統計原則，與實體經濟的需求與供給相等與否無關。

3 淨出口 = 國內超額儲蓄＋財政收支
EX – IM = (S—I) + (T—G)

　　三面等價原則在統計上的運用總是成立，但不過是統計上的原則罷了。然而，依此原則，誤認實體經濟的需求與供給也相等的人很多，請多加注意。

1. 三面等價原則
—僅就產出的部分下訂單，然後成為所得—

【1】用一句話概括三面等價原則的話⋯

日本的國內生產毛額 (GDP) 約 500 兆日圓（生產面的國民所得）。由於該約 500 兆日圓作為某些人的所得而被分配，所以與國內的所得之合計（分配面的國民所得）相同。此外，說到為何會產出約 500 兆日圓的附加價值，乃因來自客戶的訂單之故（支出面的國民所得）。

【2】生產面的國民所得

生產面的國民所得乃 1 年內產出之附加價值的加總，即國內生產毛額 (GDP)。

【3】分配面的國民所得

產出的附加價值，被分配給提供對生產有貢獻之生產要素的人。所謂分配面的國民所得，乃將此被分配的所得加總而得到的。

具體而言，產出的附加價值，乃被分配給提供勞動的勞工與提供資本的資本家。來自此分配面的指標，即 NI(狹義的國民所得)。然而，為了使生產面的國民所得 (GDP) 與分配面的國民所得相等，並非依原有的 NI，有必要經過若干的調整。

Point!

「就算生產 500 兆日圓，難道要限制客戶的訂單也剛好是 500 兆日圓嗎？」似乎會提出這樣的疑問。因為這是重點所在，將在後面詳細解釋。

➕ 補 充

由於 GNI = GDP ＋國外要素所得－國外要素支出，因此，

GDP = GNI－國外要素所得＋國外要素支出⋯⋯①。此外，由於

NI = GNI－固定資本耗損－間接稅＋補貼，所以

GNI = NI ＋固定資本耗損＋間接稅－補貼⋯⋯②，將此代入①的 GNI 之中，

即為 GDP=NI ＋固定資本耗損＋間接稅－補貼－國外要素所得＋國外要素支出。

↑
調整 NI 的部分

GDP = NI ＋固定資本耗損＋間接稅 – 補貼 – 國外要素所得＋國外要素支出

生產面的國民所得 　　分配面的國民所得

【4】支出面的國民所得

所謂**支出面的國民所得**，並非國內支出金額的加總，而是**將國內產出之附加價值的支出加總**之指標，也稱為**國內支出毛額**。作為對國內產出之附加價值的支出加總的國內支出毛額之中，首先，包括民間消費、民間投資與政府支出。

國內支出毛額＝民間消費＋民間投資＋政府支出

這些民間消費、民間投資與政府支出之中，在購買外國商品(進口)的情況下，由於並未對國內產出的價值支出，所以有必要扣除。此外，外國人對於該國產出的價值進行支出，則有必要加上。

因此，也考慮海外的話，

國內支出毛額＝民間消費＋民間投資＋政府支出＋出口－進口

現實中，對國內產出價值的支出理應只有這些。因此，若是國內支出毛額較國內生產毛額還少的情況，由於與生產相比支出較少，所以物品將會銷售剩餘，倉庫裡未賣完的商品增加。然而，**在統計上，此銷售剩餘的部分，視為製造廠商的支出，所以用庫存品增加的項目計入國內支出毛額之中**。

國內支出毛額＝民間消費＋民間投資＋政府支出＋出口－進口＋庫存品增加

如此考慮的話，在統計上，支出面的國民所得(國內支出毛額)與生產面的國民所得(國內生產毛額)將變得總是相等。

▶▶徹底解說◀◀

為何如此，乃因與在國內所生產的國內生產毛額(GDP)相等的，就是對該產出物品的支出總和之故。舉例來說，某國家的國內支出有 100 兆日圓，要是只購買外國商品，將使該國企業的訂單金額變為 0 日圓，該國的經濟活動便無法活躍。

略　語

由於國內支出毛額的英文為 Gross Domestic Expenditure，所以也略稱為 GDE。

➕ 補　充

在統計裡以出口的形式表示。

━ 舉　例

假設國內生產毛額(＝生產面的國民所得)為 500 兆日圓時，對產出價值的支出(需求)只有 490 兆日圓。此時，雖有 10 兆日圓的銷售剩餘發生，但在統計上，該 10 兆日圓視為產出企業所支出，計入國內支出毛額之中。此結果，使得國內支出毛額(支出面的國民所得)成為 490＋10＝500，變成與國內生產毛額(生產面的國民所得)總是相等。

☝ Point!

然而，在統計上，由於此銷售剩餘的部分視為產出企業所支出並購買的，所以只有變得相等，現實的生產量與需求量(支出金額)才會相等，並非沒有銷售剩餘的情事。

【5】三面等價原則

像這樣，**在統計上**，生產面的國民所得（國內生產毛額）、分配面的國民所得與支出面的國民所得（國內支出毛額）總是相等。此為**三面等價原則**。

接著，讓我們利用現實中的日本經濟數據，來確認三面等價原則（圖表5-1）。

另外，圖表5-1的國內生產毛額（支出面）雖為國內支出毛額，但從國內生產毛額（支出面）來看，出現了民間最終消費支出、政府最終消費支出與國內固定資本形成毛額等新的用語。

◯ 用 語

所謂統計，乃指國家的會計，所以也會說成「在會計上」。此外，以結果來看，已發生的銷售剩餘，由於作為庫存品增加之企業的支出，因此也會說成「已實現的」。

◯ 用 語

民間最終消費支出與民間消費相同。其次，在圖表5-1中，政府支出分成政府最終消費支出與政府投資，而民間投資與政府投資的加總則稱為（國內）固定資本形成毛額。此乃指無論民間或政府，凡是在國內留待未來運用的固定資本（工廠的機械與道路等），有多少產出的意思，「毛額」乃指未扣除固定資本耗損，也就是今年減損部分的意思。

國內支出毛額 ＝ 民間消費 ＋ 民間投資 ＋ 民間庫存品增加 ＋ 政府支出 ＋ 出口 － 進口

‖（總是相等）　　　　　　　政府消費　政府投資

國內生產毛額（支出面）＝ 民間最終消費 ＋ 政府最終消費 ＋（國內）固定資本形成毛額 ＋ 庫存品增加 ＋ 出口 － 進口

圖表5-1 ● 日本GDP的三面等價（平成20年）

國內生產毛額（支出面）	
民間最終消費	292
政府最終消費	93
固定資本形成毛額	118
庫存品增加	1
財貨、服務的出口	88
（扣除）財貨·服務的進口	-88
國內生產毛額（支出面）	505

國內生產毛額（分配面 *）	
薪資（國內）	264
營業盈餘、混合所得（國內）	84
固定資本耗損	118
對生產、進口產品課稅	43
補貼（扣除）	-3
統計上的差異 **	-1
國內生產毛額（分配面 *）	505

國內生產毛額（生產面）	
1. 農產	457
(1) 農林水產業	7
(2) 礦業	0
(3) 製造業	100
(4) 營建業	31
(5) 水電瓦斯業	9
(6) 臺售、零售業	70
(7) 金融、保險業	29
(8) 不動產業	62
(9) 運輸、通信業	34
(10) 服務業	114
2. 政府服務生產者	48
3. 對家庭服務之民間非營利機構	11
調整項目	-21
統計上的差異 **	10
國內生產毛額	505

→ 形成生產面 ≡ 支出面 ≡ 分配面

* 在日本內閣府的統計雖然以生產面呈現，但內容涉及對僱用人員與企業、企業以外的自營業者之所得分配，所以此處以分配面的國民所得思考。
** 由於生產面、支出面與分配面有各自不同的計算方法，因此實際上數字會有所出入。此誤差稱為統計上的差異。

資料來源：根據日本內閣府「平成20年度國民經濟計算」的數據，由筆者製表。

2. IS 均衡理論
—貿易盈餘的原因為何？—

根據三面等價原則，在統計上，生產面的國民所得、分配面的國民所得與支出面的國民所得總是相等。活用此三面等價原則，就淨出口 (EX–IM) 加以思考的即為 IS 均衡理論。

支出面的國民所得 (GDE)= 消費 (C)＋投資 (I)＋政府支出 (G)＋出口 (EX) – 進口 (IM)。此處，庫存品增加的項目消失，包含在投資 (I) 之中。雖然支出面的國內生產毛額 (國民所得) 與國內支出毛額是相同意思，但要注意存在此時若無庫存品增加的項目時，即包含在投資 (I) 之中的規則。

其次，從分配面的國民所得之觀點來看，可用國民所得 (Y)= 消費 (C)＋儲蓄 (S)＋租稅 (T) 來表示。

因此，依照三面等價原則，
支出面的國民所得 = 分配面的國民所得

C＋I＋G＋EX–IM = C＋S＋T

將其改寫後，即成為

EX–IM = C＋S＋T–(C＋I＋G)

= S–I＋T–G

故導出下列式子。

EX–IM ＝ (S–I) ＋ (T–G)
淨出口 國內超額儲蓄 ＋ 財政收支

請將此作為公式牢記。

另外，從此公式中可解釋，以往日本的貿易盈餘高，乃因日本國內超額儲蓄較大之故，反觀美國的貿易赤字高，則是國內超額儲蓄為負數之故。

用 語

將 EX(出口) 減去進口 (IM)，稱為淨出口。也稱為經常收支、貿易收支。

用 語

將庫存品增加項目包含在投資的情況，會被稱為「意外的 (庫存) 投資」。

補 充

從其他角度來分析已分配的國民所得的話，所得 (Y) 之一部分被徵收當作稅金 (T)，再從稅後的所得 (可支配所得：Y–T) 中部分作為消費之用，而剩餘的部分則為儲蓄 (S)。寫成數學式的話，可用 S=Y–T–C 來表示。將此改寫後，成為 Y=C＋S＋T，亦即已消費的金額、剩餘的儲蓄加上支付的稅金，加總後應為原本的所得。

用 語

EX–IM 為淨出口，S–I 表示國內儲蓄 (S) 相對於投資 (I) 之超額部分，稱為「國內超額儲蓄」，此乃 IS 均衡理論的名稱由來。由於 T(租稅) – G(政府支出) 中租稅 (T) 即政府收入之故，所以 T–G 表示財政收支。

補 充

	EX–IM	=(S–I)	＋ (T–G)
日本	(＋)	(＋＋)	(－)
美國	(－－)	(－)	(－)

【問題 4-1】

　　某國的總體經濟變數數據如下。

　　民間消費 =300，民間儲蓄 =100，民間投資 =80，稅收 =90，政府支出 =100

　　假設不存在統計上的誤差，請求出此國家的淨出口與 GDP 的數值。

（註冊會計師）

〈解答‧解說〉

　　在 IS 均衡理論的公式中填入題目中對應的數值後，

EX–IM ≡ (S– I) ＋ (T–G)

淨出口 ≡ (100–80) ＋ (90–100) = 10

此處，支出面的國民所得 = C ＋ I ＋ G ＋ EX–IM

= 300 ＋ 80 ＋ 100 ＋ 10 = 490

　　此依三面等價原則，由於作為生產面的國民所得之 GDP 與支出面的國民所得 (490) 相等，所以 GDP=490。

正確解答　淨出口 10，GDP 490

Chapter 6

產業關聯分析

—奧運帶來的經濟效果為何？—

難易度　C

Point

1 各產業透過中間產物而彼此深切影響，用來分析產業間相互依存關係的列表即為產業關聯表。

2 產業關聯表的橫列表示銷售對象（產出）、縱行表示使用什麼（投入），橫列數值的加總（銷售額）與縱行數值的加總（生產額）相等。

3 1 單位生產所需必要的中間產物，稱為投入係數。

出題可能性

國家 II 種	C
國税專門官	C
地方上級、市政廳、特別區	C
國家 I 種	B
中小企業顧問	B
證券分析師	C
註冊會計師	B
政府辦公室等記錄	C
不動產估價師	C
外務專門職務	C

　　所謂產業關聯分析，乃包含產業間的波及效果，用以分析經濟效果的方法。由於計算方法複雜，或許要習慣需花費很多時間，但在計算題中是經典題型，所以請多加努力。

　　另外，產業關聯分析與其他章節的關聯性甚低，若是讀了仍不太瞭解的人，也可以暫時先跳過不讀，繼續學習後面的課程。

1. 產業關聯表
—分析產業的相互關係—

所謂**產業關聯表**，乃指將**一定期間內包含中間產物與財貨的產業間交易，用一個圖表列出**。產業關聯表亦稱為投入產出表。圖表 6-1 即 2005 年日本的產業關聯表。此表不僅像 GDP 一樣考慮附加價值，有關中間產物也考量在內，藉此可確實掌握產業間的關係 (詳細內容將在後面以解說題目的方式加以說明)。

縱向表示該產業使用什麼 (= 投入) 從事生產。舉例來說，由縱行可知，製造業所購買用來投入生產的原材料等中間產物中，來自農林水產業的有 77,991 億日圓、來自礦業的有 126,354 億日圓，來自同為製造業的有 1,317,012 億日圓……。

圖表 6-1 ●全國產業關聯表 (2005 年)

縱行表示投入什麼【投入】

第 1 表　平成 17 年 (2005 年) 產業關聯表速報

生產者價格評價表 (13 部門)

橫列表示銷售給誰【產出】

		中　　　間　　　需　　　求									
		01 農林水產業	02 礦業	03 製造業	04 營建	05 水電瓦斯	06 商業	07 金融·保險	08 不動產	09 運輸	10 資訊通信
	01 農林水產業	16616	5	77991	879	0	93	0	1	19	0
	02 礦業	6	29	126354	4966	33025	0	0	0	46	0
	03 製造業	25619	652	1317012	179542	22032	34859	13239	1416	67642	27313
	04 營建	257	65	11980	1439	12779	6517	1640	30477	5058	2334
中間投入	05 水電瓦斯	1120	305	56680	2629	18912	20499	2163	2198	9595	4406
	06 商業	5218	251	176185	41215	5447	18399	2649	632	16352	7108
	07 金融·保險	2263	700	38440	9378	7101	57076	44789	37985	22202	6362
	08 不動產	45	78	6207	1604	1800	28797	5698	3780	7494	8976
	09 運輸	6324	2615	84175	33453	7870	54601	8206	1490	59230	11023
	10 資訊通信	372	113	24882	7621	5491	42238	23401	1379	6050	48079
	11 公務	0	0	0	0	0	0	0	0	0	0
	12 服務	2042	575	211726	51698	24523	65224	48095	14576	67810	67580
	13 其他	1817	121	9730	4942	1078	6291	1078	2363	2526	4882
	內生部門總計	62098	5508	2141362	339365	138057	334595	150959	96297	264023	188062
附加價值毛額	家庭非消費性支出	704	536	45087	9902	4801	24695	11266	1876	8849	23025
	薪資所得	11709	1862	471950	222668	47132	420688	115771	21292	147416	123674
	營業盈餘	39455	701	137583	5884	23464	198765	85014	290095	27370	47273
	資本耗損準備金	13301	831	140184	34508	42818	62958	44957	216488	39749	61370
	間接稅 (關稅除外)	5734	665	137096	21915	16161	38062	19015	36772	21825	16033
	(扣除) 經常補貼	−1387	−20	−2874	−3019	−2588	−734	−11114	−761	−1787	−77
	附加價值毛額部門總計	69516	4575	929026	291857	131789	744434	264909	565762	243421	271298
	國 內 生 產 額	131614	10083	3070388	631222	269845	1079029	415868	662059	507444	459360
參考	國內生產淨額 (要素成本)	51164	2563	609573	228551	70596	619453	200785	311387	174786	170947
	國內生產毛額	68811	4039	883939	281956	126988	719739	253643	563886	234572	248273

橫向表示該產業的財貨銷售給誰(被誰需要)(產出)。舉例來說，由橫列可知，製造業銷售給農林水產業 25,619 億日圓、礦業 652 億日圓，同為製造業 1,317,012 億日圓……。

　　接著，讓我們用考試題目中的簡單產業關聯表，來說明產業關聯表的架構。

> 或許會覺得「好像很複雜繁瑣～」但考試題目中，將只有 2 種產業的簡表，所以請繼續學習，勿過於擔心。

| 11 公務 | 12 服務 | 13 其他 | 內生部門總計 | 最終需求 | | | | | | 最終需求總計 | 需求合計 | （扣除）進口總計 | 國內生產額 | [參考]國內支出毛額 |
				家庭非消費性支出	民間消費支出	一般政府消費支出	國內固定資本形成毛額	庫存淨增	出口總計					
21	13024	0	108650	800	34813	0	1981	7157	632	879	154034	22420	131614	22164
4	107	13	164551	−71	−81	0	−84	−978	348	4966	163685	−153602	10083	−154397
28772	262731	4647	1983474	29532	569752	3351	349913	11469	567104	179542	3514596	−444208	3070388	1057381
5882	12369	0	91197	0	0	0	540025	0	0	1439	931222	0	631222	540025
12653	48173	773	180107	64	83082	6345	0	0	410	2629	270008	−162	269845	89675
5853	91137	821	371267	27677	475423	62	124025	2021	85601	41215	1086075	−7046	1079029	680085
1263	44065	23270	294894	3	119417	0	0	0	6549	9378	420860	−4992	415868	120971
363	17452	135	82429	0	579236	371	0	0	37	1604	662074	15	662059	579630
11960	42874	1988	325809	4705	148821	−748	8029	749	56753	33453	544117	−36673	507444	176931
13407	92992	1284	267308	1748	109577	359	84086	115	2837	7621	465798	−6439	459360	190304
0	0	11097	11097	0	7866	366416	0	0	0	0	385379	0	385379	374282
21195	154049	3430	732522	109684	693481	534260	28100	0	20115	51698	2118162	−44311	2073851	1231645
113	10289	0	45230	0	178	0	0	0	2811	4942	48219	−6295	41924	−3306
101489	789264	47457	4658535	174141	2821566	910416	1136074	20304	743193	339365	10464228	−726163	9738065	4905390

11	12	13	內生部門總計
5449	37566	385	174141
161814	842170	1068	2589212
0	159198	−11782	1003021
115561	195857	4356	972939
1066	60495	447	375285
0	−10698	−6	−35067
283890	1284587	291857	5079531
385379	2073851	41924	9738065
161814	1001368	−10714	3592233
278441	1247021	−5918	4905390

【問題 6-1】

　　假設在閉鎖經濟下，所有的國內產業都區分為 P、Q 及 R 三個產業部門，下表為此情況下的產業關聯表，作為對應表中 A ～ F 的數字組合，適當的為何者。

投入＼產出	中間需求			最終需求	生產毛額
	P 產業	Q 產業	R 產業		
中間投入 P 產業	10	30	A	100	190
Q 產業	20	80	60	B	C
R 產業	40	90	90	170	390
附加價值	D	110	190		
總投入金額	E	310	F		

	A	B	C	D	E	F
1.	50	150	310	120	190	390
2.	50	150	320	120	190	390
3.	60	160	310	120	140	390
4.	60	160	320	70	140	400
5.	60	160	310	70	140	400

（特別區Ⅰ類）

在計算上必要的知識

　附加價值　P.53
　產業關聯表　原則 1

原則 1　產業關聯表的判讀方法

從產業關聯表可知，

橫向移動為產出 (銷售對象)，

縱向移動為投入 (使用什麼從事生產)。

戰　略

依原則 1 進行計算。

Step 1 橫列計算 ──────┐
Step 2 縱行計算 ──────┼─────→ Step 4 計算
Step 3 橫列合計＝縱行合計 ─┘

計 算

Step 1 橫列計算 (產出)

P 產業表示銷售給 P 產業 (同產業的其他企業)10、Q 產業 30、R 產業 A，銷售給最終需求亦即消費者 100，將這些加總後之生產毛額為 190。

產出 \ 投入	中間需求			最終需求	生產毛額
	P 產業	Q 產業	R 產業		
中間投入 P 產業	10 +	30 +	A +	100 =	190
Q 產業	20 +	80 +	60 +	B =	C
R 產業	40 +	90 +	90 +	170 =	390
附加價值	D	110	190		
總投入金額	E	310	F		

銷售對象

$10 + 30 + A + 100 = 190 \cdots ①$

同樣將 Q 產業的橫列計算之後

$20 + 80 + 60 + B = C \cdots ②$

另外 R 產業的橫列也成立。

$40 + 90 + 90 + 170 = 390$

Step 2 縱行計算 (投入)

縱行表示投入什麼，當聚焦在 P 產業的縱行時，P 產業從 P 產業 (同業) 購買原材料 10 後投入生產，從 Q 產業購買 20、從 R 產業購買 40 後投入生產，這些原材料加上附加價值 D 後，成為總投入金額 E。

產出 \ 投入	中間需求			最終需求	生產毛額
	P 產業	Q 產業	R 產業		
中間投入 P 產業	10	30	A	100	190
Q 產業	+ 20	+ 80	+ 60	B	C
R 產業	+ 40	+ 90	+ 90	170	390
附加價值	+ D	110	190		
總投入金額	= E	310	F		

投入什麼

$10 + 20 + 40 + D = E \cdots ③$

Q 產業也同樣縱向加總之後，算式成立。

$30 + 80 + 90 + 110 = 310$

R 產業縱向加總之後

$A + 60 + 90 + 190 = F \cdots ④$

Step 3 橫列合計 = 縱行合計

產出 \ 投入	中間需求			最終需求	生產毛額
	P 產業	Q 產業	R 產業		
中間投入 P 產業	10	30	A	100	190
Q 產業	20	80	60	B	C
R 產業	40	90	90	170	390
附加價值	D	110	190		
總投入金額	E	310	F		

= 生產毛額

由於縱向加總的總投入金額表示中間投入 + 附加價值，所以表示生產額 (生產毛額)，與橫軸的加總相等。

如此一來，成為

$E = 190 \cdots ⑤$

$310 = C \cdots ⑥$

$F = 390 \cdots ⑦$

➕ 補 足

請回想所謂附加價值，乃指在原材料等中間投入金額上，所額外增加的價值，所以附加價值 = 生產毛額 (銷售額)– 中間投入金額 (原材料成本)(P.53)。

Step 4 計算

由①可知，A = 190–10–30–100 = 50

由②、⑥可知，B = C–20–80–60 = 310–20–80–60 = 150

由③、⑤可知，D = E–10–20–40 = 190–10–20–40 = 120

由④、⑦可知，A = F–60–90–190 = 390–60–90–190 = 50

正確解答 1

【問題 6-2】

此表表示由 2 個產業構成的產業關聯表。如今，第 1 部門的最終需求增加 10 時，整體經濟的僱用量將如何變動。請從以下 1 ～ 5 中，選出正確選項。

	第 1 部門	第 2 部門	最終需求	產出量
第 1 部門	75	30	45	150
第 2 部門	60	90	50	200
僱用量	60	105	—	—

1. 10
2. 20
3. 30
4. 40
5. 50

（國家公務員 I 種）

在計算上必要的知識

產業關聯表 → 原則 1，→ 原則 2

戰　略

首先，依原則 1 判讀圖表，其次，依原則 2 作成變動量的方程式，然後求解。

接著，首先，試著依原則 1 判讀題目的產業關聯表。

依題目敘述，在經濟裡只有 2 個產業，第 1 部門的銷售對象，僅有同屬第 1 部門的公司、第 2 部門的公司及最終消費者共 3 種類。所謂第 1 部門、第 2 部門，因為是產業，所以試著將第 1 部門想成是農業、第 2 部門想成是工業，以此為概念將會容易些。

① 橫向判讀＝產出（銷售對象）

就題目的圖表而言，橫向判讀第 1 部門時，銷售給第 1 部門，亦即同部門的其他公司 75、銷售給第 2 部門的公司 30，至於最終需求，此並非表示銷售給企業原材料，而是銷售給消費者 45。另外，所謂銷售給同部門的其他公司，乃指像 Sharp 銷售液晶零組件給同樣是家電廠商

雖然這次同樣也是產業關聯表的問題，但和前面的問題 6-1 完全是不同類型的題目。

的東芝這樣的例子。

因此，產出量（生產量）為這些產品的加總，亦即 75 ＋ 30 ＋ 45=150。

同樣地，橫向判讀第 2 部門時，由於第 2 部門銷售給第 1 部門 60、第 2 部門 90、消費者 50，合計賣出 60 ＋ 90 ＋ 50=200，所以可知產出量（生產量）為 200。

② 縱向判讀＝投入（使用什麼）

縱向判讀第 1 部門時，從同樣第 1 部門的公司購買原材料 75 投入生產，從第 2 部門購買原材料 60 投入生產，由僱用量 60 可知投入勞動 60。

同樣地，縱向判讀第 2 部門時，從第 1 部門購買 30、從第 2 部門購買原材料 90 投入生產，由僱用量 105 可知投入勞動 105。

在此題目中，乃詢問第 1 部門的最終需求變動 10 時，其僱用量的變動。如此一來，如果第 1 部門的最終需求增加 10 的話，當然第 1 部門的產出量 (生產量) 將提高 10，連帶第 1 部門的僱用量也會增加。

然而，討論並未就此結束。縱向判讀第 1 部門時，向第 2 部門購買原材料 60。也就是說，第 1 部門的最終需求增加→第 1 部門的產出量增加→第 1 部門向第 2 部門購買的原材料也增加。如此一來，由於這次第 2 部門提供給第 1 部門的原材料之生產提高，所以第 2 部門的產出量也增加。

縱向判讀第 2 部門時，由於向第 1 部門購買原材料 30，所以第 2 部門的產出量增加→第 2 部門向第 1 部門購買的原材料也增加→第 1 部門提供給第 2 部門的原材料之生產增加，連帶第 1 部門的產出量將進一步提高。如此一來，第 1 部門向第 2 部門購買的原材料增加，連帶第 2 部門的產出量將進一步提高……如此持續下去。

將此用圖形畫出的話，將如圖表 6-2 所示。

從圖表可知，第 1 部門與第 2 部門的產出量互相關係密切，非常地複雜。如此相互影響的關係，可以作成聯立方程式加以求解。具體而言，可用以下**原則 2** 的模式解出。

圖表 6-2 ●產業關聯

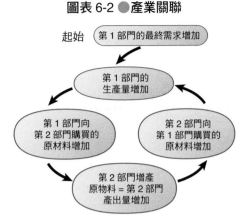

起始　第 1 部門的最終需求增加

第 1 部門的
生產量增加

第 1 部門向
第 2 部門購買的
原材料增加

第 2 部門向
第 1 部門購買的
原材料增加

第 2 部門增產
原物料＝第 2 部門
產出量增加

接著，在具體地解答問題的同時，讓我們來說明**原則 2**。

Step 1　求出投入係數

首先，求出**每 1 單位產出量的投入量** (稱為**投入係數**)。

縱向判讀第 1 部門時，向第 1 部門購買 75、向第 2 部門購買原材料 60 投入生產，另投入勞動 60。然後，可知這是第 1 部門從右邊數過來第 1 橫列，產出量 150 時的投入組合。因此，在圖表 6-3 第 1 部門的縱行僱用量之下方，填入產出量 150。

其次，求出每 1 單位產出量的投入量 (投入係數)。第 1 部門向第 1 部門購買原材料 75 投入生產，由於此時產出量為 150，所以可知每 1 單位產出量的投入量即為投入量 ÷ 產出量 $= \dfrac{75}{150} = 0.5$。

原則 2　與產業關聯有關之產出量變動的計算

在產業關聯表中，欲求出各產業的產出量變動，

1 首先，求出每 1 單位產出量的投入量 (投入係數)；

2 其次，作出各產業產出量變動的產業關聯表；

3 作出各產業橫向產出量的加總數學式，解出聯立方程式。

同樣地，以每 1 單位產出量而言，第 1 部門向第 2 部門購買而投入的原材料為 $\frac{60}{150}$=0.4，每 1 單位產出量的僱用量 (勞動) 為 $\frac{60}{150}$=0.4。

用相同方式，第 2 部門每 1 單位的投入量，乃各別縱行投入量 30、90、105，除以產出量 200 後得到的 $\frac{30}{200}$=0.15、$\frac{90}{200}$=0.45 及 $\frac{105}{200}$=0.525。

將以上所求出的每 1 單位產出量之投入量 (投入係數) 填入表中 (圖表 6-3)。

Step 2 **作出只有變動量的產業關聯表**

其次，假設第 1 部門的產出量變動為 $\triangle X_1$、第 2 部門的產出量變動為 $\triangle X_2$。然後，試著將表全部以變動量來思考 (圖表 6-4)。

(1) 首先，產出量的變動量為 $\triangle X_1$、$\triangle X_2$。

(2) 由題目可知，最終需求的變動量在第 1 部門為 + 10，但並未提及第 2 部門最終需求的變動量，所以未發生變動，亦即變動量為 0。

(3) 其次，由於第 1 部門的產出量增加 $\triangle X_1$，所以原材料與僱用量等增加的量，即為每 1 單位產出量之投入量 (投入係數)，乘以產出量的增加差額 ($\triangle X_1$) 而得到的數值。

依圖表 6-4，A 為每 1 單位產出量投入 0.5，所以產出量變動 $\triangle X_1$ 時，投入量的變動為 0.5$\triangle X_1$。

依圖表 6-4，B 為每 1 單位產出量投入 0.4，所以產出量變動 $\triangle X_1$ 時，投入量的變動為 0.4$\triangle X_1$。

依圖表 6-4，C 為每 1 單位產出量投入 0.4，所以產出量變動 $\triangle X_1$ 時，投入量的變動為 0.4$\triangle X_1$。

(4) 這次考慮第 2 部門的縱行 (投入)。因為第 2 部門的產出量變動為 $\triangle X_2$，所以依圖表 6-4，第 2 部門的每 1 單位產出量之投入量乘以 $\triangle X_2$，即為投入量的變動。如此一來，成為 D=0.15$\triangle X_2$

圖表 6-3 ●投入係數表

第 1 部門的最終需求從增加 10 開始

	第 1 部門	第 2 部門	最終需求	產出量
第 1 部門	($\frac{75}{150}$=0.5) 75	($\frac{30}{200}$=0.15) 30	+ 10　45	150
第 2 部門	($\frac{60}{150}$=0.4) 60	($\frac{90}{200}$=0.45) 90	50	200
僱用量	($\frac{60}{150}$=0.4) 60	($\frac{105}{200}$=0.525) 105		
產出量	150	200		

$E=0.45\Delta X_2$

$F=0.525\Delta X_2$

到這裡，我們完成了只有變動量的產業關聯表 (圖表 6-4)。

Step3 從橫向的關係作成方程式

讓我們注意只有變動量的產業關聯表 (圖表 6-4) 之橫列 (產出量，銷售對象)。

首先，從第 1 部門的銷售 (銷售對象) 來看，由於對第 1 部門 (同業的其他公司) 的 (原材料) 銷售量增加 $0.5\Delta X_1$，對第 2 部門的原材料銷售量增加 $0.15\Delta X_2$，對消費者的銷售 (最終需求) 增加 10，所以銷售量總共增加 $0.5\Delta X_1 + 0.15\Delta X_2 + 10$。因為此與產出量的變動 ΔX_1 相等，所以成為 $0.5\Delta X_1 + 0.15\Delta X_2 + 10=\Delta X_1$。

由於有小數計算較麻煩，所以同乘以 100 倍後，成為

$50\Delta X_1 + 15\Delta X_2 + 1{,}000=100\Delta X_1$ ……①

其次，注意圖表 6-4 第 2 部門的橫列 (產出量，銷售對象)。此亦和第 1 部門作同樣思考，由於對第 1 部門的銷售增加 $0.4\Delta X_1$，對第 2 部門的銷售增加 $0.45\Delta X_2$，對消費者的銷售並無增加，所以銷售量總共 $0.4\Delta X_1 + 0.45\Delta X_2 + 0$，因為此與產出量的增加 ΔX_2 相等，所以成為 $0.4\Delta X_1 + 0.45\Delta X_2 + 0=\Delta X_2$。

同樣也因為有小數計算較麻煩，所以同乘以 100 倍後，成為

$40\Delta X_1 + 45\Delta X_2 + 0=100\Delta X_2$ ……②

Step4 藉由聯立方程式計算產出量的增加量

然後，解出①、②的聯立方程式，求出 ΔX_1、ΔX_2。

Step5 僱用量的計算

其次，如果求出 ΔX_1、ΔX_2 的話，依圖表 6-4，即可求出 $0.4\Delta X_1$、$0.525\Delta X_2$。

圖表 6-4 ●變動量的產業關聯表

	第 1 部門 (3)	第 2 部門 (4)	最終需求 (2)	產出量
第 1 部門	A $0.5\Delta X_1$	D $0.15\Delta X_2$	＋ 10	ΔX_1 (1)
第 2 部門	B $0.4\Delta X_1$	E $0.45\Delta X_2$	0	ΔX_2
僱用量	C $0.4\Delta X_1$	F $0.525\Delta X_2$		
產出量	ΔX_1	ΔX_2		

計　算

Step 1 **Step 2** **Step 3** **Step 4**

從②式可知，

$40\triangle X_1 = 100\triangle X_2 - 45\triangle X_2$

$= 55\triangle X_2$

$\triangle X_2 = \boxed{\dfrac{40}{55}}\triangle X_1$ ……②′

將此代入①中

$50\triangle X_1 + 15\times\left(\dfrac{40}{55}\triangle X_1\right)$

$+ 1000 = 100\triangle X_1$

$\left(100 - 50 - 15\times\dfrac{40}{55}\right)\triangle X_1 = 1{,}000$

$\dfrac{(100\times 55 - 50\times 55 - 15\times 40)}{55}\triangle X_1$

$= 1{,}000$

$\dfrac{2{,}150}{55}\triangle X_1 = 1{,}000$

因此，

$\triangle X_1 = 1{,}000\times\dfrac{55}{2{,}150} = \dfrac{1{,}100}{43}$

由②′可知，

$\triangle X_2 = \dfrac{40}{55}\triangle X_1 = \dfrac{40}{55}\times\dfrac{1{,}100}{43} = \dfrac{800}{43}$

Step 5

依圖表 6-4，第 1 部門的僱用量為每 1 單位產出量需 0.4，所以

僱用量的增加 $= 0.4\triangle X_1 = \boxed{0.4\times\dfrac{1{,}100}{43}}$

依圖表 6-4，第 2 部門的僱用量為每 1 單位產出量需 0.525，所以

僱用量的增加 $= \boxed{0.525\times\dfrac{800}{43}}$

因此，

整體經濟的僱用量之增加

= 第 1 部門的僱用量之增加

＋第 2 部門的僱用量之增加

$= \boxed{0.4\times\dfrac{800}{43}} + \boxed{0.525\times\dfrac{800}{43}}$

$= \dfrac{440}{43} + \dfrac{420}{43}$

$= \dfrac{(440 + 420)}{43}$

$= \dfrac{860}{43} = 20$

正確解答　2

2. 產業關聯表的意義

　　某產業的最終需求一旦增加，將透過中間產物需求增加的形式，連帶對其他產業也造成波及效果。藉由利用產業關聯表，可以像【問題6-2】一樣，計算出所有產業的生產額增加與僱用量增加。

　　事實上，奧運與世界盃舉辦時，也利用產業關聯表來預估其經濟效果。當舉辦慶典活動大家暢飲啤酒時，不僅只有啤酒公司，瓶罐廠商、作為瓶罐素材的鋁、鐵公司，以及製作啤酒材料的小麥農家的生產額也都會提高。這些關係，可以像【問題6-2】一樣用聯立方程式表示，藉由聯立求解計算出各產業的生產額增加情況，並預估對整體經濟的效果。

　　另外，不只是全國，產業關聯表也有地方與縣市鄉鎮的項目。當機場啟用，在進行對於縣內經濟的波及效果等計算時，可善加利用該縣的產業關聯表。

MEMO

Part 3

財貨市場

—如何決定 GDP ？—

在總體經濟 (一國整體經濟) 中，市場涵蓋財貨市場、資本市場與勞動市場3種類。這些市場相互影響，經濟也隨之漸漸地改變。

雖然希望同時討論這 3 個市場，但驟然將 3 個市場同時分析的話，會過於複雜而相當棘手。因此，在此部將僅聚焦於對財貨市場的分析。

接著，學習運用「45 度線分析」的方法，使財貨市場的需求與供給相等，進而決定國民所得 (GDP)，並深入瞭解需求決定國民所得多寡的凱因斯之有效需求原理。

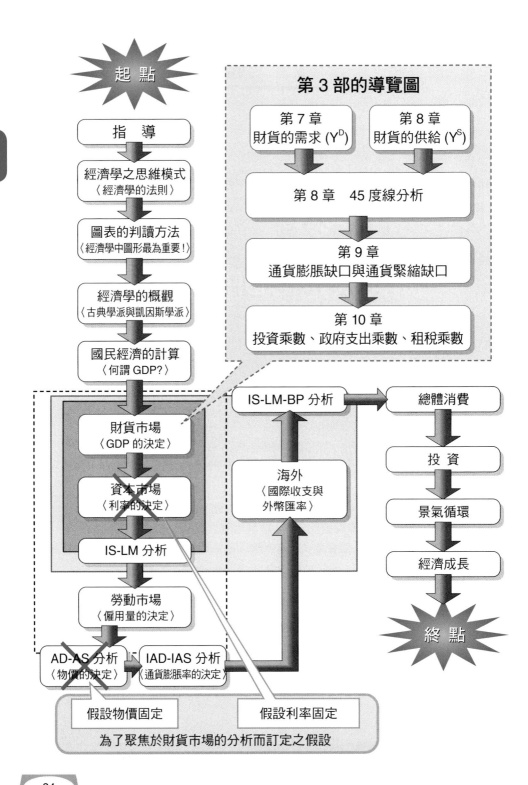

第 3 部的登場人物與故事

實體經濟—財貨市場、資本市場、勞動市場之關係密切複雜—

在總體經濟(一國整體經濟)中,市場涵蓋財貨市場、資本市場與勞動市場等3種類。這些市場相互影響,經濟也隨之漸漸地改變。因此,真的希望能將財貨市場、資本市場、勞動市場這3個市場同時加以討論。

用 語

所謂財貨市場,亦稱為產品市場,為財貨(物品與服務)的市場,所謂資本市場乃指從事資產的買賣與借貸之市場,而所謂勞動市場則是處理勞動服務的市場。

舉 例

在資本市場中一旦股價下跌,因為股票而蒙受損失的人,將變得無法購買財貨。在財貨市場上財貨若無法售出的話,連帶企業將進行組織調整,因而導致勞動市場發生失業的情況。

舞台(分析對象)—訂定假設單純化以侷限在財貨市場—

然而,驟然將3個市場同時分析的話,會過於複雜而相當棘手。因此,在此部將僅聚焦於對財貨市場的分析。

為了聚焦於財貨市場的分析,所以假設取決於資本市場的利率,以及與勞動市場之關係所決定的物價為固定。要是取決於資本市場的利率,以及與勞動市場之關係所決定的物價變動的話,將有必要就其為何變動,以及資本市場及勞動市場加以分析。由於如此,藉由假設取決於資本市場的利率,以及與勞動市場之關係所決定的物價為固定不變,方可不就資本市場及勞動市場進行分析。

 Point!

在經濟學中,當不打算分析某市場時,便假設該市場所決定的因素皆為固定不變。在第4部中,為了僅聚焦於資本市場,所以假設取決於財貨市場的國民所得(GDP),以及取決於與勞動市場之關係的物價為固定。

登場人物 (經濟主體)

所謂財貨市場，乃是進行財貨交易的市場。所謂財貨乃指物品 (有形的物品) 與無形之服務的加總。由於具有產出價值，所以也稱為產品。因此，財貨市場亦稱為產品市場。

在財貨市場上，有家計單位、企業、政府、海外等 4 個角色出現。

家計單位：以消費與住宅投資的形式，對財貨有所需求。

企業：以投資的形式，對財貨有所需求的同時，亦進行財貨的供給。

政府：以政府支出的形式，對財貨有所需求。

海外 (外國)：以出口與進口的形式，與財貨的需求有關。

故事的進展 (構成)

在「第 7 章 財貨的需求」中，將學習對企業的訂單有哪些，另外，何種原因將導致對企業的訂單增加或減少。

其次，在「第 8 章 45 度線分析」裡，將學習 45 度線分析，其就財貨的供給加以說明，國民所得將取決於財貨的需求與供給相等所在之多寡。

然而，不限於財貨市場的需求與供給相等之國民所得 (GDP) 的理想經濟狀態，也有國民所得 (GDP) 過少發生失業，相反地需求過多引發通貨膨脹的情況。有關這樣的經濟狀態將在「第 9 章 通貨膨脹缺口與通貨緊縮缺口」中，運用 45 度線分析加以理解。另外，在「第 10 章 投資乘數、政府支出乘數、租稅乘數」中，將思考為了消除失業與通貨膨脹，達到理想的經濟狀態所採取的經濟政策之效果。

用 語

在經濟中的登場人物稱為經濟主體。

用 語

所謂家計單位乃指進行財貨的消費，並提供勞動的經濟主體稱之，具體而言，如「家計簿」所說的，用一般大眾的家庭為概念即可。

用 語

所謂企業，乃對勞動有需求，並利用該勞動進行財貨的生產、供給之經濟主體。作為代表性的企業可以公司為概念即可。

用 語

海外方面，其實存在海外的家計單位、海外的企業，以及海外的政府，但由於過於複雜，所以統稱為「海外」。

第 3 部的導覽圖

第 7 章 財貨的需求 (Y^D)	第 8 章 財貨的供給 (Y^S)

第 8 章
45 度線分析

第 9 章
通貨膨脹缺口與通貨緊縮缺口

第 10 章
投資乘數、政府支出乘數、租稅乘數

Chapter 7

財貨的需求

—對企業的訂單也有各種不同的種類？—

Point

1 首要重點，需求決定國民所得 (GDP) 的多寡與僱用量，在這樣的有效需求原理中，如何決定需求量乃決定性的關鍵。

2 財貨的需求 (Y^D)= 消費 (C) ＋投資 (I) ＋政府支出 (G) ＋出口 (EX)– 進口 (IM)

3 凱因斯假設消費 (C) 乃由可支配所得 (Y–T) 所決定。$C=a + b(Y-T)$

財貨的需求，乃是其後出現的 45 度線分析、IS-LM 分析、AD-AS 分析及 IS-LM-BP 分析等大多數分析方法的基礎，所以非常重要。請確實地學習。

難易度　A

出題可能性

國家 II 種	C
國稅專門官	C
地方上級、市政廳、特別區	C
國家 I 種	C
中小企業顧問	B
證券分析師	B
註冊會計師	C
政府辦公室等記錄	C
不動產估價師	C
外務專門職務	C

雖然不會直接出題，但會在 45 度線分析與 IS-LM 分析的題目裡出現。

1. 財貨的需求 (Y^D)
─對企業的訂單有哪些？─

Part
3

財貨市場

【1】凱因斯學派認為，財貨需求的多寡非常重要

對於支持財貨需求的多寡將決定國民所得 (GDP) 的高低、決定僱用量之有效需求原理的凱因斯學派而言，如何決定財貨需求量乃決定性的關鍵。

【2】財貨的需求有哪些？

所謂**財貨的需求，乃指對於該國產出之價值的需求**。此點，在考慮貿易時將變得非常重要。

① 在國內的訂單

首先，將重點放在個人與企業等民間方面，包括民間消費 (C) 與民間投資 (I)。另外，由於政府會對企業的下單，所以有必要計入。此即政府支出 (G)。如此一來，僅考慮國內的話，財貨的需求為 Y^D =C＋I＋G。

② 來自海外的訂單，對海外的下單

除了國內的訂單 (C＋I＋G) 之外，也有來自外國的訂單。舉例來說，在日本生產的汽車也有外國人下單。這些將成為日本對外國的出口 (EX)，而加入國內的訂單 (C＋I＋G) 裡。

此外，國內的訂單「C＋I＋G」之中，也會有購買外國財貨 (進口) 的情況。由於進口並非對國內產出的財貨下單，所以有必要從國內的訂單「C＋I＋G」之中扣除。

像這樣，藉由在國內的訂單「C＋I＋G」裡加上出口 (EX)、減去進口 (IM)，將可以求出也考慮貿易的日本國內產出之財貨需求。

略 語

Y^D 財貨的總需求 (一國的財貨市場之需求量加總)
C (Consumption) 消費
I (Investment) 投資
G (Governmental Expenditure) 政府支出
EX (Export) 出口
IM (Import) 進口

陷 阱

認為財貨的需求乃是住在該國的人們所需求的數量，有此誤解的人很多，但事實並非如此，而是對於該國產出之價值的需求。此點與如何處理進出口的問題有所關聯。

補 充

雖然有政府消費與政府投資，但通常會將兩者整合，統稱為政府支出。

用 語

所謂消費，乃指民間消費的合計。政府相關的消費包含在後面說明的「政府支出 (G)」裡，並不包含在此處所說的消費之中。

技 巧 Technique

所謂國民所得，由於是指廣義的國民所得，所以就是 GDP。此處與其用 GDP 的「生產」，不如用國民所得的「所得」為概念，比較容易理解。

另外，**財貨的需求** $(Y^D = C + I + G + EX - IM)$，在形式上雖然與第 5 章的三面等價原則中出現的「國內支出毛額」相似，但**並非像國內支出毛額一樣，將銷售剩餘導致的庫存品增加視為產出企業所購買一般徒具形式**。在財貨的需求 (Y^D) 中，由於銷售剩餘的庫存品未被購買，所以不包含在需求之中，作為欲銷售之供給量加總的 Y^S，以及作為想購買之數量加總的 Y^D，並非總是相等。

陷阱

儘管很多人認為財貨的需求與國內支出毛額 (支出面的國民所得) 相同，但在銷售剩餘的處理上有所不同！！

Point!

從第 7 章開始，並非統計上的敘述，由於是分析實體經濟，所以供給量與需求量也有可能不同。請注意三面等價的原則畢竟是統計上的原則！

財貨的需求 (Y^D)= 消費 (C) ＋投資 (I) ＋政府支出 (G) ＋出口 (EX) – 進口 (IM)

| 對國內產出財貨的訂單 | 在國內的支出 (訂單) | 外國對國內產出財貨的訂單 | 在國內的支出 (C ＋ I ＋ G) 之中，對外國產出財貨的訂單 |

接著，其次將思考如何決定消費、投資、政府支出、出口、進口。

2. 消費理論
—凱因斯模型消費函數—

【1】凱因斯模型消費函數

所謂「消費函數」，乃指消費量與其他數量的關係，而凱因斯則考慮消費量 (C) 與國民所得 (GDP：Y) 之間的關係。試以個人為考量，一旦所得增加的話，通常消費也會增加，所以整體經濟的消費，也應該想成會和整體經濟的國民所得有所關聯。

補 充

此 (民間) 消費，在現在日本約 500 兆日圓總需求之中，佔有約 300 兆日圓，相當於 6 成水準。不僅如此，在第 10 章裡，在瞭解政府支出與租稅政策的效果上，消費的分析是相當重要的。

將此以數學式表示的話，

〈凱因斯模型消費函數〉

C = a + bY (C：消費量，Y：國民所得，a>0，0<b<1，a、b 為常數)

這樣寫起來看似困難，所以我們試著用具體實例加以思考。

讓我們用具體的數字代入 C=a + bY 中之常數 a、b 來思考。由於 a>0 故將 a 假設為 100、而 0<b<1 故將 b 假設為 0.7。如此一來，即成為

C=100 + 0.7Y

將此式以圖表 7-1 來思考。首先，有關符號的說明，△Y 與 △C 的「△」讀成 delta，表示變動量的意思。因此，△Y 表示國民所得 (GDP：Y) 的變動量，△C 表示消費量的變動量。由於國民所得以 0、100、200 的方式依序遞增 100，所以 △Y(Y 的增加量) 為 100。

在圖表 7-1 中，當 Y=0 時，將成為 C=100。此消費量 100，乃是**即使所得是 0，也必須要消費的量**，亦即可以想成是為了生存不可或缺的消費，所以稱為「**基本消費**」。以 C=a + bY 來說，a 即為基本消費。

圖表 7-1 ● C=100 + 0.7Y 的數值表

Y 國民所得	C 消費量	C/Y 平均消費傾向	△Y Y 的變動量	△C C 的變動量	△C/△Y 邊際消費傾向
0	100	無限大	+100	+70	0.7
100	170	1.70	+100	+70	0.7
200	240	1.20	+100	+70	0.7
300	310	1.03	+100	+70	0.7
400	380	0.95	+100	+70	0.7
500	450	0.90	+100	+70	0.7
600	520	0.87	+100	+70	0.7
700	590	0.84	+100	+70	0.7
800	660	0.83	+100	+70	0.7
900	730	0.81	+100	+70	0.7
1000	800	0.80	+100	+70	0.7

圖表 7-2 的橫軸

圖表 7-2 的縱軸

圖表 7-2 ● C=100 + 0.7Y 的圖形

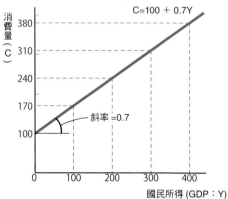

此 外，Y=100 的 話 C=170，Y=200 的話 C=240，Y=300 的話 C=310，隨著 Y 每增加 100，C 也隨之遞增 70(C 的變動量 △C 為＋70)。也就是說，當 Y 增加 1 時，C 將增加 0.7 的意思，此不外乎是 C=100＋0.7Y 的 Y 前面有係數 0.7 之故。因此，**此 0.7 成為以 C=100＋0.7Y 作圖之圖表 7-2 中的斜率**。如此 0.7 所示，**國民所得 (Y) 增加 1 單位時，消費的增加差額稱為邊際消費傾向**。以 C=a＋bY 來說，b 相當於邊際消費傾向。

【2】平均消費傾向

所謂平均消費傾向，乃指相對於國民所得總額 (Y)，消費總額 (C) 所占的比重。此即圖表 7-1 中，由左起算第 3 列的 $\frac{C}{Y}$。Y 愈小的話，此平均消費傾向 ($\frac{C}{Y}$) 將會愈大，而隨著 Y 變得愈大，平均消費傾向將愈變愈小，邊際消費傾向漸趨於 0.7。在圖表 7-1 中，當 Y=1,000 的時候，雖然只寫到 $\frac{C}{Y}$=0.80，但數值若大到 Y=100 萬的程度時，C=100＋0.7×100 萬=700,100，

$$\frac{C}{Y} = \frac{700,100}{1,000,000} \fallingdotseq 0.7$$

幾乎趨近於 0.7。

【3】稅金導致消費函數的修正

此處，由於考慮稅金，因此消費函數並非 C=a＋bY，而是 C=a＋b(Y–T)。此乃從所得 Y 中扣除稅金 T，剩餘的 (Y–T) 表示可以支配的所得，Y–T 稱為**可支配所得 (Yd)**。

數學入門 Mathematics

那麼，讓我們就此處有關圖形斜率的部分，對第 2 章稍加復習。所謂斜率，雖然一般會以 30 度還是 90 度來表示，但在經濟學上，斜率並非指角度，而是多半表示「在橫軸上以＋1 變動時，縱軸上會發生怎樣的變化」這樣的數值。舉例來說，在圖表 7-2 中，橫軸上國民所得每增加 100，縱軸上的消費量將增加 70。也就是說，由於當橫軸上行進＋1 時，可知縱軸上的消費量變動＋0.7，所以斜率為＋0.7。

舉 例

以這種方式敘述令人感覺頗為困難，簡言之，當所得＋1 時，＋1 之中的 0.7，亦即 7 成用於消費的意思。

對後續的影響

後續將學習的 45 度線分析、IS-LM 分析，因為都將以凱因斯模型消費函數為前提，所以請確實地理解。

陷 阱

由於有很多人誤用平均消費傾向與邊際消費傾向，所以請留意勿混淆。

平均消費傾向	邊際消費傾向
相對於國民所得總額 (Y) 消費總額 (C) 所佔的比重	國民所得 (Y) 增加 1 單位時的消費之增加差額
$\frac{C}{Y}$	$\frac{\triangle C}{\triangle Y}$

補 充

「$\fallingdotseq$」符號並非如「＝」一樣表示「相等」，而是「幾乎相等」的意思。

略 語

d 為 disposal，表示「可支配的」之意思。

Chapter 7

財貨的需求

91

然後，從可支配所得中將比率 b 用於消費，所以成為

C=a + b(Y–T)

此處，假設稅金 (T) 為固定金額 T_0 不變。

除了定額稅以外，國民所得 Y 中，亦有固定比率作為稅金被徵收，用數學式表示的話，可為

T=tY(T 為稅額，t 為稅率 0<t<1)

像這樣稅額 (稅租) 與國民所得之間的關係稱為租稅函數。另外，也有同時使用比例稅與固定稅的租稅函數，可表示如下。

$$T=T_0 + tY$$

　　定額稅部分　比例稅部分

用 語

像這樣，與國民所得 (Y) 的高低無關，而取決於固定金額 T_0 的稅金，稱為定額稅。

用 語

像這樣以國民所得 Y 中的固定比率課徵之稅金，稱為比例稅。

╋ 補　充

現實中的所得稅並非單純的比例稅，而是採取所謂的累進課稅。在比例稅中採用固定的稅率，而在累進課稅裡，則是伴隨著所得增加，稅率 t 也提高。然而，由於數學式複雜困難，所以考試中不會出現。

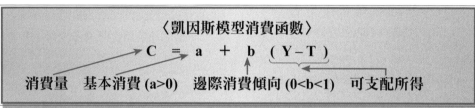

〈凱因斯模型消費函數〉

$$C = a + b (Y – T)$$

消費量　基本消費 (a>0)　邊際消費傾向 (0<b<1)　可支配所得

【4】凱因斯模型儲蓄函數

所謂儲蓄 (S：Savings)，乃指所得 (Y) 減去消費 (C) 之剩餘。因此，消費以 C=a + bY 表示的話，即成為

儲蓄 S = Y–C
　　　 = Y–(a + bY)
　　　 = –a + (1–b)Y……①

也可以求出凱因斯模型儲蓄函數。

此處，以 1–b = s 取代的話，①式成為

S = –a + sY　(s = 1–b)

即求出儲蓄函數。此處 –a 為 Y = 0 時的儲蓄。當 Y = 0 時，因為 C = a，所以 S = Y–C = 0–a = –a，即儲蓄為負。

📏 圖 形 化　graph

從 S= –a + (1–b)Y 來看，在橫軸為國民所得 (Y)，縱軸為儲蓄 (S) 的圖形中，成為縱軸截距 –a、斜率 1–b 之向右上方傾斜的直線 (圖表 7-3)。

圖表 7-3 ● 凱因斯模型儲蓄函數的圖形

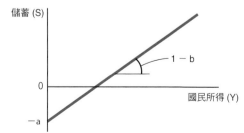

此外，s (=1–b) 稱為邊際儲蓄傾向。此表示 Y 為＋1 時，有多少用於儲蓄。

➕ 補 充 ⸬▫⸬

當 Y 以＋1 增加時，由於其中 b 作為消費之用，所以儲蓄的話即從 1 減去 b，剩餘的 1–b 為其所用。

3. 投資
—首先假設固定不變—

【1】股票投資並非投資！？

由於何者為投資這一點很容易誤判，因此我們首先從何謂投資開始說明。

在日常生活中，所謂投資含有「為了獲得未來的利益與滿足之支出」的意思，所以購買股票與其他金融商品的情況也使用投資一詞。此乃因為購買現在的股票，是為了未來上漲而獲得利益之行為，所以符合一般投資上「以未來的利益為目的而支出現有的資金」的意涵。然而，**在經濟學提到的投資乃指「為了生產、供給人們消費的財貨，而增加機械、建築等設備與店鋪的庫存品」之意義，所以購買股票等金融資產，並不符合經濟學的投資**，此點有必要留意。

此處很容易弄錯，所以我們也用別的方式來做說明。在經濟學裡的投資，乃指財貨的需求 (Y^D)，亦即可成為對企業之訂單的投資。舉例來說，即使購買日立的股票，這並不能成為對日立這家公司產出之財貨的訂單 (Y^D)。相對於此，當豐田購買日立的機械設備時，將成為對日立的訂單，提高日立的生產，所以乃是作為財貨需求 (Y^D) 的訂單。

【2】投資首先要固定

雖然凱因斯認為投資金額將隨著利率而變動，但此部裡因假設利率為固定，所以投資金額維持固定不變，並以此進行後續的分析。

💀 陷 阱 ✖

在經濟學中，購買股票等金融資產並非投資！符合經濟學裡所謂為了生產、供給人們消費的財貨，而增加機械、建築等設備與店鋪的庫存品之投資，只有設備投資、住宅投資、庫存投資 3 種類而已。所謂設備投資，乃指購買工廠的機械與店鋪的設備等，住宅投資則為購買新的住宅，而所謂庫存投資，則是購買放置於店鋪與工廠陳列架上，以及備置於倉庫以供銷售之商品 (商品庫存)，還有購買原材料備置倉庫保管以供生產所需 (原材料庫存) 等稱之。

在經濟學裡的投資 ─── 設備投資
　　　　　　　　 ├─ 住宅投資
　　　　　　　　 └─ 庫存投資

▶▶▶ 徹底解說 ◀◀◀

利率乃由第 4 部中說明的資本市場所決定。以目前而言，由於只專注於財貨市場的分析，所以不對取決於資本市場的利率加以分析。因此，請記住假設利率為固定。

➕ 補 充 ⸬▫⸬

有關此凱因斯的投資理論 (投資邊際效率理論) 將在第 14 章中說明。

4. 政府支出 (G)
—首先假設固定不變—

由於政府支出乃由政府人為所決定，所以政府會控制在固定金額，亦即可假設為固定。

5. 出口與進口

所謂出口，乃指在外國的人購買國內所產出的財貨，然而此出口金額如何決定呢？首先，由於是外國人所購買的，所以依外國 (進口國) 的所得 (假設為 Y^*) 所決定。此外，應該也會受到外幣匯率的影響。像這樣，現實中的出口金額，受到各種不同的因素所影響而決定。

然而，由於這樣太過於複雜，所以此部裡所用的 45 度線分析，假設出口金額 (EX) 為固定。

其次，所謂進口，乃指該國人購買外國的財貨，而此進口金額如何決定呢？首先，因為由該國家的國民所購買的，所以會受到該國的所得 (Y) 所影響。此外，應該也會受到外幣匯率的影響。像這樣，現實中的進口金額，也受到各種不同的因素所影響而決定，由於如此一來過於複雜，所以假設進口金額 (IM) 隨著該國家的國民所得 (Y) 增加而提高。

IM = mY　(0<m<1)

在上式中，m 稱為邊際進口傾向。此乃表示當國民所得 (Y) 提高 1 日圓時，其中有 m 的比率用於進口。

▶▶徹底解說◀◀

所謂假設出口金額為固定，乃指假設外國的國民所得 (Y^*) 與外幣匯率等因素維持固定不變。藉由如此，我們可以不必同時考慮外國的國民所得 (Y^*) 與外幣匯率等的因素，而專注於國內財貨市場的分析。

舉　例

所謂 m=0.1，乃指當 Y 為＋1 時，其中 0.1 的比例，亦即 1 成用於進口。所謂 0<m<1，乃指通常國民所得 (Y) 增加的話，連帶進口金額 (IM) 也會提高，然而，Y 為＋1，並不會全部均用於進口，通常只有 Y 的一部分用於進口。

$$EX = 固定（外國的國民所得、外幣匯率等維持固定不變）$$

$$IM = mY \quad (0<m<1)（外幣匯率等維持固定不變）$$

6. 財貨需求模式

【1】 考慮政府與海外，課徵定額稅的情況

如先前已提過的，考慮政府與海外因素下的財貨需求為 $Y^D = C + I + G + EX - IM$。此處 $T = T_0$（固定，定額稅），$I = I_0$（固定），$G = G_0$（固定），$EX = EX_0$（固定），另假設 $IM = mY$ 的話，即為

$$Y^D = C + I + G + EX - IM$$
$$= \boxed{a + b(Y-T)} + I_0 + G_0 + EX_0 - mY$$
$$= a + bY - bT_0 + I_0 + G_0 + EX_0 - mY$$
$$= bY - mY + a - bT_0 + I_0 + G_0 + EX_0$$
$$= \underbrace{(b-m)Y}_{斜率} + \underbrace{a - bT_0 + I_0 + G_0 + EX_0}_{縱軸截距}$$

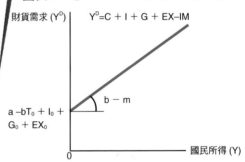

圖形化 graph

在橫軸上取國民所得，縱軸上取財貨需求的話，將成為縱軸截距為 $a - bT_0 + I_0 + G_0 + EX_0$，而斜率為 $b-m$ 的直線，可以畫成如圖表 7-4 所示。

圖表 7-4 ● $Y^D = C + I + G + EX - IM$

財貨需求 (Y^D)

$Y^D = C + I + G + EX - IM$

$b - m$

$a - bT_0 + I_0 + G_0 + EX_0$

0　　　　　國民所得 (Y)

【2】 考慮政府但不考慮海外，課徵定額稅的情況

由於不考慮海外，所以沒有 $EX - IM$，將成為

$$Y^D = C + I + G$$
$$= \boxed{a + b(Y-T)} + I_0 + G_0$$
$$= a + bY - bT_0 + I_0 + G_0$$
$$= \underbrace{bY}_{斜率} + \underbrace{a - bT_0 + I_0 + G_0}_{縱軸截距}$$

將此以圖示表示的話，將如圖表 7-5 所示，$C = a + b(Y - T_0)$ 的圖形中，固定的 $I_0 + G_0$ 使圖形平行向上方位移。

【3】 政府與海外都不考慮的情況

由於不考慮海外，所以沒有 $EX - IM$，另不考慮政府，所以也沒有 G 和 T。

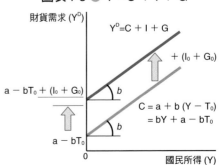

圖形化 graph

在橫軸上取國民所得，縱軸上取財貨需求的話，將成為縱軸截距為 $a - bT_0 + I_0 + G_0$，而斜率為 b 的直線，可以畫成如圖表 7-5 所示。

圖表 7-5 ● $Y^D = C + I + G$

財貨需求 (Y^D)

$Y^D = C + I + G$

$+ (I_0 + G_0)$

$a - bT_0 + (I_0 + G_0)$　　b

$C = a + b(Y - T_0)$
$= bY + a - bT_0$

$a - bT_0$　　b

0　　　　　國民所得 (Y)

因此，將成為

$$Y^D = C + I$$
$$= \boxed{a + bY} + I_0$$
$$= a + bY + I_0$$
$$= \underset{\text{斜率}}{bY} + \underset{\text{縱軸截距}}{a + I_0}$$

【問題 7-1】

當消費函數為 C=10 + 0.9Y 時，在 Y=100 時的邊際消費傾向、基本消費與平均消費傾向的正確組合為下列何者。

	邊際消費傾向	基本消費	平均消費傾向
1.	1	10	0.9
2.	1	100	0.9
3.	0.9	100	1
4.	0.9	10	1
5.	10	0.9	9

（市政廳類似題）

〈解答‧解說〉

所謂邊際消費傾向，乃指 Y 增加 1 單位時 C 的增加差額，即 C=10 + 0.9Y 中在 Y 前面的 0.9。所謂基本消費，乃指 Y=0 時的消費 (C)，所以是 10。

$$C = \underset{\text{基本消費}}{10} + \underset{\text{邊際消費傾向}}{0.9}Y$$

當 Y=100 時，由於 C=10 + 0.9×100=100，所以

$$平均消費傾向 = \frac{C}{Y} = \frac{100}{100} = 1$$

正確解答　4

接著，在下面的第 8 章中，繼解釋了財貨的供給之後，再藉由該章將學過的財貨需求與供給，來思考國民所得的高低是如何決定的。

Chapter 8

45 度線分析
—如何決定 GDP ？—

Point

1 財貨的供給 (Y^S)= 國民所得 (GDP：Y)。

2 國民所得 (GDP：Y) 的高低取決於財貨的需求 (Y^D) 與供給相等所在的水準。

3 薩繆爾森利用 45 度線分析來解釋「需求的多寡決定國民所得的高低」之有效需求原理。

在第 3 章的經濟學的概觀裡所說明的凱因斯有效需求原理，可用圖像的方式使其容易理解說明的即為 45 度線分析。由於這是常考的 IS-LM 分析之基礎思考方法，所以請確實地學習。

難易度 A

出題可能性

國家Ⅱ種	**B**
國稅專門官	**B**
地方上級、市政廳、特別區	**B**
國家Ⅰ種	**C**
中小企業顧問	**A**
證券分析師	**A**
註冊會計師	**C**
政府辦公室等記錄	**B**
不動產估價師	**C**
外務專門職務	**B**

即使不會直接出題，仍會在常出題的 IS-LM 分析題目裡出現。

1. 實體經濟
　—日常會話表達

當景氣好的時候，人們消費很多財貨 (= 物品與服務)，由於財貨銷售佳，所以企業為了提高生產力，而購置新的機械。如此一來，生產消費財與機械的 企業之訂單 增加，連帶該企業提高 生產量 。為了提高生產量，必須要有勞工，所以企業的 徵才 也多，使得失業人口變少。

相對於此，在景氣不佳的時候，由於人們節制消費，財貨銷售不佳，企業生產設備閒置，因此無購買機械的必要。如此一來，生產消費財與機械的 企業之訂單 下滑，連帶該企業降低生產量。 生產量 一旦減少的話，對勞工的需求亦下滑，促使企業進行 組織調整 ，因而失業者變多。

此乃本章的重點。

2. 實體經濟
　—以總體經濟學的說法來表現的話

當景氣好的時候，伴隨著消費的增加，投資也增加。消費與投資一旦增加的話， 財貨的需求 增加， 國民所得 (GDP) 也提高。伴隨著國民所得 (GDP) 的提高， 勞動需求 (想僱用勞工的數量) 也增加，使得失業人口變少。

相對於此，在景氣不佳的時候，消費減少，連帶投資也下滑，財貨的需求減少， 國民所得 (GDP) 下降。伴隨著 國民所得 (GDP) 的下降， 勞動需求也減少 ，使得失業者變多。

藉由財貨的需求多寡，也決定國民所得的高低「有效需求原理」

為了解釋「有效需求原理」，薩繆爾森提出「45 度線分析」的理論。

在本章裡，首先，將學習財貨的供給與國民所得 (GDP) 的關係，其次，理解當財貨的需求與供給相等所在的水準，將決定國民所得 (GDP) 之 45 度線分析。

3. 45 度線分析

「45 度線分析」乃是為了解釋凱因斯的「有效需求原理」，而由薩繆爾森所提出的理論。

> **技 巧** Technique
>
> 所謂國民所得，由於是廣義的國民所得，亦即 GDP。此處與其用國民所得的「所得」，不如用 GDP 這樣「生產」的概念，會變得容易理解。

【1】財貨的供給 (Y^S)

所謂**財貨的供給**，乃是在一國整體經濟中，對於財貨 (財貨‧服務) 的供給量之加總。假設此財貨的供給為 Y^S，國民所得 (GDP) 為 Y。此處，當國民所得 (GDP) 為 500 兆日圓時，由於產出的 500 兆日圓應會作為供給之用，所以總供給亦為 500 兆日圓。**因為企業為了供給而從事生產，所以國民所得 (GDP：Y) 與總供給 (Y^S) 總是相等。**

> **圖形化** graph
>
> 因此，在橫軸上取國民所得 (Y)、在縱軸上取總供給 (Y^S) 的話，即成為如圖表 8-1 所示呈 45 度角的直線。

> **財貨的供給 (YS)**
> **= 國民所得 (GDP：Y)**

圖表 8-1 ● 財貨的供給 (Y^S)

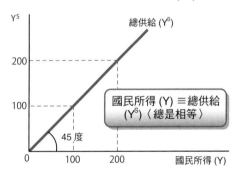

國民所得 (Y) ≡ 總供給 (Y^S) 〈總是相等〉

【2】財貨的需求 (Y^D)
─ 第 7 章的複習 ─

所謂財貨的需求，乃指對該國產出價值的需求。此處，為考慮政府部門而不考慮海外的情況，也就是說，將成為

財貨的需求 (Y^D)＝消費 (C) ＋投資 (I) ＋政府支出 (G)。

以凱因斯模型消費函數 $C= a + b(Y-T)$ 為前提的話，在圖表 7-5 中消費 (C) 將是向右上方傾斜的直線。此外，假設投資金額固定為 I_0，政府支出亦固定為 G_0 的話，財貨的需求 (Y^D)，將是向右上方傾斜的消費線 (C) 向上方位移投資 (I_0) 與政府支出 (G_0) 之距離的直線 (圖表 7-5)。

圖表 7-5(同前圖) ● $Y^D=C + I + G$

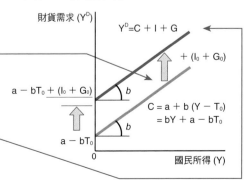

【3】國民所得 (GDP：Y) 的決定〈45 度線分析〉

在橫軸上取國民所得 (GDP：Y)、縱軸上取需求 (Y^D) 之圖表 8-2 中，將圖表 8-1 的財貨供給 (Y^S) 與圖表 7-5 的財貨需求之圖形同時畫出。然後，橫軸的國民所得為 Y_E 時，縱軸的財貨需求 (Y^D) 將比直線 Y^D 還要高出 EC 的距離。此時，縱軸上的財貨供給 (Y^S) 也比呈 45 度角的直線 Y^S 高出 EC 的距離，使得財貨需求 (Y^D) 與財貨供給 (Y^S) 變得相等。像 Y_E 一樣，需求 (Y^D) 與供給 (Y^S) 相等之國民所得 (GDP) 稱為均衡國民所得 (GDP)。

用 語

財貨市場的需求 (Y^D) 與供給 (Y^S) 相等，稱為「均衡」。

① 現實中的國民所得 Y_1 比均衡國民所得 Y_E 還高的情況

在圖表 8-2 中，當 $Y = Y_1$ 時，則 $Y^S = Y_1$ (A 的高度)、$Y^D = Y_2$ (B 的高度)，由於 $Y^S = Y_1 > Y^D = Y_2$ 出現超額供給 AB，以致物品銷售過剩。如今，因為假設物價固定，所以超額供給不會消失，銷售過剩仍將持續。企業為了消除銷售過剩 (超額供給) 的情況，因而降低生產量，國民所得 (國內生產毛額：GDP) 將從 Y_1 開始減少，直到 $Y^S = Y^D$，超額供給完全消失的 Y_E 為止。

② 現實中的國民所得 Y_0 比均衡國民所得 Y_E 還低的情況

在圖表 8-2 中，當 $Y = Y_0$ 時，則 $Y^S = Y_0$ (G 的高度)，$Y^D = Y_3$ (F 的高度)，出現超額需求 FG，由於企業只要增產就銷售得出去，所以將會增加生產量。藉由增產，國民所得 (國內生產毛額：GDP) 將從 Y_0 開始增加，朝 Y_E 持續前進。

圖表 8-2 ● 藉由 45 度線分析決定國民所得

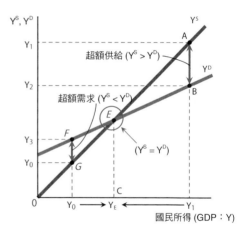

補 充

由於凱因斯與凱因斯學派以不景氣為前提，所以機械與勞工呈現剩餘。因此，無論何時提高生產量都可以。

財貨市場

Part 3

③ 均衡的安定性

像這樣，在物價固定的假設下，物價的調整機制未發揮作用，無法藉由物價自動消除超額需求、超額供給，以達到需求與供給相等。因此，**超額需求與超額供給將藉由企業生產量的調整，以符合實際上的需求量，生產量(供給量)成為被動調整**。然後，將在**需求量＝供給量所在的國民所得 Y_E 上趨於穩定**。

④ 以 45 度線分析說明有效需求原理

接著，下面讓我們用圖表 8-3 來確認，如何可以藉由 45 度線分析來解釋凱因斯的有效需求原理。

在財貨市場上總需求增加，假設總需求線 Y^D 以 $Y^D \rightarrow Y^{D'} \rightarrow Y^{D''}$ 的方式向上方位移。如此一來，由於國民所得 (GDP：Y) 決定在總需求 (Y^D) 與總供給 (Y^S) 相等的交點，所以將以 $Y_0 \rightarrow Y_1 \rightarrow Y_2$ 的方式增加。也就是說，一旦需求量增加的話，國民所得 (GDP：Y) 也會提高。

此外，相反地，一旦景氣惡化，財貨市場上總需求減少，以致總需求線 Y^D 以 $Y^{D''} \rightarrow Y^{D'} \rightarrow Y^D$ 的方式向下方位移的話，國民所得 (GDP：Y) 則將以 $Y_2 \rightarrow Y_1 \rightarrow Y_0$ 的方式減少。

像這樣，**國民所得 (GDP：Y) 的高低乃取決於需求量的多寡 (圖中為 Y^D 的高度)**，足以解釋有效需求原理。

> **用 語**
>
> 　像這樣在某國民所得 Y_E 上趨於穩定的情況，稱為「安定狀態」。

圖表 8-3 ● 有效需求原理 (45 度線分析)

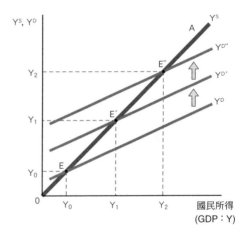

4. 由 IS 模型所決定的國民所得

這次，將就 45 度線分析改寫後所形成的 IS 模型加以說明。45 度線分析認為，在財貨市場裡，國民所得決定於需求 (Y^D) 與供給 (Y^S) 相等所在的水準上，而 IS 模型則是認為國民所得決定在儲蓄 (S) 與投資 (I) 相等的位置。接著，將與 45 度線分析比較的同時，就 IS 模型進行說明。

首先，IS 模型也與 45 度線分析一樣，都是僅就財貨市場加以分析，並未分析資本市場與勞動市場。因此，假設由資本市場所決定的利率為固定，也假設與勞動市場之關係所決定的物價為固定。

> **IS 模型的假設**
> 僅就財貨市場分析→①利率 (r) 為固定
> ②物價 (P) 為固定

在財貨市場裡，由 $Y^S = Y^D$ 決定國民所得 (Y)。

如今，假設 $Y^S = Y$、$Y^D = C + I$ (未考慮政府的經濟) 的話，

$$\boxed{Y^S = Y^D} \cdots\cdots ①$$
$$Y = C + I \cdots\cdots ②$$

此處，因為國民所得 (Y) 將作為消費 (C) 或儲蓄 (S)，所以

$$Y = C + S \cdots\cdots ③$$

將③用於②的財貨市場均衡條件，可改寫為

$$C + S = C + I \cdots\cdots ④$$

將兩邊同減去 C，兩邊的 C 消除

$$\cancel{C} + S \cancel{-C} = \cancel{C} + I \cancel{-C} \text{ 成為}$$
$$\boxed{S = I} \cdots\cdots ⑤$$

由於是將 Y^S 改寫為 S、將 Y^D 改寫為 I，所以若 S>I 的話，將成為 $Y^S > Y^D$，反過來 S<I 的話，將成為 $Y^S < Y^D$。此可作圖如圖表 8-4 所示。

圖表 8-4 ● 財貨市場的均衡 (45 度線模型：上) 與 (IS 模型：下)

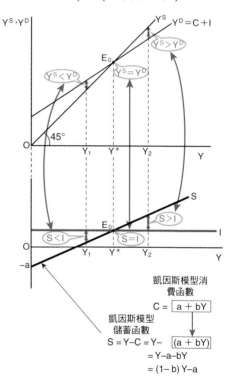

凱因斯模型消費函數
$$C = \boxed{a + bY}$$

凱因斯模型儲蓄函數
$$S = Y - C = Y - \boxed{(a + bY)}$$
$$= Y - a - bY$$
$$= (1 - b)Y - a$$

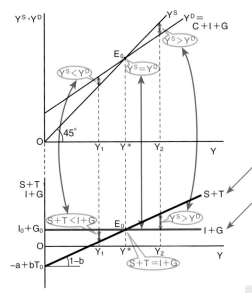

假設 $T=T_0$ (定額稅) 的話，

$C = a + b(Y-T_0)$

儲蓄 $(S) = Y-C-T$

$\quad = Y-\{a + b(Y-T_0)\}-T_0$

$\quad = Y-(a + bY-b T_0)-T_0$

$\quad = (1-b)Y-a + b T_0-T_0$

$S + T = (1-b)Y-a + b T_0-T_0 + T_0$

$\quad = (1-b)Y-a + bT_0$

Chapter

8

45
度
線
分
析

假設 $I=I_0$ 固定、$G=G_0$ 固定的話，I
+ G 也固定，將成為水平之直線。

其次，讓我們來思考考慮政府 (政府支出 G 與租稅 T) 的模型。此次因為 $Y^D=C + I + G$，所以

$\quad Y^S = Y^D$ ……①

$\quad Y = C + I + G$ ……②′

此處，由於國民所得將作為租稅 (T) 被政府所徵收，或用於消費 (C)，而剩下的作為儲蓄 (S)，所以

$\quad Y = C + S + T$ ……③′

將③′用於②′的均衡條件，可改寫為

$\quad C + S + T = C + I + G$

將兩邊同減去 C，兩邊的 C 消失

$\quad \cancel{C} + S + T -\cancel{C}=\cancel{C} + I + G -\cancel{C}$ 成為

$\quad S + T = I + G$ ……⑤′

由於是將 $Y^S = C + S + T$ 改寫為 S + T、$Y^D = C + I + G$ 改寫為 I + G，所以若 S + T > I + G 的話，將成為 $Y^S > Y^D$，反過來 S + T < I + G 的話，將成為 $Y^S < Y^D$。此可作圖如圖表 8-5 所示。

將以上整理之後，即為如下所示。

財貨市場的均衡：IS 模型

財貨市場的均衡 不考慮政府的 IS 模型

$\quad Y^S = Y^D \longrightarrow S = I$

考慮政府的 IS 模型

$\quad \longrightarrow S + T = I + G$

✚ 補　充

此次因為有政府部門，所以並非 C + S 而是 C + S + T。

在本章裡，藉由 45 度線分析，學習了財貨的需求 (Y^D) 與供給 (Y^S) 相等所在決定了國民所得的高低，有很多計算題會利用此概念出題。因此，在本章的最後，讓我們說明活用財貨需求 (Y^D)＝ 財貨供給 (Y^S) 形式之計算題的解法。

首先，在問題 8-1 中，將解答計算國民所得 (Y) 高低的簡單問題，其次，我們將解答計算稅率 (t) 的應用題 (問題 8-2 與問題 8-3)。

【問題 8-1 】

假設消費函數如下所示。

C=0.8Y ＋ 500

I = 1,000　C：消費，Y：均衡國民所得，I：投資

當投資增加 200 時的均衡國民所得，以下選項中何者正確？此處，假設政府部門與海外的交易不予考慮。

1. 8,000
2. 8,500
3. 9,000
4. 9,500
5. 10,000

(地方上級)

戰　略

根據原則 3，求出均衡國民所得。

原則 3　**與利用 45 度線分析決定國民所得**

財貨供給 (Y^S)＝ 財貨需求 (Y^D) 所在決定國民所得 (Y)。

由 $Y^S = Y^D$ 的數學式求出 Y 即可。

計 算

國民所得 (Y) 為國內生產毛額 (GDP)，可說是附加價值的生產量。由於為了銷售 (供給) 而生產，產出量即有意供給的量，所以 $Y^S = Y^D$。

另一方面，在本題中，C=0.8Y + 500，而增加後的投資 (I) 為 1,000 + 200，所以

Y^D=C + I=0.8Y + 500 + 1,000 + 200

如此一來，

$Y^S = Y^D$ 的數學式，可用

$Y = C + I$ 來表示，

Y = 0.8Y + 500 + 1,000 + 200

Y–0.8Y = 500 + 1,000 + 200

0.2Y = 1,700

$$Y = \frac{1,700}{0.2} = 8,500$$

正確解答 2

【問題 8-2】

假設某國家的總體經濟如下所示。

此處，政府支出為 50，當國債償還費用為 20 時，何者為正確的稅率？

Y=C + I + G

C=0.9(Y–T)

I=41

T=tY

T=G + B

(Y：國民所得，C：消費，I：投資，G：政府支出，

T：稅收，t：稅率，B：國債償還費用)

1. 25%
2. 30%
3. 35%
4. 40%
5. 45%

(國稅專門官)

戰 略

在本題中，由於已經將 $Y^S = Y^D$ 的數學式改寫成 Y=C + I + G，因此將題目中的提示數值代入 Y=C + I + G 之中。

Step 1 代入 Y=C + I + G 之中求出 Y。

Step 2 從 T = tY 求出 t。

計 算

Step 1 求出 Y。

$Y = C + I + G$ ……①

$Y = 0.9(Y - T) + 41 + 50$ ……②

$T = G + B = 50 + 20 = 70$ ……③

　　　　50　　20

$Y = 0.9(Y-70) + 41 + 50$

$Y = 0.9Y - 63 + 41 + 50$

$0.1Y = 28$

$Y = 280$ ……④

Step 2

將③、④代入 $T = tY$ 之中，

$tY = t \times \boxed{280} = 70$

$t = \dfrac{70}{280} = \dfrac{1}{4} = 0.25$

> 財貨市場的均衡條件
> 將 $Y^S = Y^D$ 改寫
> $Y = C + I + G$

> ✚ **補 充**
>
> 所謂國債償還費用 (B)，乃指為了返還國債之費用，而所謂政府支出 (G)，則認為是除了返還國債之支出外的政府支出之意思。即使不瞭解此部分，也可以將題目中的 $T = G + B$ 代入②中，藉此解出問題。

正確解答　1

【問題 8-3】

　　不考慮海外，在包含政府的國民所得決定模型中，假設邊際消費傾向為 0.8，基本消費為 20、投資為 40 的經濟，而政府收入以 (稅率 t × 國民所得) 的形式來表示。

　　此時，假設充分就業下的國民所得為 400，作為充分就業與財政收支平衡同時達成時的 t 值，正確的選項為何？

> 1. 0.2
> 2. 0.25
> 3. 0.3
> 4. 0.35
> 5. 0.4

(國家公務員 II 種)

戰　略

Step 1　將題目內容稍作整理。

Step 2　依原則 3，將題目中的數值代入 Y=C＋I＋G 的 C、I、Y 之中，求出 G。

Step 3　由 T=G，求出 t。

計　算

Step 1

① 排除海外而考慮政府 ———————→ $Y^D = C + I + G$

② 邊際消費傾向 0.8，基本消費 20 ——→ $C = 20 + 0.8(Y–T)$

③ 投資 =I=40

④ 政府收入 =T=tY

⑤ 達到充分就業 ———————————→ $Y = 400$

⑥ 財政收支平衡 ———————————→ $T = G$

Step 2　代入 Y=C＋I＋G 之中，求出 G。

$Y = C + I + G$

$Y = 20 + 0.8(Y–T) + 40 + G$

$400 = 20 + 0.8(400–T) + 40 + G$ ←用 400 取代 Y ←

$400 = 20 + 0.8(400–G) + 40 + G$ ←用 G 取代 T ←

$400 = 20 + 320–0.8G + 40 + G$

$0.2G = 20$

$G = \dfrac{20}{0.2} = \boxed{100}$ ……⑦

補　充

由⑦可知 G=100，由⑥可知 T=G，因而 T=G=100，由⑤可知 $Y=Y_F=400$。

Step 3　求出稅率 t。

$T = tY$

$100 = t×400$ ←將 T = G = 100，Y = 400 代入。

$t = \dfrac{100}{400} = 0.25$

正確解答　2

MEMO

Chapter 9

通貨膨脹缺口與通貨緊縮缺口

─不景氣與通貨膨脹為何發生？─

Point

1 國內的總體經濟政策目標為充分就業與物價安定。

2 充分就業 GDP 時的超額供給稱為通貨緊縮缺口，超額需求稱為通貨膨脹缺口。

3 當存在通貨緊縮缺口時，應擴大需求，而當存在通貨膨脹缺口時，藉由抑制需求方可達到充分就業與物價安定（有效需求管理政策）。

出題可能性

國家 II 種	B
國稅專門官	B
地方上級、市政廳、特別區	B
國家 I 種	C
中小企業顧問	C
證券分析師	A
註冊會計師	B
政府辦公室等記錄	B
不動產估價師	C
外務專門職務	B

在第 8 章中，雖然已解釋過 45 度線分析，其以財貨的需求與供給相等所在的水準決定國民所得高低，惟該國民所得卻不一定符合期望。因此，在本章裡，首先，將思考所謂理想的經濟為何，其次，將思考何謂非理想的經濟。然後，將思考在非理想的經濟之情況下，如何達到理想的經濟。

【1】理想的經濟 = 充分就業＋物價安定

如果國民所得 (GDP) 達到相當高的水準的話，企業的生產量多，由於大多數的勞工皆為必要，所以失業 (正確來說是非自願性失業) 消失。像這樣**無失業之國民所得的水準 (程度)，稱為充分就業國民所得 (充分就業 GDP)**。

由於此充分就業國民所得 (Y_F) 乃無失業狀態，所以是非常理想的狀態，達到無失業的充分就業國民所得，乃是總體經濟政策的目標。

然而，一旦景氣太過繁榮時，人們的消費成長，企業為了銷售更多商品，所以進行擴建工廠等投資，連帶財貨的需求增加。由於已經達到充分就業國民所得的狀態，當無法趕上財貨的需求時，物品短缺將導致物價持續上漲。若物價持續上漲的話，將造成經濟趨於混亂。為了避免這樣的混亂情況發生，維持物價安定也是經濟政策的目標。

補 充

相對於此，所謂不景氣的狀態，乃指實際上的國民所得 (Y) 比此充分就業國民所得 (Y_F) 還低，生產活動不活躍的狀態。企業僱用勞工漸少，勞動需求逐漸減少的結果，將導致失業發生。

略 語

充分就業的英文 Full employment，所以充分就業國民所得大多以 Y_F 或 Y_f 來表示。

補 充

因為充分就業國民所得為全體處於工作狀態下的 GDP，所以可以想成是無法再提高生產力的上限。

用 語

由於國民所得 (GDP) 乃作為財貨的供給，當財貨的需求比國民所得 (= 財貨的供給) 還大的時間，即為超額需求的狀態。在滿載產能的情況下，即使生產財貨仍無法滿足客戶的龐大訂單，而呈現產能追趕不及的狀態。

經濟政策的目標 → 達到充分就業，物價安定

【2】通貨緊縮缺口

如今，考慮如圖表 9-1 所示，經濟處於國民所得為 Y_0，比充分就業國民所得 (Y_F) 還低的狀態。如果，現實中的國民所得並非 Y_0 而是 Y_F 的話，將發生圖表 9-1 中 FG 的超額供給。此「**在充分就業國民所得水準時所發生的超額供給差額**」，稱為「**通貨緊縮缺口**」。

補 充

因為比充分就業的生產水準還少之故，該部分的勞動需求將減少，而發生失業情形。

補 充

雖然是決定在財貨的需求與供給相等的 Y_0，但若是企業提高生產量，使其成為 Y_F 的話將為如何，此乃假設的討論。

如果以充分就業國民所得 (Y_F) 的水準從事生產的話，將發生超額供給，若物價會自行調整，物價將逐漸下跌達到通縮狀態。當然，在 45 度線分析中，假設物價為固定不變，所以不會發生物價下跌的情況。

順道一提，若說到為何現實中的國民所得並非充分就業國民所得 (Y_F)，而是 Y_0 的話，乃是因為以 Y_F 的狀態下進行生產，將出現 FG 的超額供給而發生銷售過剩，所以企業會降低生產量到無銷售過剩的水準，此結果將造成作為整體經濟生產量的國民所得也成為無銷售過剩 (= 超額供給) 的 Y_0。

然而，由於此國民所得 Y_0 比充分就業國民所得 (Y_F) 還要低，所以會發生失業。為了解決此失業，政府有必要增加需求，以達到充分就業國民所得 (Y_F)，但又應該要創造出多少需求呢？**此應該增加的需求量多寡即通貨緊縮缺口 FG**。如此一來，所謂通貨緊縮缺口，即是告訴我們，當存在失業的不景氣時發生時，為了消除失業必須要增加多少財貨需求 (Y^D)。

舉例來說，若政府增加 FG 的政府支出 (G) 的話，起初財貨的需求 (Y^D) 為 Y^D = C＋I＋G，而新的需求增加 FG 將成為 $Y^{D'}$。新的國民所得乃新的需求 ($Y^{D'}$) 與供給 (Y^S) 的交點 F 所在的 Y_F，以現實中的國民所得而言，將可達到充分就業國民所得 (Y_F)。

用 語

　　所謂通縮乃通貨緊縮之略，在經濟學裡乃指物價持續下跌的意思。

圖表 9-1 ●通貨緊縮缺口

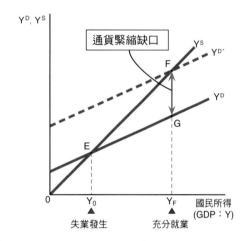

補 充

　　在增加需求的方法中，有下一章將說明的①擴大政府支出，②減稅，以及第 15 章將說明的貨幣寬鬆政策。

> **通貨緊縮缺口 = 在充分就業國民所得 (Y_F) 時所發生的超額供給多寡**
> **若增加通貨緊縮缺口對應之需求的話，**
> **將可達到充分就業國民所得，並解決失業**

【3】通貨膨脹缺口

這次假設如圖表 9-2 所示，財貨的需求非常大，需求曲線為 Y^{D*} 的情況。此時，現實中的國民所得或許會在 Y^{D*} 與 Y^S 之交點 E_1 所在的 Y_1。然而，Y_1 為高於充分就業國民所得 (Y_F) 的狀態。所謂充分就業國民所得，因為是指想工作的人全部都有工作的狀態，所以可以想成是生產力的上限。因此，將無法達到生產 (國民所得) Y_1，其足以超越作為生產力上限的充分就業國民所得 (Y_F)。

這樣的結果，由於 Y_F 為上限以致國民所得成為 Y_F，此時，將發生 HF 的超額需求 (需求超過供給)。此「**在充分就業國民所得 (Y_F) 時所發生的超額需求多寡**」，稱為「**通膨缺口**」。**財貨的總需求為 Y^{D*} 甚大，即使在充分就業國民所得 (Y_F) 狀態下生產，亦無法滿足需求，而發生 HF 的超額需求 (物品短缺)，連帶物價逐漸上漲，達到通貨膨脹的狀態。**

另外，在 45 度線分析中，假設物價為固定，此乃想像在不景氣時期，亦即國民所得 (Y) 比充分就業國民所得 (Y_F) 還低的狀態。

圖表 9-2 ●通貨膨脹缺口

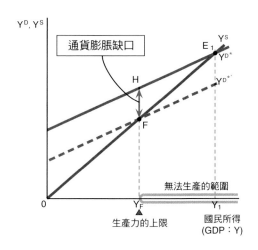

用 語

所謂通膨乃通貨膨脹之略，在經濟學裡乃指物價持續上漲的意思。

✚ 補 充

此以個別企業考量的話，即使機械產能滿載，從業人員與打工者都加班努力生產，但因為客戶的訂單龐大仍無法滿足，所以就企業而言，就算提高價格仍可銷售得出去之狀況。因此，一旦企業逐漸調高價格的話，作為價格平均之物價也將逐漸上漲，而成為通貨膨脹之故。

提出 45 度線分析的薩繆爾森認為，在不景氣時期，假設物價固定的凱因斯經濟學較為適當，但在現實中國民所得即充分就業國民所得 (Y_F) 的景氣繁榮時期，乃以物價具彈性的古典學派較為適當。如此一來，因為通貨膨脹缺口乃國民所得為充分就業國民所得 (Y_F) 的情況，所以屬於古典學派的世界，亦即物價具有彈性，所以物價逐漸上揚而成為通貨膨脹。

凱因斯本身也指出，當達到充分就業國民所得之上，財貨的需求龐大的情況下，將引起通貨膨脹。

那麼，為了要讓通貨膨脹趨於平穩，應該如何處理較為適當？由於有超過作為生產力上限的充分就業國民所得之需求存在，導致通貨膨脹之故，所以應該要減少需求為佳。

接著，要減少多少需求較為適當呢？此應該減少的需求量多寡即是通貨膨脹缺口 HF。

☠ 陷　阱

常看到誤解通貨緊縮缺口、通貨膨脹缺口就是充分就業國民所得 (Y_F) 與現實中國民所得 (Y_0 與 Y_1) 之差額的情況。通貨緊縮缺口、通貨膨脹缺口充其量就是 Y^D 與 Y^S 的差額，亦即縱軸的差，此點請確實地理解。另外，充分就業國民所得 (Y_F) 與現實中國民所得 (Y_0 與 Y_1) 的差額，稱為 GDP 缺口。

☞ 用　語

凱因斯將「藉由創造出超過充分就業國民所得的需求，而導致物價持續上揚」的情況，稱為「內在的通貨膨脹」。

➕ 補　充　⋯⬚⋯

在減少需求的方法中，有下一章將說明的①緊縮政府支出，②增稅，以及第 15 章將說明的貨幣緊縮政策。

☞ 用　語

像這樣，當存在通貨膨脹缺口時，藉由減少需求以抑制通貨膨脹，而當存在通貨緊縮缺口時，則藉由擴大需求以解決失業的政策，稱為有效需求管理政策。

▬ 舉　例

政府減少 HF 的政府支出 (G) 的話，因為財貨的總需求 (Y^D) 為 $Y^D = C + I + G$，所以總需求 (Y^D) 也將減少 HF 而成為 $Y^{D*'}$。雖然新的國民所得乃新的總需求 ($Y^{D*'}$) 與總供給 (Y^S) 的交點 F 不變，但當 Y_F 時並無超額需求，所以物價維持穩定。也就是說，足以抑制通貨膨脹。

通貨膨脹缺口 = 在充分就業國民所得 (Y_F) 時所發生的超額需求
若減少通貨膨脹缺口對應之需求的話，
將可解消除超額需求，足以抑制通貨膨脹

【問題 9-1】

下圖中在縱軸上取消費 C 與投資 I、橫軸上取國民所得 Y，而充分就業國民所得以 Y_0，總需求 D 為 D=C＋I 時的均衡國民所得以 Y_1 表示。如今，當 Y_0=350、C=20＋0.6Y、I=100 時，有關充分就業國民所得水準 Y_0 的敘述，適當的為何？

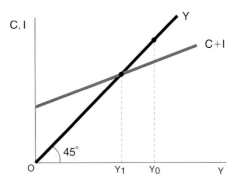

1. 當充分就業國民所得為 Y_0 時，將出現 20 的通貨膨脹缺口。
2. 當充分就業國民所得為 Y_0 時，將出現 50 的通貨膨脹缺口。
3. 當充分就業國民所得為 Y_0 時，將出現 20 的通貨緊縮缺口。
4. 當充分就業國民所得為 Y_0 時，將出現 50 的通貨緊縮缺口。
5. 當充分就業國民所得為 Y_0 時，將出現 70 的通貨緊縮缺口。

（特別區 I 類）

在計算上必要的知識

通貨緊縮缺口 P.110 ～ 111
通貨膨脹缺口 P.112 ～ 113

原則 4　通貨膨脹缺口與通貨緊縮缺口

當 $Y = Y_F$ 時的財貨供給 (Y^S)
與財貨需求 (Y^D) 相比，
$Y^S < Y^D$ 呈超額需求的話，
通貨膨脹缺口
$Y^S > Y^D$ 呈超額供給的話，
通貨緊縮缺口

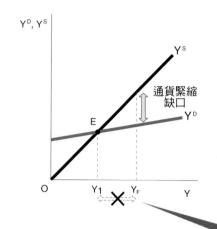

圖表 9-3 ●通貨緊縮缺口

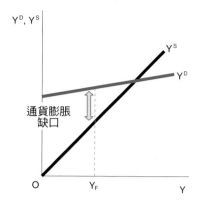

圖表 9-4 ●通貨膨脹缺口

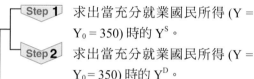

戰 略

Step 1 求出當充分就業國民所得 (Y = Y_0 = 350) 時的 Y^S。

Step 2 求出當充分就業國民所得 (Y = Y_0 = 350) 時的 Y^D。

Step 3 從 Y^S 與 Y^D 的差額,求出通貨膨脹缺口、通貨緊縮缺口。

陷 阱

誤解通貨緊縮缺口就是現實中國民所得 (Y_1) 與 Y_F 之差額的情況很多,請多加留意。

計 算

Step 1 **求出 Y^S**

由於總供給 (Y^S) 與國民所得 (GDP: Y) 相等,所以

$Y^S = Y$

如此一來,在充分就業國民所得 (Y = Y_0 = 350) 時,

$Y^S = Y = Y_0 = \boxed{350}$

Step 3 **比較 Y^S 與 Y^D**

$Y^S = 350 \; > \; Y^D = 330$

在充分就業國民所得時有 20 的超額供給

20 的通貨緊縮缺口

Step 2 **求出 $Y^D = C + I$**

$Y^D = C + I$
$\quad = 20 + 0.6Y + 100$
$\quad = 120 + 0.6Y$

如此一來,在充分就業國民所得 (Y = Y_0 = 350) 時,

$Y^D = 120 + 0.6Y$
$\quad = 120 + 0.6 \times 350 = \boxed{330}$

Step 4

如此一來,正確選項為 3。

正確解答 3

MEMO

Chapter 10

投資乘數、政府支出乘數、租稅乘數

─經濟政策的效果如何？─

難易度　A

Point

1 將財貨需求 (Y^D) = 財貨供給 (Y^S) 的數學式改寫成 Y = ～的形式後，即可求出租稅乘數‧投資乘數‧政府支出乘數。

2 採定額稅且不考慮海外的情況下，平衡預算乘數為 1。

3 所得稅、失業津貼等預先在經濟內部建置，有助經濟自動維持安定的組織架構，稱為自動安定機能 (Built-in Stabilizer)。

出題可能性	
國家 II 種	**A**
國稅專門官	**B**
地方上級、市政廳、特別區	**A**
國家 I 種	**A**
中小企業顧問	**A**
證券分析師	**A**
註冊會計師	**A**
政府辦公室等記錄	**A**
不動產估價師	**B**
外務專門職務	**A**

　　在第 9 章裡，已學習了當通貨緊縮缺口存在時，應藉由擴大財貨需求以達到充分就業，而當通貨膨脹缺口存在時，則應藉由減少財貨需求以維持物價穩定（總需求管理政策）。在本章中，將思考透過貨幣政策促使投資增加，透過財政政策促使政府擴大支出與減稅，將如何提高國民所得之政策效果。由於此常以投資乘數、政府支出乘數、租稅乘數的計算形式出題，所以請確實地學會乘數的求法。

1. 投資乘數
—投資金額若增加，將促使國民所得出現其幾倍的成長呢？—

【1】何謂投資乘數？

根據有效需求原理，假設增加固定金額的投資，由於總需求 (Y^D) 增加，所以國民所得 (GDP：Y) 也應會提高 (圖表 10-1)。那麼，**假設增加固定金額的投資，國民所得將會提高多少呢？** 表示此數值的便是**投資乘數**。

所謂投資乘數，乃指當投資變動 ΔI 時，Y 將會變動其幾倍稱之，成為 ΔY= 投資乘數 $\times \Delta I$，由於是投資的變動量 ΔI 所乘上的數值，所以稱為「投資乘數」。

因為 ΔY= 投資乘數 $\times \Delta I$，所以也可以表示成投資乘數 $= \dfrac{\Delta Y}{\Delta I}$。

> **補 充**
>
> 根據日本央行的貨幣政策，當利率 (利息) 下滑時，投資將會增加，此將在「第 14 章 投資邊際效率理論」、「第 15 章 貨幣政策的效果」中說明。

> **補 充**
>
> 投資的變動量寫成 ΔI(讀作 delta I)，國民所得的變動量寫成 ΔY(讀作 delta Y)。此外，Δ 讀作 delta，當投資金額從 100 變動到 120 時，由於投資金額的變動量為 120–100= + 20，所以寫成投資的變動量 ΔI= + 20。

【2】投資乘數的求法

> 推薦此方法！

方法 1 **藉由簡單的數學式理解**

Step 1 寫成 $Y^S = Y^D$ 的數學式

如第 8 章所說明的，國民所得 (GDP：Y) 乃取決於財貨需求 (Y^D)＝財貨供給 (Y^S) 所在之水準。假設總需求 Y^D=C + I，C=a + bY，I=I_0 (I_0：正的常數) 的話，

Y^D=C + I

Y^D=(a + bY) + I0

另一方面，財貨的供給總是 Y^S =Y。

如此一來，所謂 Y^S= Y^D，乃指

Y=(a + bY) + I_0……①

Step 2 改寫成 Y= ～的形式

此處，為了求出投資乘數，將①的數學式改寫成 Y= ～的形式後，

> **補 充**
>
> 所謂「乘」，即加減乘除的「乘」，表示乘法的意思。

> **乘數的求法**
>
> **Step 1** 寫成 Y^S= Y^D 的數學式
>
> **Step 2** 改寫成 Y= ～的形式

$$Y-bY=a + I_0$$

$$(1-b)Y=a + I_0$$

$$Y= \frac{1}{(1-b)} (a + I_0)$$

> 因為複雜，故不推薦此方法。

方法2 藉由圖形的求法

　　投資乘數也可藉由圖表 10-1 以圖形的方式求出。藉由 $\triangle I$ 的投資增加，總需求 (Y^D) 也隨之提高，Y^D 向上平移 $\triangle I$ 至 $Y^{D'}$ 的結果，新的均衡點成為 E´，同時國民所得成為 Y'_E。從圖表 10-1 可知，國民所得的增加 $\triangle Y$ 比 $\triangle I$ 還多。

　　E´G 為 Y^D 與 $Y^{D'}$ 的差額即 $\triangle I$。此外，由於 Y^D 的斜率為邊際消費傾向 b，而 EF 為 $\triangle Y$，所以 GF 為 $\triangle Y(EF) \times b = b\triangle Y$。另外，因為 Y^S 是 45 度線，所以從 EF=E´F 可知，E´F 也是 $\triangle Y$。也就是說，

$$\triangle I=E´G= E´F-GF$$
$$=\triangle Y-b\triangle Y$$
$$= (1-b)\triangle Y$$

如此一來，即為

$$\triangle Y= \frac{1}{(1-b)} \triangle I$$

可知**投資乘數為** $\dfrac{1}{(1-b)}$ 。

── 舉 例 ──

　　如果邊際消費傾向 b=0.8 的話，

投資乘數 $= \dfrac{1}{(1-b)} = \dfrac{1}{(1-0.8)} = \dfrac{1}{0.2} = 5$ ，

一旦投資金額增加 1 兆日圓，將提高其 5 倍差額的國民所得 (Y)。

　　從此數學式中可知，當應為固定的投資金額 I_0 增加 1 單位的話，將提高其 $\dfrac{1}{(1-b)}$ 倍的國民所得 (GDP)。如此一來，投資乘數即為 $\dfrac{1}{(1-b)}$ 。由於國民所得增額 ($\triangle Y$) 為投資增額 ($\triangle I$) 之 $\dfrac{1}{(1-b)}$ 倍，所以可寫成如下所示。

$$\triangle Y= \frac{1}{(1-b)} \triangle I$$

投資乘數

圖表 10-1 ● 從圖形求出投資乘數

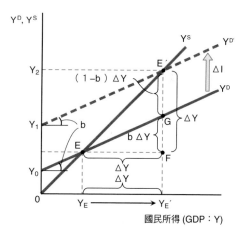

國民所得 (GDP：Y)

＋ 補 充

方法3 藉由等比級數公式的求法

　　雖然利用等比級數公式也可求出投資乘數，但過程複雜故而省略說明。請大家利用**方法1** 計算投資乘數。

【3】乘數效果的波及過程

那麼，為何投資增加會有其倍數提升國民所得的效果呢？該理由讓我們利用圖表 10-2 來說明。

所謂投資增加，乃指機械採購量增加，需求增加 1 兆日圓 (①)。需求 (投資) 亦即對機械廠商增加 1 兆日圓下單，連帶機械廠商增加 1 兆日圓的產出。此結果，使國民所得 (GDP：國內生產毛額) 增加 1 兆日圓 (②)。

相對於此 1 兆日圓的所得提高而言，假設邊際消費傾向 =0.8 的話，將增加 0.8 兆日圓的電漿電視之消費 (需求)(③)。因此，此次當電視廠商的訂單增加 0.8 兆日圓，則電視廠商的產出也將增加 0.8 兆日圓。此結果，使國民所得 (GDP：國內生產毛額) 將進一步提高 0.8 兆日圓 (④)。

假設邊際消費傾向 =0.8 的話，相對於 0.8 兆日圓的所得提高，將增加 0.8 兆日圓 ×0.8=0.64 兆日圓的汽車消費 (需求)(⑤)。藉由對此汽車廠商增加下單 0.64 兆日圓，汽車廠商的產出增加 0.64 兆日圓。該結果，導致國民所得 (GDP：國內生產毛額) 更進一步成長 0.64 兆日圓 (⑥)。

再者，汽車廠商相關人員的所得提高、消費增加……，連帶國民所得提高與消費增加的循環持續，所以國民所得將提高投資增額的 $\frac{1}{(1-b)}$ 倍。

舉 例

如果邊際消費傾向 b=0.8 的話，

$$投資乘數 = \frac{1}{(1-b)} = \frac{1}{(1-0.8)} = \frac{1}{0.2} = 5，$$

一旦投資金額增加 1 兆日圓，將提高其 5 倍差額的國民所得 (Y)。

Point!

然而，此處不僅僅是國民所得 (GDP：國內生產毛額) 的增加。為何如此，乃因機械廠商的產出增加 1 兆日圓，將使機械廠商的員工與股東等相關人員之所得增加 1 兆日圓，相對於 1 兆日圓的所得提高，連帶消費將增加之故。

➕ **補 充**

此處為求說明簡單，假設機械廠商的相關人員購買了電漿電視，而電視廠商的相關人員購買了汽車。

圖表 10-2 ●從圖形求出投資乘數

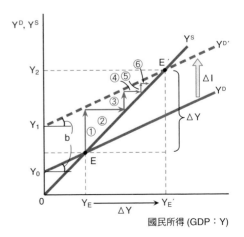

國民所得 (GDP：Y)

2. 政府支出乘數
—政府支出若增加，將促使國民所得出現其幾倍的成長呢？—

【1】何謂政府支出乘數？

與投資相同，假設增加固定金額的政府支出 (G)，由於總需求 (Y^D) 增加，所以國民所得 (GDP：Y) 也應會提高 (圖表 10-1)。那麼，假設增加固定金額的政府支出，國民所得將會提高多少呢？表示此數值的便是政府支出乘數。

所謂政府支出乘數，乃指當政府支出變動 △G 時，Y 將會變動其幾倍稱之，成為 △Y= 政府支出乘數 ×△G，由於是政府支出的變動量 △G 所乘上的數值，所以稱為「政府支出乘數」。

因為 △Y= 政府支出乘數 ×△G，所以也可以表示成政府支出乘數 $= \dfrac{\triangle Y}{\triangle G}$。

> 舉 例
>
> 在不景氣時，政府增加公共工程的發包等政策。

Point!

由於財貨需求 (Y^D)=C ＋ I ＋ G，所以無論是投資 (I) 增加 1 兆日圓，或是政府支出 (G) 增加 1 兆日圓，提高 1 兆日圓的財貨需求 (Y^D) 之效果相同。

↓

政府支出乘數與投資乘數的數值相同。

Chapter **10**

投資乘數、政府支出乘數、租稅乘數

【2】政府支出乘數的求法

> 推薦此方法！

方法 1 藉由簡單的數學式理解

Step 1 寫成 $Y^S = Y^D$ 的數學式

假設總需求 Y^D=C ＋ I ＋ G，C=a ＋ bY，I=I_0(固定)，G=G_0(固定) 的話，

Y^D=C ＋ I ＋ G

Y^D=(a ＋ bY) ＋ I_0 ＋ G_0

另一方面，財貨的供給總是 Y^S =Y。

如此一來，所謂 Y^S=Y^D，乃指

Y=(a ＋ bY) ＋ I_0 ＋ G_0……①

Step 2 改寫成 Y= 〜的形式

此處，為了求出政府支出乘數，將①的數學式改寫成 Y= 〜的形式後，

$Y–bY$=a ＋ I_0 ＋ G_0

$(1–b)Y$=a ＋ I_0 ＋ G_0

$Y= \dfrac{1}{(1–b)} (a ＋ I_0 ＋ G_0)$

> **＋ 補 充**
>
> △G(讀作 delta G) 乃政府支出的變動量，△Y 則為國民所得的變動量。

乘數的求法

Step 1 寫成 $Y^S = Y^D$ 的數學式

Step 2 改寫成 Y= 〜的形式

Point!

從此數學式中可知，當應為固定的政府支出 G_0 增加 1 單位的話，將提高其 $\dfrac{1}{(1–b)}$ 倍的國民所得 (GDP)。

$$\triangle Y = \dfrac{1}{(1–b)} \triangle G$$

政府支出乘數

因為複雜，故不
推薦此方法。

方法2 **藉由圖形的求法** ◄

由於是不太推薦的方法，所以省略求
法，但以 △G 取代圖表 10-1 中 △I 的話，
利用圖表亦可知政府支出乘數為 $\dfrac{1}{(1-b)}$。

➕ **補　充** ⸬⸬

方法3 **藉由等比級數公式的求法**

這也是不太推薦的方法，所以省略求
法。請大家利用 **方法1** 計算政府支出乘
數。

【問題 10-1】政府支出乘數

總體經濟模型表示如下列數學式時，有關政府支出乘數，正確的敘述為何？
此處，假設民間投資與政府支出乃由外生因素所決定。

$Y = C + I + G$

$C = 20 + 0.8(Y - T)$

$T = 30 + 0.25Y$

1.　1.5
2.　2.5
3.　4.0
4.　5.0
5.　10.0

(Y：國民所得，C：民間消費，I：民間投資，
G：政府支出，T：租稅)

(東京都廳 I 類)

戰　略

依原則 5 求出政府支出乘數。

原則 5　乘數的求法
Step 1 寫成 $Y^S = Y^D$ 的數學式
Step 2 改寫成 Y = ～ 的形式

Step 1　將題目裡 C、T 的數學式代入 Y = C + I + G 之中。

Step 2　改寫成 Y = ～ 的形式，求出政府支出乘數。

Step 1 將題目裡 C、T 的數學式代入 Y=C ＋ I ＋ G 之中。

$$Y = C + I + G$$

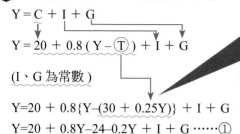

$$Y = 20 + 0.8\,(\,Y - \widehat{T}\,) + I + G$$

（I、G 為常數）

補 充

由於存在「民間投資與政府支出乃由外生因素所決定」之條件，因此考慮 I 與 G「由此討論之外所決定，所以此處的討論乃固定（常數）」。

$$Y = 20 + 0.8\{Y-(30 + 0.25Y)\} + I + G$$
$$Y = 20 + 0.8Y-24-0.2Y + I + G \cdots\cdots\text{①}$$

Step 2 將①式改寫成 Y= ～的形式，求出政府支出乘數。

$$Y-0.8Y + 0.2Y = 20-24 + I + G$$
$$0.4Y = -4 + I + G$$
$$Y = \frac{-4}{0.4} + \frac{1}{0.4}\,I + \frac{1}{0.4}\,G$$
$$Y = -10 + 2.5I + 2.5G$$

補 充

所謂「乘數」，乃指由外生因素所決定，也就是說，因為是在討論之外所決定的，所以當固定數值增加 1 單位時，表示 Y 將增加多少的意思。

當固定的 G 增加 1 單位時，Y 將增加其 2.5 倍

政府支出乘數 =2.5

正確解答　2

Chapter
10

投資乘數、政府支出乘數、租稅乘數

【3】乘數效果的波及過程

政府支出乘數可知與投資乘數同為 $\dfrac{1}{(1-b)}$，亦即如果邊際消費傾向 b=0.8 的話，政府支出乘數 $= \dfrac{1}{(1-b)} = \dfrac{1}{(1-0.8)} =$ 5，一旦政府支出增加 1 兆日圓，將提高其 5 倍增額的國民所得 (Y)。為何國民所得增加亦為政府支出的 5 倍，其理由可用解釋投資乘數時相同的方式說明。

━ 舉 例 ▷

所謂政府支出增加，乃指公共工程增加。如果公共工程增加 1 兆日圓的話，對於營建公司增加了 1 兆日圓的下單 (財貨需求)，連帶營建公司增加 1 兆日圓的產出。該結果，使國民所得增加 1 兆日圓。

相對於此 1 兆日圓的所得提高而言，將增加 0.8 兆日圓的消費 (需求)。如果消費全數用於電漿電視，此次將使電視廠商的訂單增加 0.8 兆日圓，而電視廠商的產出也將增加 0.8 兆日圓。此結果，促使國民所得進一步提高 0.8 兆日圓，消費也進一步……，後續與投資乘數的波及過程相同。

---

3. 租稅乘數

【1】何謂租稅乘數？

所謂租稅政策，乃指藉由租稅 (稅金) 的減少 (減稅) 或增加 (增稅)，進而增減總需求，以達到調整國民所得的政策稱之。然後，表示該租稅政策之效果的即為租稅乘數。所謂**租稅乘數**，乃指**租稅變動 ΔT 時，Y 將會出現其幾倍差額的變動**之意思。

○消費函數的修正

由於考慮稅金，消費函數將不是 C=a + bY，而成為 C=a + b(Y–T)。表示從所得 Y 中扣除稅金 T，剩餘的 (Y–T) 才是可供支配的所得，Y–T 稱為可支配所得 (Yd)。

➕ 補 充 　

假設稅金的變動量為 ΔT，國民所得的增加量為 ΔY，可表示為租稅乘數 $= \dfrac{\Delta Y}{\Delta T}$

➕ 補 充 　

由於從所得 (Y) 中扣除稅金 (T)，剩餘的 Y–T(可支配所得) 之中以 b 從事消費。因此成為 C=a + b(Y–T)。

➕ 補 充 　

此處，假設稅金 (T) 與國民所得 (Y) 的多寡無關，而是採取固定額 T_0 徵收 (這樣的稅金稱為定額稅)。

d 為 disposal，表示「可供支配的」之意思。

【2】租稅乘數的求法

推薦此方法！

方法1 **藉由簡單的數學式理解**

Step 1 **寫成 $Y^S = Y^D$ 的數學式**

假設財貨需求 $Y^D = C + I + G$，$C = a + b(Y-T)$，$T = T_0$(固定)，$I = I_0$(固定)，$G = G_0$(固定) 的話，

$$Y^D = C + I + G$$
$$= \{ a + b(Y-T_0)\} + I_0 + G_0$$

另一方面，由於財貨的供給 $Y^S = Y$，所謂 $Y^S = Y^D$，乃指

$$Y = C + I + G$$
$$Y = \{ a + b(Y-T_0)\} + I_0 + G_0$$
$$Y = a + bY - bT_0 + I_0 + G_0$$

Step 2 **改寫成 $Y = \sim$ 的形式**

此處，為了求出租稅乘數，將上式改寫成 $Y = \sim$ 的形式後，

$$Y - bY = a - bT_0 + I_0 + G_0$$
$$(1-b)Y = a - bT_0 + I_0 + G_0$$
$$Y = \frac{1}{(1-b)}(a - bT_0 + I_0 + G_0)$$
$$Y = \frac{1}{(1-b)}a - \frac{b}{(1-b)}T_0 + \frac{1}{(1-b)}I_0$$
$$+ \frac{1}{(1-b)}G_0$$

從此數學式中可知，當應為固定的 T_0 增加 (增稅)1 單位的話，Y 將變動其之 $-\frac{b}{(1-b)}$ 倍，所以租稅乘數為 $-\frac{b}{(1-b)}$。

乘數的求法

Step 1 寫成 $Y^S = Y^D$ 的數學式

Step 2 改寫成 $Y = \sim$ 的形式

✚ **補　充**

從此數學式中可知，除了租稅乘數之外，在 I_0 前面的 $\frac{1}{(1-b)}$ 為投資乘數，在 G_0 前面的 $\frac{1}{(1-b)}$ 為政府支出乘數。

由於在租稅乘數前有負號，所以當增稅時國民所得 (Y) 將減少。相反地，當減稅時，因為稅金 T 減少，所以稅金的變動 ΔT 為負值 (所謂減稅 $\Delta T < 0$)。也就是說，所謂減稅 T_1 日圓，由於將為 $\Delta T = -T_1$，所以國民所得的變動量 $= -\frac{b}{(1-b)} \times (-T_1) = \frac{b}{(1-b)} \times T_1$，成為正值，所以國民所得將增加。如此一來，當不景氣時為了提高國民所得必須實施減稅。

方法2 **藉由圖形的求法** ◄——— 因為複雜，故不推薦此方法。

租稅乘數與投資乘數及政府支出乘數相同，也可藉由圖表 10-3 以圖形的方式求出。

補　充

由於稅金減少 T_0 日圓，所以稅金的變動量 $\triangle T = -T_0$ 日圓，成為負值。因此，$-b\triangle T = -b(-T_0) = bT_0$ 成為正值，所以消費增加。

如今，若政府實施 T_0 日圓的減稅，可支配所得 $(Y-T)$ 增加 $-\triangle T = -(-T_0) = T_0$，連帶消費 C 增加 $-b\triangle T = bT_0$。

在圖表 10-3 中，Y^D 向上平移 $-b\triangle T$ 至 $Y^{D'}$。此結果使得新的均衡點成為 E'，同時國民所得成為 Y'_E。

補　充

由於 $\triangle T$ 為負值，所以 $-b\triangle T$ 為正值，Y^D 向上方平移。

由於 Y^D 的斜率為 b，而 EF 為 $\triangle Y$，所以 GF 為 $\triangle Y(EF) \times b = b\triangle Y$。另外，因為 Y^S 是 45 度線，所以從 EF=FE' 可知，FE'=$\triangle Y$。 也 就 是 說，$E'G=FE'-GF=\triangle Y - b\triangle Y = (1-b)\triangle Y$。

然而，由於 $E'G = -b\triangle T$，所以

$(1-b)\triangle Y = -b\triangle T$

$\triangle Y = -\dfrac{b}{(1-b)}\triangle T$，可求出租稅乘數

為 $-\dfrac{b}{(1-b)}$。

圖表 10-3 ●**藉由圖形求出租稅乘數的方法**

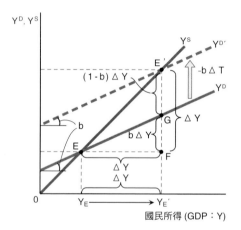

4. 平衡預算乘數

【1】何謂平衡預算乘數？

所謂平衡預算，乃指政府支出所增加的財源，全部以增稅支付。假設稅金的變動為 ΔT，而政府支出的變動為 ΔG 的話，所謂平衡預算即是 $\Delta T = \Delta G$。

因此，所謂**平衡預算乘數乃指政府支出以 ΔG 變動，同時租稅也以同額的 $\Delta T = \Delta G$ 變動時，Y 將會出現其幾倍的變動**之意思。

【2】平衡預算乘數的計算

由於平衡預算乃是政府支出與增稅同時進行，所以將政府支出的效果與增稅的效果加總即可。

〈擴大政府支出的效果〉

假設此時國民所得的變動為 ΔY_1，

$$\Delta Y_1 = \frac{1}{(1-b)} \Delta G \longleftarrow \text{政府支出乘數}$$

〈增稅的效果〉

假設此時國民所得的變動為 ΔY_2，

$$\Delta Y_2 = -\frac{b}{(1-b)} \Delta T \longleftarrow \text{租稅乘數}$$

〈平衡預算的效果＝兩者之合計〉

$$\Delta Y_1 + \Delta Y_2 = \frac{1}{(1-b)} \Delta G + (-\frac{b}{(1-b)} \Delta T)$$

$$= \frac{1}{(1-b)} \Delta G + (-\frac{b}{(1-b)} \Delta G)$$

$$= (\frac{1}{(1-b)} - \frac{b}{(1-b)}) \Delta G$$

$$= \frac{(1-b)}{(1-b)} \Delta G$$

$$= 1 \times \Delta G$$

➕ 補 充

此時，由於只有增稅的差額作為政府擴大支出之用，所以財政收支維持均衡不變。

用 語

所謂財政收支乃指政府的收入與支出。

➕ 補 充

$$\text{平衡預算乘數} = \frac{\Delta Y}{\Delta G} + \frac{\Delta Y}{\Delta T}$$

🔧 技 巧 Technique

因為在平衡預算中 $\Delta T = \Delta G$，所以用 ΔG 代替 ΔT。

➕ 補 充

國民所得的增加差額與政府支出的增加差額＝稅金的變動差額相同。也就是說，平衡預算乘數 =1。

☠ 陷 阱

請注意常會有「因為平衡預算乘數 =1，所以國民所得不變」的誤解。所謂乘數為 1，乃指當增稅 1 兆日圓，政府支出也擴大 1 兆日圓的話，剛好可以提升 1 兆日圓的國民所得。

【問題 10-2】

　請解釋平衡預算乘數。

(外務專門職務，地方上級專業記錄)

　以下面的解答架構加以完成即可。

【解答架構】

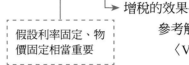

平衡預算乘數的定義 ⟶ 計算的前提 ⟶ 政府擴大支出的效果 ⟶ 綜合效果
　　　　　　　　　　　　　　　　⟶ 增稅的效果

假設利率固定、物
價固定相當重要

參考解答請參照新經濟學入門塾
〈V〉論文精通編 P.42 ～ 43。

5. 複雜的乘數計算

　到目前為止，並未考慮進出口，且租稅採取定額稅課徵。然而，依題目的不同，也會有以更複雜的經濟為前提的情況。因此，在此先練習被認為最複雜的乘數計算例題。

【問題 10-3】

　請求出以下經濟的平衡預算乘數。

$Y=C + I + G + EX–IM$，$C=a + b(Y–T)$ (a、b 為正的常數，$a>0$，$0<b<1$)

$I=I_0$(固定)，$G=G_0$(固定)，$EX=EX_0$(固定)，$IM=mY$(m 為正的常數)，

$T=T_0 + tY$(T_0，t 為正的常數，$0<t<1$)

戰　略

戰略 1　就算是複雜的乘數題目，也可利用推薦的〈藉由簡單的數學式理解〉之方法解答。

Step 1　寫成 $Y^S = Y^D$ 的數學式 ⟶ **Step 2**　改寫成 $Y=$ ～的形式求出乘數

戰略 2　將政府擴大支出的效果與增稅的效果兩者加總，求出平衡預算乘數〈 **Step 3** 〉。

解法・解答

Step 1　寫成 $Y^S = Y^D$ 的數學式

Y^S　　　Y^D

$Y=C + I + G + EX–IM$

$Y = a + b\{ Y–(T_0 + tY)\} + I_0 + G_0 + EX_0–mY$

Step 2 改寫成 Y= 〜的形式求出乘數

$Y = a + b\{(Y-(T_0 + tY)\} + I_0 + G_0 + EX_0 - mY$

由 $Y = a + bY - bT_0 - btY + I_0 + G_0 + EX_0$，

$Y - bY + btY + mY = a - bT_0 + I_0 + G_0 + EX_0$

成為 $Y - b(1-t)Y + mY = a - bT_0 + I_0 + G_0 + EX_0$，

由 $\{1 - b(1-t) + m\}Y = a - bT_0 + I_0 + G_0 + EX_0$，

$$Y = \frac{1}{1 - b(1-t) + m}(a - bT_0 + I_0 + G_0 + EX_0)$$

$$= \frac{1}{1 - b(1-t) + m}a + \boxed{\frac{-b}{1 - b(1-t) + m}}T_0 \quad \longleftarrow \quad 租稅乘數$$

$$+ \boxed{\frac{1}{1 - b(1-t) + m}}I_0 + \boxed{\frac{1}{1 - b(1-t) + m}}G_0 \quad \longleftarrow \quad 政府支出乘數$$

$$+ \boxed{\frac{1}{1 - b(1-t) + m}}EX_0 \quad \longleftarrow \quad 出口乘數 \qquad 投資乘數$$

Step 2 將政府擴大支出的效果與增稅的效果兩者加總，求出平衡預算乘數
〈政府支出的效果〉

由政府支出乘數可知，$\Delta Y = \dfrac{1}{1 - b(1-t) + m}\Delta G$。

〈租稅政策的效果〉

由租稅乘數可知，$\Delta Y = \dfrac{-b}{1 - b(1-t) + m}\Delta T$。

〈平衡預算的效果＝兩者之合計〉

$$\Delta Y = \frac{1}{1 - b(1-t) + m}\Delta G + \frac{-b}{1 - b(1-t) + m}\Delta T，因為 \Delta T = \Delta G，所以$$

$$= \frac{1}{1 - b(1-t) + m}\Delta G + \frac{-b}{1 - b(1-t) + m}\Delta G$$

$$= \frac{1-b}{1 - b(1-t) + m}\Delta G$$

正確解答　平衡預算乘數 $= \dfrac{1-b}{1 - b(1-t) + m}$

☠ 陷 阱 ☠

平衡預算乘數並非總是 1。

6. 自動安定機能

所謂 **自動安定機能** (Built-in Stabilizer)，乃指**預先建置在經濟之中，使經濟得以自動調節維持安定的機能**。具體而言，包括：①所得一旦增加稅額也提高的所得稅制度，②給予失業者補助的失業保險金，③藉由降低投資乘數促使經濟安定化等方式。

① 所得稅制度

在所得一旦增加稅額也提高的所得稅制度下，當景氣繁榮 (A 點與 C 點) 的時候，由於國民所得提高，所以稅額也增加而達到自動增稅，為國民所得增加踩煞車。相反地，當不景氣 (B 點與 D 點) 的時候，由於國民所得低迷，所以稅額也降低而達到自動減稅，具有提升國民所得的效果。

② 失業保險制度

當景氣繁榮 (A 點與 C 點) 的時候，由於國民所得 (GDP) 偏高，所以企業的勞動需求也大，失業者變少，以致失業津貼的給付金額也自動地降低。失業津貼減少將使家計單位的可支配所得下降，其結果將降低消費，具有為國民所得增加踩煞車的效果。

相反地，當不景氣 (B 點與 D 點) 的時候，由於國民所得 (GDP) 偏低，所以企業的勞動需求少，失業者變多，以致失業津貼的給付金額也自動地提高。失業津貼提高將使家計單位的可支配所得增加，消費也將增加，其結果具有提升國民所得的效果。

圖表 10-4 ● 自動安定機能

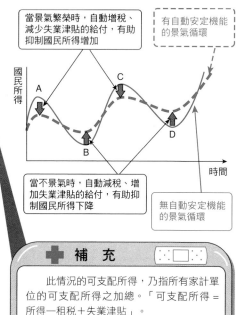

當景氣繁榮時，自動增稅、減少失業津貼的給付，有助抑制國民所得增加

有自動安定機能的景氣循環

當不景氣時，自動減稅、增加失業津貼的給付，有助抑制國民所得下降

無自動安定機能的景氣循環

補 充

此情況的可支配所得，乃指所有家計單位的可支配所得之加總。「可支配所得 = 所得-租稅+失業津貼」。

③ 藉由降低投資乘數促使經濟安定化

　　我們這次將以乘數的計算來說明自動安定機能。假設租稅採比例稅，稅額(T)=tY(t：常數，0<t<1，Y：國民所得)，消費函數為 C=a + b(Y–T)。假設不考慮海外，故 Y^D=C + I + G。如此一來，乘數可由 $Y^S= Y^D$，

$$Y= C + I + G$$
$$Y = a + b(Y–T) + I + G$$
$$Y = a + b\{Y–(tY)\} + I + G$$
$$Y = a + bY–btY + I + G$$

此處，為了求出投資乘數，將上式改寫成 Y= ～的形式後，

$$Y–bY + btY = a + I + G$$
$$(1–b + bt)Y = a + I + G$$

成為 $Y = \dfrac{1}{1–b + bt} (a + I + G)$

投資乘數即為 $\dfrac{1}{1–b + bt}$。

在定額稅的例子中，該情況的投資乘數為 $\dfrac{b}{1–b}$ (P.119)。

　　另外，此處假設投資為引起景氣變動的原因。在如此情況下，若投資乘數愈小，則在投資金額增加的景氣繁榮時，國民所得將不致出現相當程度的增加，相反地，在投資金額下降的不景氣時期，國民所得也不致出現相當程度的下滑。也就是說，與投資乘數較大的情況相比，投資金額的變動所造成的景氣變動較小，亦即經濟變得相對安定。

Point!

　　自動安定機能乃在景氣繁榮時透過增稅‧減少失業津貼，以抑制國民所得增加，而在不景氣時透過減稅‧提高失業津貼，以減緩國民所得下滑，藉此使景氣變動的程度變小，促使經濟趨於安定化。

Point!

　　實施比例稅時的投資乘數比實施定額稅時的投資乘數還小。

🔢 數學重點解說 Mathematics

　　為何如此，乃因分母(下)從1–b 增加 + bt 至 1–b + bt。只要分母愈大，分數(乘數)本身就會愈小。舉例來說，相較於 $\dfrac{1}{2}$，$\dfrac{1}{3}$ 因為分母從 2 增大至 3，而使分數本身變小。

➕ 補　充

　　當景氣繁榮時投資增加，投資的增加應可促使國民所得提高，增額達到該乘數之倍數。相反地，當景氣衰退時，投資的減少將導致國民所得下滑，減額達到該乘數之倍數。

Point!

　　與定額稅相比，在比例稅的情況下，隨著投資乘數變小，也可以使投資為原因的景氣變動變小。這也是使經濟得以自動安定化的機能 (Built-in Stabilizer) 之一。

Chapter
10

投資乘數、政府支出乘數、租稅乘數

然而，即使有此自動安定機能，由於仍會發生嚴重的景氣衰退，所以有必要實施政府擴大支出與減稅等經濟安定政策。

用 語

這些有意圖性而實施的財政政策，稱為權衡性財政政策。

圖表 10-5 ●財政政策的種類

	特徵	景氣衰退時	景氣過熱時
權衡性財政政策	有意圖性	政府擴大支出 減稅	政府縮減支出 增稅
自動安定機能	自動調節	① 所得稅減稅 ② 增加失業給付 ③ 降低投資乘數 →為國民所得下滑踩煞車	① 所得稅增稅 ② 減少失業給付 ③ 降低投資乘數 →為國民所得增加踩煞車

在自動安定機能的說明中有出現失業保險給付，像這樣**由政府給付予國民的情況稱為移轉性支出**。讓我們來解答有關該移轉性支出之經濟效果的問題。

用 語

所謂移轉性支出，乃指失業津貼、兒童津貼等等，由政府給付予國民的支出。雖然移轉性支出 (R) 為政府的支出，但由於並非政府購買企業的財貨，所以不包含在作為財貨需求的政府支出 (G) 裡。因為國民的可支配所得 (Yd) 將增加移轉性支出 (R) 的部分，所以將成為 Yd＝Y－T＋R。

【問題 10-4】移轉性支出乘數

假設包含政府的總體經濟模型被給定如下。

C＝20 ＋ 0.8Yd

I ＝50

G＝30

R ＝20　　　　　　　(C：消費，Yd：可支配所得，I：投資，

t ＝0.25　　　　　　 G：政府支出，R：移轉性支出，T：租

T ＝tY　　　　　　　 稅，t：邊際租稅傾向，Y：國民所得)

在此模型中，當政府支付給消費者的移轉性支出 R 增加 10 時，均衡國民所得的增加差額為下列何者？

1. 10		2. 15	
3. 20		4. 25	
5. 30			

(國家公務員 II 種)

Part **3**

財貨市場

多數參考書中並無有關移轉性支出的說明。然而，近年定額給付金與兒童津貼等移轉性支出變多，其經濟效果也受到矚目。由於在此背景下也開始出題，所以請確實地學習。

戰　略

運用**原則 5**(乘數的求法)求出移轉性支出乘數，當移轉性支出(R)增加時，將促使國民所得提高其乘數之幾倍。

計　算

Step 1　移轉性支出乘數

$$Y^S = Y^D$$

$$Y = C + I + G$$

$$Y = 20 + 0.8 Y_d + I + G$$

$$Y = 20 + 0.8(Y - T + R) + I + G$$

$$Y = 20 + 0.8(Y - tY + R) + I + G$$

$$Y = 20 + 0.8(Y - 0.25Y + R) + I + G$$

$$Y = 20 + 0.8Y - 0.2Y + 0.8R + I + G$$

$$Y - 0.8Y + 0.2Y = 20 + 0.8R + I + G$$

$$0.4Y = 20 + 0.8R + I + G$$

$$Y = \frac{1}{0.4} \times 20 + \frac{0.8R}{0.4} + \frac{1}{0.4}I + \frac{1}{0.4}G$$

$$Y = 50 + 2R + 2.5I + 2.5G$$

國民所得將增加 R 增額 ($\triangle R$) 的 2 倍

移轉性支出乘數 =2

$$\triangle Y = 2 \triangle R$$

所謂移轉性支出乘數，乃指 Y 與 R 的關係。由於此處想知道 Y 與 R 的關係，所以不可以將 R=20 代入消去 R。

Step 2　計算 $\triangle Y$

$$\triangle Y = 2 \triangle R = 2 \times 10 = 20$$

➕ **補　充**

因為題目中有「移轉性支出增加 10」，所以 $\triangle R = 10$。

正確解答　3

MEMO

資本市場

─ 如何決定利率？─

　　在總體經濟（一國整體經濟）中，市場涵蓋財貨市場、資本市場與勞動市場3種類。這些市場相互影響，經濟也隨之漸漸地改變。

　　在第3部中，為了聚焦在財貨市場的分析，所以假設取決於資本市場的利率（利息率）為固定，而就國民所得如何決定加以分析。然而，實際上，利率（利息率）時時刻刻都在變動連帶影響著經濟。因此，在此第4部中，將思考如何決定利率（利息率）。對於思考利率（利息率）如何影響國民所得的第5部 IS-LM 分析來說，此乃該最重要論點的基礎課題。

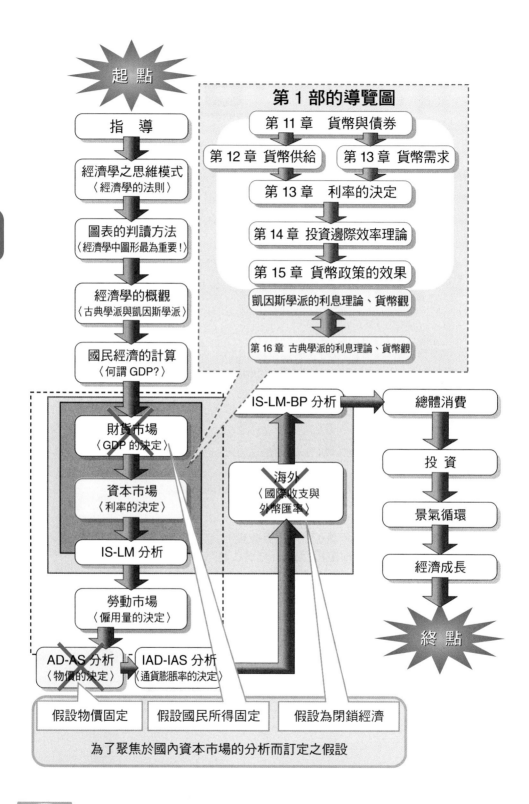

起　點

第 1 部的導覽圖

指　導

第 11 章　貨幣與債券

經濟學之思維模式
〈經濟學的法則〉

第 12 章 貨幣供給　　第 13 章 貨幣需求

圖表的判讀方法
〈經濟學中圖形最為重要！〉

第 13 章　利率的決定

經濟學的概觀
〈古典學派與凱因斯學派〉

第 14 章 投資邊際效率理論

國民經濟的計算
〈何謂 GDP?〉

第 15 章　貨幣政策的效果

凱因斯學派的利息理論、貨幣觀

第 16 章 古典學派的利息理論、貨幣觀

IS-LM-BP 分析

總體消費

財貨市場
〈GDP 的決定〉

資本市場
〈利率的決定〉

海外
〈國際收支與
外幣匯率〉

投　資

IS-LM 分析

景氣循環

勞動市場
〈僱用量的決定〉

經濟成長

AD-AS 分析
〈物價的決定〉

IAD-IAS 分析
〈通貨膨脹率的決定〉

終　點

假設物價固定　　假設國民所得固定　　假設為閉鎖經濟

為了聚焦於國內資本市場的分析而訂定之假設

第4部的登場人物・故事

實體經濟—財貨市場・資本市場・勞動市場之關係密切複雜—

舞台(分析對象)—訂定假設單純化以限定於資本市場—

驟然同時分析3個市場的話,會過於複雜而相當棘手。因此,在此部裡,將僅聚焦於對資本市場的分析。為此目的,假設取決於財貨市場的國民所得,以及與勞動市場之關係所決定的物價為固定。此外,假設為不考慮海外的閉鎖經濟。

然而,說到資產,包括貨幣、債券、土地、股票、寶石、古代美術品、住宅等等為數眾多。不過,由於這些項目過於複雜,分析起來將非常麻煩,所以為求單純化起見,假設資產僅限於貨幣與債券。所謂貨幣,乃價值維持穩定,容易交換之資產的代表。

相對於此,債券乃是價格會變動,而價值也不安定,用債券無法交換各式各樣的物品。也就是說,所謂債券,乃價值不穩定,不易交換之資產的代表。

如此假設資產只有貨幣與債券的話,舞台將僅限於貨幣市場與債券市場。

> **補 充**
>
> 假設取決於財貨市場的國民所得,以及與勞動市場之關係所決定的物價變動的話,將有必要就其為何變動,以及財貨市場與勞動市場加以分析。

> **補 充**
>
> 所謂貨幣為何,將在後面的「1.何謂貨幣?」中討論,首先請以現金為概念。現金1萬日圓,無論經過多久都是1萬日圓。也就是說,價值維持穩定。此外,若擁有現金1萬日圓的話,可以交換各種不同的物品。

> **補 充**
>
> 由於相較於股票等資產,一般而言對債券不甚熟悉,所以將在後面的「2.何謂債券?」中說明。

> **補 充**
>
> 藉由運用經濟學的法則,可以進一步地僅聚焦在貨幣市場的分析。

假設1 國民所得固定→不分析財貨市場 ┐
假設2 物價固定→不分析勞動市場 ┤ → **聚焦於(國內的)資本市場加以分析**
假設3 閉鎖經濟→不考慮海外 ┘
假設4 資產為數眾多而過於複雜→假設只有貨幣與債券→舞台為貨幣市場與債券市場

登場人物 (經濟主體)

在此部裡，即使在資本市場中也以貨幣市場為焦點所在。在貨幣市場裡，銀行 (中央銀行與一般銀行) 作為貨幣供給者而登場。家計單位與企業則是作為貨幣需求者而登場。

> **用 語**
>
> 在經濟舞台上的登場人物稱為經濟主體。

> **用 語**
>
> 將在後面詳細說明，發行作為現金的紙幣之銀行稱為中央銀行，除此之外的銀行稱為一般銀行。

故事的進展 (構成)

在「第 11 章 貨幣與債券」中，將說明作為資產代表的貨幣與債券是什麼樣的資產。此外，在第 11 章中將學習所謂瓦拉斯法則的經濟學法則，藉由該法則，理解為何在貨幣與債券中，僅就貨幣市場加以分析即可。

其次，在第 12 章裡，將學習中央銀行如何進行貨幣供給，而在第 13 章中，將學習人們對貨幣的需求乃是基於何種動機。另外，在第 13 章中，將瞭解藉由貨幣的需求與供給而決定利率。

在第 14 章裡，將學習因利率的不同，投資金額會有所改變。在第 15 章中，將瞭解透過中央銀行的貨幣政策，藉以改變貨幣供給量，進而導致利率變動、投資金額改變，連帶財貨需求變化而影響國民所得。

事實上，從第 11 章到第 15 章為止，有關利率的決定與貨幣市場的思考，都是凱因斯與凱因斯學派的想法。由於古典學派對於利率與貨幣市場的思考，抱持著完全不同的想法，因此該思想將在第 16 章中加以說明。

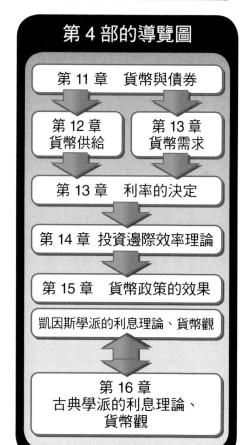

第 4 部的導覽圖

第 11 章　貨幣與債券

第 12 章 貨幣供給　　第 13 章 貨幣需求

第 13 章　利率的決定

第 14 章 投資邊際效率理論

第 15 章　貨幣政策的效果

凱因斯學派的利息理論、貨幣觀

第 16 章 古典學派的利息理論、貨幣觀

Chapter 11

貨幣與債券

─在經濟學裡對資產是如此思考─

Point

1 假設資產區分為安全且流動性高的貨幣，以及價格會變動可為投機對象的債券2種類。

2 貨幣具有①交易媒介功能，②價值標準功能，③價值儲藏功能，具體而言指現金與存款。

3 債券價格乃市場利率的遞減函數。

　　在第4部中將就資本市場進行分析，而說到資產，包括貨幣、債券、土地、股票、寶石、古代美術品、住宅等等為數眾多。然而，由於這些項目過於複雜，分析起來將非常麻煩，所以為求單純化起見，假設資產僅限於貨幣與債券。所謂貨幣，乃「價值維持穩定，容易交換之資產」的代表，債券則是「價值不穩定，不易交換之資產」的代表。因此，本章將對具代表性的2個資產，貨幣與債券究竟為何加以說明。

【1】貨幣的 3 個功能

所謂**貨幣**，乃指具有①**交易媒介功能**，②**價值標準功能**，③**價值儲藏功能**之 3 項功能的物品稱之。

①交易媒介功能

企業員工將勞動這樣的服務販售給公司，獲得作為薪資的貨幣，並以該貨幣購買想要的物品。若是想用餐，只需前往餐廳以貨幣支付即可。

如果處於沒有貨幣以物易物之世界的話，當企業員工想用餐時，便必須尋找有必要該企業員工勞動的餐廳，就餐費所需進行勞動。

②價值標準功能

商品的價格以貨幣單位表示，以日本國內來說為「日圓」。因此，我們能夠立即比較各式各樣物品的價格，進行交易將變得容易。

> **用 語**
>
> 稱為「交易成本足夠小」。

③價值儲藏功能

貨幣相對而言攜帶方便，不會腐壞。此外，由於價值穩定，所以只要持有貨幣，就算價值降低，原則上也不會造成損失。

> **補 充**
>
> M_1、M_2、M_3 等非屬貨幣範圍，卻符合貨幣定義的情況也有。

> **補 充**
>
> 就貨幣的本質而言，實際上也有哲學的議論，但這樣的議論並不深入，所謂貨幣，乃定義為擁有此 3 項功能的物品。

> **補 充**
>
> 沒有「拒收貨幣！」的店家。交易對象若使用貨幣，便會被接受。大家都願意接受的特性，稱為「普遍接受性」。

> **補 充**
>
> 在以物易物的情況下，也必須對方想要自己的物品。

> **用 語**
>
> 像這樣交易要花費相當時間，稱為「交易成本高」。

> **補 充**
>
> 在以物易物的經濟下，1 輛 Prius 價值 50 隻雞、1 輛 Civic 價值 5 隻豬的話，要比較何者便宜非常麻煩。

【2】貨幣範圍

所謂貨幣，由於擁有交易媒介、價值標準及價值儲藏的 3 項功能，所以以貨幣的範圍所及之問題，乃視如何嚴格地要求貨幣的 3 項功能而定。作為日本中央銀行的日本銀行，在貨幣存量統計中區分為 M_1、M_2 及 M_3。

① M_1 (狹義的貨幣)

擁有 3 項功能的首選物品莫過於現金。乃因為現金可依其原貌交換各式各樣的物品。然而，在經濟學裡，即使用最嚴格地標準思考 3 項功能，所訂出最狹義的貨幣範圍，也不僅只有現金，而是所有存款機構的存款貨幣 (活期存款) 也視為貨幣。以上在狹義 (範圍) 下的貨幣稱為 M_1。

② M_2 (廣義的貨幣)

相較於 M_1，將 3 項功能的門檻稍加調降，將使貨幣的範圍更廣。將除了活期存款外的存款也視同貨幣，即為 M_2。

此外，現在 M_2 的存款，不包含郵儲銀行與農業協同組合 (農協) 的存款。此乃由於 2007 年 9 月以前郵儲銀行身為郵局，隸屬於國家機構，所以 M_1、M_2 等存款統計存在排除郵政儲金等存款的舊慣例。

③ M_3 (廣義的貨幣)

在 M_2 中雖然將郵政儲金等存款排除，但在 M_3 中則將全部存款交易機關的所有存款均納入貨幣之中。

④ 廣義流動性貨幣

在 M_3 再加上投資信託與國債等容易變現的金融商品。

補 充

所謂貨幣存量，乃指「在某時點貨幣的持有量」之意思。

補 充

以往在 M_1 中不包含郵政儲金等存款。然而，自 2007 年郵政民營化起，因為郵儲銀行已非國家機構，而成為銀行法中的銀行，所以與其他銀行同樣納入統計之中 (2008 年 5 月)。

用 語

所謂存款貨幣 (活期存款)，乃指存款者一旦向銀行要求返還存款，將馬上獲得返還的存款。舉例來說，由於一般存款可用金融卡立即提領現金，所以屬於存款貨幣 (活期存款) 的一種。

補 充

舉例來說，定期存款想要變現時，解約手續頗為麻煩，且將不會支付到目前為止的利息。然而，由於在當天內可獲得現金，所以仍視為貨幣考量的立場。

補 充

以往在 M_1、M_2 中排除郵局與農協的存款進行統計。此 M_2 與以往相同仍排除郵政儲金與農協的存款，藉此可與歷年的統計數據進行比較。

接著，在此我們將有關 M_1、M_2、M_3 及廣義流動性貨幣的比較，整理在圖表 11-2 中。就任何貨幣的範圍來說，無論何者都是**貨幣＝現金＋存款**。僅有何種存款計入上有所差異。因此，往後在解說貨幣市場的分析上，以貨幣＝現金＋存款這樣的理解即已足夠。

圖表 11-1 ●貨幣存量統計 (2010 年 5 月平均餘額)

單位：兆日圓

M_3	1,077
CD	27
準貨幣	552
M_1	498
存款貨幣	424
現金貨幣	74

$M_2 = 1,077 - 300 = 777$

↑   ↑

M_3 郵政儲金等

數　據

圖表 11-1 中揭載了日本的數據。可知現金為 74 兆日圓偏低。此乃因為日本央行所供給的現金創造出數倍的存款之故，該內容將在第 12 章的【4】貨幣供給的架構 (P.153) 中說明。

圖表 11-2 ●貨幣的定義

貨幣＝現金＋存款 ➡ 以何種存款視為貨幣區分 M_1、M_2、M_3

	僅限國內銀行等機構 (排除郵儲銀行等機構)	所有存款機構
活期存款 (存款貨幣)	—	M_1
全部存款	M_2	M_3
全部存款＋投資信託‧國債等	—	廣義流動性貨幣

陷阱

雖然寫成 M_1、$M_2 + CD$、M_3、$M_3 + CD$ 的書很多，但該分類為 2008 年 4 月以前的舊分類，現在已不使用，請注意此點。

【問題 11-1】

　　以下有關貨幣存量的敘述中，不適當的為何者？

A. 所謂 M_1 乃指現金貨幣與存款貨幣的合計。

B. 所謂 M_2 雖然是現金貨幣與所有存款的合計，但不包含郵儲銀行、農協等儲蓄與存款。

C. 所謂 M_3 乃指現金貨幣與所有存款機構之全部存款的合計。

D. 所謂 M_3 + CD 乃指現金貨幣、所有存款機構之存款貨幣、投資信託‧國債等金融資產的合計。

（證券分析師類似題）

〈解答‧解說〉

　　A、B、C 為正確的敘述。

　　D 的「M_3 + CD」為以往統計的分類，現在的分類中已不存在。此外，「現金貨幣、所有存款機構之存款貨幣、投資信託‧國債等金融資產的合計」稱為廣義流動性貨幣。

正確解答　D

2. 何謂債券？

【1】何謂債券？

所謂**債券**，乃是**國家與企業調度資金時，所發行的有價證券**。國家所發行的債券稱為國債，企業所發行的債券稱為公司債。

債券雖然與期票相似，但可以轉讓給他人這一點有所差異。

債券與期票相同，記載著**金額、票面利率、發行者、發行日、到期日**。然而，債權人(=購買債券的人)為數眾多，由於項目會有所變動，所以並不固定。

此處，考慮過去已經發行的債券(稱為既發債券)。既發債券的利率為發行日的利率。為何如此，乃因當利率為10%時發行債券募集資金，債券的利率若非在10%左右的話，便不會有任何人購買債券，而當利率為1%時，即使債券的利率為1%，由於其他的金融商品(定期存款等)的利率也在1%，所以將會有人購買債券。

Part
4
資本市場

➕ 補 充

所謂有價證券，乃指表彰權利的憑證(紙)稱之。在債券上，寫明收取利息，到期償還所貸金額的權利。自2003年實施無實體化後，如今已不再發行債券的紙本，而以電子資料庫管理。

用 語

- 金額：借貸金額，稱為本金。
- 利率：債券所約定的利率(利息率，利息)乃發行時所決定，由於其後也不會變動，稱為固定利率。
- 發行者：籌資的組織。
- 到期日：贖回債券的日期。

理 由

目前新發行的債券(稱為新發債券)為數不多，乃因過去已經發行的既發債券在到期日前多數歷經轉手買賣，在市場上流通的數量較多之故。

圖表 11-3 ●紙本印刷時的債券

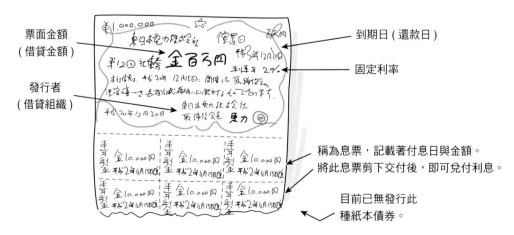

票面金額
(借貸金額)

發行者
(借貸組織)

到期日(還款日)

固定利率

稱為息票，記載著付息日與金額。將此息票剪下交付後，即可兌付利息。

目前已無發行此種紙本債券。

【2】債券的現金流量

購買圖表 11-3 之債券的人 (亦即出資者)，其現金流量如圖表 11-4 所示。

此處務必注意到利率。在圖表 11-3 的債券中，由於約定利率為 2%，所以在債券的發行日以後，無論市場利率上升到 10%，或是下跌到 1%，債券的利率都維持 2% 不變，每年將獲得 100 萬日圓 × 2%=2 萬日圓的利息。

圖表 11-4 ●紙債券的現金流量 (Cash Flow)

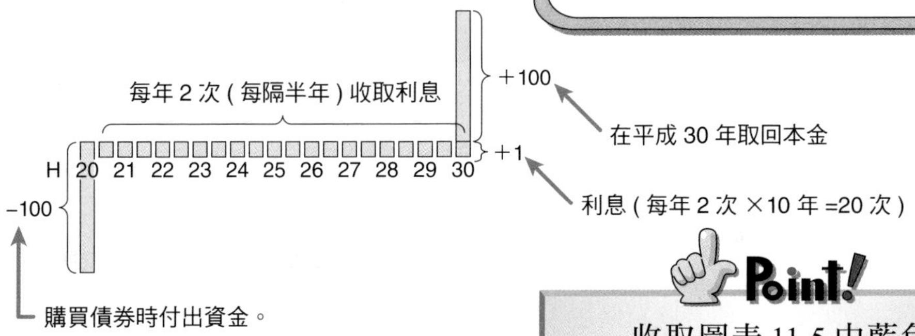

每年 2 次 (每隔半年) 收取利息
+100
在平成 30 年取回本金
+1
利息 (每年 2 次 ×10 年 =20 次)
H 20 21 22 23 24 25 26 27 28 29 30
−100
購買債券時付出資金。

【3】債券價格與利率的關係

讓我們以剛才圖表 11-3 的債券，在平成 23 年購買時為例進行說明。在平成 23 年一開始即購買此債券的人，從平成 23 年到平成 30 年為止每隔半年收取 1 萬日圓，而在平成 30 年取回 100 萬日圓的本金。

像這樣，雖然債券具有在未來期間可收取固定金額的權利，但債券價格並非總是 100 萬日圓，而是隨著每日有所變動。其實，此債券價格的變動與當時的市場利率有關。

用語

英文中稱為「Cash Flow」，乃是在企業會計上常會使用到的用語。

Point!

由於固定利率乃是債券發行時 (= 籌資時) 所約定的利率，其後即使市場利率變動，也不會有所改變。像這樣，因為債券上約定利率 (票面利率) 為 2% 不變，稱為固定利率。

補充

一般而言，利息乃半年付息 1 次，但大多考試中為求單純化起見，簡化為每年付息 1 次。

Point!

收取圖表 11-5 中藍色部分的資金。也就是說，所謂債券乃是未來以固定利率收取固定金額的權利。此僅表示平成 23 年的債券之價值。

Point!

由於存在當債券發行時約定，其後不改變的「固定利率」，以及在債券發行後會隨時間變動的「市場利率」這 2 種利率，所以請勿將兩者混淆。

圖表 11-5 ●在平成 23 年購買債券者的現金流量 (Cash Flow)

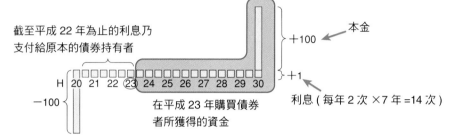

截至平成 22 年為止的利息乃支付給原本的債券持有者

本金

H 20 21 22 23 24 25 26 27 28 29 30

＋100

＋1

−100

在平成 23 年購買債券者所獲得的資金

利息 (每年 2 次 ×7 年 =14 次)

Part **4**

資本市場

讓我們從圖表 11-3 中票面利率 2% 之債券發行的平成 20 年以後，以**市場利率下滑與上升的情況區分**，採取直觀的方式說明**債券價格**如何變動。

〈當市場利率下滑至 1% 的情況〉

假設在債券發行時為 2% 的市場利率，到平成 23 年度 (債券購買時點) 已下滑到 1%。此時，由於現實中的市場利率為 1%，所以定期存款等利率為 1%，而每年 2% 可收取 2 萬日圓利息的債券變得具有吸引力。隨著市場的利率下滑到 1%，債券所約定的固定利率 2% 之價值相對地提升，連帶債券價格上升。

〈當市場利率上升至 5% 的情況〉

假設在債券發行時為 2% 的市場利率，到平成 23 年度 (債券購買時點) 已上升到 5%。此時，由於現實中的市場利率為 5%，所以定期存款等利率為 5%。因此，每年 2% 可收取 2 萬日圓利息的債券變得不具吸引力。

用 語

所謂市場利率，乃依當時的貨幣市場狀況所決定的利率。此處，請依凱因斯學派的看法，將利息率視同利率。

略 語

因為債券的英文稱為 Bond，所以債券價格大多以 P_B 與 B 的符號來表示。

復 習

在債券發行時所約定的票面利率 (固定利率)，就算市場利率下滑，也不能任意變動。

☞ **Point!**

市場利率 (r) 一旦下滑，債券價格將上揚；相反地，市場利率 (r) 一旦上升，債券價格將下跌。也就是說，債券價格乃利率的遞減函數。

隨著市場的利率上升到 5%，債券所約定的固定利率 2% 之價值相對地下降，連帶債券價格下滑。

債券價格乃市場利率的遞減函數

市場利率 r ↑ ➡ 債券的固定利率吸引力↓ ➡ 債券價格 (P_B) ↓

市場利率 r ↓ ➡ 債券的固定利率吸引力↑ ➡ 債券價格 (P_B) ↑

【4】作為投機對象的債券

在【3】中，已解釋過債券價格與利率呈反方向變動。由於市場利率隨著當時的狀況時時刻刻變動，所以債券價格時時刻刻與該利率的起伏呈相反的變動。

如此一來，可知債券也像股票一樣，是價格會變動的資產。由於是價格會變動的資產，所以可藉由低買高賣而獲得利益，作為投機的對象。

當然，債券的投機並不如股票一般為人所知。此乃由於債券價格的變動比股票還小，所以大多為少量的買賣，而手續費相對較高的個人投資者，難以藉著直接買賣債券而獲利之故。

Point!

如果將固定利率 2%、100 萬日圓的債券持有到最後，由於每年收取 2% 的利息，且到期日 (還款日) 收回 100 萬日圓，所以等同於 2% 的定期存款。凱因斯不考慮將債券持有到最後，而將其視為低買高賣從中獲利之投機交易對象。

3. 瓦拉斯法則

因為要採取正式的方式說明瓦拉斯法則 (Walras law)，要運用數學式而頗為煩雜，因此讓我們採取直觀的方式進行說明。

假設起初貨幣市場、債券市場都呈現需求與供給相等的均衡狀態 (圖表 11-6)。

---舉 例---------

假設整體經濟的總資產為 100 兆日圓。假設起初 100 兆日圓的資產為貨幣 40 兆日圓、債券 60 兆日圓，無論貨幣市場與債券市場都呈現均衡狀態。

圖表 11-6 ●貨幣市場與債券市場

	債券市場		貨幣市場		資產合計
	債券需求	債券供給	貨幣需求	貨幣供給	
起初	60 = 60 市場均衡		40 = 40 市場均衡		100
變動後	⑧⓪↑ > 60 超額需求 20		②⓪↓ < 40 超額供給 20		100

└─────一體兩面─────┘

然而，出於某種原因，債券的需求增加，假設債券市場發生 20 兆日圓的超額需求。資產 100 兆日圓之中，由於其中 80 兆日圓打算以債券的方式持有，所以打算以貨幣的方式持有的金額，亦即貨幣需求減少了 20 兆日圓，因而在貨幣市場出現 20 兆日圓的超額供給。

像這樣，因為債券市場與貨幣市場乃一體兩面的關係，一旦分析其中一方，另一方將有相反的結果，所以即使不分析另一方，也可瞭解正反不同的狀況，此即稱為瓦拉斯法則。

➕ 補 充 ∶∶☐∶∶

此與一旦知道阪神對巨人的棒球比賽為 3 比 2，由阪神獲勝的話，因為巨人的勝負即為阪神的相反，所以可知以 2 比 3 敗北的情況相同。

☞ Point!

雖然在資本市場中包括貨幣市場與債券市場，但後續將僅就貨幣市場進行分析。

➕ 補 充 ∶∶☐∶∶

就資本市場而言，可用「因為資產中只有貨幣與債券存在，所以只要分析貨幣市場的話，就算不分析債券市場，也可藉由瓦拉斯法則，瞭解與貨幣市場相反之狀態」等方式表現。

Chapter 12

貨幣供給

─日本央行所發行的現金可創造多少倍的貨幣？─

Point

1 貨幣 (= 現金＋存款) 乃由中央銀行透過一般銀行供給市場。

2 中央銀行所直接供給的貨幣 (強力貨幣；High-Powered Money)，以其貨幣乘數的倍數供給貨幣 (存款創造)。

3 貨幣乘數 $= \dfrac{(\text{現金比率}＋1)}{(\text{現金比率}＋\text{存款準備率})}$

　　在第 11 章裡，已說明所謂貨幣即是現金與存款。在此第 12 章中，將學習該貨幣以何種方式供給到社會之中。此章的主角乃發行作為現金之紙幣的中央銀行。因此，首先，將說明何謂中央銀行，其次，學習中央銀行供給貨幣的機制 (存款創造，貨幣乘數)。

1. 何謂中央銀行？

【1】中央銀行的 3 項功能

中央銀行乃具有①發行貨幣的銀行，②銀行的銀行，③政府的銀行之 3 項功能的銀行。

① 發行貨幣的銀行 (發行作為現金之紙幣)

中央銀行具有發行作為現金之紙幣的功能。透過調整作為現金之紙幣的發行量，藉以調整貨幣 (= 現金＋存款) 的數量 (供給量)。

② 銀行的銀行

中央銀行可接受來自銀行的存款，亦可貸款給銀行。因此，對於暫時陷入資金不足窘境的銀行供給貨幣，以防止銀行支應不及等等引起的金融系統混亂。

③ 政府的銀行

中央銀行可處理政府的資金收支事務。

圖表 12-1 ●中央銀行的 3 項功能與政策目標

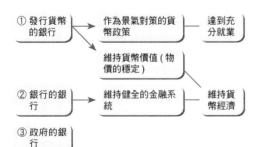

 Point!

貨幣具有①交易媒介功能，②價值標準功能，③價值儲藏功能，對經濟而言極為重要。使用此貨幣的經濟，亦即貨幣經濟之維持，乃是中央銀行的目的。

如果當物價變為 2 倍時，1 萬日圓紙鈔所能購買的物品變為一半，如此物價明顯上漲的話，貨幣的價值將明顯下滑，導致誰也不願持有貨幣，而成為以物易物的經濟。因此，對中央銀行而言，在維持貨幣經濟的意義上，物價的穩定相當重要。

➕ 補 充

透過貨幣數量的調整，達到充分就業亦為目標 (→第 15 章)。

📝 用 語

當企業與個人資金不足時，會向銀行借貸，而當銀行暫時面臨資金不足的時候，最終將向中央銀行借貸，此稱為「最後貸款人」(Lender of Last Resort, LOLR)。

【2】中央銀行與一般銀行

在日本，具有以上 3 項功能的中央銀行僅有日本銀行而已。日本的紙鈔上印有日本銀行券。

相對於此，我們所利用的銀行 (舉例來說，三菱東京 UFJ 銀行，瑞穗銀行、三井住友銀行等)，並不具備 3 項功能。像這樣，中央銀行以外的銀行稱為一般銀行。

【3】中央銀行的獨立性

發行紙幣的中央銀行對於國民經濟有極大的影響力。因此，以民主主義的觀點來看，應該是要能反映國民意見的組織架構。具體而言，應該透過國民選舉選出的國會議員所組織而成之國會，以及該國會選出的內閣總理大臣所組織的內閣 (一般稱為行政院或是政府) 之監督下行事。

然而，在大多數的國家之中，中央銀行乃自政府與議會中獨立出來。此乃基於一旦中央銀行在政府與國會的監督下行事的話，將因短期間推動熱門政策而胡亂發行紙幣，導致物價持續明顯上升，通貨膨脹將造成國民經濟混亂之歷史經驗的反省之故。

＋ 補 充

順道一提，美國的中央銀行為美國聯邦準備銀行 (FRB：Federal Reserved Bank)，歐洲聯盟 (EU) 的中央銀行為歐洲中央銀行 (ECB：European Central Bank)。

＋ 補 充

日本央行總裁與副總裁乃經過國會的決議，再由內閣總理大臣任命。基於此點，對日本央行仍具有民主的控制權。

用 語

此稱為「中央銀行的獨立性」。基於此考量，日本央行並非政府機關，而是基於日本銀行法，在法律上具有特殊法人地位，從事獨立於政府的自律性貨幣政策。此外，所謂特殊法人，乃指為了公共利益考量，以特別法所設立的法人稱之，其他亦有基於廣播法的日本放送協會 (NHK) 等機構。

復 習

如先前已敘述過的，顯著的物價上漲意味通貨價值的下滑，人們因為貨幣跌價而變得不願持有，連帶貨幣經濟的功能喪失，經濟也將陷入混亂之中。

2. 貨幣供給的機制

【1】何謂貨幣供給的現金

儘管所謂**貨幣**乃指現金＋存款(第11章)，但所謂現金因為是指我們可利用的現金，所以並不包含中央銀行與一般銀行存放在金庫的現金。就算是從中央銀行與一般銀行的金庫中取出，只要未進入實體社會中，便無法作為貨幣供給的現金。

Part 4
資本市場

> **用 語**
>
> 由於此處所謂的貨幣，乃指貨幣的儲存量，所以稱為「貨幣存量」(Money Stock)。該貨幣的儲存量亦為貨幣的供給量，所以也稱為「貨幣供給」(Money Supply)。

> **補 充**
>
> 此稱為「所謂貨幣供給的現金，乃指金融機構本身留存資產之外的現金」。

【2】法定準備率(存款準備率)

一般銀行將作為存款的現金全數借出的話，存款者即使要將存款提出，也無法取回現金。為了防止如此風險，銀行對於所接受的存款等資金，應有一定比率(準備率)以上的金額要存入日本央行，為其法律上的義務之制度(存款準備金制度)。因此，此法律所訂定的「**存入的存款中，最低限度必須存入日本央行之金額的比率**」稱為**法定存款準備率**。

> **補 充**
>
> 一般銀行接受客戶的存款，並將該資金借出以獲得利息，並得到利益。因此，銀行為了提高獲利，會有儘可能將存入的款項借出周轉的動機。

> **用 語**
>
> 存入的存款當中，實際上存入日本央行作為存款的比率」稱為存款準備率(應提準備率)。因為法定存款準備率為最低限度，所以銀行也會採用比法定存款準備率還高的存款準備率(超額準備)。

【3】強力貨幣(貨幣基數，基礎貨幣)

所謂**強力貨幣**，乃指**中央銀行直接供給的現金**。由於此現金具有可創造數倍存款的強大能力，所以稱為強力貨幣。

> **用 語**
>
> 經由一般銀行存入日本央行的存款，稱為日本央行預備金、準備或日本央行活期存款。

> **用 語**
>
> 表示貨幣的基礎之意，也稱為貨幣基數，基礎貨幣。

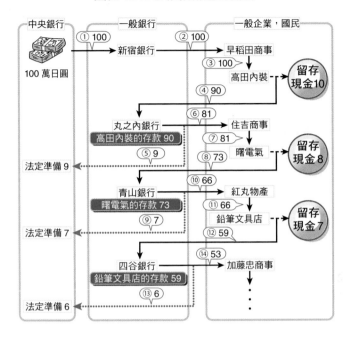

圖表 12-2 ●存款創造的機制

【4】貨幣供給的機制

接著，將利用圖表 12-2 說明強力貨幣是如何擴大存款，使貨幣 (=現金＋存款) 增加。

① 首先，假設中央銀行 (日本銀行) 起初將 100 萬日圓現金供給新宿銀行。

② 如今，假設一般銀行並無存放現金在金庫裡。因此，新宿銀行將日本央行供給的 100 萬日圓現金全部借出。假設新宿銀行放款給早稻田商事 100 萬日圓。

③ 假設向新宿銀行貸款 100 萬日圓的早稻田商事，將 100 萬日圓作為大樓的內裝工程費用，付給高田內裝。

➕ 補 充

由於此 100 萬日圓乃由中央銀行直接供給的貨幣，所以意指強力貨幣＋100 萬日圓。

➕ 補 充

有關中央銀行 (日本銀行) 供給強力貨幣的方法，將在後面的第 15 章中說明。

④假設作為工程費用收取 100 萬日圓的高田內裝，將其中 10% 即 10 萬日圓作為現金持有，剩餘的 90% 即 90 萬日圓存入丸之內銀行。【存款 90 萬日圓】

⑤假設存款準備率為 10% 的話，自高田內裝取得 90 萬日圓存款的丸之內銀行，將存款 90 萬日圓的 10%，相當於 9 萬日圓作為給付 (返還) 予高田內裝的準備，而存放在日本央行。

⑥因此，雖然丸之內銀行自高田內裝取得 90 萬日圓的存款，但由於有 9 萬日圓作為法定存款準備，而存放於日本央行，所以 90–9=81 萬日圓為可貸出資金。假設丸之內銀行將此 81 萬日圓貸予住吉商事。

⑦假設住吉商事將該 81 萬日圓作為電腦費用支付給曙電氣。

⑧假設曙電氣將收受之 81 萬日圓的 10% 約 8 萬日圓作為現金持有，剩餘的 90% 約 73 萬日圓存入青山銀行。【存款 73 萬日圓】

⑨此處，若存款準備率為 10% 的話，自曙電氣取得 73 萬日圓存款的青山銀行，將存款 73 萬日圓的 10%，相當於 7 萬日圓作為給付 (返還) 予曙電氣的準備，而存放在日本央行。

⑩因此，雖然青山銀行自曙電氣取得 73 萬日圓的存款，但由於有 7 萬日圓作為法定存款準備，而存放於日本央行，所以 73–7=66 萬日圓為可貸出資金。假設青山銀行將此 66 萬日圓貸予紅丸物產。

⑪假設紅丸物產將該 66 萬日圓作為文具用品費用支付給鉛筆文具店。

⑫鉛筆文具店當然不會將收受之 66 萬日圓全部以現金持有。假設將該 66 萬日圓的 10% 約 7 萬日圓作為現金持有，剩餘的 90% 約 59 萬日圓存入四谷銀行。【存款 59 萬日圓】

⑬此處，若存款準備率為 10% 的話，自鉛筆文具店取得 59 萬日圓存款的四谷銀行，將存款 59 萬日圓的 10%，相當於 6 萬日圓作為給付 (返還) 予鉛筆文具店的準備，而存放在日本央行。

⑭因此，雖然四谷銀行自鉛筆文具店取得 59 萬日圓的存款，但由於有 6 萬日圓作為法定存款準備，而存放於日本央行，所以 59–6=53 萬日圓為可貸出資金。假設四谷銀行將此 53 萬日圓貸予加藤忠商事。

像這樣，貸放與存款的連鎖反應不斷延續，持續創造出存款。此稱為**存款創造**(Deposit Creation)。也就是說，**日本央行所直接供給的貨幣(＝強力貨幣，圖表12-2 的① 100 萬日圓)，該筆同樣的現金經過數次不斷重複的借貸與存款，存款將持續增加。**

從圖表 12-2 來看可知，即使中央銀行僅供給現金 100 萬日圓，由該筆 100 萬日圓，即可創出丸之內銀行裡高田內裝的存款 90 ＋青山銀行裡曙電氣的存款 73 ＋四谷銀行裡鉛筆文具的存款 59=222 萬日圓的存款。在此同時，雖然現金供給 100 萬日圓，但其中有 9 ＋ 7 ＋ 6=22 萬日圓作為法定存款準備金，從銀行回流到日本央行。

因此，在一般銀行裡的現金，並非 100 萬日圓，而是減少了作為應提準備而回流到日本央行的金額。考量貨幣供給時的現金，乃是我們可以利用的現金，所以成為：

現金＝強力貨幣 － 準備

一般銀行　日本央行直接　回流到日本
裡的現金　供給的現金　　央行的現金

換言之，即為：

強力貨幣 = 現金＋準備

圖表 12-3 ●日本國內強力貨幣的明細

強力貨幣	98 兆日圓
現金(日本銀行券，鈔票)	77 兆日圓
現金(硬幣)	4 兆日圓
日本央行活期存款	17 兆日圓

資料來源 日本央行

3. 貨幣乘數

　　強力貨幣可以創造出幾倍的貨幣稱為貨幣乘數。在切入貨幣乘數的話題之前，先介紹略語。強力貨幣簡稱為 H、貨幣簡稱為 M、存款簡稱為 D、現金簡稱為 C、(存款) 準備簡稱為 R，假設貨幣乘數為 m。

　　由於強力貨幣 (H) 可以創造出幾倍的貨幣 (M) 稱為貨幣乘數 (m)，所以形成以下關係。

M=mH

可改寫為 $m=\dfrac{M}{H}$ ……①

然而，

貨幣 (M)= 現金 (C) ＋存款 (D)……②

強力貨幣 (H)= 現金 (C) ＋準備 (R)……③

因此，將②、③代入①後，

$$m=\frac{M}{H}=\frac{C+D}{C+R}=\frac{\dfrac{C}{D}+\dfrac{D}{D}}{\dfrac{C}{D}+\dfrac{R}{D}}=\frac{\dfrac{C}{D}+1}{\dfrac{C}{D}+\dfrac{R}{D}}$$

分母・分子同除以 D　　存款準備率

此處，$\dfrac{C}{D}$ 稱為現金比率，乃指相對於存款的現金比率。因此，貨幣乘數可用以下的數學式表示。

Point!

　　為了要在貨幣乘數的數學式中帶出存款準備率 (R/D)，所以將分母・分子同除以存款 (D)。因為存款準備率 (R/D) 可透過中央銀行的政策而變動，所以由此式可知，中央銀行可透過操縱存款準備率 (R/D) 來調整貨幣乘數。詳細內容將在第 15 章中說明。

$$\text{貨幣乘數 } m=\frac{\dfrac{C}{D}+1}{\dfrac{C}{D}+\dfrac{R}{D}}=\frac{\text{現金比率}＋1}{\text{現金比率}＋\text{存款準備率}}$$

① 提高存款準備率

若存款準備率 ($\frac{R}{D}$) 從 0.1(10%) 提高到 0.2(20%) 的話，貨幣乘數 m 為

$$m = \frac{\dfrac{C}{D} + 1}{\dfrac{C}{D} + \dfrac{R}{D}} = \frac{0.11 + 1}{0.11 + 0.2} = \frac{1.11}{0.31} = 約 3.6$$

變得比起初的約 5.3 還要小。

② 現金比率的上升

若現金比率從 0.11 上升到 0.2 的話，貨幣乘數 m 為

$$m = \frac{\dfrac{C}{D} + 1}{\dfrac{C}{D} + \dfrac{R}{D}} = \frac{0.2 + 1}{0.2 + 0.1} = \frac{1.2}{0.3} = 4$$

變得比起初的約 5.3 還要小。

— 理　由 —

若存款準備率上升的話，由於一般銀行從存款中作為存款準備而存入日本央行的金額增加，所以出借金額減少。此結果將促使貸放與存款的連鎖反應發生，導致存款創造變小。

— 理　由 —

若現金比率上升的話，由於存入銀行的存款金額減少，所以將導致貸放與存款的連鎖反應變小之故。舉例來說，在圖表 12-2 裡，收取 100 萬日圓的高田內裝將 10% 作為現金持有，其中 90% 即 90 萬日圓作為存款。如果 80% 作為現金持有，只有剩餘 20 萬日圓作為存款的話，④中的高田內裝之存款將從 90 萬日圓縮減至 20 萬日圓，其後的貸放與存款將大幅減少。

— 舉　例 —

在圖表 12-2 中，由於現金比率 ($\frac{C}{D}$) = $\frac{1}{9}$ = 約 0.11，存款準備率 ($\frac{R}{D}$)=0.1，所以

$$m = \frac{\dfrac{C}{D} + 1}{\dfrac{C}{D} + \dfrac{R}{D}} = \frac{0.11 + 1}{0.11 + 0.1}$$

$$= \frac{1.11}{0.21} = 約 5.3$$

因此，100 萬日圓的強力貨幣可創造出約 5.3 倍即約 530 萬日圓的貨幣。當然，此增加僅限於存款創造，現金並不會增加。

【問題 12-1】貨幣乘數的計算① 〈由中央銀行供給的模式〉

假設在某經濟中，現金‧存款比率 =0.08，準備金‧存款比率 =0.02，當所有數值總是維持固定的情況下，中央銀行一旦增加 1 兆日圓的強力貨幣時，作為貨幣供給的增加金額，正確的選項為何？

1. 1 兆日圓
2. 4 兆日圓
3. 10.8 兆日圓
4. 12.8 兆日圓
5. 54 兆日圓

（地方公務員上級）

原則 6　貨幣乘數的求法

$$貨幣乘數 = \frac{M}{H} = \frac{C + D}{C + R} = \frac{\dfrac{C}{D} + 1}{\dfrac{C}{D} + \dfrac{R}{D}}$$

〈解答‧解說〉

將題目中的數值代入貨幣乘數的數學式中，成為

$$貨幣乘數 = \frac{\dfrac{C}{D} + 1}{\dfrac{C}{D} + \dfrac{R}{D}} = \frac{0.08 + 1}{0.08 + 0.02} = \frac{1.08}{0.1} = 10.8$$

由於貨幣乘數為 10.8，所以增加 1 兆日圓的強力貨幣將促使貨幣供給金額增加 10.8 倍，即 10.8 兆日圓的貨幣供給額。

正確解答　3

【問題 12-2】貨幣乘數的計算②〈將個人與企業持有的現金存入的模式〉

　　在某一般銀行存入 8,000 萬日圓存款的情況下，以此存款為基礎而發展到所有的一般銀行，有關信用創造所派生而來的存款金額，正述的選項為何？此處，假設所有的一般銀行之存款準備率為 20%，存款未在途中而遺漏在一般銀行之外。

> 1. 1,600 萬日圓
> 2. 9,600 萬日圓
> 3. 1 億 4,400 萬日圓
> 4. 3 億 2,000 萬日圓
> 5. 4 億日圓

（國稅專門官）

在計算上必要的知識

　　貨幣乘數 (P.156 ～ 157)

　　原始存款與派生存款

　　起初存入銀行的存款稱為原始的存款，用以區別其後藉由存款創造而增加的存款 (此稱為派生存款)(**原則 7**)。

原則 7　派生存款的計算

$$派生存款 = 存款總額 - 原始存款$$

⬆　　　　　　　　　⬆

藉由存款創造而增加的存款　起初的存款

戰　略

　　無論是誰存入 8,000 萬日圓的存款，皆與日本央行供給 8,000 萬日圓的強力貨幣之情況具有相同的效果。為何如此，乃因對一般銀行來說，增加 8,000 萬日圓現金這一點是相同的之故。

　　因此，8,000 萬日圓將以其貨幣乘數之倍數供給貨幣。

 Step 1　求出貨幣乘數。

Step 2　運用貨幣乘數求出存款總額。

Step 3　將存款總額減去原始存款，求出派生存款。

Step 1 貨幣乘數的計算

$$貨幣乘數 (m) = \frac{\dfrac{C}{D} + 1}{\dfrac{C}{D} + \dfrac{R}{D}}$$

此處 $\dfrac{R}{D}$ = 存款準備率 =0.2(20%)，由於 $\dfrac{C}{D}$ (現金比率) 基於「存款未在途中而遺

漏在一般銀行之外」，在無人持有現金下，全數將作為存款之故，所以 $\dfrac{C}{D}$ =0。如此

一來，

$$貨幣乘數 (m) = \frac{\dfrac{C}{D} + 1}{\dfrac{C}{D} + \dfrac{R}{D}} = \frac{0 + 1}{0 + 0.2} = 5$$

Step 2 存款總額的計算

因為起初 8,000 萬日圓的存款擴大為 5 倍，所以

全體的存款 (D)=8,000 萬日圓 ×5=40,000 萬日圓 (4 億日圓)

Step 3 派生存款的計算

由於其中 8,000 萬日圓為原始存款，所以要扣除，

派生存款 =4 億日圓 –8,000 萬日圓 =3 億 2,000 萬日圓

　　　　　　↑　　　　　↑
　　　　存款總額　　原始存款

☠ 陷 阱 ✖

請注意不要忘記減去原始存款，
以免選到選項 5 的 4 億日圓。

正確解答　4

Part **4** 資本市場

Chapter 13

利率的決定

─如何決定住宅貸款利率？─

Point

1 凱因斯認為貨幣需求的動機有①交易的動機，②預防的動機，③投機的動機等 3 項。

2 藉由①交易的動機，②預防的動機而引起的貨幣需求可整合稱為交易需求 (L_1)，乃國民所得的遞增函數。

3 藉由③投機的動機而引起的貨幣需求也稱為資產需求 (L_2)，乃利率的遞減函數 (流動性偏好理論)。

4 所謂利息乃指貨幣的借貸價格，而利率取決於貨幣的需求與供給。

難易度　B

出題可能性

國家 II 種	C
國稅專門官	C
地方上級、市政廳、特別區	C
國家 I 種	B
中小企業顧問	C
證券分析師	B
註冊會計師	C
政府辦公室等記錄	C
不動產估價師	C
外務專門職務	C

　　在第 12 章裡，已學習過中央銀行如何供給貨幣。在此第 13 章中，首先將學習有關貨幣需求，其次，將就所謂利息乃指貨幣的借貸價格，而利率取決於貨幣的需求與供給之凱因斯思想加以理解。

1. 貨幣需求

【1】凱因斯的 3 個動機

人們為何要持有貨幣呢？此乃因為貨幣具有流動性之便利的特性之故。依凱因斯的觀點，所謂流動性，乃指容易交換財貨與資產，兼具價值的穩定性。因此，作為人們持有貨幣的動機，可考慮下列 3 個。

① 交易的動機

交易上貨幣有其必要。為了此交易目的之貨幣需求，稱為交易的動機所引起之貨幣需求。

② 預防的動機

為了預備作為緊急情況所需的交易之用，而對貨幣有需求，稱為預防的動機所引起之貨幣需求。

③ 投機的動機

想要以債券短時間獲利的人，當債券似乎要跌價，即將承受損失之前，便將債券賣出而持有貨幣。像這樣，藉債券投機的結果，導致暫時性對貨幣有所需求的情況，稱為投機的動機所引起之貨幣需求。

【2】交易需求 (L₁)

然而，交易動機方面的貨幣需求，當國民所得提高時交易金額將增加，導致為了交易所需貨幣，必須要有充裕數量。因此，一旦國民所得提高的話，交易動機方面之貨幣需求將增加。

同樣地，預防動機方面的貨幣需求，也會因國民所得提高而使交易金額增加，由於為了緊急情況之交易所需貨幣，也必須要有充裕數量，所以一旦國民所得提高的話，預防動機方面之貨幣需求亦將增加。

略 語

由於流動性的英文為 Liquidity，所以貨幣需求簡稱為 L。也有簡稱為 MD(Demand of Money) 的情況。

Point!

凱因斯認為利息乃將具有流動性之便利特性的貨幣放棄之報酬。也就是說，視為貨幣的借貸價格。依凱因斯的想法，利息與利率為相同的意思。

利息＝利率＝貨幣的借貸價格

Point!

由貨幣的功能 (交易媒介、價值標準、價值儲藏) 衍生而來的便利性。

補 充

如果僅持有交易所需金額之貨幣的話，當緊急情況發生時將會相當困擾。因此，在大多的情況下，除了已知使用的交易金額之外，應會稍微多持有些貨幣。此乃預防的動機。

補 充

所謂投機，乃指藉由漲價獲得利益為目的之交易。並非是為了儲存不會漲價的貨幣，而是當債券似乎要跌價時，暫時換成不會跌價的貨幣藉以迴避。

補 充

貨幣需求的首要概念。

此交易動機方面的貨幣需求，以及預防動機方面的貨幣需求統稱為交易需求 (L_1)。交易需求 (L_1) 將隨著國民所得 (Y) 提高而增加 (圖表 13-1)。

在此圖形中，當 $Y=100$ 時，$L_1=50$，當 $Y=200$ 時，$L_1=100$，如此隨著 Y 的提高，L_1 也持續增加。

【3】資產需求 (L_2)
—流動性偏好理論—

投機動機方面的貨幣需求，以債券投機的結果而言，乃指暫時性對貨幣有所需求的情況。因此，資產基於以貨幣持有或以債券持有之資產選擇的結果，所以也稱為資產需求 (L_2)。

此資產需求 (L_2)，當市場利率下滑時，債券價格上揚 (①)，連帶債券變得較貴，由於往後跌價的風險升高，所以債券需求下滑 (②)，取而代之地，擬持有價值穩定的貨幣 (③) 之結果，將提高貨幣需求。像這樣，**資產需求 (L_2) 將為利率遞減函數**。將此畫在圖表 13-2 裡，將呈現向右下方傾斜的資產需求曲線。

流動性偏好理論	利率高	資產需求少
	利率低	資產需求多

在上圖中，一旦利率從 r_0 下滑到 r_1 的話，資產需求將從 L_0 增加到 L_1。

圖表 13-1 ●交易需求曲線

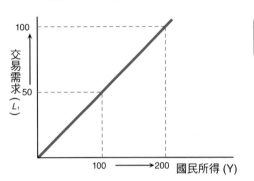

圖表 13-2 ●資產需求曲線

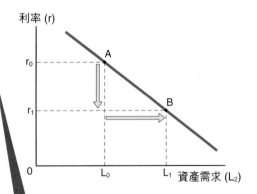

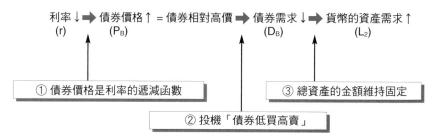

圖表 13-3 ●凱因斯的流動性偏好理論

利率↓ → 債券價格↑ = 債券相對高價 → 債券需求↓ → 貨幣的資產需求↑
(r)　　　　　　(P_B)　　　　　　　　　　　　　　(D_B)　　　　　　(L_2)

① 債券價格是利率的遞減函數

③ 總資產的金額維持固定

② 投機「債券低買高賣」

○ 流動性陷阱

當利率在最低的水準下，誰也無法使利率再下降，預期其後只有上升的情況，同時債券價格達到最高，誰也無法使債券價格再上漲，預期其後只有下跌的情況。此時，由於所有的人都有意出售債券，而對貨幣有需求，所以資產需求 (L_2) 達到極大。

像這樣**低到不能再低的利率狀態稱為流動性陷阱**。將此以圖表 13-4 的資產需求曲線來表示的話，因為利率維持在低到不能再低的水準所在 r_0，而資產需求 (L_2) 為無限大之故，所以在 r_0 的位置呈現水平狀態。

圖表 13-4 ●資產需求曲線

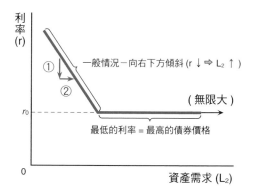

用 語

　　當利率稍稍下降，達到最低水準 r_0 的瞬間時，由於貨幣需求增加接近無限大，所以稱為「貨幣需求的利率彈性為無限大」。此外，所謂貨幣需求的利率彈性，乃指「利率下降 1% (百分之 1) 時，貨幣需求增加幾 %」。

圖表 13-5 ●最低利率 = 流動性陷阱

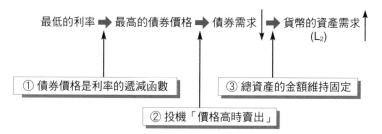

最低的利率 → 最高的債券價格 → 債券需求 → 貨幣的資產需求↑
　　　　　　　　　　　　　　　　　　　　　　(L_2)

① 債券價格是利率的遞減函數

③ 總資產的金額維持固定

② 投機「價格高時賣出」

【4】貨幣需求 (L)

　　整體的**貨幣需求 (L) 乃是將交易需求 (L₁) 與資產需求 (L₂) 加總而得**。雖然交易需求 (L_1) 是國民所得的遞增函數，惟此第 4 部中假設國民所得維持固定，所以交易需求也固定不變。

　　從圖表 13-1 可知，假設 Y=200 維持固定，即決定 $L_1 = 100$。由於此時貨幣需求為 $L = L_1 + L_2 = 100 + L_2$，所以貨幣需求曲線將從圖表 13-4 的資產需求曲線 L_2 向右位移 (移動)100，成為圖表 13-6 的 L。此 外，從 圖 表 13-1 可 知，因 為 當 Y=100 時 $L_1 = 50$，所以貨幣需求即為 $L = L_1 + L_2 = 50 + L_2$，L_2 向右位移 50 成為 L′(圖表 13-6)。

圖表 13-6 ● 貨幣需求曲線

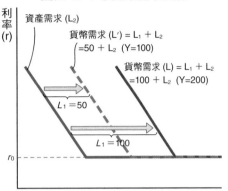

2. 貨幣供給

　　考量我們的行為，相較於名目貨幣供給量 (M) 而言，實質貨幣供給量 (M/P) 更為重要。

　　如今，假設名目貨幣供給量 (M) 由中央銀行控制在固定額度。此外，由於在此部中假設物價為固定不變，所以名目貨幣供給量 (M) 除以物價 (P) 所得到的實質貨幣供給量亦維持固定不變。

　　在圖表 13-7 中，無論縱軸的利率為多少，因為橫軸的實質貨幣供給量 ($\frac{M}{P}$) 皆為固定不變，所以表示利率與實質貨幣供給量 ($\frac{M}{P}$) 之關係的貨幣供給曲線成為垂直的直線。

Point!

　　即使名目貨幣供給量為 100 兆日圓，若是電車的基本票價即為 100 兆日圓的話，幾乎沒有價值。對我們而言，將名目貨幣供給量 (M) 除以物價 (P) 所得到的實質貨幣供給量 ($\frac{M}{P}$) 更為重要。

圖表 13-7 ● 貨幣供給曲線

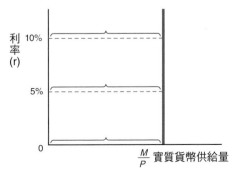

3. 利率的決定

接著，讓我們在圖表 13-8 中，畫出圖表 13-7 的垂直貨幣供給曲線 ($\frac{M_0}{P_0}$)，以及圖表 13-6 的貨幣需求曲線 (L)。

在圖表 13-8 中，**利率乃由貨幣的需求與供給相等的 E 點之水準 r_e 所決定。**

為何如此，乃因一旦利率 r_1 較 r_e 還高的話，供給量將為 AC，而需求量只有 AB，將形成 BC 的超額供給。所謂超額供給，乃指由於想出借貨幣的人較多，所以作為貨幣之租賃價格的利率下跌，將朝 r_e 移動。

另一方面，利率 r_2 較 r_e 還低的話，需求量將為 FH，而供給量只有 FG，將形成 GH 的超額需求。所謂超額需求，由於想借入貨幣的人較多，所以作為貨幣之租賃價格的利率上揚，將朝 r_e 移動。

圖表 13-8 ●利率的決定

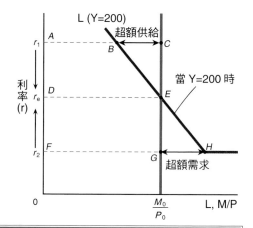

> **利率為貨幣之租賃價格，利率取決於貨幣的需求與供給。**

貨幣供給量增加導致利率下滑

此次將利用圖表 13-9 說明，當中央銀行增加貨幣供給量 (M) 時，利率將會下降。

起初，假設物價為 P_0，名目貨幣供給量為 M_0，如此一來實質貨幣供給量為 $\frac{M_0}{P_0}$，利率乃 E 點所在的水準 r_0。如今，假設物價維持在 P_0 固定不變，而中央銀行將貨幣供給量從 M_0 提高到 M_1。此時質貨幣供給量從 $\frac{M_0}{P_0}$ 增加到 $\frac{M_1}{P_0}$。此結果，導致貨幣供給曲線向右位移，利率維持在 r_0 的水準下，由於將形成 EF 的超額供給，所以利率將下降，直到最後成為需求與供給相等之 E′ 點的水準 r_1。

圖表 13-9 ●貨幣供給量增加導致利率下滑

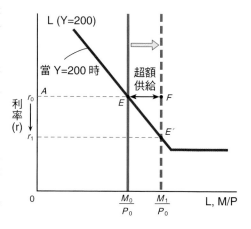

【問題 13-1】

　　請說明有關利率的決定。

（不動產鑑定士）

（參考答案）

1. 首先，說明凱因斯的流動性偏好理論。

　　(1) 凱因斯認為利率乃是在一定期間內放棄貨幣所擁有之高流動性的對價。因此，利率乃基於某一時點存在的實質貨幣供給量 (M/P) 與貨幣需求量 (L) 所決定。

　　(2) 假設物價固定不變、國民所得固定不變及處於閉鎖經濟的狀態下進行討論。

　　(3) 假設名目貨幣供給量 (M) 乃由中央銀行控制在固定數量。如此一來，因為物價固定不變，所以實質貨幣供給量 ($\frac{M}{P}$) 維持固定，如〈圖 1〉所示，以固定數量 ($\frac{M}{P}$)$_0$ 呈現垂直狀態。

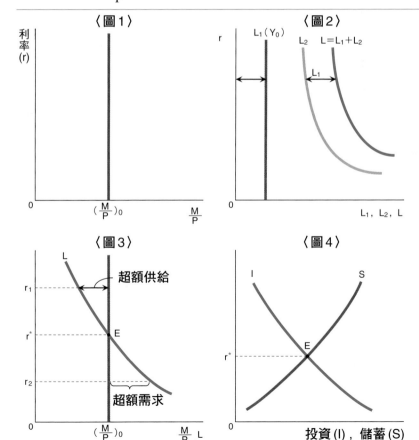

〈圖 1〉

〈圖 2〉

〈圖 3〉

〈圖 4〉

(4) 貨幣需求 (L) 可區分為以下 2 種。

　①首先，為了交易目的的貨幣需求，以及因應意外支出的貨幣需求，將隨著國

　　民所得 (Y) 提高而增加，所以加總起來皆視為交易需求 (L_1)，此處假設 Y_0 為

　　固定，因此 L_1 亦為固定，此外，由於不影響利率水準，所以如〈圖 2〉的

　　$L_1(Y_0)$ 所示成為垂直狀態。

　②另一個則是作為資產而保有貨幣的資產需求 (L_2)。由於債券價格 (P_B) 為利率

　　(r) 的遞減函數，所以利率一旦上升的話，債券價格將下滑，預期可能獲得債

　　券漲價的利益，連帶債券需求上升的結果，將使得貨幣需求 (L_2) 變少。如此

　　一來，資產需求成為利率的遞減函數，如〈圖 2〉的 L_2 所示向右下方傾斜。

　③貨幣需求 $L = L_1 + L_2$，如〈圖 2〉所示向右下方傾斜。

(5) 如〈圖 3〉所示，利率 (r) 決定在貨
　幣需求與供給呈現均衡之水準 (r*)
　所在位置。

2. 相對於此，古典學派認為利息乃使用
　實物資本的代價 (資本財的借貸費
　用)，利率乃由一定期間內實物資本的
　需求 (有意借入資本的金額，投資) 與
　供給 (有意出借資本的金額，儲蓄) 所
　決定。

➕ **補　充** 　：·☐·：

古典學派的利息理論將在第 16 章學
習。

➕ **補　充** 　：·☐·：

由於貨幣面紗觀 (P.191) 與利息決定無
直接關係，故而省略。

➕ **補　充** 　：·☐·：

有關評價 (P.192) 的部分省略。

Chapter 14

投資邊際效率理論
―房屋貸款利率一旦下滑，住宅投資將增加―

Point

1 所謂投資邊際效率 (Marginal Efficiency of Capital，MEC)，乃指用定期存款的利率來表示投資的報酬率。正確來說，「透過投資所獲得未來收入之折現值的加總與投資成本相等之折現率」為其定義。

2 投資邊際效率比利率還大時，將會進行投資。（凱因斯的投資邊際效率理論）

3 根據凱因斯的投資邊際效率理論，利率一旦下滑的話，投資將會增加。

在第 13 章裡，已學習了利率乃由貨幣的需求與供給所決定。在此第 14 章中，將瞭解藉由該利率決定投資金額之凱因斯的投資理論。此投資理論乃透過中央銀行的貨幣政策，藉由改變利率以影響投資金額，將與為達到物價穩定與充份就業的第 15 章貨幣政策相互連結。

1. 投資邊際效率

【1】投資乃財貨的需求

在第 13 章中，雖然已就利率的決定加以說明，但此處將針對財貨市場需求之一的投資進行分析。儘管已在第 3 部分析過有關財貨市場，但投資乃受到貨幣市場所決定的利率之影響，所以未對貨幣市場作出說明的第 3 部中，亦無法對投資加以說明。在此部中，雖然應就資本市場進行分析，但基於這樣的理由，此處將對財貨市場尚未解釋的投資進行說明。

【2】投資判斷的難處

此處讓我們以投資裡企業所進行的設備投資為前提加以思考。企業為投資所花費的成本雖為現在的支出，但設備到位啟用並提升利益乃著眼於未來。也就是說，由於現在的支出與未來獲得的收入兩者有時間上的落差，所以無法單純地比較金額。

讓我們用圖表 14-1 的 A 計劃與 B 計劃之比較，來說明此情況。假設某企業有投資計劃 A 與 B，各別的計劃之資金流量 (Cash Flow) 如圖表 14-1 所示。

○常犯的錯誤

「A 投資計劃中，若將收入單純地加總，即 10 萬日圓 ×5 年 =50 萬日圓。相對於此，由於支出為 30 萬日圓，所以 50÷30=1.666…，將取回約 1.67 倍的支出金額，即 50 萬日圓，因此報酬率為 0.67，亦即 67%！

用 語

以會計上的用語來說，收入也稱為收益。

Point!

由於此收入與支出的時間上落差，即使相同金額，其價值也不同，使投資的評價變得困難。

圖表 14-1 ●投資計劃的比較

A 投資計劃					
現在	1 年後	2 年後	3 年後	4 年後	5 年後
−30	10	10	10	10	10

B 投資計劃					
現在	1 年後	2 年後	3 年後	4 年後	5 年後
−30	0	0	10	20	30

・A 投資案中，若現在支出 30 萬日圓購買機器進行投資的話，從 1 年後到 5 年後為止，每年將有 10 萬日圓的資金流入。然後，5 年後機器損壞，第 6 年以後將不會有資金流入。收入的單純加總為 10 萬日圓 ×5 年 =50 萬日圓。

・B 投資案中，若現在支出 30 萬日圓購買機器進行投資的話，3 年後將有 10 萬日圓、4 年後將有 20 萬日圓、5 年後將有 30 萬日圓的資金流入。然後，5 年後機器損壞，第 6 年以後將不會有資金流入。收入的單純加總為 10 ＋ 20 ＋ 30=60 萬日圓。

另一方面，B 投資計劃若將收入單純地加總為 60 萬日圓。相對於此，由於支出為 30 萬日圓，所以 60÷30=2，將取回 2 倍的支出金額即 60 萬日圓，因此報酬率為 1.0，亦即 100%！

如此一來，B 的報酬率比 A 還大！」

切勿此方式思考。因為何時取得之時間上的落差，將造成即使是相同的 10 萬日圓，其價值也會有所差異。我們將以具體實例來說明此情況。

舉例來說，試著將 1 年後可得到的 100 萬日圓與現在的 100 萬日圓加以比較。

現在的 100 萬日圓，由於一般人會存放在銀行賺利息，1 年後將會增加利息的部分。舉例來說，如果利率 10% 的話，現在的 100 萬日圓在 1 年後將成為 100 萬日圓 ×1.1=110 萬日圓。然而，1 年後得到的 100 萬日圓，仍是 1 年後的 100 萬日圓。

由此可知，當利率為 10% 時，現在的 100 萬日圓與 1 年後的 110 萬日圓，具有相同的價值。

那麼，1 年後的 100 萬日圓以現在的價值來說是多少呢？此可將 100 萬日圓除以 1.1 即 100/1.1。

因此，1 年後的 100 萬日圓，以現在來說將是 100/1.1= 約 91 萬日圓的價值。像這樣，將未來時點的價值換算成現在的價值，稱為折現值。

那麼，當利率為 10% 時，以現在的價值而言，2 年後的 100 萬日圓是多少呢？此可將 100 萬日圓除以 1.1^2 即 $100/1.1^2$ 萬日圓。如此一來，可知 2 年後的 100 萬日圓在現在只有 $100/1.1^2 =$ 約 83 萬日圓的價值。

Point!

即使相同金額，因為有利息之故，所以愈早得到價值愈高。

用 語

由於 100 萬日圓表示現在的價值，所以稱為現在價值，而 110 萬日圓表示 1 年後之未來的價值，所以稱為未來價值。

理 由

現在的 100/1.1 萬日圓，因為在 1 年後將孳生利息，將成為 1.1 倍，所以 100/1.1 ×1.1=100，剛好加上利息成為 100 萬日圓之故。

用 語

所謂「折」乃指將未來價值換算成現在價值的話，相較之下，現在價值會減少利息部分的意思。

理 由

現在的 $100/1.1^2$ 萬日圓，因為在 1 年後將孳生利息，將成為 1.1 倍，所以成為 $100/1.1^2 \times 1.1$，到了第 2 年，1 年後的 $100/1.1^2 \times 1.1$ 又將孳生利息而成為 1.1 倍，所以是 $(100/1.1^2 \times 1.1) \times 1.1$，而分母與分子的 1.1 抵銷後剛好是 100 萬日圓。

接著，當考慮這樣的時間差時，在 B 投資計劃的情況下，雖然單純加總的收入較大，但一開始的 (價值較大時的) 收入較少，後面的 (價值較小時的) 收入變大。像這樣，報酬率的計算將因為時間而造成金錢的價值出現差異，所以變得非常麻煩。

【3】投資邊際效率

那麼，難道沒有將時間差所造成的金錢價值差異也考慮在內，較容易理解的報酬率思考方法嗎？我們一提到考慮金錢的時間差，便是定期存款與借入貸款時的「利率」(利息率)。**運用此「利率」的思考方式，來表現投資的報酬率，即為投資邊際效率**。

在投資計劃方面，凱因斯藉由對資金流量採取固定的數值處理，求出投資邊際效率。因此，當計算出投資邊際效率為 5% 時，可知該投資與存入 5% 的定期存款，具有相同的報酬率。

圖表 14-2 ● 折現值

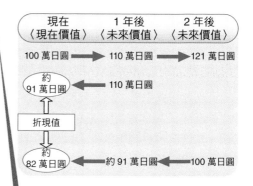

復 習

即使同樣是 100 萬日圓，因為早點得到 100 萬日圓即可獲得更多的利息，所以價值較大。作為現在時點之價值的折現值也變大。

補 充

若是 10% 的定期存款，可知現在的 100 萬日圓在 1 年後將成為 110 萬日圓。此外，亦可判斷相較於 5% 的定期存款，10% 的定期存款具有其 2 倍的報酬率。

用 語

雖然一般稱為「投資邊際效率」，但凱因斯本身稱作「資本邊際效率」。

補 充

若是一般的報表統計軟體，函數中的「IRR」(內部報酬率) 乃指投資邊際效率的計算。

將剛才的投資案用電腦計算的話，可算出 A 案件的投資邊際效率為 19.9%，B 案件的投資邊際效率為 17.5%。由於此計算值與定期存款的利率意義相同，所以可知 A 投資案與 19.9% 的定期存款有相同的報酬率，B 投資案與 17.5% 的定期存款有相同的報酬率。像這樣用報酬率表現的話，可知 A 投資案比 B 投資案的報酬率高，是較有利的案件。

— 舉 例 —

若不考慮時間差的話，B 投資計劃中單純報酬率雖達 100%，但投資邊際效率卻只有 17.5%，其原因並非只有考慮時間差。將投資邊際效率以利率換算的話，由於是 1 年的報酬率，所以數值將變小。因此，投資的 30 萬日圓每年是 1 ＋ 0.175(17.5%) =1.175 倍之故，所以 5 年後將成為 $30 \times 1.175^5 = 67.19$。

➕ 補 充

邊際效率大多以 ρ％ 來表示，請將 ρ 讀作「rho」。

投資邊際效率為 ρ％= 此投資具有與 ρ％ 利率
之定期存款相同的報酬率

【4】投資金額的決定

在現實中，若排除一部分例外的話，大多數的企業皆會從銀行借入資金進行投資。從銀行借入資金的話，將必須支付利息。

➕ 補 充

因為投資邊際效率可與銀行的貸款利率做比較，所以是非常方便的概念。

因此，剛才的 A 投資案，若是向銀行貸款的利率 (r) 低於投資邊際效率 19.9% 的話，由於將出現 (19.9–r)% 的利益，所以將從事投資。

像這樣，**藉由投資邊際效率與利率的比較**，作為投資決策之理論，稱為凱因斯的投資邊際效率理論。

➕ 補 充

相反地，當付給銀行的利率超過 19.9% 時，最終的報酬率將為 19.9–r<0，由於成為負的報酬率，所以將不進行投資。

◎凱因斯的投資邊際效率理論
假設投資邊際效率 ρ％，(支付給銀行的) 利率 r% 的話，
最終的報酬率 = ρ％–r%
當 ρ>r 時，最終的報酬率 = ρ％–r%>0 →獲利 →從事投資
當 ρ=r 時，最終的報酬率 = ρ％–r%=0 →報酬 0 →投資與否皆相同
當 ρ<r 時，最終的報酬率 = ρ％–r%<0 →損失 →不投資

○投資邊際效率的正確意義

到目前為止的說明，應可理解投資邊際效率理論的思考方法。此處則將解釋投資邊際效率的正確定義。所謂**投資邊際效率**，乃指用定期存款的利率來表示投資的報酬率，正確來說，「**投資收入之折現值的加總與投資成本相等之折現率**」為其定義。

由於這非常不容易理解，所以用具體實例加以確認。

·A 投資計劃 (圖表 14-3)

將未來的收入換算成折現值，並與現在的支出做比較。用投資邊際效率19.9%，將未來的收入換算成現在價值的話，即為

1 年後的 10 為 $10 \div 1.199 = 8.3$

2 年後的 10 為 $10 \div 1.199^2 = 7.0$

3 年後的 10 為 $10 \div 1.199^3 = 5.8$

4 年後的 10 為 $10 \div 1.199^4 = 4.8$

5 年後的 10 為 $10 \div 1.199^5 = 4.0$

將這些加總之後，

$8.3 + 7.0 + 5.8 + 4.8 + 4.0 = 29.9$

與投資成本 30 幾乎相等。

·B 投資計劃 (圖表 14-4)

用投資邊際效率 17.5%，將未來的收入換算成現在價值的話，即為

1 年後的 0 為 $0 \div 1.175 = 0$

2 年後的 0 為 $0 \div 1.175^2 = 0$

3 年後的 10 為 $10 \div 1.175^3 = 6.2$

4 年後的 20 為 $20 \div 1.175^4 = 10.5$

5 年後的 30 為 $30 \div 1.175^5 = 13.4$

將這些加總之後，

$0 + 0 + 6.2 + 10.5 + 13.4 = 30.1$

與投資成本 30 幾乎相等。

圖表 14-3 ● A 投資計劃

現在	1 年後	2 年後	3 年後	4 年後	5 年後
−30	10	10	10	10	10

19.9%

8.3 ◄

7.0 ◄

5.8 ◄

4.8 ◄

4.0 ◄

_____

29.9

圖表 14-4 ● B 投資計劃

現在	1 年後	2 年後	3 年後	4 年後	5 年後
−30	0	0	10	20	30

17.5%

0.0 ◄

0.0 ◄

6.2 ◄

10.5 ◄

13.4 ◄

_____

30.1

Point!

因此，可以確認所謂投資邊際效率，即是「投資收入之折現值的加總與投資成本相等之折現率」。

Part 4

資本市場

【5】投資金額的決定

　　在大多數的情況下，企業在 A、B 投資計劃以外，也會同時具有多個備案。如今，假設企業除了 A、B 以外，尚有如圖表 14-5 所示的 C、D、E 計劃。

　　如圖表 14-5 所示，將各計劃依投資邊際效率的高低製作列表排序。然後，以橫軸為投資金額、以縱軸為投資邊際效率，將這些加以整理後，成為圖表 14-6 的圖形。

　　從圖表 14-6 可知，當利率 r=15% 時，投資中只有投資邊際效率比利率 15% 還要大的 A 案件會被執行，投資金額為 500，當變成利率 r=7% 時，投資中投資邊際效率比利率 7% 還要大的 A、B、C 案件會被執行，投資金額成為 500 ＋ 500 ＋ 300=1,300。當利率進一步下滑到 r=3% 時，投資中投資邊際效率比利率 3% 還要大的 A、B、C、D 案件會被執行，投資金額成為 500 ＋ 500 ＋ 300 ＋ 100=1,400。

　　這次試著思考整體經濟。因為是整體經濟，所以有很多計劃案，各自不同的投資邊際效率結合而成的整體經濟之投資邊際效率表，如圖表 14-7 所示，呈現向右下方緩緩傾斜的曲線。

　　只要投資邊際效率 (ρ)> 利率 (r) 的投資都將被執行，由於最後直到 ρ=r 為止的投資都會執行，所以當利率 r=10% 時，投資金額將決定在與邊際效率表 (曲線) 對應之 A 點所在的 100 兆，當 r=5% 時，則是與邊際效率表 (曲線) 對應之 B 點所在的 120 兆。

圖表 14-5 ●投資計劃一覽表

案件名	投資邊際效率	投資金額
A	15.1%	500
B	13.1%	500
C	8.0%	300
D	4.0%	100
E	1.0%	500

> **用 語**
>
> 　　此圖形中所畫的線稱為企業的投資邊際效率表 (曲線)。雖然其實是圖形，但仍稱為邊際效率「表」。

圖表 14-6 ●投資邊際效率表

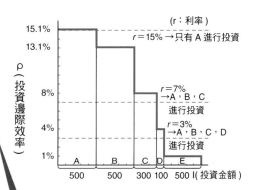

Point!

　　若利率下降的話，企業將增加投資金額。

> **補 充**
>
> 　　此向右下方傾斜的邊際效率表 (曲線) 表示，一旦投資金額增加，將不得不投資於邊際效率較低之案件的意思。

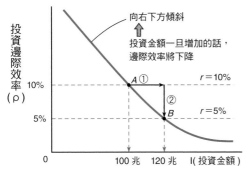

圖表 14-7 ●整體經濟的邊際效率表

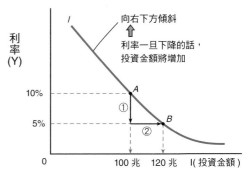

圖表 14-8 ●投資曲線

這次，在圖表 14-8 中，橫軸同樣取投資金額，但縱軸並非投資邊際效率，而是用利率取代的話，將成為與圖表 14-7 之整體經濟的投資邊際效率表相同形狀的曲線。此表示**投資與利率關係的曲線，稱為投資曲線**(圖表 14-8)。所謂**投資曲線向右下方傾斜，表示利率一旦下降的話，投資金額將增加的意思**。雖然與投資邊際效率表(曲線)呈現相同形狀的曲線，但請注意在意義上有所不同。

就個人考量的話，此與房屋貸款利率一旦下降，住宅投資便將增加一事相同。

投資為利率的遞減函數。
(利率一旦下降的話，投資將增加。)

2. 動物精神

順道一提，投資邊際效率的大小，會隨著如何預期來自投資的未來收入多寡而有所不同。此收入的預期受到企業家的直覺(凱因斯稱為「動物精神」(Animal Spirits))所左右。

舉例來說，在景氣繁榮時期，因為直覺會賺錢，所以投資邊際效率大的投資案件較多，邊際效率表將會向上位移，連帶投資曲線也會由 I 向上位移到 I′，如圖表 14-9 所示。此結果將造成即使同為 10%

的利率，投資金額也將增加到投資曲線 I′ 之 B 點所在的 120 兆。

圖表 14-9 ●動物精神

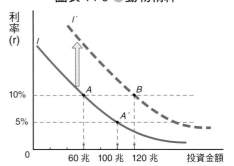

動物精神	貨幣的需求與供給	
↓		
邊際效率	> 利率 →	進行投資

Chapter 15
貨幣政策的效果
─貨幣政策與其說是踩油門，不如說是踩煞車？─

Point

1 藉由增減強力貨幣，貨幣政策的手段有①公開市場操作，②日本央行貸放，調整貨幣乘數的③法定準備率操作，以及僅具宣示效果的④基本放款利率操作。

2 在不景氣時①購入操作，②日本央行增加貸放，③調降法定準備率，藉以增加貨幣供給量→利率下降→投資增加→財貨的需求增加→通貨緊縮缺口消失→達到充分就業【貨幣寬鬆政策】。

3 在景氣嚴重衰退期，①一般銀行採取消極性放款的態度，②流動性陷阱，③投資出現無利率彈性的情況，有可能陷入上述困境，此時貨幣寬鬆政策無效。

4 當可能面臨通貨膨脹時，①賣出操作，②日本央行縮減貸放，③調高法定準備率，藉以減少貨幣供給量→利率上升→投資減少→財貨的需求下降→通貨膨脹缺口消失→物價穩定【貨幣緊縮政策】。

在第 13 章裡，學習了利率乃取決與貨幣的需求與供給，在第 14 章中，已學習過藉由該利率決定投資金額。在此第 15 章中，將以這些為基礎，瞭解有關中央銀行透過增減貨幣供給量調整利率、增減投資金額，藉以達到充分就業與物價穩定之貨幣政策。

難易度　**B**

出題可能性

國家 II 種	**B**
國稅專門官	**B**
地方上級、市政廳、特別區	**B**
國家 I 種	**B**
中小企業顧問	**A**
證券分析師	**B**
註冊會計師	**B**
政府辦公室等記錄	**B**
不動產估價師	**A**
外務專門職務	**A**

1. 貨幣政策的手段

在討論貨幣政策的效果之前,先說明中央銀行增減貨幣供給量,藉以調整利率的方法。中央銀行增減貨幣供給量的手段,包括①公開市場操作,②日本央行貸放,③法定準備率操作等3種方式。

> **用語**
>
> 此稱為「貨幣政策的手段」。

【1】公開市場操作

所謂**公開市場操作**(Open Market Operation),乃指**中央銀行在市場上買賣國債等有價證券,藉以增減強力貨幣的數量**稱之。

> **補充**
>
> 此方法乃是現在最頻繁運用的貨幣政策手段。

當有意增加強力貨幣的數量時,中央銀行將在市場上購買國債等有價證券。由於中央銀行以現金作為購買國債等有價證券的對價支付給賣方,將成為一般銀行的現金供給,所以強力貨幣數量增加。

> **用語**
>
> 此稱為公開市場購入操作,簡稱為購入操作。

相反地,當有意減少強力貨幣的數量時,中央銀行將國債等有價證券在市場上賣出。由於中央銀行自買方取得現金,作為出售國債等有價證券的對價,因而從一般銀行回收現金,強力貨幣數量減少。

> **用語**
>
> 此稱為公開市場賣出操作,簡稱為賣出操作。

【2】日本央行貸放

日本央行將現金貸放給一般銀行,也可增加強力貨幣。相反地,如果日本央行將貸放給一般銀行的現金收回,將會減少強力貨幣。像這樣,日本央行也有藉由控制貸放的金額來增減強力貨幣,用以調整貨幣供給量的方式。

> **補充**
>
> 然而,就整體貨幣市場來看,日本央行貸放的金額有其限度。

> **用語**
>
> 日本央行貸放時的利率稱為公定步合,但自2006年8月起,日本央行將其名稱更改為「基本放款利率」。

【3】法定準備率操作(存款準備率操作)

即使強力貨幣的金額維持固定，只要貨幣乘數變動，亦可增減貨幣供給量。法定準備率操作即是調高法定準備率，藉由降低貨幣乘數以減少貨幣供給量。此外，**調降法定準備率，藉由提高貨幣乘數將使貨幣供給量增加。**

【4】基本放款利率操作

所謂基本放款利率操作，乃指藉由提高及調降基本放款利率，直接調整市場利率的方式。

由於以往市場利率乃以基本放款利率為基準而決定，一旦基本放款利率變動，則市場利率也隨之連動而改變。

像這樣，社會上利率(利息率)以基本放款利率＋α的方式，取決於官方的時代，基本放款利率一旦調高，所有的利率將跟著基本放款利率連動而上升。在這樣的管制利率時代，基本放款利率是極為有效的手段。

然而，隨著利率逐漸自由化，現在利率乃取決於貨幣市場的需求與供給。如此一來，因為利率乃藉由貨幣市場的需求與供給所決定，所以基本放款利率將不太能影響利率。

那麼，為何在利率自由時代的現在，基本放款利率的調降或調高仍在報紙上廣為報導，而對貨幣市場造成影響呢？此乃因為日本央行一旦調降基本放款利率的話，市場相關人士將視為日本央行有意調降利率的信號，預期後續利率將下降並使貨幣供給量增加，因而採取行動之故。

補　充

透過調整法定準備率，促使存款準備率的變動，也稱為存款準備率操作。

補　充

由於法定準備率為準則，所以不應頻繁更動。數年才會調整一次。

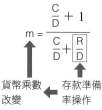

$$m = \frac{\dfrac{C}{D} + 1}{\dfrac{C}{D} + \dfrac{R}{D}}$$

貨幣乘數　　存款準備
改變　　　　率操作

補　充

雖然現在亦稱為公定步合操作，但應該稱為基本放款利率操作。

補　充

直到採行利率自由化的 1980 年代為止，市場利率(利息率)仍由基本放款利率所決定。舉例來説，短期優惠利率訂定為基本放款利率＋ 0.5%。

用　語

像這樣受到管制的利率稱為管制利率。

用　語

像這樣取決於貨幣市場的需求與供給之利率(利息率)，稱為自由利率。這正是第 13 章(圖表 13-8)所指的世界。

如今像這樣的基本放款利率操作，並非是其本身影響到利率，而是透過基本放款利率操作，市場相關人士預期日本央行後續將調整貨幣供給量，因而造成市場變動。此稱為**基本放款利率操作的宣示效果** (Announcement Effect)。

接著，此處將有關貨幣政策所採取的方式整理為圖表 15-1。

圖表 15-1 ●貨幣政策所採取的方式

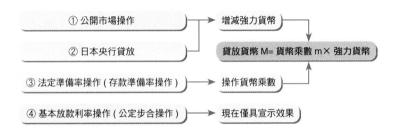

① 公開市場操作 → 增減強力貨幣

② 日本央行貸放 → 貸放貨幣 M= 貨幣乘數 m× 強力貨幣

③ 法定準備率操作 (存款準備率操作) → 操作貨幣乘數

④ 基本放款利率操作 (公定步合操作) → 現在僅具宣示效果

2. 貨幣寬鬆政策

依凱因斯的有效需求原理，所謂不景氣，乃指有效需求(財貨的需求)下滑，結果導致國民所得減少、僱用人數降低，而引發失業的狀態。

以在第 3 部所學到的 45 度線分析之架構來說，乃如圖表 9-1 所示，財貨需求下滑而呈現**通貨緊縮缺口**的狀態。

當呈現如此狀態時，**中央銀行將會實施藉由提高貨幣供給量帶動利率下降，以促使投資增加、財貨需求上升之政策**。此稱為**貨幣寬鬆政策**。貨幣寬鬆政策將透過下列 4 個步驟發揮功效。

Step 1 貨幣供給量增加

中央銀行採取增加強力貨幣等方式，藉以提高貨幣乘數，增加貨幣供給量。

Step 2 利率下降

如果名目貨幣供給量 M 增加，但物價 P 維持固定不變的話，實質貨幣供給量 $(\frac{M}{P})$ 將會增加。此結果將使貨幣市場裡的利率下滑。雖然這部分利用圖表 13-9 已經考慮過，但在次頁中再次刊載加以說明。

假設物價在 P_0 維持固定不變。起初，假設名目貨幣供給量為 M_0，貨幣的需求與供給相同的 E 點所在之利率 r_0。如今，中央銀行將貨幣供給量從 M_0 提高到 M_1。此結果使得**實質貨幣供給量從 $\frac{M_0}{P_0}$ 增加到 $\frac{M_1}{P_0}$**。藉由貨幣供給曲線向右位移，需求與供給的均衡點從 E 點變動到 E′ 點，利率則從 r_0 下降到 r_1。

圖表 9-1(同前圖) ●通貨緊縮缺口

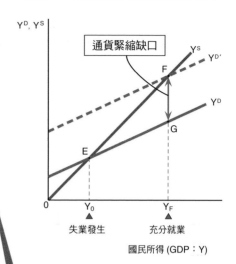

國民所得 (GDP：Y)

隨著財貨需求的增加，使 Y^D 位移到 $Y^{D'}$，連帶通貨緊縮缺口消失，促使達到充分就業國民所得 (Y_F)。

用 語

也稱為擴張性貨幣政策。

圖 形 化 graph

在圖形中，貨幣供給曲線向右位移。

Chapter **15**

貨幣政策的效果

圖表 13-9(同前圖) ●貨幣供給量增加
導致利率下滑

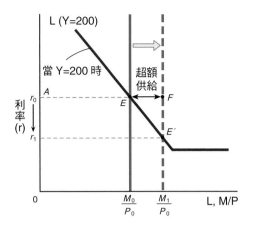

Step 3 投資金額的增加

　　由於「投資的最終報酬率＝投資邊
際效率－利率」，一旦利率下滑的話，原
本至今最終報酬率仍為負值而考慮停止投
資的計劃案中，將出現轉正的案件，所以
投資金額將會增加。以圖表 15-2 來說明
此情況的話，當利率一旦從 r_0 下降到 r_1，
若為向右下方傾斜的投資曲線，則投資金
額將從 I_0 提高到 I_1。

Step 4 達到充分就業

　　投資增加將成為財貨需求的增加，促
使圖表 15-3 的財貨需求曲線 (Y^D) 向上位
移。若可向上位移通貨緊縮缺口 FG 的距
離至 $Y^{D'}$，將成為充分就業國民所得
(Y_F)，可以達到充分就業。

圖表 15-2 ●利率下降促使投資金額增加

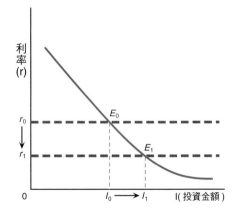

圖表 15-3 ●藉由投資金額增加達到充分
就業

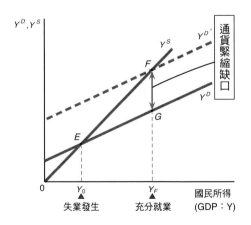

3. 貨幣緊縮政策

財貨需求一旦過多，直到達到生產能力上限的充分就業國民所得為止，即使一直生產也將發生超額需求，導致物價持續上漲，變成通貨膨脹。將此以在第 3 部所學到的 45 度線分析之架構來說，乃如圖表 9-2 所示，財貨需求過多而呈現**通貨膨脹缺口**的狀態。

當呈現如此狀態時，**中央銀行將會藉由減少貨幣供給量帶動利率上揚，以促使投資下降、財貨需求降低，進而穩定物價**。這樣的政策稱為**貨幣緊縮政策**。貨幣緊縮政策將透過下列 4 個步驟發揮功效。

Step 1 貨幣供給量減少

中央銀行採取減少強力貨幣等方式，藉以壓低貨幣乘數，降低貨幣供給量。

Step 2 利率上揚

如果名目貨幣供給量 M 減少，但物價 P 維持固定不變的話，實質貨幣供給量 ($\frac{M}{P}$) 也會減少。此結果將使貨幣市場裡的利率上揚。將此用圖表 15-4(次頁) 加以思考。

起初，假設名目貨幣供給量為 M_0，貨幣的需求與供給相同的 E 點所在之利率 r_0。如今，中央銀行將貨幣供給量從 M_0 調降到 M_1。此結果，實質貨幣供給量從 $\frac{M_0}{P_0}$ 減少到 $\frac{M_1}{P_0}$。藉由貨幣供給曲線向左位移，需求與供給的均衡點從 E 點變動到 E' 點，利率則從 r_0 上升到 r_1。

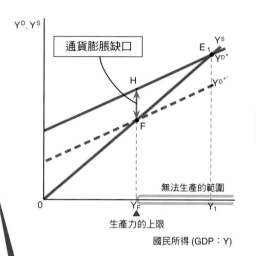

圖表 9-2(同前圖) ●通貨膨脹缺口

Point!

隨著財貨需求的減少，使 Y^{D^*} 位移到 $Y^{D^{*'}}$，連帶通貨膨脹缺口 HF 消失，促使達到物價穩定。

圖形化　graph

在圖形中，貨幣供給曲線向左位移。

圖表 15-4 ●貨幣供給量減少導致利率上揚

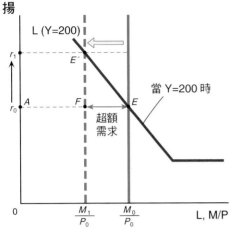

▶▶徹底解說◀◀

在利率維持 r_0 不變的情況下，相對於貨幣需求為 AE，貨幣供給量為 AF，此次成為 EF 的超額需求。由於應該有相當多的人想要持有貨幣，所以作為借貸價格的利率，將上升到超額需求消失、需求與供給相等之 E' 點所在的利率 r_1。

Step 3 投資金額的減少

由於「投資的最終報酬率＝投資邊際效率－利率」，一旦利率上揚的話，原本至今最終報酬率為正值認為賺錢的計劃案中，將出現轉負無法獲利的案件，所以投資金額將會減少。以圖表 15-5 來說明此情況的話，當利率一旦從 r_0 上揚到 r_1，若為向右下方傾斜的投資曲線，則投資金額將從 I_0 下降到 I_1。

Step 4 達到物價穩定

投資下降將成為財貨需求的減少，促使圖表 15-6 的財貨需求曲線 (Y^{D^*}) 向下位移。若可向下位移通貨膨脹缺口 HF 的距離至 $Y^{D^{*'}}$，因為充分就業國民所得 (Y_F) 時超額需求消失，物價呈現穩定，所以通貨膨脹消失。

圖表 15-5 ●利率上揚促使投資金額減少

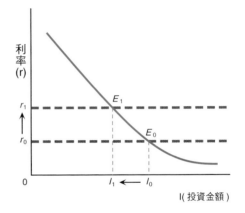

圖表 15-6 ●投資金額減少促使通貨膨脹消失

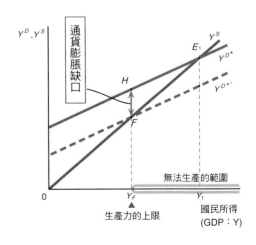

4. 貨幣政策無效的情況

【1】作為抑制景氣而言有效的貨幣政策

當景氣增溫，瀕臨通貨膨脹邊緣時所實行的貨幣緊縮政策總是可以達到效果。

【2】作為加速景氣而言不可靠的貨幣政策

然而，在不景氣時期所實行的貨幣寬鬆政策未必一定有效。由於貨幣寬鬆政策是在不景氣時實施，所以有可能會陷入後面所說的 3 個情況，①一般銀行謹慎放款的情況，②流動性陷阱的情況，以及③投資出現無利率彈性的情況，當這些情況下，貨幣政策將會無效。

① 一般銀行謹慎放款的情況

在不景氣時期，一般銀行減少放款，現金不用於放款周轉，而是本身持有或存放在日本央行作為準備金，因而存款準備率 ($\frac{R}{D}$) 會提高至法定準備率之上。存款準備率 ($\frac{R}{D}$) 一旦上升，貨幣乘數 (m) 將下降，連帶貨幣供給量 (M) 會減少。

— 理 由 —

為何如此，乃因一旦缺乏貨幣的話，將無法進行經濟交易之故。

補 充

此稱為貨幣政策「作為抑制景氣而言有效」。

— 理 由 —

在社會上多會對「放款停滯」有所批評，但一般銀行不藉由貸放周轉的理由，包括承受銀行本身或放款對象的經營狀況惡化之風險，因而無法從事新的放款之銀行端的因素，以及因為不景氣下投資縮手，以致優良企業對銀行之資金需求減少的借貸端之因素。

用 語

達到法定準備率以上之存款準備率的情況，稱為超額準備。

Point!

在平成不況時期，曾發生過即便日本央行增加強力貨幣，但貨幣乘數降低導致貨幣供給量未見增加之情況 (圖表 15-7)。這也就是說，即使中央銀行增加強力貨幣，卻停留在一般銀行並未周轉出去。

圖表 15-7 ●平成不況時期貨幣乘數的推移情況

	強力貨幣 *(A)	M₂ + CD(B)	貨幣乘數 (B/A)	
1990 年	369,438	4,928,423	12.4	
1991 年	380,905	5,040,024	13.2	← 泡沫經濟瓦解
1992 年	403,151	5,001,591	12.4	
1993 年	408,398	5,093,212	12.5	
1994 年	427,146	5,216,164	12.2	
1995 年	447,720	5,342,937	11.9	
1996 年	482,308	5,537,575	11.5	
1997 年	519,490	5,697,060	11.0	貨幣乘數下降
1998 年	567,079	5,917,757	10.4	
1999 年	587,931	6,110,027	10.4	1999 年 2 月 導入零利率政策
2000 年	721,978	6,268,531	8.7	
2001 年	717,502	6,470,999	9.0	2001 年 1 月 導入量化寬鬆貨幣政策
2002 年	859,299	6,685,645	7.8	
2003 年	953,668	6,756,623	7.1	
2004 年	1,083,320	6,862,889	6.3	2006 年 3 月解除 量化寬鬆貨幣政策
2005 年	1,125,134	6,998,252	6.2	
2006 年	1,141,316	7,123,681	6.2	7 月解除零利率政策

（強力貨幣急速增加；貨幣乘數急速下滑）

* 強力貨幣在日本央行的統計中稱為貨幣基數。

** 數值為各年 1 月之數值。

② 流動性陷阱的情況

　　所謂流動性陷阱，乃指認為任何人都無法使利率再下降，而達到最低水準之利率的狀態。也就是說，所謂流動性陷阱，乃指如圖表 15-8 中的 E′ 點所示，貨幣市場在貨幣需求曲線呈水平的部分達到均衡，利率為 r_1 之狀態。

　　此時，如果貨幣供給量從 M_0 增加到 M_1 的話，雖然貨幣供給曲線將向右位移，利率所在之需求與供給的均衡點從 E′ 變動到 E_1，但利率仍將維持在 r_1 不會下滑。由於 r_1 已經達到最低限度的利率，所以利率無法進一步下滑。

> ✚ 補　充
>
> 　　景氣嚴重衰退時，因為國民所得 (Y) 變少，所以貨幣的交易需求下滑，結果導致利率將持續下滑到最低限度之水準，進而陷入流動性陷阱的可能性升高。

圖表 15-8 ●流動性陷阱

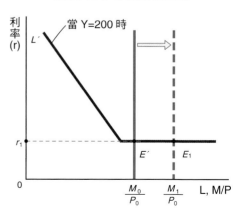

③ 投資出現無利率彈性的情況

所謂**投資出現無利率彈性**，乃指即使**利率下降也無法增加投資的情況**。由於與利率無關，投資金額維持固定不變，所以將如圖表 15-9 所示，呈現垂直的投資曲線 (I′)。

當景氣嚴重衰退時，即使利率下降，但由於沒有最終報酬率為正的新投資案件，所以企業只進行最低限度的必要投資。此時，投資將出現無利率彈性的情況。

此時並未陷入流動性陷阱，但即使中央銀行將利率從 r_0 調降至 r_1，投資仍維持在 I_B 而不會增加，所以總需求不會提升，貨幣政策無效。

接著，我們將有關貨幣政策的內容整理在圖表 15-10 中。

用 語

由於投資對利率毫無反應，所以也稱為「投資的利率敏感度為零」，或是「投資的利率彈性為零」。

Chapter
15

貨幣政策的效果

圖表 15-9 ● 垂直的投資曲線

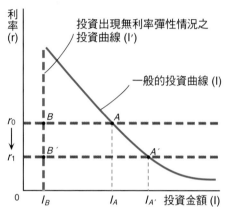

圖表 15-10 ● 貨幣政策效果之整理

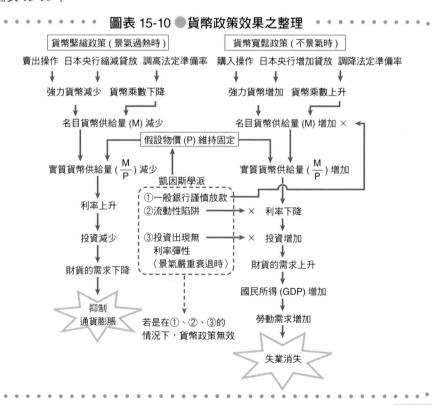

MEMO

Chapter 16

古典學派的利息理論、貨幣觀

—古典學派與凱因斯學派的貨幣觀也不同！—

Point

1　古典學派將利息視為實物資本的借貸價格，認為利息乃由實物資本的需求 (投資) 與供給 (儲蓄) 所決定。

2　古典學派認為貨幣需求僅限於交易需求 (kY)。貨幣市場的均衡式為 M=kPY。

3　由於 k 為常數，Y 在恆為充分就業國民所得下為固定，所以一旦 M 增加的話，只有 P 將上升。也就是說，貨幣不影響 Y 等實物經濟 (貨幣面紗觀，古典學派的二分法，貨幣的中立性)。

難易度　B

出題可能性

國家 II 種	C
國稅專門官	B
地方上級、市政廳、特別區	C
國家 I 種	B
中小企業顧問	A
證券分析師	C
註冊會計師	A
政府辦公室等記錄	C
不動產估價師	C
外務專門職務	C

在「第 13 章 利率的決定」裡，已學習過利率乃取決於貨幣的需求與供給，其乃凱因斯與凱因斯學派的想法。古典學派認為利率乃取決於機器等實物資本的需求與供給。因此，認為貨幣不會影響投資，也不會對生產量等實物經濟造成影響 (貨幣面紗觀)。在本章中，將學習有關與凱因斯完全不同的古典學派之利息理論、貨幣觀。然後，在最後將思考凱因斯與古典學派何者的想法較為適當。

1. 古典學派的利息理論

首先，古典學派認為利息乃是「**使用實物資本的代價 (借貸價格)**」。此外，認為**利率乃由實物資本的需求 (有意借入資本的金額) 與供給 (有意出借資本的金額) 所決定**。在圖表 16-1 中，即決定在資本的需求 (投資) 與供給 (儲蓄) 相等的水準 r_e。

然而，在不考慮海外部門與政府部門之單純的總體經濟模型中，國民所得 (Y) 來自消費 (C) 與儲蓄 (S)。此處在 45 度線分析中，由於 Y^S=Y，所以可以表示為 Y^S=Y=C + S。此外，因為財貨的需求 Y^D 來自消費 (C) 與投資 (I)，所以 Y^D=C + I。如此一來，所謂財貨市場的需求與供給相等，即為

Y^S= Y^D

Y=C + I

C + S=C + I

等號兩邊同樣消去 C 即

S=I

也就是說，儲蓄與投資相等等同於財貨市場的需求與供給相等。**古典學派的利息理論中，雖然利率乃取決於儲蓄與投資相等，但也可以說是取決於財貨市場的需求與供給相等**。

用 語

所謂實物資本，表示並非貨幣，而是指機器與農機具等設備。

補 充

另外，因為有儲蓄的人將該儲蓄購買實物資本並借出，所以儲蓄成為資本之供給。至於投資，由於是想借入實物資本，所以成為實物資本的需求。

圖表 16-1 ●利率的決定 (古典學派)

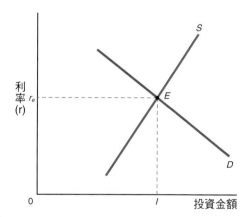

Point!

凱因斯學派認為國民所得乃取決於財貨市場的需求與供給相等，而利率取決貨幣市場，但古典學派則認為利率取決於財貨市場的需求與供給相等。

2. 古典學派的貨幣市場

古典學派對於貨幣供給量，也考慮實質貨幣供給量 ($\frac{M}{P}$)。然而，在貨幣需求上有所差異。凱因斯學派雖考慮交易需求與資產需求，但古典學派則不考慮資產需求，僅考慮交易需求。

由於交易需求 (L_1) 會隨著 GDP 增加而提高，所以可以用 $L_1=kY(k>0，k 為常數)$ 來表示。因為如此，貨幣供給 = 貨幣需求，可以用 $\frac{M}{P}=kY$ 來表示。將此改寫後，也可以表示為 $M=kPY$。此 $M=kPY$ 的數學式可稱為古典學派的現金餘額方程式或劍橋方程式。

圖表 16-2 ● 利率的決定 (古典學派)

$$M\uparrow = k\ P\uparrow\ Y \leftarrow 現金餘額方程式 (劍橋方程式)$$
常數 (固定)　　充分就業 GDP (固定)

接著，讓我們利用圖表 16-2 說明古典學派對貨幣市場的想法。就古典學派的觀點，在實物經濟中 (實質)GDP(Y) 總是維持充分就業 GDP，因此是固定不變的。因此，一旦貨幣供給量 (M) 提高，可知物價 (P) 將會上升。如上所述，**在古典學派的想法裡，取決於貨幣市場的並非利率，而是只有物價水準。**

也就是說，即使貨幣供給量 (M) 為 2 倍，所有的財貨之價格達到 2 倍，物價 (P) 也上漲到 2 倍，但因為相對價格未變動，所以對實物經濟不會造成任何影響，為其想法 (貨幣面紗觀)。

因此，影響投資、左右 (實質)GDP(國民所得) 的利率與貨幣無關。GDP 與貨幣無關而由實物的世界所決定。

➕ 補　充

古典學派的貨幣市場與凱因斯完全不同。當然，就歷史上而言，古典學派在先，直到經濟大恐慌的期間才出現凱因斯的思想。

⌒ 用　語

與提出此數學式名為馬歇爾的學者有關，常數 k 稱為馬歇爾 k 值。

⌒ 用　語

由於馬歇爾曾為劍橋大學的教授，所以如此稱呼。

復　習

在古典學派的世界裡，因為價格‧物價是彈性伸縮的，所以在實物的世界中其需求與供給必定相等，不會出現財貨銷售剩餘與失業的情況，因而 (實質)GDP 總是維持充分就業 GDP。

⌒ 用　語

稱為古典學派的貨幣數量說。

⌒ 用　語

貨幣對實物經濟並無影響之看法稱為「貨幣面紗觀」，由於此乃將貨幣的世界與實物的世界劃分為不同部分，兩者不會相互影響，所以也稱為「古典學派的二分法」。此外，因為貨幣不會影響實物經濟，所以稱為「貨幣的中立性」。

3. 古典學派 VS 凱因斯

那麼，古典學派與凱因斯學派的利息理論，何者才是正確的呢？兩者的差異之處，乃在於考慮物價是否為彈性伸縮之觀點，以及是否認為貨幣需求只有交易需求，應否將資產需求也考慮在內之觀點，另外，以流量思考還是以存量思考之觀點。

以實體經濟來看，就物價這一點上，短期而言採用凱因斯、長期而言採用古典學派的話，似乎在現實上較為適切。

其次讓我們考慮有關貨幣需求。**貨幣並非只是為了交易才有需求，像債券一樣其價格上下波動之金融商品，當似乎要跌價時也有其需求，所以亦有資產需求。**因此，並非僅有交易需求，也將資產需求考慮在內的凱因斯之想法，似乎更具說服力，足以說明實體經濟。然而，像這樣的金錢遊戲造成的貨幣需求變動結束後，由於長期而言，貨幣市場上資產需求的變動結束，所以也可以採用只考慮交易需求的古典學派之思想。

由上所述，**與其比較古典學派與凱因斯學派的思想何者正確，不如考慮像數年這樣短期的話，凱因斯學派的思想在現實上較為適切，而以長期來說，古典學派的思想似乎在現實上較為適切。**

接著，讓我們將凱因斯與古典學派的思想之差異，整理如圖表 16-3。

Point!

評價的基準乃在於何者能夠充分地說明實體經濟。

理　由

為何如此，乃因物價在數年這樣的短期間內，不至於出現太大變化，而在 10 年左右的長期來看，才會有明顯的變動之故。

補　充

事實上，運用資產的專業人士對於積極地承擔風險意圖獲利之債券與股票等資產，以及具有安全保障的金融資產 (= 貨幣)，會機動地調整其比率進行操作。

圖表 16-3 ●古典學派與凱因斯學派

	古典學派	凱因斯學派
財貨市場	決定利率 (儲蓄 = 投資) 流量	決定國民所得
貨幣市場	決定物價水準 (對實物經濟無影響) 僅考慮交易需求 (L_1)	決定利率 (足以影響實物經濟) 亦考慮資產需求 (L_2)

IS-LM 分析

—想要同時思考 GDP 與利率！—

在總體經濟 (一國整體經濟) 中，市場涵蓋財貨市場、資本市場 (貨幣市場、債券市場) 與勞動市場 3 種類。這些市場相互影響，經濟也隨之漸漸地改變。

在第 3 部中，為了聚焦於財貨市場的分析，所以假設取決於資本市場的利率 (利息率) 為固定，並分析如何決定國民所得。然而，事實上利率 (利息率) 時時刻刻都在變動並影響著經濟。因此，在第 4 部中，思考了利率 (利息率) 是如何決定。

在此第 5 部中，為了考慮財貨市場與資本市場的相互影響，將學習同時分析 2 個市場的 IS-LM 分析。此 IS-LM 分析，乃是作為第 6 部重要論點的 AD-AS 分析，以及作為第 7 部重要論點的 IS-LM-BP 分析之基礎，是總體經濟學最重要的主題。請確實地學習。

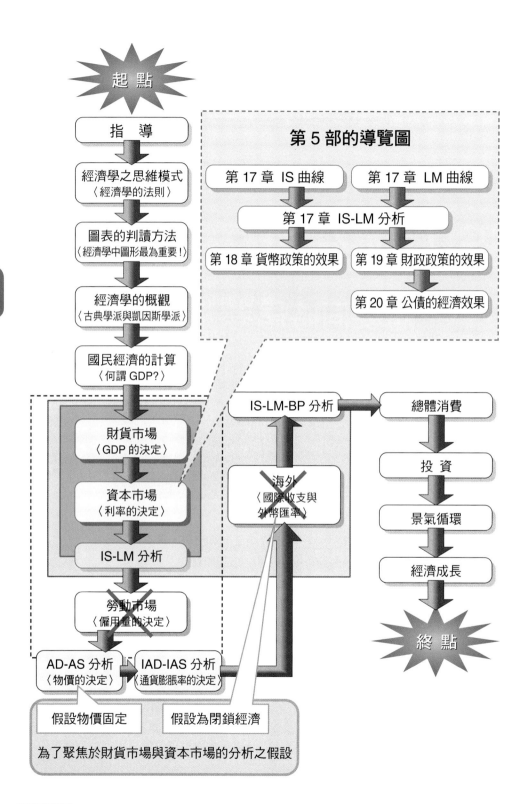

起 點

指 導

經濟學之思維模式
〈經濟學的法則〉

圖表的判讀方法
〈經濟學中圖形最為重要！〉

經濟學的概觀
〈古典學派與凱因斯學派〉

國民經濟的計算
〈何謂 GDP?〉

財貨市場
〈GDP 的決定〉

資本市場
〈利率的決定〉

IS-LM 分析

勞動市場
〈僱用量的決定〉

AD-AS 分析
〈物價的決定〉

IAD-IAS 分析
〈通貨膨脹率的決定〉

假設物價固定　　假設為閉鎖經濟

為了聚焦於財貨市場與資本市場的分析之假設

第 5 部的導覽圖

第 17 章 IS 曲線　　第 17 章 LM 曲線

第 17 章 IS-LM 分析

第 18 章 貨幣政策的效果　　第 19 章 財政政策的效果

第 20 章 公債的經濟效果

IS-LM-BP 分析

海外
〈國際收支與
外幣匯率〉

總體消費

投 資

景氣循環

經濟成長

終 點

Part
5

IS
-
LM
分
析

實體經濟—財貨市場・資本市場、勞動市場之關係密切複雜

舞台 (分析對象) —此次將同時聚焦在財貨市場與資本市場

驟然將 3 個市場同時分析的話，會過於複雜而相當棘手。因此，在第 3 部中僅分析財貨市場、在第 4 部中僅聚焦於資本市場的分析。在此第 5 部中，則將同時分析財貨市場與資本市場。

為此目的，假設與勞動市場之關係所決定的**物價為固定不變**。此外，假設為不考慮海外的**閉鎖經濟**。

➕ 補 充

如果取決於與勞動市場之關係的物價變動的話，將有必要就其為何變動，以及財貨市場與勞動市場進行分析。

> **假設 1 物價固定→不分析勞動市場**
> **假設 2 閉鎖經濟→不考慮海外**

登場人物 (經濟主體)

由於同時分析財貨市場與資本市場，所以兩個市場的登場人物都將出現。

	需求者	供給者
財貨市場 (第 3 部)	家計單位 (消費、投資) 企業 (投資) ~~外國 (出口－進口)~~	企業 ~~因為假設為閉鎖經濟，所以未出現~~
資本市場 (第 4 部)	家計單位、企業	中央銀行 (供給強力貨幣) 一般銀行 (存款創造)

故事的進展 (構成)

在第 5 部裡將同時考慮財貨市場與資本市場。因為考慮財貨市場即是考慮如何決定國民所得，所以國民所得將有所作用。此外，由於考慮資本市場即是考慮如何決定利率，所以利率將有所作用。也就是說，國民所得與利率將同時作用。

因此，在第 17 章「IS-LM 分析」裡，首先在橫軸上取國民所得、縱軸上取利率。其次，在該圖形中將畫出表示財貨市場均衡的 IS 曲線，以及表示貨幣市場均衡的 LM 曲線。然後，位於 IS 曲線上，並且在 LM 曲線上的組合，亦即 IS 曲線與 LM 曲線的交點，才是財貨市場與資本市場同時達到均衡的組合。

善加運用「第 17 章 IS-LM 分析」的架構，在「第 18 章 貨幣政策的效果」中考慮貨幣政策的效果，在第 19 章則是思考有關財政政策的效果。然後，在第 20 章裡，將思考有關財政政策所累積之公債 (政府的借款) 的經濟效果。

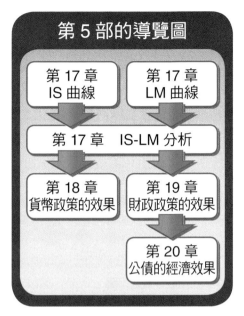

第 5 部的導覽圖

| 第 17 章 IS 曲線 | 第 17 章 LM 曲線 |

第 17 章　IS-LM 分析

| 第 18 章 貨幣政策的效果 | 第 19 章 財政政策的效果 |

第 20 章 公債的經濟效果

陷阱

IS-LM 分析是希克斯 (Hicks, John Richard) 所提出的理論，乃為了讓凱因斯的想法更容易瞭解進而說明。在 IS-LM 分析中假設物價固定，惟凱因斯本身雖假設名目工資率 (W) 固定，卻未假設物價固定。因此，主張「IS-LM 分析與凱因斯的想法不同」的學者也愈來愈多。請記住 IS-LM 分析並非凱因斯的想法，而是凱因斯學派 (希克斯) 的想法這一點。

Chapter 17

IS-LM 分析

—利率與景氣的關係為何？—

Point

1 財貨市場達到均衡之國民所得與利率的組合所構成之集合，稱為 IS 曲線。一般而言，利率一旦下滑，投資便將增加、國民所得提高，所以 IS 曲線向右下方傾斜。

2 貨幣市場達到均衡之國民所得與利率的組合所構成之集合，稱為 LM 曲線。一般而言，國民所得一旦提高，貨幣的交易需求增加、利率上升，所以 LM 曲線向右上方傾斜。

3 經濟乃財貨市場與貨幣市場同時均衡所在之點，亦即 IS 曲線與 LM 曲線的交點。

　　在第 17 章裡，將學習作為同時分析財貨市場與貨幣市場之方法的 IS-LM 分析。首先，學習表示財貨市場均衡的 IS 曲線，其次，學習表示貨幣市場均衡的 LM 曲線，之後再理解財貨市場與貨幣市場同時均衡的 IS-LM 均衡。

　　雖然開始變得比到目前為止學習過的內容還要困難，但這是最常出題的論點。此外，由於後續的 AD-AS 分析、IAD-IAS 分析及 IS-LM-BP 分析都以 IS-LM 分析為基礎，所以要是不瞭解 IS-LM 分析的話，將變得愈來愈無法理解。

　　因為是總體經濟學最重要的論點，所以請勿放棄，一定要努力地學習。

IS-LM 分析乃是同時分析財貨市場與貨幣市場的方法。也就是說,分析取決於財貨市場的國民所得 (GDP:Y) 與取決與貨幣市場的利率 (r) 同時作用之情況。

我們若不將變動的數值以縱軸與橫軸表示的話,便無法得知數值與數值之間的關係 (函數)。如此一來,因為此處國民所得 (GDP:Y) 與利率 (r) 同時移動,所以將此 2 個項目以縱軸、橫軸表示。一般而言,橫軸取國民所得 (GDP:Y),縱軸取利率 (r)。然後,用橫軸取國民所得 (GDP:Y)、縱軸取利率 (r) 的圖形,同時考慮財貨市場與貨幣市場。在橫軸取國民所得 (GDP:Y)、縱軸取利率 (r) 的圖形中,畫出表示財貨市場均衡狀態的 IS 曲線,以及表示貨幣市場均衡狀態的 LM 曲線 (圖表 17-1)。

然後,IS 曲線與 LM 曲線的交點 E,由於乃是在 IS 曲線上,並且也在 LM 曲線上的組合,所以可判斷為財貨市場與貨幣市場同時達到均衡的組合 (Y_e, r_e)。

陷 阱

IS-LM 分析是希克斯為了讓凱因斯的理論更容易瞭解並說明所提出的理論。然而,凱因斯雖認為名目工資率難以降低而假設為固定,卻未對物價訂定假設,惟在 IS-LM 分析中,則是訂定了物價固定等假設而有所不同。因此,批評希克斯的 IS-LM 分析無法解釋凱因斯理論之本質的專家也愈來愈多。

因此,請注意 IS-LM 分析也和 45 度線分析一樣,並非凱因斯本身的理論,而是凱因斯學派的理論。

圖表 17-1 ● IS-LM 分析的基本想法

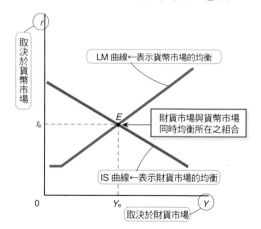

2. IS 曲線

所謂 IS 曲線，乃指**財貨市場達到均衡之國民所得與利率的組合所構成之集合**。此 IS 曲線可以下述方式求出。

在第 3 部中已學習過，利用 45 度線分析使財貨市場的需求與供給相等，進而決定國民所得。

此外，有關利率一旦下滑，投資便將增加，已經在第 4 部的凱因斯的投資邊際效率理論中學過。

藉著運用這些 45 度線分析與投資邊際效率理論，可知利率一旦下滑，投資將增加，而投資的增加將成為總需求的增加，連帶提高國民所得。

此 45 度線分析中，由於僅考慮財貨市場而未考慮貨幣市場，所以假設取決於貨幣市場的利率維持固定。

然而，因為這次也將同時分析貨幣市場，所以不假設利率固定，也必須處理利率的變動。因此，將思考隨著利率變動，如何決定財貨市場的均衡國民所得。

$$利率 (r) \downarrow \longrightarrow 投資 (I) \uparrow \longrightarrow Y^D \uparrow \longrightarrow Y \uparrow$$

【1】向右下方傾斜的 IS 曲線之求法（簡便法）

讓我們用圖表 17-2 的圖形來說明此方法。當財貨市場的均衡所在 A 點垂直向下移動到 A′點時，一般而言，利率下降、投資增加、需求提高的結果，將出現超額需求。由於企業將持續增加生產直到超額需求消失 (= 財貨市場均衡)，其結果將使國民所得 (國內生產毛額：GDP) 增加而向右位移，假設在 B 點 (Y_b) 超額需求消失，財貨市場呈現均衡。

另外，如果國民所得提高的話，將使超額需求消失，乃因總供給 Y^S= 國民所得 Y 之關係存在，所以只要提高國民所得，財貨的供給也會增加。

由於 A 點與 B 點乃財貨市場達到均衡之國民所得與利率的組合 (點)，因此將這些點連結即成為 IS 曲線。

圖表 17-2 ● IS 曲線的求法 (簡便法)

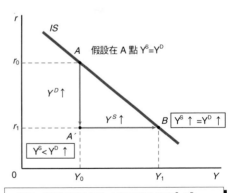

起初，假設財貨市場在 A 點呈現均衡 ($Y^S=Y^D$)

由於在 A′點利率下滑、投資增加，所以需求 ($Y^D \uparrow$) 提高，呈現超額需求。$Y^S < Y^D \uparrow$

為了使財貨市場達到均衡，可自 A′增加供給 (Y^S) 即可。由於 $Y^S=Y$，所以向右往 B 移動的話，Y (=Y^S) 增加，財貨市場再度達到均衡

將財貨市場均衡所在的 A、B 點連結後，所得到的 IS 曲線呈現向右下方傾斜

像這樣，由於利率一旦下滑，(財貨市場均衡的) 國民所得將增加，所以如圖表 17-2 所示，IS 曲線呈現向右下方傾斜。

【2】向右下方傾斜的 IS 曲線之求法（嚴謹版）

這次讓我們利用圖表 17-3、17-4、17-5 的圖形，說明與剛才簡便法相同的內容。

首先，假設利率 (r) 為 r_a。此時，由圖表 17-4 可知投資 (I) 為 I_a 的金額。接著，由於 $Y^D=C+I$，所以成為 $Y^D_a=C+I_a$，可在圖表 17-5 上將 Y^D_a 曲線畫出。然後，財貨市場的均衡所在位置，亦即 $Y^D_a=Y^S$ 之國民所得，將為圖表 17-5 的 A 點所對應之國民所得 Y_a。也就是說，r_a 與 Y_a 乃是使財貨市場達到均衡之 Y 與 r 的組合，左上方之圖表 17-3 的 A 點 (Y_a, r_a) 即是財貨市場的均衡點。

其次，假設利率下滑到 r_b。此時，由圖表 17-4 可知投資 (I) 增加到 I_b 的金額。接著，由於 $Y^D=C+I$，所以成為 $Y^D_b=C+I_b$，可在圖表 17-5 上畫出新的總需求曲線 Y^D_b 曲線。

然後，財貨市場的均衡所在位置，亦即 $Y^D_b=Y^S$ 之國民所得，將為圖表 17-5 的 B 點所對應之國民所得 Y_b。也就是說，r_b 與 Y_b 乃是使財貨市場達到均衡之 Y 與 r 的組合，圖表 17-3 的 B 點 (Y_b, r_b) 亦為財貨市場的均衡點。

由上所述，使財貨市場達到均衡的 Y 與 r 之組合的軌跡，將為圖表 17-3 的 A 點與 B 點連結而成的 IS，呈現向右下方傾斜的曲線。

用語

說到為何稱為 IS 曲線，乃因為在財貨市場中，當 I(投資)=S(儲蓄) 時，同在左邊、右邊加上消費 (C) 的話，將成為 $C+I=C+S$，此無非是因為 $Y^D=Y^S$ 之故。當然，只要是位於 IS 曲線上的點，就算是 A、B 之外的點，財貨市場也將呈現均衡狀態。

圖形化　graph

右上方的圖表 17-4 乃是基於凱因斯的邊際效率曲線而成的投資曲線。呈現向右下方傾斜，表示利率一旦下滑，投資將增加的意思。此外，下頁的圖表 17-5，乃是在第 3 部中已學習過的 45 度線分析之圖形。

補充

亦即位於 IS 曲線上的點。

補充

亦即位於 IS 曲線上的點。

補充

向右下方傾斜的 IS 曲線被認為是凱因斯學派的一般情況。如果沒有特別聲明的話，均假設 IS 曲線是向右下方傾斜。

圖表 17-3 ● IS 曲線　　　　　　　圖表 17-4 ●投資曲線

〈向右下方傾斜的 IS 曲線之求法〉

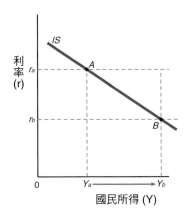

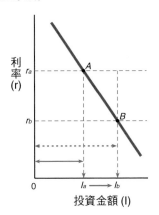

圖表 17-5 ●財貨的需求與供給
(45 度線分析)

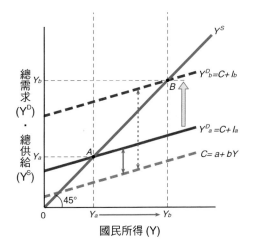

【3】垂直的 IS 曲線

　　然而，在不景氣時期，企業對於前景信心不足，無論做什麼可能都無法獲利，亦即認為投資邊際效率是零或負值，將有可能發生無論利率是 50% 還是 0%，**與利率無關，除了最低限度的必要投資之外，都不從事其餘投資的狀況。**

　　將此狀況以投資曲線表示的話，即如圖表 17-6 所示，無論利率是 r_a 還是 r_b，投資金額都只維持必要的最低限度 I_a，所以呈現垂直狀態。所謂垂直，乃指與縱軸的利率變動無關，橫軸的投資金額皆維持固定的狀態。

　　讓我們利用圖表 17-7 思考此時的 IS 曲線。假設起初財貨市場在 A 點呈現均衡。即使利率下滑到 A′ 點，投資仍不會有所改變。因此，就算在 A′ 點，財貨市場也是呈現均衡。

　　如今，由於財貨市場達到均衡的組合為 A 點與 A′ 點，所以將此 2 點連結，**IS 曲線即成為垂直狀態。**

復　習

　　由於即使利率變動，但投資卻仍無反應，所以也稱為「投資的利率敏感度為零」，或是「投資為無利率彈性」的情況。

圖表 17-6 ●垂直的投資曲線

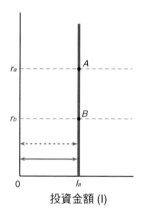

投資金額 (I)

✚ **補　充**

　　相對於向右下方傾斜的 IS 曲線稱為「凱因斯學派的一般情況」，垂直的 IS 曲線則稱為特殊情況。

圖表 17-7 ●垂直的 IS 曲線

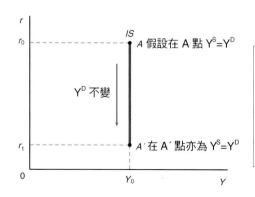

起初，假設財貨市場在 A 點呈現均衡 ($Y^S=Y^D$)
↓
由於 A′ 點乃利率雖然下滑，投資卻無增加的情況，所以需求 (Y^D) 維持不變，$Y^S=Y^D$
↓
在 A′ 點財貨市場亦呈現均衡
↓
將財貨市場均衡所在的 A、A′ 點連結後，所得到的 IS 曲線呈現垂直狀態

所謂 LM 曲線，乃指**貨幣市場達到均衡之國民所得與利率的組合所構成之集合**。此 LM 曲線可以下述方式求出。

【1】向右上方傾斜的 LM 曲線之求法（簡便法）

讓我們用圖表 17-8 的圖形來說明此方法。當貨幣市場的均衡所在 A 點向正右方移動到 A′ 點時，藉由國民所得的增加而促使貨幣交易需求 (L_1) 提高的結果，貨幣市場將出現超額需求。直到超額需求消失 (= 貨幣市場均衡) 為止，在貨幣市場中利率將持續上揚並向上移動，假設在 B 點 (r_1) 時超額需求消除，貨幣市場再度達到均衡狀態。

由於 A 點與 B 點乃貨幣市場達到均衡之國民所得與利率的組合 (點)，因此將這些組合連結即成為 LM 曲線。

像這樣，由於國民所得一旦增加，(貨幣市場均衡的) 利率將上揚，所以如圖表 17-8 所示，LM 曲線呈現向右上方傾斜。

另外，藉由利率上升促使貨幣市場達到均衡，乃因利率上升連帶貨幣的資產需求 (L_2) 減少之故 (P.163)。

圖表 17-8 ●向右上方傾斜的 LM 曲線之求法 (簡便法)

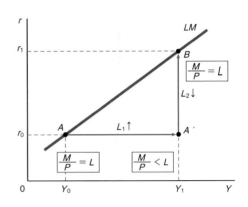

起初，貨幣市場在 A 點呈現均衡 ($\frac{M}{P}$ =L)

⬇

由於在 A′ 點 Y 增加、交易需求 (L_1) 增加，所以貨幣需求 (L ↑) 提高，出現超額需求 ($\frac{M}{P}$ <L)

⬇

為了使貨幣市場達到均衡，可自 A′ 減少貨幣需求 (L) 即可。如果向上方的 B 移動的話，利率將上揚，而資產需求 (L_2) 減少，貨幣市場再度達到均衡

將貨幣市場均衡所在的 A、B 點連結後，所得到的 LM 曲線呈現向右上方傾斜

LM 曲線：使貨幣市場均衡之 Y 與 r 的組合所構成之集合
一般而言，由於 Y ↑ ⟹ L_1 ↑ ⟹ r ↑，因此向右上方傾斜

【2】向右上方傾斜的 LM 曲線之求法（嚴謹版）

這次讓我們利用圖表 17-9、17-10、17-11 的圖形，說明與剛才簡便法相同的內容。

圖表 17-10 乃是貨幣市場的需求與供給之圖形。假設實質貨幣供給量 ($\frac{M}{P}$) 在 $\frac{M_0}{P_0}$ 固定不變，呈現垂直狀態。

另一方面，貨幣需求 (L) 中的資產需求 (L_2) 向右下方傾斜。然而，當利率達最低水準 r_c 時，則是呈現水平狀態。

此外，圖表 17-11 表示國民所得一旦增加，交易需求也將提高。

合計的貨幣需求 (L) 為 L_1 與 L_2 加總而得。如此一來，當 $Y=Y_a$ 時的貨幣需求 $(L_a)= L_1 + L_2 = L_{1a} + L_2$。

因此，在圖表 17-10 的貨幣市場中，需求與供給相等的點為 A 點，利率決定在 r_a。也就是說，在 Y_a 的時候，若為 r_a 的話，由於貨幣市場將呈現均衡，所以 (Y_a, r_a) 為貨幣市場均衡之 Y 與 r。

其次，假設國民所得上升到 Y_b。此時，從左下方的圖表 17-11 可知，交易需求提高到 L_{1b}。此結果，使得貨幣需求 $(L_b)=L_{1b} + L_2$，貨幣需求也提高了交易需求 L_1 的增加差額。然後，在圖表 17-10 中，貨幣需求 (L_b) 與貨幣供給 ($\frac{M}{P}$) 相等的組合為 B 點，連帶利率上升到 r_b。此 r_b 與 Y_b 的組合，亦是使貨幣市場達到均衡之 Y 與 r 的組合。

由上所述，使貨幣市場達到均衡的 Y 與 r 之組合，由於是圖表 17-10 的 A 點與 B 點，所以將其連結而成即為 LM 曲線，呈現向右上方傾斜。

復 習

假設物價 (P) 在 P_0 固定不變，而中央銀行也將名目貨幣供給量 (M) 控制在 M_0 維持固定的話，由於 $\frac{M}{P}$ 與利率無關而固定不變，所以呈現垂直狀態。

復 習

利率一旦下滑的話，債券價格將上揚，相對高價的債券需求減少，促使貨幣需求 (資產需求) 增加。

復 習

由於債券價格達到最貴，大家都想賣出債券換成貨幣，所以貨幣需求 (資產需求) 變成無限大。

✚ 補 充

當 Y= Y_a 時交易需求 (L_1) 為 L_{1a}，若 Y 增加達到 $Y=Y_b$ 時，則將增加到 L_{1b}。

圖形化　graph

在圖表 17-10 中，將 L_2 向右方位移由圖表 17-11 所得之 L_{1a} 的距離，即為 L_a。

圖形化　graph

將此畫在圖表 17-9 中，即為 A 點 (Y_a, r_a)。

圖形化　graph

在圖表 17-10 中，貨幣需求 $(L_b)=L_{1b} + L_2$，即 L_b 由於增加了交易需求 L_1 的部分，所以從 L_a 向右方位移至 L_b。

圖形化　graph

此乃左上方的圖表 17-9 之 B 點 (Y_b, r_b)。

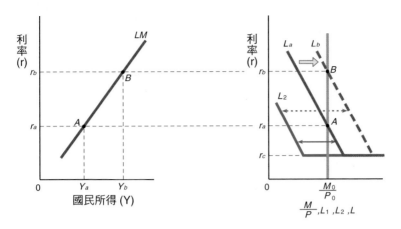

圖表 17-9 ● LM 曲線

圖表 17-10 ●貨幣市場的均衡

圖表 17-11 ●貨幣的交易需求

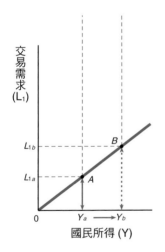

【3】水平的 LM 曲線

一般而言，凱因斯學派雖假設向右上方傾斜的 LM 曲線，但當利率達到最低的時候，將呈現水平狀態。讓我們利用圖表 17-12 來說明此情況。

在圖表 17-12 中，假設 r_0 為最低的利率。如果 LM 曲線向右上方傾斜；換言之，假設向左下方傾斜。接著，由於在 LM 曲線上有 A 點，所以國民所得為 Y_a 的話，貨幣市場的均衡利率將為 r_a，將變得比最低的利率 r_0 還要低。如此將與 r_0 為最低的利率相互矛盾。

因為 r_0 是最低的利率，所以比 r_0 還要低的利率下，貨幣市場應無法均衡。因此，如圖表 17-12 所示，LM 曲線雖然向右上方傾斜，但在最低利率所在位置呈現水平狀態。

復　習

　　當景氣嚴重衰退時，由於國民所得少、交易也少，所以對貨幣的交易需求變少。此結果，導致貨幣需求也減少、利率變低，成為最低利率的可能性增加。

圖表 17-12 ●水平的 LM 曲線

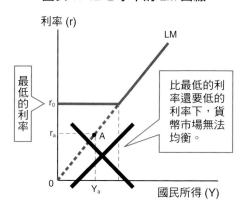

4. IS-LM 均衡

所謂 IS 曲線，乃指財貨市場的均衡組合所構成之集合，所謂 LM 曲線，乃指貨幣市場的均衡組合所構成之集合。如此一來，位於 IS 曲線上，並且位於 LM 曲線上的組合，即為使財貨市場與貨幣市場同時均衡的組合。在圖表 17-13 中，IS 與 LM 的交點 $E(Y_e, r_e)$ 乃唯一既位於 IS 曲線上，又位於 LM 曲線上的組合，即同時使兩市場均衡的組合。

圖表 17-13 ● IS-LM 均衡

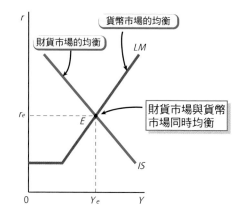

Part 5

IS - LM 分析

接著，試著解答 IS-LM 均衡的計算題。

【問題 17-1】

在某經濟裡，總體經濟模型以下列數學式表示時，作為使產品市場與貨幣市場同時達到均衡的國民所得之數值，正確的選項為何者？

C=0.6Y + 30	C：民間消費，　Y：國民所得，
I=10–6i	I：民間投資，　　i：利率，
L=0.04Y + 280–3i	L：實質貨幣供給量，
M=760	M：名目貨幣供給量，
P=2	P：物價水準

1. 400
2. 500
3. 600
4. 700
5. 800

（東京都廳 I 類）

原則 8　IS-LM 的計算

① 財貨（產品）市場的均衡 (IS 曲線) $Y^S=Y^D$

② 貨幣市場的均衡 (LM 曲線) $\dfrac{M}{P}=L$

③ 解①、②的聯立方程式，求出 Y、i(r)。

計　算

Step 1　財貨市場的均衡

$Y^S = Y^D$

$Y = C + I$

$Y = 0.6Y + 30 + 10 - 6i$

$6i = 40 - 0.4Y$

$3i = 20 - 0.2Y \cdots\cdots①$

Step 2　貨幣市場的均衡

$\dfrac{M}{P} = L$

$\dfrac{760}{2} = 0.04Y + 280 - 3i$

$3i = 0.04Y - 100 \cdots\cdots②$

Step 3　聯立方程式的計算

$3i = 20 - 0.2Y = 0.04Y - 100$

$0.24Y = 120$

$Y = \dfrac{120}{0.24} = \dfrac{12,000}{24} = 500$

正確解答　2

其次，讓我們解答設問有關未在 IS 曲線、LM 曲線上之組合的圖形問題。

【問題 17-2】

　　在 IS、LM 曲線如下圖所示的情況下，在①～⑥之中作為有關 A、B、C 之狀態的說明中，所列舉出來的內容皆為適當的選項為何者？

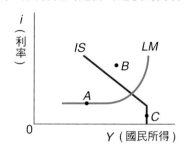

① 在 A 的狀態下，貨幣需求對於利率具有無限彈性。
② 在 A 的狀態下，貨幣需求對於利率完全無彈性。
③ 在 B 的狀態下，財貨市場、貨幣市場均呈現超額需求狀態。
④ 在 B 的狀態下，財貨市場、貨幣市場均呈現超額供給狀態。
⑤ 在 C 的狀態下，投資對於利率具有無限彈性。
⑥ 在 C 的狀態下，投資對於利率完全無彈性。

1. ①，③，⑤
2. ①，③，⑥
3. ①，④，⑥
4. ②，③，⑤
5. ②，④，⑤

（國家公務員 II 種）

在圖形理解上必要的知識

不在 IS、LM 上的組合

　　由於不在 IS 曲線上的組合乃是財貨市場未達均衡，所以呈現超額需求或是超額供給。因為在 IS 曲線的右側 Y 較多，所以 Y^s 較多而呈現超額供給，在 IS 曲線的左側 Y 較少，所以 Y^s 也較少而呈現超額需求〈原則 9〉。

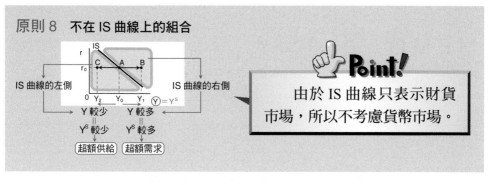

原則 8　不在 IS 曲線上的組合

由於 IS 曲線只表示財貨市場，所以不考慮貨幣市場。

同樣地，不在 LM 曲線上的組合乃是貨幣市場未達均衡，因為在 LM 曲線的右側 Y 較多，交易需求 (L_1) 較多，所以呈現超額需求，因為在 LM 曲線的左側 Y 較少，交易需求 (L_1) 較少而呈現超額供給〈**原則 10**〉。

原則 10　不在 LM 曲線上的組合

由於 LM 曲線只表示貨幣市場，所以不考慮財貨市場。

水平的 LM 曲線→貨幣需求的利率彈性為無限大
垂直的 IS 曲線→投資為無利率彈性

解　法

①②　由於 A 在水平的 LM 曲線上，貨幣需求的利率彈性為無限大，所以①是正確的敘述，而②是錯誤的。

③④　由於 B 在 $Y^s=Y^D$ 之 IS 曲線的右側，國民所得 (Y) 較大、Y^s 較大之故，所以財貨市場呈現超額供給〈**原則 9**〉。另一方面，由於 B 在 $\dfrac{M}{P}$＝L 之 LM 曲線的左側，國民所得較少、交易需求 (L_1) 較少之故，所以貨幣市場呈現需求不足 (= 超額供給)〈**原則 10**〉。也就是說，因為財貨市場、貨幣市場兩者都出現超額供給，所以④為正確，而③為錯誤。

⑤⑥　由於 C 在垂直的 IS 曲線上，投資為無利率彈性，所以⑥是正確，而⑤是錯誤。由上可知，①、④、⑥正確，正確解答為選項 3。

正確解答　3

MEMO

Chapter 18

貨幣政策的效果
─用一個圖形說明貨幣政策的話─

1 藉由貨幣寬鬆政策，LM 曲線將向下 (右) 方位移。

2 向右下方傾斜的 IS 曲線與向右上方傾斜的 LM 曲線之所謂凱因斯學派的一般情況下，貨幣寬鬆政策將導致利率下滑，國民所得提高。

3 在流動性陷阱的情況下，LM 曲線呈現水平狀態，貨幣寬鬆政策不會使利率下滑，國民所得亦不會提升。

4 在投資為無利率彈性的情況下，IS 曲線呈現垂直狀態，儘管貨幣寬鬆政策使利率下滑，但國民所得不會提升。

難易度　C

出題可能性

國家 II 種	A
國稅專門官	A
地方上級、市政廳、特別區	A
國家 I 種	A
中小企業顧問	A
證券分析師	A
註冊會計師	B
政府辦公室等記錄	A
不動產估價師	A
外務專門職務	A

　　在第 18 章裡，將運用在 17 章學習過的 IS-LM 分析，來思考貨幣政策的效果。儘管在第 15 章裡，已學習過有關貨幣政策的效果，但藉由 IS-LM 分析，可以更簡單地將國民所得與利率的關係僅用一個圖形加以分析。

【1】貨幣寬鬆政策導致 LM 曲線向下方位移

假設實施貨幣寬鬆政策之前的 LM 曲線為 LM_0。在 LM_0 上的 A、B、C 點乃是實施貨幣政策前貨幣市場維持均衡所在的 Y 與 r 之組合。

如此一來，藉由貨幣寬鬆政策，貨幣供給量一旦增加，這些組合應該全部將呈現超額供給。也就是說，由於貨幣市場並非均衡，所以即將不再是 LM 曲線。

因為實施貨幣政策後，LM_0 上的 A、B、C 點將全部使貨幣市場出現超額供給，所以利率將下滑。利率一旦下滑，超額供給消失後，貨幣市場將再度達到均衡狀態。也就是說，實施貨幣寬鬆政策後的貨幣市場，如同其均衡所在的 A′、B′、C′ 點一樣，將在 A、B、C 點的下方。

將這些 A′、B′、C′ 點連結而成的線 LM_1，即實施貨幣寬鬆政策後的 LM 曲線。也就是說，**藉由實施貨幣寬鬆政策使貨幣供給量增加的話，LM 曲線將向下方位移**。

然而，利率無法下降到最低限度的利率之下。舉例來說，在圖表 18-2 中，假設利率 r_c 為最低的利率。即使名目貨幣供給量 (M) 增加後，LM 曲線從 LM_0 向下方位移到 LM_1，但貨幣市場達到新均衡的 LM_1，其所在利率仍不會比 r_c 還低。為何如此，乃因要是可以在低於 r_c 的利率下畫出 LM 曲線的話，亦即在低於 r_c 的利率下貨幣市場達到均衡，將與 r_c 為最底限度的利率一事相互矛盾之故。由於如此，即使 LM 曲線向下方位移，因為並無比 r_c 還要低的部分，所以無法向下位移到比最低的利率還低。

圖表 18-1 ●貨幣寬鬆政策導致 LM 曲線向下方位移

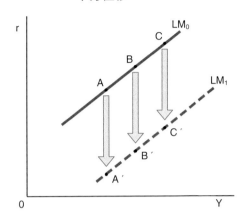

圖表 18-2 ●流動性陷阱時的貨幣寬鬆政策

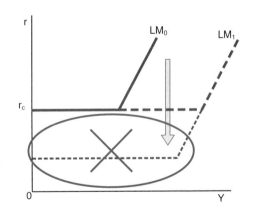

> **➕ 補 充**　∴☐∴
>
> 從 LM_0 移動到 LM_1，也會用「LM 曲線向右位移」來表現。

【2】貨幣緊縮政策導致 LM 曲線向上方位移

假設實施貨幣緊縮政策之前的 LM 曲線為 LM_0。在 LM0 上的 A、B、C 點乃是實施貨幣緊縮政策前貨幣市場維持均衡所在的 Y 與 r 之組合。

如此一來，藉由貨幣緊縮政策，貨幣供給量一旦減少，這些組合應該全部將出現超額需求 (供給不足)。也就是說，由於貨幣市場並非均衡，所以即將不再是 LM 曲線。

因為實施貨幣緊縮政策後，LM_0 上的 A、B、C 點將全部使貨幣市場出現超額需求，所以利率將上揚。利率一旦上揚，超額需求消失後，貨幣市場將再度達到均衡狀態。也就是說，實施貨幣緊縮政策後的貨幣市場，如同其均衡所在的 A′、B′、C′ 點一樣，將在 A、B、C 點的上方。

將這些 A′、B′、C′ 點連結而成的線

LM_1，即實施貨幣緊縮政策後的 LM 曲線。也就是說，藉由實施貨幣緊縮政策使貨幣供給量減少的話，LM 曲線將向上方位移。

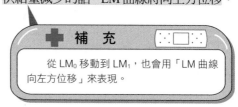

➕ **補　充**

從 LM_0 移動到 LM_1，也會用「LM 曲線向左方位移」來表現。

圖表 18-3 ●貨幣緊縮政策導致 LM 曲線向上方位移

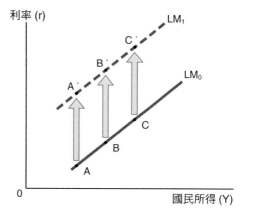

2.　貨幣寬鬆政策的效果

【1】凱因斯學派的一般情況

讓我們考慮 IS 曲線向右下方傾斜、LM 曲線向右上方傾斜之所謂凱因斯學派的一般情況。假設起初的經濟，為圖表 18-4 中 IS 與 LM 的交點 E。

藉由實施貨幣寬鬆政策，促使名目貨幣供給量 (M) 增加，LM 曲線將向下 (右) 方位移，從 LM 移動到 LM′，且利率下滑 ($r_e \to r_e'$)、投資增加，連帶總需求增加的結果，國民所得也提高 ($Y_e \to Y_e'$)。

圖表 18-4 ●貨幣寬鬆政策的效果 (凱因斯學派的一般情況)

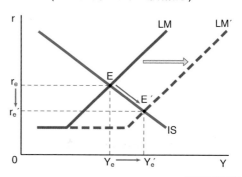

【2】流動性陷阱的情況

　　然而，在流動性陷阱狀態的情況下，LM 曲線如圖表 18-5 所示，呈現水平狀態，即使因貨幣政策使 LM 向右方位移成為 LM′，但交點仍維持在原本的 E，所以無論利率還是國民所得都不變，貨幣政策無效。此乃因為流動性陷阱的狀態已經是利率最低的水準，所以即使貨幣供給量增加，利率也不會下滑，連帶投資也不會增加，導致國民所得也不會提高。

【3】投資為無利率彈性的情況

　　此外，在投資為無利率彈性的情況下，IS 曲線將如圖表 18-6 所示，呈現垂直狀態，即使因實施貨幣政策使 LM 向右方位移、利率下滑 ($r_e \rightarrow r_e′$)，但國民所得仍維持在原本的 Y_e。也就是說，貨幣政策無效。

　　在此情況下，隨著貨幣供給量的增加 (M)，利率雖然下滑，惟投資為無利率彈性，所以投資不會增加，國民所得也不會提高。

【4】初期凱因斯主義者

　　所謂初期凱因斯主義者乃指初期的凱因斯學派之意思，以經濟大恐慌那樣的景氣嚴重衰退為前提。因此，以處於利率最低的流動性陷阱之狀態，加上只從事最低限度的必要投資之投資無利率彈性的情況為前提。

　　無論哪個情況，由於貨幣寬鬆政策都無法提高國民所得，所以主張「貨幣政策無效」。

圖表 18-5 ●貨幣寬鬆政策的效果
（流動性陷阱的情況）

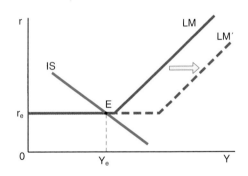

圖表 18-6 ●貨幣寬鬆政策的效果
（投資為無利率彈性的情況）

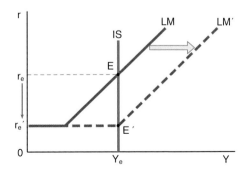

初期凱因斯主義者　① 流動性陷阱 ➡ LM 曲線水平 ➡ 貨幣政策無效
　　　　　　　　　② 投資為無利率彈性 ➡ IS 曲線垂直 ↗

3. 貨幣緊縮政策的效果

假設起初的經濟，為圖表 18-7 中 IS 與 LM 的交點 E。

藉由貨幣緊縮政策，促使名目貨幣供給量 (M) 減少，LM 曲線將向上 (左) 方位移，從 LM 移動到 LM′，經濟狀態移動到 E′，且利率上揚 ($r_e \rightarrow r_e'$)、投資下降，連帶總需求減少的結果，國民所得也降低 ($Y_e \rightarrow Y_e'$)。

圖表 18-7 ● 貨幣緊縮政策的效果

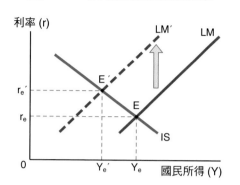

【問題 18-1】

以下的文章，是有關流動性陷阱的敘述，作為文中空格 A ～ D 中對應的文字或句子之組合，適當的選項為何者？

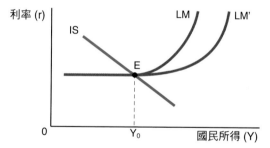

上圖表示，縱軸取利率、橫軸取國民所得時，IS 曲線在 LM 曲線的水平部分之 E 點相交。

如同不景氣時一樣利率極低，在人們所相信的狀況下，利率 A ， B 的利率彈性為 C ，如上圖所示，LM 曲線呈現水平狀態。在此狀況下，即使增加貨幣供給，LM 曲線將像 LM′ 一樣，只有向右上方傾斜的部分向右方位移，而 IS 曲線在 LM 曲線的水平部分之 E 點相交的情況下，國民所得 Y_0 不變，D 為無效。

	A	B	C	D
1.	無法進一步下滑	投資需求	無限大	財政政策
2.	無法進一步上升	投資需求	零	貨幣政策
3.	無法進一步下滑	投資需求	無限大	貨幣政策
4.	無法進一步上升	貨幣需求	零	財政政策
5.	無法進一步下滑	貨幣需求	無限大	貨幣政策

(特別區)

〈解答・解說〉

　　所謂 LM 曲線呈現水平狀態的時候，乃指在最低的利率下處於流動性陷阱的時候。

　　所謂流動性陷阱，乃指達最低的利率水準，在人們所相信的狀況下，利率 A 無法進一步下滑 。此時，由於債券價格達到最高價，所有人都想賣出債券換成貨幣， B 貨幣需求 的利率彈性成為 C 無限大 。

　　此時，即使增加貨幣供給，LM 曲線只會向右方位移，由於國民所得並未改變，所以 D 貨幣政策 為無效。

正確解答 5

Chapter 19

財政政策的效果

─財政政策也有副作用？─

1 藉由擴張性財政政策，IS 曲線向右方位移。

2 向右下方傾斜的 IS 曲線與向右上方傾斜的 LM 曲線之所謂凱因斯學派的一般情況下，擴張性財政政策將促使國民所得提高。然而，會發生利率上升造成投資減少之稱為排擠效果的副作用。

3 在流動性陷阱的情況下，LM 曲線呈現水平狀態，在擴張性財政政策下國民所得提升。此外，利率不會上揚，因為沒有排擠效果之副作用，所以效果較大。

4 在投資為無利率彈性的情況下，IS 曲線呈現垂直狀態，在擴張性財政政策下國民所得提升。此外，即使利率上升，投資也不會減少之故，沒有排擠效果之副作用，所以效果較大。

難易度　C

出題可能性

國家Ⅱ種	**A**
國稅專門官	**A**
地方上級、市政廳、特別區	**A**
國家Ⅰ種	**A**
中小企業顧問	**A**
證券分析師	**A**
註冊會計師	**B**
政府辦公室等記錄	**A**
不動產估價師	**A**
外務專門職務	**A**

　　儘管已經在第 10 章裡學習過政府支出乘數，但當時因為聚焦在財貨市場，所以假設利率為固定。此第 19 章裡，將利用同時考慮資本市場的 IS-LM 分析，來思考有關財政政策的效果。另，在同時考慮資本市場下，對於財政政策有排擠效果之副作用一事加以瞭解。

【1】擴張性財政政策導致 IS 曲線向右方位移

擴大政府支出 (G) 以提升財貨需求 (Y^D)，透過減稅增加消費，促使財貨需求提升之政策，稱為擴張性財政政策。

① 政府支出的增加

假設實施擴張性財政政策之前的 IS 曲線為 IS_0(圖表 19-1)。在 IS_0 上的 A、B、C 點乃是實施財政政策前財貨市場維持均衡所在的 Y 與 r 之組合。如此一來，藉由實施擴張性財政政策，財貨需求一旦增加，這些組合應該全部出現超額需求。也就是說，由於財貨市場並非均衡，所以即將不再是 IS 曲線。

因為實施擴張性財政政策後，IS_0 上的 A、B、C 點將全部使財貨市場出現超額需求，所以為了因應需求之故，企業將增加生產。此結果將使國民所得 (國內生產毛額：GDP) 也提高，最終超額需求消失，財貨市場將再度達到均衡狀態。也就是說，實施擴張性財政政策後的財貨市場，如同其均衡所在的 A′、B′、C′ 點一樣，將在 A、B、C 點的右側。

將這些 A′、B′、C′ 點連結而成的線 IS_1，即實施擴張性財政政策後的 IS 曲線。也就是說，**藉由實施擴張性財政政策使政府支出增加的話，IS 曲線將向右方位移**。

② 減稅

在減稅的情況下，藉由可支配所得提高所帶動的消費增加，進而使財貨需求增加，將使 IS 曲線向右方位移。

圖表 19-1 ● 擴張性財政政策導致 IS 曲線向右方位移

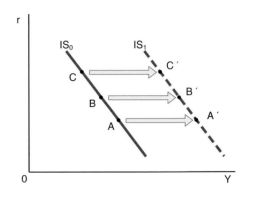

假設在政府支出之前，財貨市場在 IS_0 曲線上呈現均衡 ($Y^S = Y^D$)

↓

在政府支出之後，需求 (Y^D) 增加，在 IS_0 曲線上的點全部出現超額需求 ($Y^S < Y^D \uparrow$)

↓

在政府支出之後，IS_0 曲線在財貨市場上即將不再均衡，所以並非 IS 曲線

↓

由於 IS_0 出現超額需求，所以財貨市場為了達到均衡，因而供給 (Y^S) 將增加

↓

像 IS_1 一樣向右方移動的話，Y 將增加使供給 (Y^S) 上升之故，超額需求將消失，財貨市場再度達到均衡狀態 ($Y^S = Y^D$)

↓

在政府支出之後，作為在財貨市場上達到均衡點之集合的 IS 曲線，從 IS_0 向右方位移到 IS_1

此外，藉由擴張性財政政策使 IS 曲線向右方位移，不僅只有 IS 曲線向右下方傾斜的情況，垂直的情況也一樣 (圖表 19-2)。

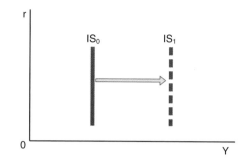

圖表 19-2 ●擴張性財政政策導致垂直的 IS 曲線向右方位移

【2】緊縮性財政政策導致 IS 曲線向左方位移

實施縮減政府支出 (G) 與增稅之政策，稱為緊縮性財政政策。

① 政府支出的縮減

假設實施緊縮性財政政策之前的 IS 曲線為 IS_0(圖表 19-3)。在 IS_0 上的 A、B、C 點乃是縮減政府支出前，財貨市場維持均衡所在的 Y 與 r 之組合。如此一來，藉由縮減政府支出，財貨需求一旦減少，這些組合應該全部將出現超額供給。也就是說，由於財貨市場並非均衡，所以即將不再是 IS 曲線。

因為縮減政府支出後，IS_0 上的 A、B、C 點將全部使財貨市場出現超額供給，所以企業將減少生產直到超額供給消失為止。此結果導致國民所得 (國內生產毛額：GDP) 也減少，最終超額供給消失，財貨市場將再度達到均衡狀態。也就是說，縮減政府支出後的財貨市場，如同其均衡所在的 A′、B′、C′ 點一樣，將在 A、B、C 點的左側。

將這些 A′、B′、C′ 點連結而成的線 IS_1，即縮減政府支出後的 IS 曲線。也就是說，藉由實施緊縮性財政政策使政府支出縮減的話，IS 曲線將向左方位移。

② 增稅

在增稅的情況下，透過可支配所得減少所造成消費的降低，進而使財貨需求縮減，將使 IS 曲線向左方位移。

此外，就算是 IS 曲線垂直的情況，也可藉由緊縮性財政政策，使 IS 曲線向左方位移。

假設在政府支出之前，財貨市場在 IS_0 曲線上達到均衡 ($Y^S=Y^D$)

↓

在政府支出之後，需求 (Y^D) 增加，在 IS_0 曲線上的點出現超額需求 ($Y^S<Y^D$ ↑)

↓

在政府支出之後，IS_0 曲線在財貨市場上即將不再均衡，所以並非 IS 曲線

↓

由於 IS_0 出現超額需求，所以財貨市場為了達到均衡，供給 (Y^S) 將增加

↓

如 IS_1 向右方移動的話，Y 將增加使供給 (Y^S) 上升之故，連帶超額需求將消失，財貨市場再度達到均衡狀態 ($Y^S=Y^D$)

↓

在政府支出之後，作為在財貨市場上達到均衡點之集合的 IS 曲線，從 IS_0 向右方位移到 IS_1

↓

藉由政府支出，IS 曲線向右方位移
(無論向右下方傾斜，還是垂直都一樣)

圖表 19-3 ●緊縮性財政政策導致 IS 曲線向左方位移

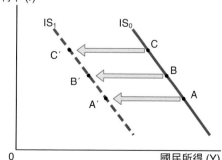

【1】凱因斯學派的一般情況

讓我們考慮 IS 曲線向右下方傾斜、LM 曲線向右上方傾斜之所謂凱因斯學派的一般情況。假設起初的經濟，為圖表 19-4 中 IS 與 LM 的交點 E。

若擴大政府支出的話，IS 將向右方位移至 IS′。此結果使 IS 與 LM 的交點從 E 點變動到 E′、利率從 r_e 上升到 r_e'，連帶國民所得也從 Y_e 提高到 Y_e'。

這部分有必要與僅考慮財貨市場而未考慮貨幣市場的 45 度線分析加以比較並理解。在 45 度線分析裡，由於未考慮貨幣市場，所以假設利率為固定。以圖表 19-4 來說，乃以維持在 $r= r_e$ 進行分析。如此一來，在 45 度線分析中，國民所得增加 $\Delta Y=\dfrac{1}{(1-b)}\Delta G$，此表示 $E \to E_1$。$E \to E_1$ 乃利率固定維持在 r_e，而 Y 則從 Y_e 增加到 Y_1。

然而，在同時考慮貨幣市場的 IS-LM 分析裡，藉由政府支出的擴大所帶動國民所得的提高，乃使貨幣的交易需求提高、利率上升。而利率的上揚將使投資降低，進而使總需求減少、國民所得下降。

此乃 $E_1 \to E'$。像這樣，成為「**政府擴大支出→總需求增加→國民所得提高→利率上揚→投資下降→總需求減少→國民所得下降**」，導致政府支出的效果變小，稱為**排擠效果**。

圖表 19-4 ●擴張性財政政策的效果（凱因斯學派的一般情況）

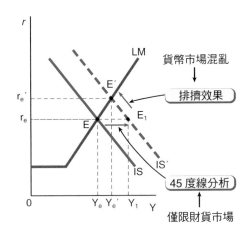

用 語

英文寫成「Crowding-Out」，Crowd 表示擁擠的意思，由於國民所得提高帶動貨幣需求增加，因而貨幣市場變得混亂，促使利率上揚的結果，以致投資被排擠掉的意思。

將這樣的 IS-LM 分析與 45 度線分析之差異整理出來，即如圖表 19-5 所示。由於 45 度線分析僅考慮財貨市場，假設取決於貨幣市場的利率為固定，所以未考慮排擠作用之「副作用」所造成財政政策效果變小的情況。然而，因為 IS-LM 分析不僅分析財貨市場，也同時分析貨幣市場，所以也會考慮到排擠作用導致的「副作用」所造成之財政政策效果變小的情況。

【2】流動性陷阱的情況

在流動性陷阱狀態的情況下，LM 曲線如圖表 19-6 所示，呈現水平狀態。當藉由擴大政府支出、減稅等擴張性財政政策，而使 IS 向右方位移到 IS′ 時，經濟將從 E 到 E′，而國民所得就算提高，利率也不會上揚。由於利率不會上升，所以不會發生排擠效果之副作用，財政政策的效果與 45 度線分析的利率固定時相同。

也就是說，因為沒有排擠效果之副作用，所以效果極大。

圖表 19-4 ● IS-LM 分析與 45 度線分析之差異

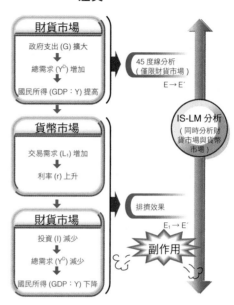

圖表 19-6 ● 擴張性財政政策的效果（流動性陷阱的情況）

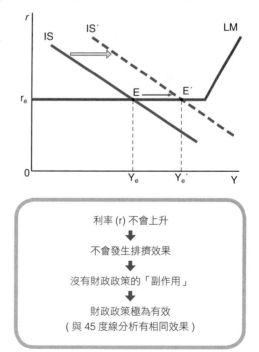

【3】投資為無利率彈性的情況

在投資為無利率彈性的情況下，IS 曲線將如圖表 19-7 所示，呈現垂直狀態。

當藉由擴大政府支出、減稅等擴張性財政政策，而使 IS 向右方位移到 IS′ 時，經濟將從 E 到 E′，而利率從 r_e 上升到 $r_e′$，連帶國民所得也從 Y_e 提高到 $Y_e′$。然而，由於投資為無利率彈性，所以利率就算上揚，投資也不會減少，不會發生排擠效果之副作用，財政政策的效果與 45 度線分析的利率固定時相同。

也就是說，此時也因為沒有排擠效果之副作用，所以效果極大。

【4】初期凱因斯主義者

由於初期凱因斯主義者所預設的流動性陷阱的情況，以及投資為無利率彈性的情況，在任一情況下，擴張性財政政策都不會發生排擠效果，所以可知都是極為有效的。

另一方面，在第 18 章裡，已學習過初期凱因斯主義者所預設的情況下，貨幣寬鬆政策是無效的。

也就是說，在整理後可知，初期凱因斯主義者主張「雖然景氣嚴重衰退時，期貨幣政策無效，但財政政策則是極為有效的」。

圖表 19-7 ●擴張性財政政策的效果
（投資為無利率彈性的情況）

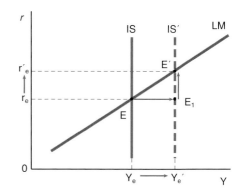

即使利率 (r) 上揚，投資也不會減少
↓
不會發生排擠效果
↓
沒有財政政策的「副作用」
↓
財政政策極為有效
（與 45 度線分析有相同效果）

初期凱因斯主義者
① 流動性陷阱 ➡ LM 曲線水平
② 投資為無利率彈性 ➡ IS 曲線垂直
➡ 貨幣政策無效財政政策極為有效

【5】皮古效果

相對於這樣的初期凱因斯主義者之主張，皮古認為經濟將隨著物價的下跌，自動地達到穩定。

由於皮古是屬於古典學派的學者，所以認為在不景氣下，一旦有效需求減少、出現超額供給的狀態下，物價將會下跌。此結果造成實質貨幣供給量增加。因為貨幣為資產，所以資產的實質價值提高的話，消費將增加，連帶財貨的需求也增加為其想法。由於此與藉由政府支出擴大需求具有相同效果，因此將使 IS 曲線位移並增加國民所得。然後，此過程將持續進行到充分就業國民所得為止。

➕ 補 充

皮古在個體經濟學中也出現，作為提出皮古稅的學者。

➕ 補 充

如凱因斯型消費函數一樣，消費並非只由可支配所得而決定，也受到資產的影響。

🏷 用 語

像這樣，物價下跌促使實質貨幣供給量增加，連帶消費也增加，稱為皮古效果 (Pigou Effect)。

📏 圖形化　　　graph

此與圖表 19-6、圖表 19-7 的擴張性財政政策具有相同的效果。

---

3. 緊縮性財政政策的效果

假設起初的經濟，為圖表 19-8 中 IS 與 LM 的交點 E。

藉由實施縮減政府支出、增稅等緊縮性財政政策，財貨需求一旦減少，IS 曲線向左位移，從 IS 移動到 IS′。此結果，促使經濟狀態移動到 E′，且利率下滑 ($r_e \rightarrow r_e'$)、國民所得降低 ($Y_e \rightarrow Y_e'$)。

圖表 19-8 ● 貨幣緊縮政策的效果

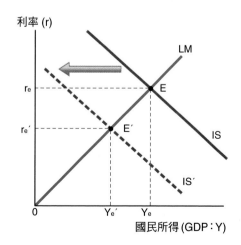

【問題 19-1】

　　有關縱軸為利率、橫軸為國民所得時的 IS 曲線、LM 曲線之敘述，適當的選項為何者？

1. IS-LM 分析乃運用 IS 曲線與 LM 曲線，用以說明凱因斯理論的架構，在薩繆爾森的著作「經濟分析的基礎」中首次出現。
2. 若縮減財政支出的話，IS 曲線將向右方位移，所以利率會上升，國民所得將下降。
3. 若增加貨幣供給量的話，LM 曲線將向左方位移，所以利率會下滑，國民所得將下降。
4. 處於流動性陷阱的狀態時，IS 曲線呈現水平狀態，即使擴大財政支出也無法提高國民所得。
5. 在貨幣需求的利率彈性為零的情況下，LM 曲線呈現垂直狀態，即使擴大財政支出也無法提高國民所得。

（地方公務員上級）

〈解答‧解說〉

1. × IS-LM 分析乃由皮古所提出。薩繆爾森所提出的是 45 度線分析。
2. × 財政支出並非「縮減」而是「擴大」，IS 曲線將向右方位移。此外，在凱因斯學派的一般情況 (IS 曲線向右下方傾斜、LM 曲線向右上方傾斜) 下，國民所得將提高。
3. × 若增加貨幣供給量的話，LM 曲線並非「向左方」而是「向右方 (下)」位移，國民所得將提高。
4. × 處於流動性陷阱的狀態下，並非「IS 曲線」而是「LM 曲線」呈現水平狀態。
5. ○ 由於 1. 到 4. 明顯錯誤，所以可知 5. 為正確解答。此外，因為貨幣需求的利率彈性為無限大時，LM 曲線呈現水平狀態，所以貨幣需求的利率彈性為 0 的相反情況下，可以推估 LM 曲線呈現垂直狀態應該是正確。其次，當 LM 曲線呈現垂直狀態時，擴大財政支出將使 IS 曲線向右方位移，如右圖所示，雖然經濟狀態從 E_0 點移動到 E_1 點，利率從 r_0 上升到 r_1，但國民所得 (Y) 仍維持在 Y_0 沒有提高。

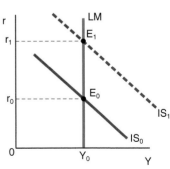

正確解答　5

這次請試著解答有關排擠效果的計算題。

【問題 19-2】

假設總體經濟模型表示如下。

Y=C ＋ I ＋ G

C=40 ＋ 0.8Y

I=120–20i

L=0.2Y ＋ 90–20i

M=100

$$\left[\begin{array}{l} \text{Y：國民所得，} \quad \text{C：消費，} \\ \text{I：投資，} \quad \text{G：政府支出，} \\ \text{i：利率，} \quad \text{L：貨幣需求，} \\ \text{M：貨幣供給量} \end{array}\right.$$

假設如今作為景氣對策，藉由公債融通的國債發行，擴大 10 兆日圓的政府支出，此政策對於民間投資所帶來的影響，適當的選項為何者？

1. 民間投資不變
2. 民間投資增加 5 兆日圓
3. 民間投資減少 5 兆日圓
4. 民間投資增加 10 兆日圓
5. 民間投資減少 10 兆日圓

（國家公務員Ⅱ種）

有關題目中「公債融通的國債發行」，將在後續的第 20 章中詳細說明。

戰　略

問到 G 與 I 的關係。然而，一下子想求出 G 與 I 之關係的話，由於有未知數 I，所以無法解答。因為 I = 120–20i，所以 $\Delta I = -20\Delta i$，如果可以知道 ΔG 與 Δi 的關係，即可用 $\Delta I = -20\Delta i$ 求解。

陷阱

I 作為未知數留下來的話，未知數將增加 Y、i、I，而變得無法解答。

Step 1 首先求出 G 與 I 的關係
Step 2 其次，求出 ΔG 與 Δi 的關係
Step 3 最後求出 ΔI

Step 1 G 與 I 的關係

①財貨市場的均衡

$Y = C + I + G$

$Y = 40 + 0.8Y + 120{-}20i + G$

$0.2Y = 160{-}20i + G$

②貨幣市場的均衡

$M = L$

$100 = 0.2Y + 90{-}20i$

$0.2Y = 10 + 20i$

$0.2Y = 160{-}20i + G = 10 + 20i$ ←消去 Y

$40i = G + 150$

$i = \dfrac{1}{40}G + \dfrac{150}{40}$ ……③

Part 5

IS - LM 分析

Step 2 △G 與 △i 的關係

取③式中 G 與 i 的變動量

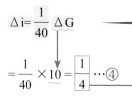

$\triangle i = \dfrac{1}{40}\triangle G$

$= \dfrac{1}{40} \times 10 = \boxed{\dfrac{1}{4}}$ …④

▶▶徹底解說◀◀

$\triangle i$ 為 i 的變動量，$\triangle G$ 為 G 的變動量。

從③式的

$i = \dfrac{1}{40}G + \dfrac{150}{4}$

可知 G 的變動量 ($\triangle G$) 乘以 $\dfrac{1}{40}$，即 i 的變動 ($\triangle i$)，成為

$\triangle i = \dfrac{1}{40}\triangle G$

Step 3 求出 △I

由 $I = 120{-}20i$ 可知

$\triangle I = {-}20\triangle i$ ……⑤

將④式代入⑤式中，

$\triangle I = {-}20\triangle i$

$= {-}20 \times \boxed{\dfrac{1}{4}}$

$= {-}5$

正確解答 3

Chapter 20

公債的經濟效果

─政府的債務由誰負擔？─

Point

1 公債由中央銀行以外的機構承受之公債融通的情況下，LM 曲線不動，但公債由中央銀行承受之貨幣融通情況，LM 曲線向右方位移。

2 弗利曼 (Milton Friedman) 認為，藉由公債融通之擴張性財政政策，包括透過公債之資產的增加帶動消費增加 (IS 曲線向右方位移)，以及伴隨著資產中所佔的公債比率上升促使貨幣需求增加 (LM 曲線向左方位移)，但無法瞭解能否提高國民所得。（弗利曼的資產效果）

3 李嘉圖與巴羅認為，擴張性財政政策的財源無論用增稅或是發行公債舉債借貸，在經濟效果上都是相同的。（李嘉圖─巴羅等價定理）

在本章裡，將學習有關作為政府借款的公債。日本的國家與地方共計有將近 900 兆日圓的巨額公債餘額，亦即背負著債務餘額。如果公債具有經濟效果，應該會對日本造成極大影響，因而最近倍受矚目。由於近年多在應用問題出題，所以請確實地學習。

出題可能性	
國家 II 種	**B**
國稅專門官	**A**
地方上級、市政廳、特別區	**B**
國家 I 種	**A**
中小企業顧問	**B**
證券分析師	**B**
註冊會計師	**A**
政府辦公室等記錄	**B**
不動產估價師	**A**
外務專門職務	**A**

1. 公債融通與貨幣融通

【1】公債融通的原則

新發行的公債由中央銀行購買稱為公債的貨幣融通，乃政府向中央銀行借貸。相對於此，**新發行的公債由中央銀行以外的金融機構與企業、個人購買，稱為公債融通**，乃政府向中央銀行以外的機構借貸。

如果認可公債之貨幣融通的話，政府將也可向發行紙幣的中央銀行借貸，而進行方便的借貸恐有演變成財政破產的疑慮。此外，在貨幣融通的情況下，貨幣供給量也增加(後面將說明)之故，將造成嚴重的通貨膨脹，連帶貨幣價值明顯下滑。此結果，將導致人們不想持有貨幣，以致貨幣經濟瓦解，經濟變得混亂。

如此一來，為了避免如此情況發生，**多數的國家都禁止公債的貨幣融通，而以公債融通為基本(公債融通原則)**。在日本也於財政法裡，原則上禁止公債的貨幣融通。

因此，「**藉由公債的發行帶動政府支出增加**」的情況下，若無特別聲明，假設都以公債融通為前提。

【2】公債融通的效果

將公債融通加以整理的話，即如圖表 20-1 所示。

①政府發行公債，民間將公債款項支付給政府

②由於政府將該貨幣作為財源從事政府支出，所以在接受來自民間的公共工程等財貨之供給後，將以貨幣支付該款項。

圖表 20-1 ●公債融通

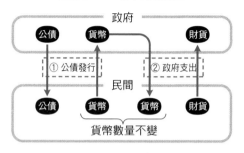

圖表 20-2 ●公債融通的效果

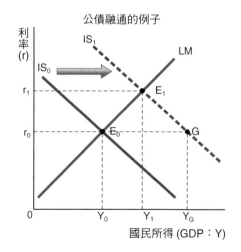

由上可知，財貨需求增加了政府支出的部分，以 IS-LM 分析來說，IS 曲線向右方位移，惟民間的貨幣數量不變，LM 曲線將不會移動。

【3】公債的貨幣融通

將公債的貨幣融通加以整理的話，即如圖表 20-3 所示。

① 政府發行公債，中央銀行將公債款項支付給政府。此乃中央銀行直接供給的現金，所以為強力貨幣。

② 由於政府將該貨幣作為財源從事政府支出，所以在接受來自民間的公共工程等財貨之供給後，將以貨幣支付該款項。

由上可知，**財貨需求增加了政府支出的部分，IS 曲線向右方位移**，同時中央銀行透過政府供給新的貨幣，所以**強力貨幣數量增加**。此強力貨幣將重覆存款與放款而創造出存款，而供給相當於貨幣乘數之倍數的貨幣，使 **LM 曲線向右方位移**。

圖表 20-3 ●公債的貨幣融通

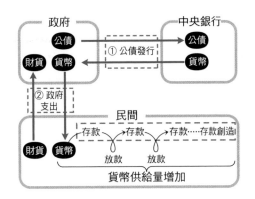

圖表 20-4 ●公債的貨幣融通之效果

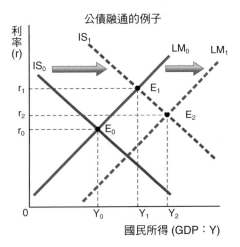

2. 弗利曼的資產效果

弗利曼主張，(藉由公債融通)發行公債所造成的財政效果目前尚難定論，所以不應該去執行。

弗利曼認為，有關發行公債帶動的政府支出效果，不應單純以政府支出的效果考量，公債之資產增加的效果也應考慮在內。

① 藉由發行公債的財政政策，首先將使 IS 曲線向右方位移。

② **考量國民藉由發行公債而使資產擴增，將帶動消費增加**，IS 曲線從 IS′ 向右方位移至 IS″，促使國民所得增加。

③ 此外，**藉由發行公債，使資產中債務的佔比提高，貨幣的比率下降，因此為了回復原本的貨幣·債券比率的話，貨幣需求將增加，LM 曲線向左方位移**，連帶國民所得下降。

Part

5

IS
-
LM
分
析

▶▶徹底解說◀◀

由於 LM 在貨幣需求增加之前為 $\frac{M}{P} = L$，所以貨幣需求增加之後將出現超額需求。若為超額需求，直到超額需求消失之前，利率將上揚，最終貨幣市場將達到均衡。如此一來，貨幣市場新的均衡點應是利率上升且向上移動。也就是說，LM 曲線將從 LM 向上方位移到 LM′。向上方位移也可以說是向左方位移。

關鍵人物 key person

弗利曼 (1912-2006)

重視貨幣對實物經濟之影響的貨幣主義之中心人物。1971 年獲得諾貝爾經濟學獎。

重視根據實證數據的理論架構，在其著作《美國貨幣史》中，以數據為基礎，主張「貨幣供給量的變動雖然在短期間會影響國民所得，但長期間則會影響物價」。因此，對凱因斯學派所主張具有效果的權衡性財政政策之效果存疑，因而主張具有貨幣供給量配合經濟成長以固定的比率增加即可之「規則」的貨幣政策。→第31章

作為主張政府對經濟的干預最小化、透過市場原理讓經濟運作的芝加哥學派 (以芝加哥大學為中心，重視市場機制，主張小政府的學者團體，包含貨幣主義與理性預期學派) 之中心人物，也對現在的「小政府」之理論有深遠的影響。其他也提出包括自然失業率假說 (第 25 章)、消費的恆常所得假說 (第 29 章) 與公債的資產效果等許多理論。

理 由

修正凱因斯型消費函數，假設消費亦受到資產價值所影響。

舉 例

假設作為安全之資產的貨幣與作為風險資產的債券之比率，有其理想比率為 1:1。其後，隨著公債發行而使債券增加，假設貨幣:債券成為 4:6。如此一來，由於相較於理想比率 1:1 來看，貨幣較少而債券較多，所以風險資產的比率提高，但最終應該會回復原本的理想比率 1:1。

④透過發行公債的資產效果所造成國民所得的增減，將取決於 IS 向右方位移及 LM 向左方位移的多寡而定，無法明確的斷定。

⑤如此一來，財政政策的效果不明確，因而未知效果的政策不應該去執行。

圖表 20-5 ● 弗利曼的資產效果

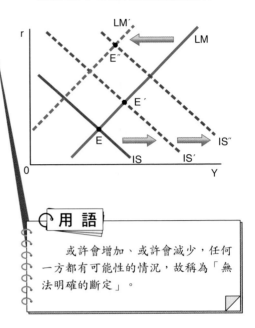

用 語

　　或許會增加、或許會減少，任何一方都有可能性的情況，故稱為「無法明確的斷定」。

發行公債帶動政府支出 G ↑ ➡ 財貨需求 Y^D ↑〈IS 向右方位移〉 ➡ 國民所得 Y ↑

貨幣＋債券↑ = 資產↑ ➡ 消費↑ ➡ 財貨需求 Y^D ↑〈IS 向右方位移〉 ➡ 國民所得 Y ↑

債券比率上升 ➡ 貨幣需求 L_2 增加〈LM 向左方位移〉 ➡ 國民所得↓

最終的效果不明確

不應該去執行

3. 李嘉圖—巴羅等價定理

公債的發行乃是政府的債務(負債),由於當償還(還款)公債時將以增稅的方式還款,因此假設國民將視為未來的增稅。

【1】由當時世代償還公債時

當時世代要償還公債時將採增稅方式。當時世代為了發行公債＝未來的增稅＝未來可支配所得下降做準備,減少現在的消費並增加儲蓄。也就是說,在此前提下,**公債的發行只不過是將增稅的時程延後,由於現在的消費減少,所以與增稅的效果一樣**。如此一來,發行公債與增稅所造成的資金調度,其價值上具有相同的意思,稱為**李嘉圖等價定理**。

【2】由未來世代償還公債時

此時,當時世代不用承受償還公債時增稅的負擔。如此一來,藉由公債的發行,當時世代可以迴避責任,將償還公債時增稅的負擔推給未來世代,所以不會減少消費,與增稅的經濟效果不同。

然而,即便是在此情況下,巴羅仍認為當時世代(父母)將為了未來世代(子女)的未來增稅而預留遺產,因此將縮減現在的消費。也就是說,與現在增稅所造成的資金調度具有相同的經濟效果。

Point!

修正凱因斯型消費函數,假設消費不僅考慮現在的所得,而是考慮一生的情況而做出合理的消費決定。

➕ 補　充

也就是說,李嘉圖等價定理不成立。

─ 假　設 ─

此處存在當時世代將發行公債所造成未來世代賦稅負擔增加的部分留作遺產之前提。此稱為「為子女(未來世代)著想的父母(當時世代)之前提」。

Point!

訂定「為子女著想的父母」之前提,考慮遺產而使等價定理成立「巴羅等價定理」(中立主張)。

Part 6

AD-AS 分析、
IAD-IAS 分析
一也想要同時考慮物價！一

在總體經濟 (一國整體經濟) 中，市場涵蓋財貨市場、資本市場 (貨幣市場・債券市場) 與勞動市場 3 種類。這些市場相互影響，經濟也隨之漸漸地改變。

然而，因為 3 個市場全部考慮的話過於複雜，所以在第 3 部中僅就財貨市場進行分析，在第 4 部中僅就資本市場進行分析，在第 5 部的 IS-LM 分析則是同時分析了財貨市場與資本市場。目前為止像這樣尚未分析勞動市場，以致仍假設與勞動市場之關係所決定的物價為固定不變。

在此第 6 部中，將分析至今暫時避免分析的勞動市場，有關與勞動市場之關係所決定的物價，也將視為變數處理。

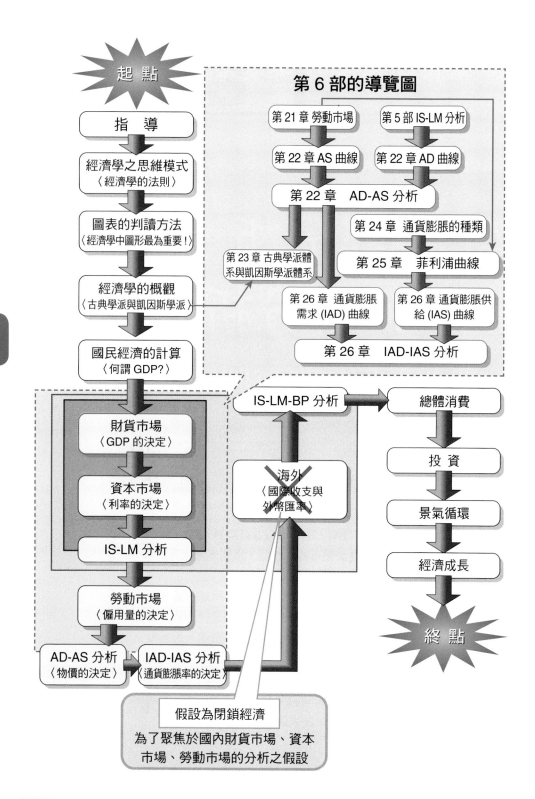

起 點

第 6 部的導覽圖

指 導

| 第 21 章 勞動市場 | 第 5 部 IS-LM 分析 |

| 第 22 章 AS 曲線 | 第 22 章 AD 曲線 |

第 22 章 AD-AS 分析

經濟學之思維模式
〈經濟學的法則〉

圖表的判讀方法
〈經濟學中圖形最為重要!〉

第 24 章 通貨膨脹的種類

第 23 章 古典學派體系與凱因斯學派體系

第 25 章 菲利浦曲線

經濟學的概觀
〈古典學派與凱因斯學派〉

第 26 章 通貨膨脹需求 (IAD) 曲線

第 26 章 通貨膨脹供給 (IAS) 曲線

國民經濟的計算
〈何謂 GDP?〉

第 26 章 IAD-IAS 分析

財貨市場
〈GDP 的決定〉

IS-LM-BP 分析

總體消費

資本市場
〈利率的決定〉

海外
〈國際收支與外幣匯率〉

投 資

IS-LM 分析

景氣循環

勞動市場
〈僱用量的決定〉

經濟成長

AD-AS 分析
〈物價的決定〉

IAD-IAS 分析
〈通貨膨脹率的決定〉

終 點

假設為閉鎖經濟

為了聚焦於國內財貨市場、資本市場、勞動市場的分析之假設

第6部的登場人物與故事

實體經濟—財貨市場、資本市場、勞動市場之關係密切複雜

在總體經濟 (一國整體經濟) 中，市場涵蓋財貨市場、資本市場與勞動市場 3 種類。這些市場相互影響，經濟也隨之漸漸地改變。因此，真的應該將財貨市場·資本市場·勞動市場這 3 個市場同時加以考量。

舉 例

在資本市場其中之一的貨幣市場裡，一旦房貸利率 (利息率) 上升的話，購置自有住宅的人將減少。由於購置自有住宅乃財貨市場的投資，所以財貨的需求下降。因為財貨需求下降應會使企業的訂單減少，所以生產活動也減緩，國民所得 (GDP) 降低。在此情況下，企業將進行組織調整，因而導致勞動市場發生失業的情況。

6

AD - AS 分析、 IAD - IAS 分析

舞台 (分析對象)—同時分析財貨市場、資本市場、勞動市場—

儘管如此，驟然同時分析 3 個市場的話，由於會過於複雜而相當棘手，所以在第 3 部中僅分析財貨市場、在第 4 部中僅聚焦於資本市場的分析。接著在第 5 部中，則同時分析了財貨市場與資本市場。

然而，在此部中將進一步分析勞動市場，同時考慮財貨市場、資本市場及勞動市場等 3 個市場。

另外，此部中假設為不考慮海外的閉鎖經濟。

Point!

由於如此，與勞動市場之關係所決定的物價，亦非固定而是會變動的。

閉鎖經濟的假設→不考慮海外

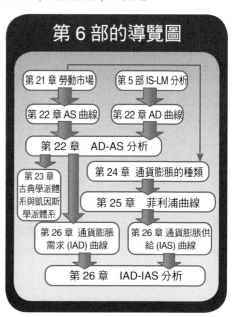

登場人物 (經濟主體)

在財貨市場、資本市場、勞動市場上，如下所示的人物都將出場。

	需求者	供給者	
財貨市場 (第 3 部)	家計單位 (消費、投資) 企業 (投資) ~~外國 (出口－進口)~~	企業	因為假設為閉鎖經濟， 所以未出現
資本市場 (第 4 部)	家計單位、企業	中央銀行 (供給強力貨幣) 一般銀行 (存款創造)	
勞動市場 (此部的第 21 章)	企業	家計單位 (勞動者)	

故事的進展 (構成)

在第 5 部裡同時考慮了財貨市場與資本市場，在第 6 部中，也將進一步考慮勞動市場。由於如此，在國民所得與利率之外，物價也將作用。

在「第 21 章 勞動市場」裡，將學習古典學派的理論與凱因斯的理論。在第 22 章中，將以有關該勞動市場的理論為基礎，求出總供給 (AS) 曲線，其次，以 IS-LM 分析為基礎，求出總需求 (AD) 曲線。然後，瞭解在總需求曲線與總供給曲線之交點上，決定了財貨市場、資本市場、勞動市場等 3 個市場同時均衡之國民所得與物價（AD-AS 分析）。利用此 AD-AS 分析，思考有關考慮物價變動時的貨幣、財政政策之效果。

由於藉由此 AD-AS 分析，凱因斯學派的體系構築完成，所以在第 23 章中，將就目前為止說明過有關古典學派與凱因斯學派的理論，進行系統性的說明。

在第 24 章中，將學習有關物價持續變動的通貨膨脹之類型，在第 25 章裡，將瞭解凱因斯學派、貨幣學派、理性預期學派之不同學派，對於通貨膨脹與失業之關係在想法上之差異。

然後，在第 26 章中，將學習 IAD-IAS 分析，並運用該架構，思考有關通貨膨脹率 (物價漲幅) 的決定。

第 6 部的導覽圖

第 21 章 勞動市場　　第 5 部 IS-LM 分析

第 22 章 AS 曲線　　第 22 章 AD 曲線

第 22 章　AD-AS 分析

第 23 章 古典學派體系與凱因斯學派體系

第 24 章 通貨膨脹的種類

第 25 章 菲利浦曲線

第 26 章 通貨膨脹需求 (IAD) 曲線　　第 26 章 通貨膨脹供給 (IAS) 曲線

第 26 章　IAD-IAS 分析

Chapter 21

勞動市場
─如何決定薪資？─

Point

1 企業在邊際生產力＝實質工資率的利潤極大所在決定勞動需求量（古典學派第一公準）。然後求出勞動需求曲線。

2 家計單位在邊際負效用與實質工資率相等所在決定勞動供給量（古典學派第二公準）。然後求出勞動供給曲線。

3 古典學派認為，在勞動市場的需求與供給相等所在決定實質工資率。非自願性失業將隨著實質工資率的下滑而消失。

4 凱因斯雖認同古典學派第一公準，卻否定古典學派第二公準，認為貨幣（名目）工資率不易下降，所以非自願性失業將持續。

難易度　C

出題可能性

國家Ⅱ種	C
國稅專門官	C
地方上級、市政廳、特別區	C
國家Ⅰ種	C
中小企業顧問	C
證券分析師	C
註冊會計師	C
政府辦公室等記錄	B
不動產估價師	C
外務專門職務	C

在本章裡，將分析 IS-LM 分析未能處理的勞動市場。

登場人物有作為勞動供給者的家計單位（勞動者）、作為勞動需求者的企業將出現。

首先，說明古典學派的思想，其次，將說明批評古典學派想法，並解釋失業狀態將持續的凱因斯之思想。尤其，古典學派第一公準乃是下一章 AD-AS 分析中總供給 (AS) 曲線的基礎，所以請確實地學習。

【1】基本的思考方式〈利潤極大化〉

如果追加僱用 1 名勞動者，將使利潤提高，則勞動需求量將持續增加，當就算追加僱用也無法再提高利潤時，則將停止追加僱用為其想法。

【2】用語的定義與假設

① 勞動邊際生產力

追加僱用 1 名勞動者時所增加之生產量，稱為勞動邊際生產力。此**勞動邊際生產力 (MPL) 假設將隨著勞動需求量的增加而減少**。此乃指隨著僱用越來越多的勞動者，每追加僱用 1 人時，所能提高的生產量將逐漸減少之假設。

將此用圖形來表示的話，將如圖表 21-1 所示。首先，在縱軸上取邊際生產力、在橫軸上取勞動需求量，並畫出表示勞動需求量與邊際生產力之關係的邊際生產力曲線。勞動邊際生產力曲線之所以向右下方傾斜，乃因為假設邊際生產力遞減之故。此處，第 1 個人可增加 10 個生產量，亦即邊際生產力為 10。然而，追加僱用第 2 個人時的話，此時的提高的生產量減少到 8 個，邊際生產力為 8。進一步追加僱用第 3 個人的話，此時的增加的生產量減少到 6 個，邊際生產力為 6，以此方式，伴隨著勞動需求量的增加，邊際生產力卻減少。

> **Point!**
>
> 由於此時的勞動需求量為「無法再提高利潤」，所以成為利潤極大的勞動需求量。也就是說，企業在利潤極大所在決定勞動需求量。

> **略 語**
>
> 因為英文為 Marginal Product of Labour，所以簡稱為 MPL。

> **用 語**
>
> 稱為勞動邊際生產力遞減的假設。

> **➕ 補 充**
>
> 在此背景下，假設資本（機器）的金額固定，一旦勞動量持續增加，相對於資本而言勞動量較多，導致勞動者的生產力逐漸下滑之狀況。

圖表 21-1 ● 邊際生產力遞減

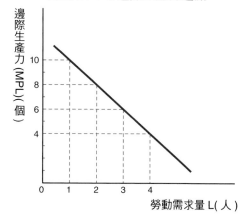

② 實質工資率

　　古典學派所考慮的並非時薪多少日圓這樣的貨幣工資率，而是「相當於多少個財貨的工資率」之實質工資率。為何如此，乃由於無論對於企業或是家計單位 (勞動者) 來說，重要的並非金額本身，而是給付或是獲得了多少個財貨的工資率之故。

　　因此，實質工資率可以用貨幣 (名目) 工資率 (W) 除以價格 (P) 而求出。

用　語

　　也稱為名目工資率。

略　語

　　由於工資為 Wage，所以用 W 表示貨幣 (名目) 工資率。

$$實質工資率 = \frac{W}{P}$$

舉　例

　　假設名目工資率為 1,000 日圓，產品 (所生產的財貨) 價格為 100 日圓，實質工資率可計算為名目工資率 (1,000 日圓)÷ 產品價格 (100 日圓)=10 個數量之工資率。

【3】勞動需求量的決定 (古典學派第一公準)

　　在圖表 21-2 中也可畫出圖表 21-1 的邊際生產力之圖形。此外，在圖表 21-2 中畫出了實質工資率 ($\frac{W}{P}$)。此處，假設實質工資率在市場上為 6 個。

　　如此一來，一開始僱用第 1 個人時，由於給付 6 個數量的工資可增加 10 個生產量，所以可獲利其差額 4 個。同樣地，第 2 個人也可獲利 8 個 –6 個 =2 個，第 3 個人則是 6 個 –6 個 =0 個，變得無法獲利因而就此停止。為何如此，乃因依照邊際生產力遞減之假設，一旦需求量增加而需要第 4 個人時，由於增加的生產量將減少到 4 個，但給付的薪資 (實質工資率) 仍維持 6 個不變，所以對企業而言，將造成 4 個 –6 個 = –2 個，即 2 個數量的損失。

　　到最後，企業利潤極大所在的勞動需求量，將是在勞動邊際生產力與實質工資相等的 E 點時。**企業利潤極大，亦即決定在勞動邊際生產力與實質工資率相等所在的勞動需求量，稱為古典學派第一公準。**

用　語

　　所謂公準乃與法則相似之說法。

圖表 21-2 ●勞動需求量的決定 (古典學派第一公準)

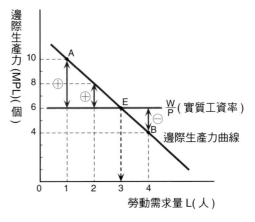

〈古典學派第一公準〉
企業利潤極大所在的勞動需求量，亦即決定在勞動邊際生產力＝實質工資相等之需求量

圖表 21-2(同前圖) ●勞動需求量的決定
（古典學派第一公準）

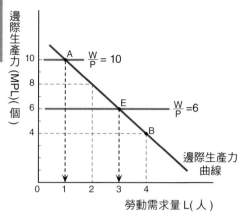

【4】勞動需求曲線

隨著取決於勞動市場的實質工資率（$\frac{W}{P}$）變動，勞動需求量(L_d)將沿著邊際生產力曲線而決定。舉例來說，在圖表21-2中，當實質工資率（$\frac{W}{P}$)=10個時，邊際生產力曲線的 A 點所對應的 1 人為其需求。同樣地，當$\frac{W}{P}$下滑到 6 個時，需求量為 E 點所對應的 3 人，當$\frac{W}{P}$=4個時，需求量為 B 點所對應的 4 人。

由上可知，將實質工資率與需求量的關係，亦即勞動需求曲線畫出，即如圖表21-3 所示。

此圖表 21-3 的勞動需求曲線與圖表21-2 的邊際生產力曲線，雖然幾乎完全相同，都是向右下方傾斜之形狀的曲線，但其意義上有所差異。

圖表 21-2 的邊際生產力曲線向右下方傾斜，乃是因為訂定了邊際生產力遞減的假設，當勞動需求量增加的話，邊際生產力將減少，所以表示邊際生產力下降的意思。相對於此，圖表 21-3 的勞動需求曲線，則是表示縱軸的實質工資率一旦下降，勞動需求量將增加的意思。

因此，由於市場的勞動需求量乃是將各企業的需求量加總而得，所以市場的勞動需求曲線如圖表 21-4 所示，乃將各企業 A、B、……的需求量橫向加總而得。

圖表 21-3 ●企業的勞動需求曲線

實質工資率 (個)

Ld：企業的勞動需求曲線

勞動需求量 (L) (人)

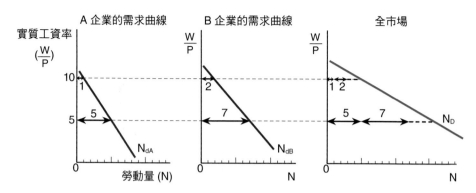

圖表 21-4 ●勞動市場的需求曲線

當實質工資率為 10 個的時候，A 企業的需求量依需求曲線 (N_{dA}) 為 1 人，B 的需求量依 N_{dB} 為 2 人……依此類推，求出所有企業的需求量加總所得，當實質工資率為 10 的時候，即全市場的需求量。此外，一旦實質工資率下滑到 5 個的話，A 企業的需求量依需求曲線 (N_{dA}) 為 5 人，B 的需求量依 N_{dB} 為 7 人……依此類推，求出所有企業的需求量加總所得，當實質工資率為 5 的時候，即全市場的需求量。

2. 勞動供給量的決策（古典學派第二公準）

【1】基本的思考方式〈效用極大化〉

家計單位 (勞動者) 為了追求效用 (滿足程度) 極大，而決定工作時間 (= 勞動供給時間)。因此，每工作 1 小時，如果效用增加的話，工作時間也將增加，直到無法再提高效用時，將停止增加工作時間，並決定該工作時間為其想法。

【2】用語的定義與假設

每追加 1 小時的工作時間時，會讓負面滿足程度增加，稱為勞動邊際負效用。然後，假設此邊際負效用可用多少個財貨與金額來表示。

舉例來說，如圖表 21-5 所示，假設在第 1 個小時工作 1 小時的邊際負效用為 1(1 個財貨)，第 2 個小時為 2(2 個財貨)，第 3 個小時為 3(3 個財貨)，第 4 個小時為 4(4 個財貨)，隨著勞動量的增加，邊際負效用也增加。將這些勞動量與邊際負效用的關係用圖形畫出，即為邊際負效用曲線。此邊際負效用曲線，因為假設邊際負效用遞增，所以呈現向右上方傾斜。

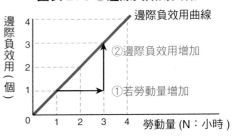

舉 例

假設到目前為止工作了 3 小時，如果第 4 個小時追加 1 個小時工作的話，將會增加 4 個財貨的負面滿足感(＝要獲得 4 個財貨才能消除的負面滿足感)。此時，稱為邊際負效用為 4。然後，假設此邊際負效用將隨著工作時間而增加。

用 語

稱為邊際負效用遞增之假設。

【3】勞動供給量的決定 （古典學派第二公準）

在圖表 21-6 中，畫出了圖表 21-5 的邊際負效用曲線。接著，假設起初的實質工資率以 $(\frac{W}{P})_0$ 的符號表示，具體來說時薪為 3 個產品。

此時，由於在第 1 個小時邊際負效用為 1，而實質工資率可得到 3，所以效用增加了其差額 2。同樣地，由於在第 2 個小時邊際負效用為 2，而實質工資率可得到 3，所以效用增加了其差額 1。由於在第 3 個小時邊際負效用為 3，而實質工資率可得到 3，所以效用不再增加。接著，在第 4 個小時工作的話，由於第 4 個小時的邊際負效用為 4，而實質工資率只能得到 3，所以效用降低。

因此，達到效用極大，將決定在邊際負效用與實質工資率相等之 E 點所在的勞動量 3(小時)。

此「家計單位將決定在效用極大，亦即，**邊際負效用與實質工資率相等所在的勞動供給量**」稱為**古典學派第二公準**。

圖表 21-5 ● 邊際負效用曲線

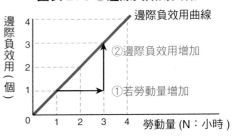

邊際負效用曲線
② 邊際負效用增加
① 若勞動量增加

圖表 21-6 ● 勞動供給量的決定 （古典學派第二公準）

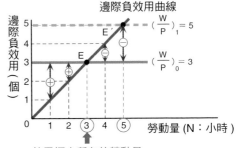

邊際負效用曲線

$(\frac{W}{P})_1 = 5$

$(\frac{W}{P})_0 = 3$

效用極大所在的勞動量

Point!

簡言之，如果獲得的報酬(＝實質工資率)比工作 1 小時的負面滿足感(＝邊際負效用)還要高的話，將會持續增加工作時間，直到兩者相等時，才會停止增加工作時間，所以可以視為勞動供給量就此決定。

Part 6

AD - AS 分析、IAD - IAS 分析

【4】勞動供給曲線

隨著取決於勞動市場的實質工資率（$\frac{W}{P}$）變動，勞動供給量 (L_S) 將沿著邊際負效用曲線而決定。舉例來說，在圖表 21-6 中，當實質工資率 ($\frac{W}{P}$)=3 個時，邊際負效用曲線的 E 點所對應的 3 小時為其供給。同樣地，當上升到 $\frac{W}{P}$ =5 個時，供給將成為 E′ 點所對應的 5 小時。

由上可知，將實質工資率與供給量的關係，亦即勞動供給曲線畫出，即如圖表 21-7 所示。

此圖表 21-7 的勞動供給曲線與圖表 21-5 的邊際負效用曲線，雖然幾乎完全相同，都是向右上方傾斜之形狀的曲線，但其意義上有所差異。

圖表 21-5 的邊際負效用曲線向右上方傾斜，乃是因為訂定了邊際負效用遞增的假設，當勞動需求量增加的話，表示邊際負效用將增加的意思。相對於此，圖表 21-7 的勞動供給曲線，則是表示縱軸的實質工資率一旦上升，勞動供給量將增加的意思。

圖表 21-7 ●家計單位的勞動供給曲線

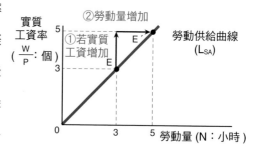

─ 舉 例

當實質工資率為 3 個時，A 家計單位的供給量為 3 小時，B 家計單位的供給量為 2 小時……，依此類推，求出所有家計單位的供給量加總所得，當實質工資率為 3 的時候，即全市場的供給量。此外，一旦實質工資率上漲到 5 個的話，A 家計單位的供給量為 5 小時，B 的供給量為 4 小時……依此類推，求出所有企業的需求量加總所得，當實質工資率為 5 的時候，即全市場的供給量。

因此，由於市場的勞動供給量乃是將各家計單位的供給量加總而得，所以如圖表 21-8 所示，乃將各家計單位 A、B、……的供給量橫向加總而得。

圖表 21-8 ●市場的勞動供給曲線

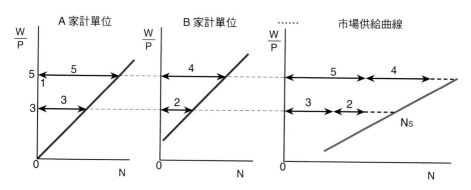

3. 古典學派對勞動市場的思考方式

在圖表 21-9 中畫出了向右下方傾斜的市場勞動需求曲線 (圖表 21-4) 與向右上方傾斜的市場勞動供給曲線 (圖表 21-8)。

古典學派認為，勞動市場中需求與供給相等所在，將決定實質工資率。換言之，隨著實質工資率的變動，勞動市場的需求量與供給量將會相等。因此，**即使發生失業亦即超額供給，此乃由於實質工資率像 $(\frac{W}{P})_1$ 一樣過高之故，所以認為可隨著實質工資率的下滑而消失。**如此一來，經濟將總是維持充分就業狀態。

圖表 21-9 ●古典學派的勞動市場

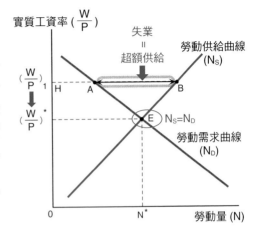

4. 凱因斯學派對勞動市場的思考方式

凱因斯接受了從古典學派第一公準所導出向右下方傾斜的需求曲線。然而，卻未接受從古典學派第二公準所導出向右上方傾斜的供給曲線，認為貨幣 (名目) 工資率 (W) 並非像古典學派所主張的自由變動，而假設是難以向下變動的。此稱為**貨幣 (名目) 工資率的向下僵固性。**

將凱因斯的想法畫在圖表 21-10 上，為了表現貨幣 (名目) 工資率的向下僵固性，縱軸並非取實質工資率，而是取貨幣 (名目) 工資率。橫軸為勞動量。

由於凱因斯也接受古典學派向右下方傾斜的需求曲線，所以向右下方傾斜的即勞動需求曲線 (N_D)。

圖表 21-10 ●凱因斯的勞動市場

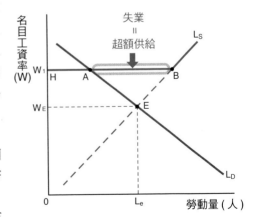

供給曲線 (N_S) 方面，因為假設有貨幣 (名目) 工資率的向下僵固性，此處，假設從 W_1 開始貨幣 (名目) 工資率不再下滑的話，供給曲線將在 W_1 的位置出現水平的部分。

在圖表 21-10 中，需求曲線 (N_D) 與供給曲線 (N_S) 的交點為 A。此時，想要工作的供給量為 HB，有意僱用的需求量為 HA，**形成 AB 的超額供給，亦即出現想要工作卻無法工作的 (非自願性) 失業。**

若是古典學派的話，(實質) 工資率將下滑直到失業消失的 E 點為止，但**凱因斯因為假設貨幣 (名目) 工資率的向下僵固性，所以失業不會消失而會持續。**

Point!

如此一來，凱因斯解釋了在經濟大恐慌時，持續大量失業的狀況。

5. 古典學派與凱因斯學派，何者正確？

那麼，古典學派與凱因斯學派，何者正確呢？

在不景氣時期，由於發生失業不會馬上消失，因此古典學派的思想並不適當，而以凱因斯的想法較為適合。然而，在景氣繁榮時期，由於沒有失業，需求與供給均衡而達到完美狀態，可以說古典學派的思想較為適當。像這樣，並非必須採用古典學派或凱因斯學派之一，而是因應狀況，考慮何者能夠解釋實體經濟即可。

Point!

由於經濟學乃是分析實體經濟的學問，因此何者正確與否，應以何者較能夠解釋實體經濟作為判斷。

【問題 21-1】

有關古典學派的就業理論與凱因斯的就業理論之敘述，適當的選項為何者？

1. 有關勞動供給曲線，古典學派認為是貨幣工資率的函數，凱因斯認為是實質工資率的函數。

2. 古典學派認為，雖然願意接受現行的工資條件從事勞動，但因為勞動需求不足而未能受僱的失業，稱為摩擦性失業。

3. 古典學派否定非自願性失業的存在，認為即使貨幣工資不具伸縮彈性，仍可達到充分就業。

4. 皮古認為，貨幣工資的下滑將導致物價下跌，伴隨而來，如果實質貨幣餘額增加的話，消費將擴大，僱用量也將增加。

5. 凱因斯學派認為，藉由非自願性失業者之間的競爭，造成實質工資下降時，由於儲蓄將全部用於投資，將帶動長期僱用量的增加。

（地方公務員上級）

〈解答·解說〉

1. × 古典學派為實質工資率、凱因斯為貨幣工資率 (名目工資率)，所以錯誤。

2. × 雖然願意接受現行的工資條件從事勞動，但因為勞動需求不足而未能受僱的失業，並非「摩擦性失業」而是「非自願性失業」，另批評「非自願性失業」的並非古典學派而是凱因斯學派，所以錯誤。

3. × 古典學派認為貨幣工資具有彈性，所以錯誤。

4. ○ 皮古效果 (P.223) 的正確說明。

5. × 凱因斯學派假設貨幣工資率具有向下僵固性，因而主張失業狀況將會長期間持續。此外，凱因斯認為由於工資的下降導致勞動者的消費縮減、有效需求減少，因而指出存在不景氣恐將更為嚴重的疑慮，所以錯誤。

正確解答 4

Chapter 22

AD-AS 分析

—如何決定物價？—

Point

1 凱因斯學派認為，總供給曲線為「企業為追求利潤極大而決定勞動需求量，其所在之國民所得與物價的組合所構成之集合」，由古典學派第一公準與貨幣工資率固定的假設，乃向右上方傾斜。（工資僵固模型）

2 古典學派認為，總供給曲線為「勞動市場達到均衡所在之國民所得與物價的組合所構成之集合」，由於無論物價水準如何，總是維持充分就業之故，所以總供給曲線在充分就業國民所得下呈現垂直狀態。

3 所謂總需求曲線，乃指財貨市場與貨幣市場同時達到均衡時，國民所得與物價的組合所構成之集合，當處於向右下方傾斜的 IS 曲線與向右上方傾斜的 LM 曲線時，呈現向右下方傾斜。

4 當處於向右上方傾斜的總供給 (AS) 曲線與向右下方傾斜的總需求 (AD) 曲線時，藉由貨幣寬鬆政策、擴張性財政政策使總需求 (AD) 曲線向右方位移，將促使國民所得提高，同時物價上揚。隨著物價上揚，導致實質貨幣供給量減少的部分，將使 LM 曲線向左方位移，以致政策效果降低。

5 在古典學派的垂直總供給 (AS) 曲線之情況下，即使藉由貨幣寬鬆政策、擴張性財政政策，促使總供給 (AS) 曲線向右方位移，國民所得也不會提高，只有物價會上漲。

難易度 **C**

出題可能性

在本章裡，將學習 AD-AS 分析，其除了 IS-LM 分析所討論的財貨市場與貨幣市場之外，也進一步同時分析勞動市場。首先，將學習勞動市場呈現均衡時的總供給 (AS) 曲線，其次，將學習財貨市場與貨幣市場同時呈現均衡時的總需求 (AD) 曲線。接著，瞭解 AD 曲線與 AS 曲線之交點 E，乃是財貨市場、貨幣市場與勞動市場同時呈現均衡時的組合。然後，運用 AD-AS 分析，思考物價變動如何影響經濟政策。

圖表 22-1　AD-AS 分析的概要

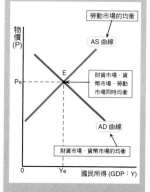

1. 總供給 (AS) 曲線

【1】凱因斯學派
(工資僵固模型)

凱因斯學派認為，**總供給曲線為「企業為追求利潤極大而決定勞動需求量，其所在之國民所得與物價的組合所構成之集合」**。所謂「企業為追求利潤極大而決定勞動需求量」，乃指勞動邊際生產力與實質工資率相等之勞動需求量。此外，由於凱因斯學派假設貨幣工資率具有向下僵固性，所以此處**假設貨幣工資率 (W) 為固定**。

如果貨幣工資率 (W) 是固定的話，**物價 (P) 一旦上揚，實質工資率 ($\frac{W}{P}$) 將會下滑**。實質工資率一旦下滑，將使**勞動需求量增加**。以圖表 21-2 來說，可知當實質工資率為 8 個時，勞動需求量為 2 個人，如果下滑到 6 個時，需求量增加到 3 個人。

然後，**如果勞動需求量增加，由於生產也會增加，所以國民所得 (國內生產毛額：GDP) 也將會提高**。

由上可知，物價一旦上揚，國民所得將提高，以圖形化表示的話，將如圖表 22-2 所示，呈現**向右上方傾斜的總供給曲線**。

圖表 21-2(同前圖) ●勞動需求量的決定

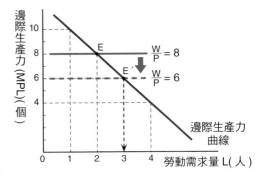

圖表 22-2 ●凱因斯學派的總供給曲線
(工資僵固模型)

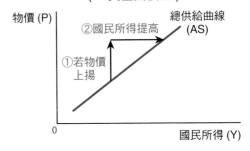

〈凱因斯學派向右上方傾斜的總供給曲線 (工資僵固模型)〉

$$P \uparrow \Rightarrow \frac{W^{\leftarrow 固定}}{P \uparrow} \Rightarrow \frac{W}{P} \downarrow \Rightarrow 勞動需求量 \uparrow \Rightarrow 國民所得 \uparrow$$

【2】古典學派的總供給曲線

古典學派認為，在勞動市場中，藉由實質工資率的調整，需求與供給總是相等，不存在失業而處於充分就業。因此，物價水準無論是 P_0 或是 P_1，國民所得總是維持在充分就業國民所得。將此圖形化的話，將如圖表 22-3 所示，總供給曲線在 Y_F 的位置呈現垂直狀態。

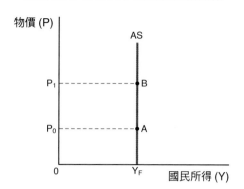

圖表 22-3 ● 古典學派的總供給曲線

---

2. 總需求 (AD) 曲線

Chapter 22

AD
-
AS
分
析

【1】凱因斯學派的一般情況

所謂總需求曲線，乃指財貨市場與貨幣市場同時達到均衡時，國民所得與物價的組合所構成之集合稱之。因為導出總需求曲線，可從 IS-LM 分析的交點求出，所以首先思考 IS-LM 分析。

1) 在 IS-LM 分析中，①物價固定，②以閉鎖經濟為前提，此外，假設 IS 曲線向右下方傾斜，而 LM 曲線向右上方傾斜。

2) 依總需求曲線的定義，總需求曲線上的組合，由於使財貨市場與貨幣市場同時達到均衡，所以即 IS 曲線與 LM 曲線的交點所在之經濟狀態。如此一來，求出伴隨著物價變動而移動之 IS-LM 交點所在的國民所得，而用圖表來表示該物價與國民所得的話，即可得到總需求曲線。

> **➕ 補　充**
>
> IS 曲線向右下方傾斜，LM 曲線向右上方傾斜的情況。

> **☝ Point!**
>
> 即 IS 曲線與 LM 曲線之交點的狀態稱之。然而，由於 IS 曲線與 LM 曲線的交點為國民所得與利率的組合，所以有必要將利率變更為物價。

> **復　習**
>
> IS-LM 分析乃是運用 IS 曲線及 LM 曲線，來同時分析財貨市場與貨幣市場。其中，IS 曲線乃財貨市場達到均衡之國民所得與利率的組合所構成之集合，LM 曲線則是貨幣市場達到均衡之國民所得與利率的組合所構成之集合。

起初，假設物價為 P_0，名目貨幣供給量 (M) 為 M_0 維持固定，IS 曲線為 IS_0、LM 曲線為 LM_0，經濟在交點 E 上，其國民所得 (GDP：Y) 為 Y_0 (圖表 22-4〈1〉)。如今，當物價從 P_0 下滑到 P_1 時，實質貨幣供給量從 ($\frac{M_0}{P_0}$) 提高到 ($\frac{M_0}{P_1}$)，LM 曲線向右 (下) 方位移到 LM_1。此結果，使得經濟狀態成為新的交點 E′，國民所得從 Y_0 提高到 Y_1。

像這樣隨著物價下滑造成 IS-LM 的交點移動，可以用縱軸表示物價 (P)、橫軸表示國民所得 (Y)，如圖表 22-4〈2〉所示，畫出向右下方傾斜的 AD 曲線。

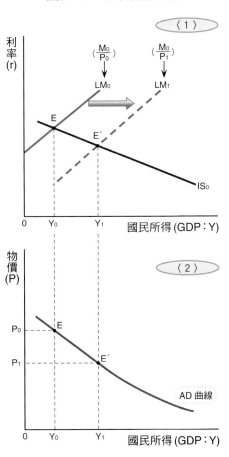

圖表 22-4 ●總需求曲線

向右下方傾斜的總需求曲線

$$P\downarrow \Rightarrow = \frac{M}{P\downarrow}\uparrow \Rightarrow$$

$$LM\ 曲線向右方位移 \Rightarrow Y\uparrow$$

然而，物價一旦下滑則實質貨幣供給量將增加，使 LM 曲線向右方位移，此與維持物價固定而提高名目貨幣供給量的 IS-LM 分析之貨幣寬鬆政策具有相同效果。即使藉由實施貨幣寬鬆政策使 LM 曲線向右方位移，在流動性陷阱與投資為無利率彈性的情況下，仍無法增加國民所得。事實上，此情況也適用物價下滑而 LM 曲線向右方位移的情況，所以請仔細往下看。

【2】垂直的總需求曲線

① 投資為無利率彈性的情況

如圖表 22-5〈1〉所示，在 IS 曲線為垂直的情況下，物價從 $P_0 \rightarrow P_1$ 下跌，連帶實質貨幣供給量增加，即使 LM 曲線從 $LM_0 \rightarrow LM_1$ 向右 (下) 方位移，國民所得仍維持在 Y_0 不變，AD 曲線呈現垂直狀態。

② 流動性陷阱的情況

如圖表 22-6〈1〉所示，在 LM 曲線為水平的情況下，伴隨著物價下跌，即使 LM 曲線向右 (下) 方位移，國民所得仍維持在 Y_0 不變，所以呈現垂直的 AD 曲線。

圖表 22-5 ●垂直的總需求曲線
（ 投資為無利率彈性的情況 ）

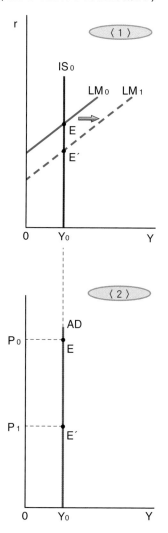

圖表 22-6 ●垂直的總需求曲線
（ 流動性陷阱的情況 ）

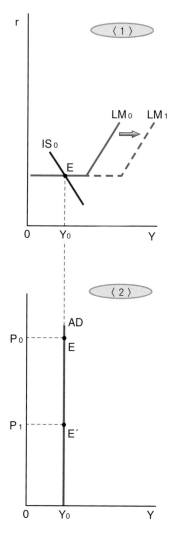

3. AD-AS 均衡

以凱因斯學派來說，若是總供給曲線上之組合的話，表示企業為追求利潤極大而採用的勞動需求，因而勞動市場達到均衡。若是總需求曲線上之組合的話，財貨市場與貨幣市場都達到均衡。因此，**總需求曲線與總供給曲線的交點 E，由於在總需求曲線上，並且也在總供給曲線上，所以乃財貨市場・貨幣市場・勞動市場同時達到均衡之組合。如此一來，國民所得將決定在 Y_e，物價將決定在 P_e。**

接著，讓我們試著解答求出 AD-AS 分析的均衡點之值的計算題。

圖表 22-1(同前圖) ● AD-AS 分析的概要

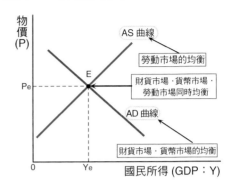

【問題 22-1】

不考慮政府與海外部門的總體經濟模型被給定如下。

C=30 + 0.6Y

I=20–2i

L=0.2Y–4i

$\dfrac{M}{P} = \dfrac{400}{P}$

$$\begin{bmatrix} Y：國民所得， & C：消費， & I：投資， & i：利率， \\ L：貨幣需求， & \dfrac{M}{P}：實質貨幣供給量 & P：物價 \end{bmatrix}$$

假設此經濟的總供給函數被給定 $P=\dfrac{1}{6}Y$，在總需求曲線與總供給曲線的均衡點所在之國民所得與物價水準為何？

	國民所得	物價水準
1.	60	10
2.	120	20
3.	180	30
4.	240	40
5.	300	50

（國家公務員 II 種）

● 總需求曲線 (AD) 的推導

原則 11　總需求函數 (曲線) 的計算

總需求曲線：財貨市場與貨幣市場同時達到均衡所在之 Y 與 P 的組合所構成之集合

未知數有 Y、r、P 共 3 個→消去 r

① $Y^S=Y^D$ 的數學式　② $\dfrac{M}{P}=L$ 的數學式

未知數為 Y 與 ⓡ　　未知數為 Y、ⓡ及 P

從①、②消去 r，並寫成 Y 與 P 的數學式

此數學式 Y 與 P 的關係同時滿足①與②

● AD-AS 分析的均衡

原則 12　AD-AS 均衡

AD 曲線的數學式 (Y 與 P)
AS 曲線的數學式 (Y 與 P)　→ 聯立方程式所解出的 Y 與 P 為均衡點

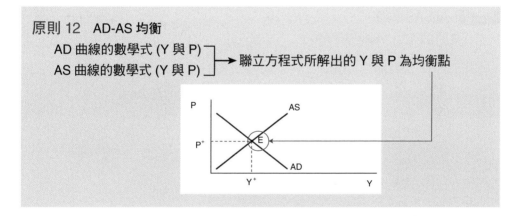

戰　略

Step 1　求出總需求函數
Step 2　求出 AD-AS 均衡

〈解答・解說〉

Step 1 總需求函數的計算

依據**原則 11**，

① $Y^S = Y^D$ 的數學式〈財貨市場的均衡〉

$$Y = C + I$$

$$Y = 30 + 0.6Y + 20 - 2i$$

$$2i = 50 - 0.4Y$$

將兩邊同乘以 2 倍

$$④i = 100 - 0.8Y$$

$$4i = 100 - 0.8Y = 0.2Y - \frac{400}{P}$$

$$Y = 100 + \frac{400}{P} \cdots ③ \leftarrow 總需求函數 (AD)$$

② $\frac{M}{P} = L$ 的數學式〈貨幣市場的均衡〉

$$\frac{400}{P} = 0.2Y - 4i$$

$$④i = 0.2Y - \frac{400}{P}$$

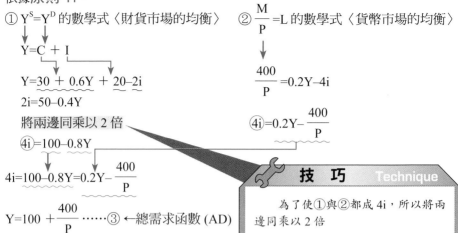

技 巧 Technique

為了使①與②都成 4i，所以將兩邊同乘以 2 倍

Step 2 AD-AS 均衡

依據**原則 12**，將總供給函數 $P = \frac{1}{6}Y$ 代入③

$$Y = 100 + \frac{400}{\left(\frac{1}{6}Y\right)}$$

$$Y = 100 + \frac{6 \times 400}{Y}$$

將兩邊同乘以 Y

$$Y^2 = 100Y + 6 \times 400$$

$$Y^2 - 100Y - 2,400 = 0$$

$$(Y - 120)(Y + 20) = 0$$

$$Y = -20，120$$

因為此處 Y>0，所以 $Y = \boxed{120} \cdots ④$

將④代入總供給函數 $P = \frac{1}{6}Y$ 中

$$P = \frac{1}{6}Y = \frac{1}{6} \times \boxed{120} = 20$$

正確解答 2

Part **6**

AD - AS 分析、IAD - IAS 分析

254

接著,讓我們以 AD-AS 分析來思考經濟政策的效果。請確實地理解物價變動下的 AD-AS 分析時之經濟政策的效果,與假設物價固定下的 IS-LM 分析比較之下,兩者有何差異。

首先,考慮總供給曲線向右上方傾斜的凱因斯學派之一般情況。

【1】貨幣政策的效果

① IS-LM 分析

藉由貨幣寬鬆政策,在圖表 22-7 〈1〉中,LM 向右方位移到 LM′。在物價固定之情況下 (維持 $P=P_0$ 不變) 的 IS-LM 分析中,如圖表 22-7 〈1〉所示,均衡從 E 變動到 E′,國民所得從 Y_0 提高到 Y_1。此在〈1〉中以 E 點 (Y_0, r_0) 到 E′點 (Y_1, r_1) 表示。

將此 IS-LM 分析中從 E 點到 E′點的變動,在〈2〉的 Y 與 P 之 AD-AS 分析的圖形中畫出的話,由於兩者的物價都固定在 $P=P_0$,所以從 $E (Y_0, P_0)$ 移動到 $E′(Y_1, P_0)$。也就是說,使財貨市場與貨幣市場同時達到均衡狀態的 IS 與 LM 之交點,從 E 移動到 E′,所以此乃 AD 曲線本身從通過 E 的 AD,向右方位移到通過 E′ 的 AD′。

② AD-AS 分析

然而,也考慮物價變動的圖表 22-7 〈2〉之 AD-AS 分析中,均衡點並非 E′ 而是 $E″(Y_2, P_1)$。此乃因為伴隨著國民所得提升,連帶物價上揚 $(P_0 \rightarrow P_1)$、**實質貨幣供給量** $(\dfrac{M}{P})$ **減少**,在〈1〉中從 LM′ 向左方位移到 LM″ 之故。

圖表 22-7 ●貨幣寬鬆政策的效果
(凱因斯學派的一般情況)

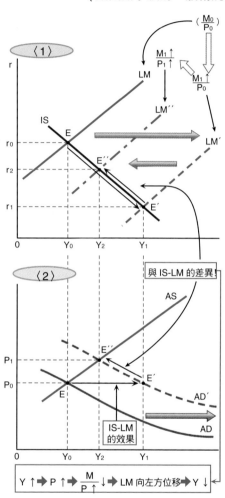

Chapter **22**

AD - AS 分析

$Y \uparrow \Rightarrow P \uparrow \Rightarrow \dfrac{M}{P} \downarrow \Rightarrow LM$ 向左方位移 $\Rightarrow Y \downarrow$

此結果,造成均衡從 E′ 進一步變動到 E″,國民所得從 Y_1 下降到 Y_2。也就是說,**與 IS-LM 分析的效果相比,貨幣政策的效果變得較小**。

【2】財政政策的效果

① IS-LM 分析

藉由擴張性財政政策，在圖表 22-8〈1〉中，IS 向右方位移到 IS′。在物價固定之情況下（維持 $P=P_0$ 不變）的〈1〉之 IS-LM 分析中，均衡從 E 變動到 E′，國民所得從 Y_0 提高到 Y_1。此在〈1〉中以 E 點 (Y_0, r_0) 到 E′ 點 (Y_1, r_1) 表示。

將此 IS-LM 分析中從 E 點到 E′ 點的變動，在〈2〉的 Y 與 P 之 AD-AS 分析的圖形中畫出的話，由於兩者的物價都固定在 $P=P_0$，所以從 E (Y_0, P_0) 移動到 E′(Y_1, P_0)。也就是說，使財貨市場與貨幣市場同時達到均衡狀態的 IS 與 LM 之交點，從 E 移動到 E′，所以此乃總需求曲線本身從 AD 向右方位移到 AD′。

② AD-AS 分析

然而，也考慮物價變動的〈2〉之 AD-AS 分析中，均衡點並非 E′ 而是 E″(Y_2, P_1)。此乃因為**伴隨著國民所得提升，連帶物價上揚** $(P_0 \rightarrow P_1)$、**實質貨幣供給量**（$\dfrac{M}{P}$）**減少**，在〈1〉中從 LM 向左方位移到 LM′ 之故。此結果，造成均衡從 E′ 進一步變動到 E″，國民所得從 Y_1 下降到 Y_2。也就是說，**與 IS-LM 分析的效果相比，財政政策的效果變得較小。**

圖表 22-8 ●擴張性財政政策的效果
（凱因斯學派的一般情況）

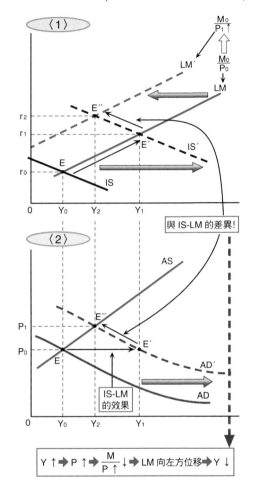

$Y\uparrow \Rightarrow P\uparrow \Rightarrow \dfrac{M}{P}\uparrow \Rightarrow$ LM 向左方位移 $\Rightarrow Y\downarrow$

5. 經濟政策的效果 (古典學派的情況)

　　以古典學派來說，由於國民所得總是維持在充分就業國民所得，因此總供給曲線在 Y_F 的位置呈現垂直狀態 (圖表 22-9 的 AS)。

　　此時，即使藉由貨幣寬鬆政策或是擴張性財政政策，促使總需求曲線從 AD 向右方位移到 AD′，經濟狀態從 E 點 (Y_F, P_0) 移動到 E′ 點 (Y_F, P_1)，但國民所得仍將維持在 Y_F 不變，只有物價上揚而已。也就是說，**經濟政策無效**。

　　然而，此乃因為原本在 Y_F 就是充分就業之故，與其說經濟政策無效，應該說本來就處於無必要實施經濟政策之狀態。

圖表 22-9 ●經濟政策的效果
(古典學派的情況)

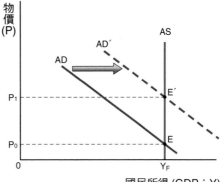

Chapter
22

AD
－
AS
分
析

【問題 22-2】

以下有關表示國民所得與物價水準之關係的總需求曲線與總供給曲線之敘述中，最為適當的選項為何者？

1. 擴大政府支出雖藉由 IS 曲線向右上方位移而使總需求曲線向右上方位移，但因應總需求增加生產將會擴大，所以總供給曲線將向右下方位移。

2. 在貨幣市場陷入流動性陷阱的情況下，如果皮古效果未發揮作用的話，即使物價下跌帶動實質貨幣供給量增加，由於仍無法促使國民所得增加，所以總需求曲線將呈現垂直狀態。

3. 總供給曲線的斜率由投資的利率彈性之大小所決定，在利率彈性為零的情況下，總供給曲線呈現垂直狀態，而在彈性無限大的情況下，則是呈現水平狀態。

4. 貨幣供給量增加，不僅藉由物價上揚而使總供給曲線向左上方位移，也透過利率下降而增加投資，所以將使總需求曲線向右上方位移。

5. 在貨幣工資提高的情況下，雖然因為勞動供給量的增加而帶動生產擴大，所以總供給曲線向右下方位移，但工資上漲將使消費需求擴大，所以總需求曲線將向右上方位移。

(國家公務員 II 種)

〈解答・解說〉

1. × 由於擴大政府支出不會造成總供給曲線位移，所以錯誤。

2. ○ 若皮古效果發揮作用的話，會引發「物價 (P) 下跌→實質貨幣供給量 ($\frac{M}{P}$) 增加→人們的實質資產增加→人們的消費增加→ IS 曲線向右方位移→ IS-LM 的交點所在之 Y 提高」，由於 P 下跌將使 Y 增加 (P.223)，所以總需求 (AD) 曲線向右下方傾斜。如此一來，嚴格來說 AD 為垂直之故，因而「皮古效果未發揮作用」之條件有其必要，所以是正確的敘述。

3. × 由於投資的利率彈性與 IS 曲線的斜率有關，因而與總需求曲線有關，但與總供給曲線無關，所以錯誤。

4. × 由於伴隨著貨幣供給量的增加，總供給曲線不會位移，所以錯誤。

5. × 因為總供給曲線乃將古典學派第一公準改寫成 P=$\frac{W}{MPL}$ (假設 W 為固定) 所推導得出，一旦假設為固定的貨幣工資上升的話，物價將上揚，連帶總供給曲線將向上方位移，所以錯誤。此外，在 AD-AS 分析中，即使取決於勞動市場的工資率上升，也不會使總需求曲線位移。

正確解答　2

Chapter 23

古典學派體系與凱因斯學派體系
—正確地說明古典學派與凱因斯學派—

Point

1 凱因斯學派認為，國民所得取決於財貨市場、利率取決於資本市場、物價取決於與勞動市場的關係。最後才決定僱用量。

2 古典學派認為，僱用量取決於勞動市場 (總是處於充分就業)。如此一來，國民所得即為充分就業國民所得。利率取決於財貨市場，而物價取決於貨幣市場。

3 就凱因斯學派而言，財貨市場的需求 (有效需求) 一旦減少，國民所得也縮減，將導致失業發生，而古典學派則由於總是處於充分就業狀態，因此維持充分就業國民所得。

　　在本章裡，將系統性地說明至今已學習過之凱因斯學派的理論與古典學派的理論。國民所得與僱用量之何者先決定，其順序變得相當重要。

1. 凱因斯學派的體系

讓我們來思考凱因斯學派如何決定國民所得 (Y)、利率 (r)、物價 (P) 與**僱用量 (N)**。在凱因斯學派裡最重要的理論即「**有效需求原理**」。此乃**藉由有效需求的多寡決定國民所得與僱用量之想法**。

假設起初有效需求少，如圖表 23-1 的 Y^D_0 所示，財貨的需求曲線 (Y^D) 位於相當低的位置。如此一來，經濟為 Y^D_0 與 Y^S 的交點 E_0，國民所得為 Y_0。到目前為止，已說明過假設 Y_F 為充分就業國民所得，由於 Y_0 比 Y_F 還小，所以勞動需求量 (僱用量) 減少，其差額將發生失業。然而，要正確地說明此部分的話，將利用圖表 23-2 的總體生產函數。

圖表 23-2 的所謂**總體生產函數**，乃**表示勞動僱用量與國民所得之關係**。一旦勞動僱用量增加的話，雖然國民所得 (此處以國內生產毛額作為生產量來思考的話應該容易瞭解些) 也提高，惟逐漸國民所得的增長達到極限。此乃假設勞動的邊際生產力遞減之故。所謂勞動邊際生產力，乃指每增加 1 單位勞動量時，對應之生產量 (此處為國民所得) 的增加。以圖表 23-2 來說，由於生產函數的斜率為橫軸的勞動僱用量增加 1 單位時，縱軸的國民所得之增加量，所以的確就是勞動邊際生產力。如此一來，如果假設勞動邊際生產力遞減的話，圖表 23-2 的生產函數之斜率將逐漸變小，斜率將變得和緩，所以成為凸向左上方的曲線。

用 語

所謂僱用量 (N) 乃與勞動量相同意思。

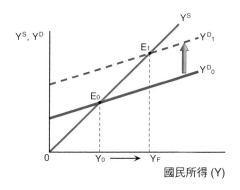

圖表 23-1 ●有效需求原理 (45 度線分析)

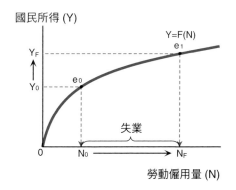

圖表 23-2 ●總體生產函數

如果使用圖表 23-2 的總體生產函數的話，一旦國民所得為 Y_0 變得較小，可知勞動僱用量也將縮減至 N_0。假設達到充分就業的僱用量為 N_F，由於 N_0 比 N_F 還小，因而 N_F-N_0 的差額即發生失業的狀態。

接著，由圖表 23-2 可知，為了達到充分就業的勞動僱用量 N_F，如果可達到國民所得 Y_F 的話即可。因此，在圖表 23-1 中，政府藉由擴大政府支出等方式，提高有效需求，需求曲線一旦從 $Y^D{}_0$ 向上方位移到 $Y^D{}_1$ 的話，國民所得將從 Y_0 提高到 Y_F，進而可實現充分就業 N_F 的僱用量。

將以上整理後，即如右方所示。

在以上對於有效需求原理的說明中，雖然說明了國民所得與僱用量，但並未說明有關物價與利率。將這些項目也加入後進行系統性的說明。

首先，在財貨市場中，供給與需求相等所在決定了國民所得。將此以數學式表示，即為

$Y^S = Y^D$

此處，假設 $Y^S = Y$，$Y^D = C + I + G$

$Y = C + I + G$ …①

其次，**在資本市場中，供給與需求相等所在決定了利率**。將此以數學式表示，即為

$$\frac{M}{P} = L \cdots ②$$

最後為物價，此可藉由 AD-AS 分析而求出。總需求 (AD) 曲線同時滿足數學式①與②。

凱因斯學派的基本見解
〈有效需求原理〉
↓
有效需求的多寡
↓ ← 45 度線分析
決定國民所得的高低
↓ ←總體生產函數
決定勞動僱用量

➕ 補 充

利率在 IS-LM 分析中說明，而物價則在 AD-AS 分析中說明。此處，將同時說明利率、物價的 AD-AS 分析視為凱因斯學派的架構，用以解釋凱因斯學派的總體經濟體系。

理 由

由於總需求 (AD) 曲線乃財貨市場與資本市場同時均衡，所以同時滿足財貨市場的均衡式①與貨幣市場的均衡式②。

Chapter
23

古典學派體系與凱因斯學派體系

由於總供給曲線 (AS) 滿足③數學式的**古典學派第一公準**，所以

勞動邊際生產力 (MPL)= 實質工資

$(\dfrac{W}{P})$ …③

接著，假設圖表 23-2 所說明的生產函數表示如下。

Y=F(N) …④

然而，在圖表 23-2 中，凱因斯學派在決定了 Y 之後，求出當時的 N，此與 Y=F(N) 亦即「一旦 N 決定則 Y 也確定」乃相反的情況。因此，嚴格來說，Y=F(N) 的數學式有必要改寫成 N= ～的形式。像這樣，將 Y=F(N) 之生產函數改寫成 N= ～的形式，稱為反生產函數。然後，將此反生產函數設為 G，即成為 N=G(Y)。

N=G(Y) …⑤

由上可知，方程式有①、②、③、⑤共 4 個。我們所求的數值 (未知數) 為國民所得 (Y)、僱用量 (N)、利率 (r)、物價 (P) 共 4 個。在數學的世界裡，若未知數的數量與方程式的數量相同的話，可知方程式有解。因此可安然地解出國民所得 (Y)、僱用量 (N)、利率 (r)、物價 (P)。

復 習

總供給曲線 (AS) 乃企業為追求利潤極大而決定勞動僱用量之意，即勞動市場達到均衡之國民所得 (Y) 與物價 (P) 的組合所構成之集合，從③數學式的古典學派第一公準求出。

復 習

此表示 ( ) 內的勞動僱用量 (N) 之值一旦決定的話，= 左邊的 Y 值也確定 (Y 為 N 的函數)。

數學入門 Mathematics

如此說來似乎有些困難，但用具體實例思考的話應會容易瞭解。如今，假設生產函數為 Y=F(N)=2N(其實 Y=2N 將成為向右上方傾斜之直線的生產函數，與圖表 23-2 不同，但此處為了讓反生產函數的說明容易瞭解，所以用 Y=2N 為具體實例來說明)。此表示可以生產出勞動人數 (N) 之 2 倍的國民所得 (Y)。將此改寫成 N= ～之後，N= $\dfrac{1}{2}$ Y，此成為反生產函數，將 $\dfrac{1}{2}$ Y 命名為 G(Y)。因此，N= $\dfrac{1}{2}$ Y 則 Y=10 的 話 N= $\dfrac{1}{2}$ ×10 =5，表示其勞動需求的意思。

數學入門 Mathematics

這表示如果未知數為 x 只有 1 個的話，如 x + 5=2x 一樣，用 1 個方程式即可解出，而未知數若為 x、y 有 2 個，也必須要有 2 個方程式。當 4 個未知數的情況下，則有必要 4 個方程式。

2. 古典學派的體系

以古典學派來說，在勞動市場中僱用量決定在充分就業 (N_F) 的水準 (圖表 21-9)。

如果僱用量決定在充分就業 (N_F) 的話，則依據圖表 23-2 的總體生產函數 $Y=F(N)$，國民所得將決定在充分就業國民所得 (Y_F)。

在古典學派的簡單模型中，認為儲蓄乃取決於國民所得。因此，若國民所得 (Y) 決定為充分就業國民所得 (Y_F) 的話，儲蓄金額也將決定在 S_F。

在古典學派中，**利率乃實物資本 (機器) 的借貸價格，依實物資本的需求 (欲借入) 與供給 (欲出借) 而決定 (財貨市場)**。

由上可知，勞動僱用量取決於勞動市場，國民所得取決於生產函數，而利率取決於財貨市場。還剩下如何決定物價。因為古典學派有貨幣面紗觀，所以認為**貨幣不影響實物經濟，只決定物價水準**而已。

> **復習**
>
> 古典學派認為，在勞動市場中，藉由工資率變動使需求與供給總是相等，不存在有意願工作卻無法工作的失業 (非自願性失業)，因而處於充分就業。

> **復習**
>
> 儲蓄的人為了獲得利息，所以用儲蓄購買實物資本貸出。因此，實物資本的供給量與儲蓄相等。此外，實物資本的需求，因為是想要借入新的機器，即為投資。如此一來，「利率取決於實物資本的需求與供給」可以換句話說成為「利率乃取決於投資 = 儲蓄所在」。將投資與儲蓄兩者均加上消費後，
>
> 投資＋消費 ＝ 儲蓄＋消費
> 財貨的需求 ＝ 財貨的供給
> 將成為財貨市場的均衡式。

Chapter 23

古典學派體系與凱因斯學派體系

圖表 23-3 ●古典學派的總體經濟體系

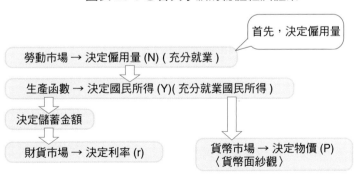

首先，決定僱用量

勞動市場 → 決定僱用量 (N) (充分就業)

生產函數 → 決定國民所得 (Y)(充分就業國民所得)

決定儲蓄金額

財貨市場 → 決定利率 (r)

貨幣市場 → 決定物價 (P)
〈貨幣面紗觀〉

3. 凱因斯學派 VS. 古典學派

凱因斯學派的有效需求原理，乃由有效需求原理決定國民所得的多寡，進而決定勞動僱用量。古典學派則是相反，首先決定充分就業的勞動僱用量，其次，決定該僱用量下的國民所得。然後，國民所得成為財貨市場的供給量 (Y_S)，並由此供給量與需求量 (Y_D) 相等所在決定利率。也就是說，藉由利率的調整，財貨的需求 (有效需求) 將變得與國民所得相同。

圖表 23-4 ●凱因斯學派與古典學派的體系

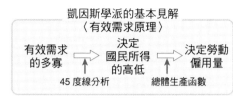

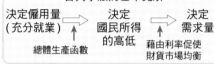

【問題 23-1】

以下有關古典學派與凱因斯學派體系的敘述中，適當的選項為何者？

1. 凱因斯體系藉由調整利率，促使投資與儲蓄達到均等，而古典學派體系則藉由所得的變動，促使投資與儲蓄達到均等。
2. 凱因斯體系在決定勞動僱用量後再決定產出量，而古典學派體系則是決定產出量後再決定勞動僱用量。
3. 就凱因斯體系而言，利率取決於貨幣市場，而古典學派體系則藉由貨幣數量說決定物價水準。
4. 古典學派體系成立了勞動邊際生產力與實質工資率相等的「古典學派第一公準」，但凱因斯則否定古典學派第一公準。
5. 如果擴大財政支出的話，古典學派與凱因斯學派體系都會發生完全排擠效果。

(地方公務員上級)

〈解答‧解說〉

1. 與 2. ✕ 兩者的凱因斯學派與古典學派論述相反。

3. ○ 正確的敘述。

4. ✕ 凱因斯接受古典學派第一公準。

5. ✕ 所謂「完全排擠效果」，乃指藉由排擠效果，財政政策的效果完全消失稱之。在 IS 曲線向右下方傾斜、LM 曲線向右上方傾斜之凱因斯學派的一般情況下，藉由財政政策使國民所得提高，不會發生完全排擠效果，因此錯誤。

正確解答 3

Chapter 24
通貨膨脹的種類與效果
—通貨膨脹也存在各種不同情況！—

Point

1 所謂通貨膨脹，乃指物價持續上揚稱之，依溫和性通貨膨脹、超級通貨膨脹及惡性通貨膨脹的順序激烈程度漸增。

2 可預期的通貨膨脹若不甚激烈的話，不會影響實物經濟，但非可預期的通貨膨脹則會造成影響。

3 需求拉動型通貨膨脹乃由需求增加所帶動，會伴隨著國民所得的提高，而成本推動型通貨膨脹乃因供給成本上揚所帶動，會伴隨著國民所得的下降。

　　在本章裡，首先將說明有關通貨膨脹的定義與經濟效果，其次，將學習通貨膨脹原因的相關學說。

難易度　A

出題可能性

國家 II 種	C
國稅專門官	C
地方上級、市政廳、特別區	B
國家 I 種	C
中小企業顧問	B
證券分析師	B
註冊會計師	B
政府辦公室等記錄	A
不動產估價師	C
外務專門職務	B

1. 通貨膨脹的定義與種類

所謂通貨膨脹，乃指物價持續上揚稱之。依其程度稱為溫和性通貨膨脹 (Creeping Inflation)、超級通貨膨脹 (Galloping Inflation) 及惡性通貨膨脹 (Hyper Inflation)。

依通貨膨脹的程度分類

- 溫和性通貨膨脹　**年增 2 ～ 3%** 左右的物價持續上漲。
- 超級通貨膨脹　　**年增 5 ～ 10%** 左右的物價持續上漲。
- 惡性通貨膨脹　　**年增超過 10%** 的物價持續激烈上漲。

2. 通貨膨脹的經濟效果

通貨膨脹的經濟效果，會因人們能否預期而大不相同。另外，此處為單純化起見，假設所有的價格與貨幣 (名目) 工資率等一律上漲。

著下滑，誰也不願意持有貨幣，以致貨幣經濟瓦解。此結果，將導致以物易物的經濟，而成為效率非常低落的經濟狀態。

【1】可預期的通貨膨脹

所謂**可預期的通貨膨脹**，舉例來說，在貨幣 (名目) 工資率上升 5% 時，預期物價也上漲 5%，人們已察覺實質工資率未有變化，因而勞動供給量與生產量並未改變。由於所有的財貨價格一律上漲 5%，所以相對價格並未改變，消費量也無變動。也就是說，**對實物經濟未造成影響**。

然而，儘管如此，說到可預期的通貨膨脹完全對實物經濟沒有影響，卻並非如此。舉例來說，在年增超過 50% 的**激烈通貨膨脹 (惡性通貨膨脹) 之情況下**，若持有現金，用現金可購買的物品每年減少一半。也就是說，**貨幣 (通貨) 的價值顯**

✚ 補 充　⠿⬚⠿

此乃理性預期學派所構築的世界，而古典學派的貨幣面紗觀的世界也是如此。這是理所當然的，因為通貨膨脹被預期，人們將形成理性的期待 (理性預期學派的前提)，或是資訊完整 (古典學派視為前提的完全競爭市場) 的可能性甚高。

復 習

正因為如此，為了確保貨幣經濟，中央銀行有必要避免激烈的通貨膨脹發生，亦即有必要穩定物價。

【2】非可預期的通貨膨脹

有關非可預期的通貨膨脹，若可知道的話應可做出更有效率的因應行為，但人們未考慮到此通貨膨脹而做出行為的結果，將導致**非效率**的情況發生。

此外，非可預期的通貨膨脹將造成**有利於負債者、不利於債權者的所得再分配效果**。讓我們用新宿銀行以利率10%將100萬日圓貸款給青山商事為例〈圖表24-1〉說明此事。

在2010年新宿銀行以利率10%將100萬日圓貸款給青山商事。假設100萬日圓剛好是1輛汽車的價值。然後，翌年的2011年青山商事將本金100萬日圓加計10%的利息10萬日圓共110萬日圓(本金與利息合計稱為本利)，還款給新宿銀行。

假設在這1年內發生10%非可預期的通貨膨脹。因此，青山商事雖然連利息在內支付了110萬日圓，惟物價上漲10%之故，所以等同於1輛汽車的金額。也就是說，以多少個物品之「實質」考量的話，2010年貸款1輛汽車的金額，2011年返還1輛汽車的金額，所以變成無額外增加的金額，亦即沒有利息。到最後，雖然有10%的名目利率，但因為通貨膨脹率10%之故，所以實質利率成為0%。如此一來，對於出借方新宿銀行而言並未獲利。

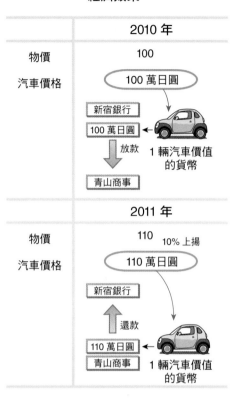

圖表 24-1 ●非可預期的通貨膨脹之經濟效果

2010 年

物價　　　　　100
汽車價格

100 萬日圓

新宿銀行
100 萬日圓 ← 1 輛汽車價值的貨幣
　　　放款
青山商事

2011 年

物價　　　　　110　10% 上揚
汽車價格

110 萬日圓

新宿銀行
　　　還款
110 萬日圓 ← 1 輛汽車價值的貨幣
青山商事

─ 理　由 ─

說到為何會發生這樣的情況，乃因通貨膨脹造成貨幣價值下滑之故。當通貨膨脹發生時，1年後的100萬日圓並無相當於現在的100萬日圓之價值。為何如此，乃因通貨膨脹造成商品價格上揚，以致於用100萬日圓可購買的數量變少之故。

✚ 補　充

實質利率 = 名目利率 − 通貨膨脹率
或者，將此式改寫成
名目利率 = 實質利率 + 通貨膨脹率
此式乃由費雪(Irving Fisher)所提出，所以稱為**費雪方程式**(Fisher Equation)。

若人們皆預期到此情況，將可考慮此情況而設定更高的名目利率，惟在訂定資金借貸契約後，一旦發生不能預期之通貨膨脹的話，將無法因應突發狀況。

像這樣，因為非可預期的通貨膨脹將造成貨幣價值下滑，所以取決於金額的債權・債務的價值都將降低。由於債權價值的下滑將導致債權者蒙受損失，反觀債務

價值的降低，將減輕債務者的負擔而獲得利益。也就是說，發生等同於從債權者到債務者之所得移轉的效果。此乃將原本已分配所得之分配方式加以變動，稱為「所得再分配效果」。

另外，當發生非可預期的通貨膨脹時，一旦成為惡性通貨膨脹的話，貨幣經濟將會瓦解。

圖表 24-2 ●通貨膨脹的經濟效果

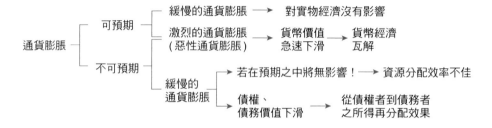

3. 通貨膨脹的原因

有關通貨膨脹的原因，包括有以需求面為原因的①需求拉動型通貨膨脹 (Demand-Pull Inflation) 論，②需求轉移型通貨膨脹 (Demand-Shift Inflation) 論，以供給面為原因的③成本推動型通貨膨脹 (Cost Push Inflation) 論，④生產力差異性通貨膨脹 (Productivity Differential Inflation) 論，⑤輸入性通貨膨脹論，⑥匯率性通貨膨脹論，以及⑦重視貨幣因素的理論 (古典學派與貨幣學派)。

【1】需求拉動型通貨膨脹論

所謂需求拉動型通貨膨脹論，乃指出現超過充分就業國民所得之需求為其原因，導致發生通貨膨脹之見解。

舉例來說，在凱因斯學派的 45 度線分析中，假設財貨的需求為圖表 9-2 的 Y^{D*}。在圖表 9-2 中，假設 Y_F 為充分就業國民所得的話，則 Y_F 為生產力之上限，因而 Y^{D*} 與 Y^S 之交點 E_1 的國民所得 Y_1 將無法產出。即使產出已達到作為生產力上限的 Y_F，但需求 (Y^D 的高度) 仍比供給 (Y^S 的高度) 還要多出 HF，以致發生超額需求。由於就算產出達生產力上限，仍存在超額需求，所以物價逐漸上揚，造成通貨膨脹。

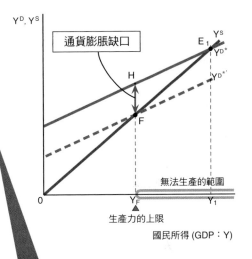

圖表 9-2 (同前圖) ● 通貨膨脹缺口

【2】需求轉移型通貨膨脹論

所謂需求轉移型通貨膨脹論，乃指需求結構改變時 (亦即某產業的需求減少，取而代之其他產業的需求增加的情況)，需求增加的產業之產品價格上揚，但需求減少的產業之產品價格未降低，出現向下僵固性之故，造成作為整體經濟之價格平均值的物價持續上揚，而引起通貨膨脹之見解。

復　習

在充分就業國民所得時的超額需求稱為通貨膨脹缺口 (P.112)。

【3】成本推動型通貨膨脹論

所謂成本推動型通貨膨脹論，乃指由於工資率與石油價格等生產要素價格上漲，以及寡佔企業的價格支配力等因素，導致產品價格持續上揚，因而造成通貨膨脹之見解。

此成本推動型通貨膨脹重視供給面，如果運用 AD-AS 分析的話，如圖表 24-3 所示，可以想成乃藉由總供給 (AS) 曲線向上方位移 ($AS_0 \rightarrow AS_1 \rightarrow AS_2$)，而導致物價持續上揚。

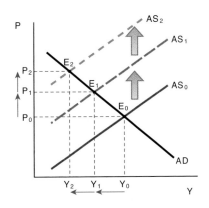

圖表 24-3 ● 成本推動型通貨膨脹

Chapter 24

通貨膨脹的種類與效果

269

從圖表 24-3 中可知，隨著總供給 (AS) 曲線向上方位移所造成的物價上漲，將伴隨著國民所得 (Y) 的下降。因此，在圖表 24-3 的 AD-AS 分析中，成本推動型通貨膨脹將持續伴隨著國民所得的減少。此外，由於隨著國民所得持續下滑將形成不景氣，所以這樣的國民所得下降與物價持續上揚，乃處於不景氣下的通貨膨脹，稱為停滯性通貨膨脹 (Stagflation)。所謂 Stagflation 乃是 Stagnation (經濟停滯) 與 Inflation (通貨膨脹) 的複合詞。

順道一提，將剛才說明的需求拉動型通貨膨脹，用 AD-AS 分析的架構圖解分析的話，將如圖表 24-4 所示，可與圖表 24-3 作為對照。需求拉動型通貨膨脹乃藉由總需求 (AD) 曲線向上方 (右方) 位移 (AD₀ → AD₁ → AD₂) 而發生，伴隨著國民所得的持續提高 (Y₀ → Y₁ → Y₂)。

【 4 】生產力差異性通貨膨脹論

所謂**生產力差異性通貨膨脹論**，乃指**生產效率佳的產業一旦提高工資率，將迫使未能提高生產效率的產業為了留住人材，而不得不提高工資率，此工資率的提高，將導致產品價格提高，連帶引起通貨膨脹**之見解。

勞動生產力優異的產業，在其生產力提升的範圍之內提高工資，所以沒有必要調漲產品價格。然而，未能提高生產力的產業為了確保人材，而同樣實施提高工資的話，由於該部分成本提高，將促使產品價格也上揚，導致通貨膨脹。

【 5 】輸入性通貨膨脹論

所謂**輸入性通貨膨脹論**，乃指在外國

因超額需求而發生的通貨膨脹，導致本國的出口增加、進口減少，連帶本國的需求也增加，其結果將引起本國的通貨膨脹之見解。

圖表 24-4 ●需求拉動型通貨膨脹

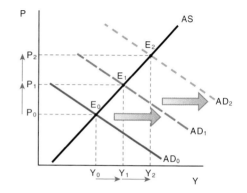

舉 例

假設勞動生產力提升，促使勞動的邊際生產力達到 2 倍。此時，即使工資率也成為 2 倍，但每追加 1 名勞動者的生產量為其 2 倍之故，所以每 1 個商品的工資並未改變。

＋ 補 充

另外，提高工資而造成的成本增加乃價格上揚的過程，利用個體經濟學的理論，足以解釋如下。若為寡佔企業的話，依總成本原則，可以解釋為就成本增加差額調漲價格。此外，如果是完全競爭企業，工資率的調漲將是變動成本的增加，因平均變動成本曲線、邊際成本曲線向上方位移，連帶公司的供給曲線向上方位移的結果，導致市場供給曲線也向上方位移，應可解釋市場價格上揚。

假設美國(外國)的財貨市場因超額需求,以致發生通貨膨脹。由於美國出現超額需求,所以美國對其他國家的產品的需求增加之結果,使得日本(本國)對美國的出口增加。此外,由於美國出現超額需求,大多數的美國產品都作為美國國內的需求之故,連帶美國對日本的出口減少,結果造成日本自美國的進口數量減少。如此一來,本國的出口增加、進口減少,將使本國的財貨需求 (Y^D) 提高。此結果,導致本國也發生超額需求,因而引起通貨膨脹。

【6】匯率性通貨膨脹論

所謂**匯率性通貨膨脹論**,乃指隨著本國通貨貶值,進口財貨以本國通貨計價的**價格上漲**,而引起通貨膨脹之見解。舉例來說,假設進口 1 個 1\$ 的柳丁,若 1\$=100 日圓的話,1 個柳丁 =1\$=100 日圓,一旦日圓相對美元貶值到 1\$=200 日圓時,1 個柳丁 =1\$=200 日圓,便上漲到 2 倍。除了柳丁之外,石油、食品、衣物、工業製品等所有的進口產品,以日圓計價的價格都成為 2 倍,因而引起通貨膨脹。

【7】重視貨幣因素的理論

古典學派認為貨幣不會影響實物經濟(實質國民所得:Y),只會決定物價水準(貨幣面紗觀、古典學派的二分法)。藉由以下的貨幣數量方程式,可對此做說明。

圖表 24-5 ●古典學派的貨幣數量方程式

$$\uparrow M = k \; P \uparrow Y$$

固定
(k 為常數)

固定
(總是為 Y_F)

由於古典學派總是維持充分就業,所以 $Y=Y_F$(充分就業國民所得)。因為 k 為常數恆為固定,故**依貨幣數量方程式可知,貨幣供給量 (M) 持續增加的話,物價 (P) 也將持續上揚,而形成通貨膨脹**。也就是說,古典學派認為,貨幣的過多供給是引發通貨膨脹的原因。

雖然貨幣學派與古典學派不同,認為貨幣供給量的增加將暫時提高國民所得,但基本而言,與古典學派同樣視過多的貨幣供給為通貨膨脹的原因。有關此貨幣學派的想法,將在後面的自然失業率假說中詳細檢討。

圖表 24-6 ●通貨膨脹的原因(整理表)

```
┌ 需求面 ─┬─ 需求拉動型通貨膨脹論  - - - - -  通貨膨脹缺口(凱因斯學派)
│         └─ 需求轉移型通貨膨脹論
│
├ 供給面 ─┬─ 成本推動型通貨膨脹論
│         └─ 生產力差異性通貨膨脹論
│
├ 國際經濟 ┬─ 輸入性通貨膨脹論
│          └─ 匯率性通貨膨脹論
│
└ 貨幣因素 - - - - - - - - - - - - - - - - - - - - - - - 古典學派、貨幣學派
```

【問題 24-1】

　　有關通貨膨脹的敘述，適當的選項為何者？此處，假設總需求曲線向右下方傾斜，總供給曲線向右上方傾斜。

1. 所謂通貨膨脹，乃指一般物價水準上揚，即使多項財貨‧服務的價格並非持續，而僅限於 1 次上漲的情況，當上漲幅度大的時候，即定義為通貨膨脹。
2. 超級通貨膨脹 (Galloping Inflation) 乃在第 1 次世界大戰後的德國出現，引發天文數字的物價上漲為其特徵。
3. 所謂成本推動型通貨膨脹 (Cost Push Inflation)，乃指名目工資與材料的價格等成本之漲幅超過生產力的提升率，而引起的物價上漲稱之，總供給曲線將向左方位移。
4. 所謂需求拉動型通貨膨脹 (Demand-Pull Inflation)，乃指總需求超過總供給而引起的物價上漲稱之，總需求曲線向左下方位移。
5. 惡性通貨膨脹 (Hyper Inflation) 具有在景氣停滯、失業率上升的同時，物價水準仍緩慢地持續上揚之特徵。

(地方公務員上級)

〈解答‧解說〉

1. × 所謂通貨膨脹，乃指「物價持續性地上漲」，如果只有 1 次物價上漲，其後回穩的話，不能說是通貨膨脹，所以錯誤。
2. × 天價般的通貨膨脹稱乃指惡性通貨膨脹，所以錯誤。
3. ○ 此處「生產力的提升率」請以「製作 1 個產品之必要勞動量與原材料的削減率」。如果生產力提升 5% 的話，由於可節省 5% 的勞動與原材料，所以在此範圍內，即使工資率與原材料價格上揚，成本也不增加。一旦工資率與原材料價格的上揚超過生產力的話，成本將提高而成為通貨膨脹的原因。
4. × 需求拉動型通貨膨脹會使總需求曲線向右方位移，所以錯誤。
5. × 不景氣時的通貨膨脹乃停滯性通貨膨脹 (Stagflation)，所以錯誤。

正確解答　3

Chapter 25

菲利浦曲線

―通貨膨脹與失業的關係為何？―

Point

1 菲利浦發現貨幣（名目）工資漲幅與失業率呈現反向關係。（菲利浦曲線）

2 1960 年代的凱因斯學派依據（物價版）菲利浦曲線，認為如果容忍通貨膨脹的話，將可促使失業率下降。

3 貨幣學派的弗利曼主張，短期而言，雖可藉由經濟政策，促使失業率低於自然失業率，但長期而言，仍將回復自然失業率。（自然失業率假說）

在本章裡，將思考通貨膨脹與失業率的關係。首先，將學習關於失業，其次學習有關表示失業與通貨膨脹之關係的菲利浦曲線。然後，對於凱因斯學派、貨幣學派及理性預期學派之 3 個學派，有關菲利浦曲線之想法加以理解。

難易度　B

出題可能性

國家 II 種	B
國稅專門官	B
地方上級、市政廳、特別區	B
國家 I 種	B
中小企業顧問	B
證券分析師	B
註冊會計師	B
政府辦公室等記錄	B
不動產估價師	B
外務專門職務	B

1. 失業的種類與經濟效果

一般而言，所謂失業，乃指失去職務稱之，凱因斯將失業分類成以下 3 種。

【1】種類

①**摩擦性失業：存在於勞動市場上資訊的不完整，而造成暫時性的失業，或是伴隨著產業結構變動所造成的失業之狀態。**

②自願性失業：無意願依照現行工資率勞動，而處於自願性的失業狀態。

③非自願性失業：儘管有意願亦有能力工作，但景氣不佳以致仍處於失業之狀態。

【2】自然失業（率）

所謂自然失業率，乃指**在勞動市場中需求與供給達到均衡之狀態下的失業率。**因此，**自然失業率的水準**，乃取決於摩擦性失業與自願性失業，摩擦性失業以勞動市場上資訊的不完整與產業結構轉換等為原因，由勞動市場的結構等決定。此外，一般認為自願性失業則取決職業觀與本身資產等因素。

【3】經濟效果

如果就業的話，即可對生產有所貢獻，而失業因未就職，所以無法對生產有所貢獻，**在造成勞動資源浪費的意義上，乃是無效率的。**

—— 舉 例 ——

雖然有期望的職務，但仍在尋找當中，所以呈現失業狀態。

—— 舉 例 ——

儘管煤炭產業衰退、IT 產業成長，惟在煤炭產業既有的勞動者，並不具備立即轉任 IT 產業的技能，所以造成失業。

Point!

由於需求量（願意僱用的數量）與供給量（願意工作的數量）相等，所以雖然願意工作卻無法工作的非自願性失業。所謂在自然失業率的失業，乃指摩擦性失業與自願性失業。

—— 舉 例 ——

如果求職資訊難以獲得的話，直到順利換工作為止失業人數將會增加，所以摩擦性失業增加。

➕ 補 充

由於自願性失業乃基於本身的意願而不工作，所以莫可耐何，而非自願性失業雖有意願也有能力工作，惟無就業機會，應可有所對策。此外，有關摩擦性失業，因為是暫時性的失業而無法對生產有所貢獻，所以可說是暫時性的資源浪費。

2. 菲利浦曲線

【1】菲利浦曲線 (原始菲利浦曲線)

所謂**菲利浦曲線**,乃指圖表 25-1 所示,**名目工資漲幅與失業率之間呈現負相關的關係**,也就是說,表示當名目工資漲幅低的時候,失業率便高之關係的曲線。

➕ 補 充 ⠿

　　菲利浦乃調查長期名目工資漲幅與失業率的關係,而釐清名目工資漲幅與失業率之間呈現負相關之關係。

圖表 25-1 ●原始菲利浦曲線

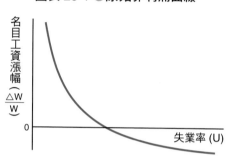

【2】物價版菲利浦曲線

名目工資漲幅與物價漲幅之間呈現正相關之關係,也就是說,兩者存在當名目工資漲幅高的話,物價漲幅也高之關係。因此,在表示名目工資漲幅與失業率之關係的菲利浦曲線,可用**物價漲幅與失業率之負相關**加以置換。此稱為**物價版菲利浦曲線**,表示名目工資漲幅與失業率之關係的菲利浦曲線稱為原始菲利浦曲線。

此物價版菲利浦曲線,在圖表 25-2 中,從 A 點將失業率減半的話,可知物價漲幅提高。也就是說,**一旦失業率減少,物價漲幅 (= 通貨膨脹率) 增加,為求物價穩定便無法使失業率降低,以致無法同時達到失業率減少與物價穩定**。此情況稱為**通貨膨脹與失業的權衡**。

圖表 25-2 ●物價版菲利浦曲線

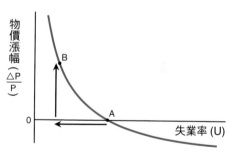

3. 1960 年代凱因斯學派的想法

　　1960 年代的凱因斯學派依據向右下方傾斜物價版菲利浦曲線 (圖表 25-2),認為「如果容忍通貨膨脹的話,將有可能降低失業率」。

　　然而,即使容忍通貨膨脹,失業率也未減少,亦發生過伴隨著劇烈的通貨膨脹,失業率也增加的情況。

✐ 用 語

　　同時發生不景氣與通貨膨脹,稱為停滯性通貨膨脹。

【1】定義

在通貨膨脹劇烈，失業率仍不下降的經濟狀況為背景下，貨幣學派的**弗利曼主張**，短期而言，雖可藉由容忍物價漲幅的增加，而促使失業率降低，但長期而言，失業率將在自然失業率所在位置趨於穩定。此稱為**自然失業率假說**。

【2】短期菲利浦曲線與長期菲利浦曲線

假設初期的經濟處於自然失業率 (U_N)，工資漲幅為 0，即圖表 25-3〈1〉的 A 點。在勞動者未注意現實環境的物價漲幅之短期，一旦名目工資漲幅上升，勞動者認為實質工資率將上揚，使得勞動供給增加而使失業率下降，形成 B 點。也就是說，在短期，勞動者未注意到現實環境的物價漲幅，而產生名目工資率上揚即實質工資率上升的錯覺。此稱為貨幣幻覺。

然而，名目工資漲幅與物價漲幅之間存在正相關關係，一旦名目工資漲幅增加的話，物價漲幅也會提高。而在**勞動者察覺現實環境的物價漲幅**(勞動者所預期的物價漲幅與現實環境的物價漲幅相等)**之長期，即使工資漲幅提高，若物價漲幅也增加的話，將察覺實質工資率未改變，以致勞動供給回復原本的水準，因而失業率亦回到原本的水準**(圖表 25-3〈1〉C 點)。如此一來，圖表 25-3〈2〉的物價版菲利浦曲線，短期而言雖然也向右下方傾斜，但長期而言，將在自然失業率所在位置呈現垂直狀態(自然失業率假說)。

然後，由於經濟將為 C 點，以此 C 點為起始，可以畫出短期菲利浦曲線。也就是說，一旦依人們所期待的物價漲幅走升的話，將使短期菲利浦曲線向上方位移。

【3】評價

在自然失業率假說中，因為政策實施前的經濟 (A 點) 處於自然失業率，所以勞動市場的需求與供給相等，乃無非自願性失業之狀態。如此一來，乃處於無必要進一步減少失業率的狀態，即使勉強降低失業率，以長期而言，仍是無法達成。

5. 理性預期學派的想法

由於理性預期學派認為資訊相當流通，所以不會發生如貨幣學派的貨幣幻覺。因此，藉由貨幣政策擴大貨幣供給量的話，**短期而言勞動者將察覺物價上漲，所以即使工資漲幅增加，只要物價漲幅也增加的話，將注意到實質工資未改變的事實**，勞動供給從一開始就不會增加，因而**失業率不變**。

如此一來，在圖表 25-3 中的〈1〉、〈2〉，短期而言，將從 A 移動到 C，成為垂直的菲利浦曲線。

6. 何種想法正確？

從圖表 25-4 可知，在 1970 年代的美國經濟，儘管物價漲幅上揚、通貨膨脹劇烈，卻並非如凱因斯學派所主張的失業率將逐漸下降，而是下滑到一定的水準後停滯。也就是說，乃處於支持弗利曼自然失業率假設與理性預期學派之主張的經濟狀態。

然而，仔細思考的話，與自然失業率的狀態，亦即，充分就業的好景氣之狀態相比，當時的凱因斯學派乃是考慮減少失業率。原本，在充分就業的狀態下，便無必要進一步降低失業率，若非經濟不景氣而是景氣繁榮的話，本來就是古典學派假設為前提的世界，理所當然與古典學派相近的貨幣學派與理性預期學派的見解將具有說服力。

圖表 25-3 ●**各學派對菲利浦曲線的見解**

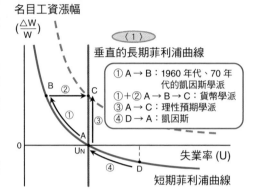

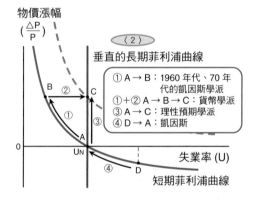

Chapter
25

菲利浦曲線

277

就凱因斯學派而言，「如果容忍通貨膨脹的話，將有可能降低失業率」之見解乃圖表 25-3 的「D → A」為止，一般認為應該主張「由於 A 點達到充分就業，所以無此必要 (自然失業率) 進一步減少失業率」。

圖表 25-4 ● 1970 年代的美國經濟

		實質 GNP 成長率	物價漲幅 *1	失業率
第一次石油危機	1970	0.2%	5.3%	4.9%
	1971	3.4%	0.5%	5.9%
	1972	5.3%	4.3%	5.6%
	► 1973	5.8%	5.6%	4.9%
	1974	-0.5%	9.0%	5.6%
	1975	-0.2%	9.5%	8.5%
	1976	5.3%	5.8%	7.7%
第二次石油危機	1977	4.6%	6.4%	7.1%
	1978	5.6%	7.0%	6.1%
	► 1979	3.2%	8.3%	5.8%
	1980	-0.2%	9.1%	7.2%
	1981	2.5%	9.4%	7.7%
	1982	-1.9%	6.1%	9.7%
	1983	4.5%	3.9%	9.6%
	1984	7.2%	3.8%	7.5%
	1985	4.1%	3.0%	7.2%

物價持續上漲 (通貨膨脹)

雖然數值高，但並未比經濟大恐慌時 (20% 左右) 的失業率還要高

* 注 1：稱為 GNP 平減指數的物價指數增長率
資料來源：美國商務部長期統計

【問題 25-1】

有關自然失業率假設，試利用菲利浦曲線說明。

(東京都廳，國稅專門官類似題，特別區類似題)

(參考答案)

1. (1) 菲利浦藉由長期的數據，釐清了如〈圖 1〉所示失業率與名目工資漲幅之向右下方傾斜的關係 (原始菲利浦曲線)。(2) 由於物價漲幅與名目工資率漲幅呈現正相關之關係，所以失業率與名目工資率漲幅之向右下方傾斜的關係，可如〈圖 2〉所示，用失業率與物價漲幅之向右下方傾斜的關係加以置換 (物價版菲利浦曲線)。(3) 向右下方傾斜的物價版菲利浦曲線指出，失業與通貨膨脹須有所取捨，凱因斯學派主張「接受通貨膨脹的話，可降低失業率」。

〈圖 1〉原始菲利浦曲線

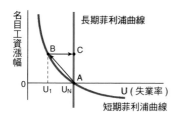

〈圖 2〉物價版菲利浦曲線

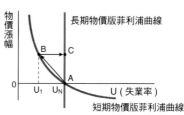

2. (1) 對此弗利曼主張，即使藉由經濟政策，可以促使失業率暫時性地比自然失業率還低，但長期而言，失業率無法比自然失業率還低 (自然失業率假設)。另外，所謂自然失業，乃指勞動市場達到均衡之充分就業時的失業率，不存在非自願性失業，只有自願性失業與摩擦性失業之狀態稱之。(2) 弗利曼假設物價‧名目工資率具有伸縮彈性，並且資訊不完整。(3) 舉例來說，一旦失業率比自然失業率 (U_N) 所在初期狀態 (〈圖 1〉、〈圖 2〉的 A 點) 還要低的話，假設中央銀行將透過貨幣寬鬆而增加貨幣供給量。因為假設物價‧名目工資率具有伸縮彈性，所以無論物價 (P) 及名目工資率 (W) 都會上漲，實質工資率 ($\frac{W}{P}$) 則維持不變。然而，由於資訊不完整，假設勞動者雖知道本身的名目工資率上漲，卻未察覺物價的上揚，所以誤認為實質工資率 ($\frac{W}{P}$) 上漲 (貨幣幻覺)，因而增加勞動供給量。此結果，導致失業率比自然失業率還要低，而成為 U_1 (〈圖 1〉、〈圖 2〉的 A 點→B 點)。(4) 然而，就長期而言，勞動者也

察覺到物價上漲，其實實質工資率並未改變的情況，使得已增加的勞動供給量回復原本水準。此結果，導致失業率從 U_1 回到自然失業率 (B 點 → C 點)。(5) 如上所述，就短期而言，失業率將可從 A 點減少到 B 點，菲利浦曲線、物價版菲利浦曲線都呈現向右下方傾斜的曲線。然而，就長期而言，從 A 點到 C 點，失業率無法從自然失業率再減少，因而菲利浦曲線、物價版菲利浦曲線都呈現垂直狀態，自然失業率假設成立。

【問題 25-2】

有關菲利浦曲線或自然失業率假說的敘述，適當的選項為何者？

1. 所謂菲利浦曲線，乃指表示名目工資漲幅與失業率之間正相關之關係，呈現向右上方傾斜的曲線稱之，可實證說明停滯性通貨膨脹。
2. 菲利浦曲線有賴預期通貨膨脹率的大小，在預期通貨膨脹率上揚的情況下，將向下方位移。
3. 所謂自然失業率，乃指在勞動市場中，未達到充分就業情況下所處之失業率稱之，乃對應凱因斯所主張非自願性失業之失業率。
4. 依據自然失業率假設，當政府採取擴大總需求之政策時，由於企業與勞動者產生錯覺，可使短期的失業率下降。
5. 依據自然失業率假設，長期而言，菲利浦曲線呈現垂直狀態，藉由貨幣政策與財政政策，可達到比自然失業率還要低的失業率。

(特別區 I 類)

〈解答‧解說〉

1. × 由於菲利浦曲線乃名目工資率與失業率的「負」相關之關係，所以錯誤。另外，所謂相關關係乃指 2 個變數 (此處為名目工資率與失業率) 的關係，並未限定為因果關係 (原因與結果)。
2. × 在預期通貨膨脹率上揚的情況下，短期菲利浦曲線將向上方位移，所以錯誤。
3. × 自然失業率為充分就業時的失業率，所以錯誤。
4. ○ 乃正確的敘述。
5. × 即使藉由貨幣財政政策，就長期而言，仍無法達到低於自然失業率的失業率，所以錯誤。

正確解答　4

Chapter 26
IAD-IAS 曲線
―人們的預期會引發通貨膨脹？―

Point

1 所謂通貨膨脹需求 (IAD) 曲線，乃指財貨市場與貨幣市場同時達到均衡之國民所得與通貨膨脹率 (物價漲幅) 的組合所構成之集合，可表示如下。$Y=Y_{-1} + \beta(m-\pi) + \gamma g (Y_{-1}$：上期國民所得，$m$：名目貨幣供給量增幅，$\pi$：通貨膨脹率，$g$：政府支出增幅，$\beta$，$\gamma$ 皆為正的常數)

難易度 Ultra C

2 所謂通貨膨脹供給 (IAS) 曲線，乃指考慮勞動市場 (菲利浦曲線) 之國民所得與通貨膨脹率 (物價漲幅) 的組合所構成之集合，可表示如下。
$\pi = \alpha(Y-Y_F) + \pi e$ (π：通貨膨脹率，α：正的常數，πe：預期通貨膨脹率)

出題可能性

國家 II 種	**C**
國稅專門官	**B**
地方上級、市政廳、特別區	**C**
國家 I 種	**C**
中小企業顧問	**C**
證券分析師	**B**
註冊會計師	**C**
政府辦公室等記錄	**C**
不動產估價師	**C**
外務專門職務	**C**

3 貨幣學派以靜態的預期為前提之故，所以通貨膨脹供給 (IAS) 曲線為向右下方傾斜的曲線。

4 理性預期學派以理性的預期為前提之故，所以通貨膨脹供給 (IAS) 曲線在充分就業國民所得 (Y_F) 所在之處形成垂直之直線。

5 貨幣學派認為，藉由貨幣政策，短期而言雖可使國民所得提高，但長期而言，將回復充分就業國民所得，所以將徒使通貨膨脹率上升。

6 理性預期學派認為，藉由貨幣政策，即使短期而言亦無法使國民所得超過分就業國民所得，所以將徒使通貨膨脹率上升。

　　本章應該可說是總體經濟中最困難的論點吧！因此，讀了一遍仍不甚瞭解的話，也不要在意，接著繼續學習即可。因為即便是考試及格者也會有不甚瞭解的論點，所以就算無法理解也完全沒有必要喪失自信。

　　話雖如此，在前一章已學習過通貨膨脹與失業的關係，在本章則將思考有關通貨膨脹與國民所得的關係。首先，將學習當財貨市場與貨幣市場同時達到均衡之國民所得與通貨膨脹率 (物價漲幅) 的組合所構成之集合的通貨膨脹需求 (IAD) 曲線，其次，將學習考慮勞動市場 (菲利浦曲線) 之國民所得與通貨膨脹率 (物價漲幅) 的組合所構成之集合的通貨膨脹供給 (IAS) 曲線。然後，瞭解通貨膨脹率與國民所得乃由通貨膨脹需求曲線與通貨膨脹供給曲線之交點所決定。最後，瞭解通貨膨脹供給曲線的形狀將隨著人們對於通貨膨脹的預測方法 (預期) 而有所差異，而經濟政策之效果的結論也會隨之改變。

1. 通貨膨脹需求 (IAD) 曲線

【1】定義

所謂**通貨膨脹需求 (IAD) 曲線**，乃指**財貨市場與資本 (貨幣) 市場同時達到均衡之 (實質) 國民所得 (Y) 與通貨膨脹率 (物價漲幅：π)** 的組合所構成之集合稱之。

IAD 曲線乃是從作為財貨市場與貨幣市場同時達到均衡之國民所得與物價 (P) 的組合所構成之集合的 AD 曲線所導出的。

由於如何推導的詳細內容，有必要具備對數微分等數學知識，所以在此省略，而進行概略地說明。

【2】數學式與其意涵

IAD 曲線的數學式 (通貨膨脹需求函數)，可表示如下。

$$Y=Y_{-1} + \beta(m-\pi) + \gamma g \cdots ①$$

(Y：本期國民所得，Y_{-1}：上期國民所得，m：名目貨幣供給量增幅，π：物價漲幅，g：政府支出增幅，β、γ 皆為正的常數)

由於此處 m-π 乃將名目貨幣供給量 (M) 的增幅減去物價 (P) 漲幅，所以表示實質貨幣供給量 ($\frac{M}{P}$) 之增幅的意思。

若知道 m-π 為實質貨幣供給量之增幅的話，則 m-π >0，也就是說，實質貨幣供給量一旦增加，因為正在實施貨幣寬鬆政策，所以 Y(本期的國民所得) 大於 Y_{-1}(上期國民所得)，所以成為

$$Y=Y_{-1} + \beta(m-\pi)$$

比 Y_{-1} 還多出此差額

同樣地，g 為政府支出的增幅，當增加 g 的話，因為正在實施擴張性財政政策，所以 Y(本期的國民所得) 大於 Y_{-1}(上期國民所得)，所以成為 $Y=Y_{-1} + \gamma g$。

補　充

γ 讀作 gamma，乃希臘字母，表示英文的 C 之意。

舉　例

舉例來說，假設當名目貨幣供給量 (M) 增加 10% 時 (m=10%)，物價漲幅為 8%(π =8%)。如此一來，因為 $\frac{M}{P}$ 的分子 M 增加 10%，分母 P 也增加 8%，所以 $\frac{M}{P}$ 僅增加 10%–8%= 2%。

另外，由於 Y_{-1} 為上期國民所得，因此是已確定且不會變動的常數。請注意圖表 26-1 為本期的國民所得 Y 與本期的通貨膨脹率 π 的數學式。

將此①式改寫為 $\pi = \sim$ 的形式後，成為

$$\pi = \underbrace{-\frac{1}{\beta}Y}_{斜率} + \underbrace{\frac{Y_{-1}}{\beta} + m + \frac{\gamma}{\beta}g}_{截距}$$

如圖表 26-2 的 IAD 所示，將呈現向右下方傾斜的曲線。

此外，只有實施貨幣政策，尤其是在未實施財政政策的情況下，政府支出的增幅 g=0，則 IAD 曲線表示如下。

$$Y = Y_{-1} + \beta(m - \pi)$$

【3】 通貨膨脹需求 (IAD) 曲線的位移

和圖表 26-2 一樣，在圖表 26-3 中也畫出 IAD 曲線。

因為縱軸截距為 $\frac{Y_{-1}}{\beta} + m + \frac{\gamma}{\beta}g$，所以當 Y_{-1}、m、g 增加的話，縱軸截距的數值將變大，截距將從 A 向上移動到 A′，由此可知 IAD 曲線向上方位移。

由圖表 26-3 可知，作為景氣對策而進一步實施貨幣寬鬆政策 (m 的增加) 與擴張性財政政策 (g 的增加) 的話，IAD 曲線將從 IAD 向上方位移到 IAD′。向上方位移也可以說是向右方位移。

另外，由於 Y_{-1} 為上期國民所得乃是已決定的常數，所以本期開始不會增減。

圖表 26-1 ● 通貨膨脹需求 (IAD) 函數

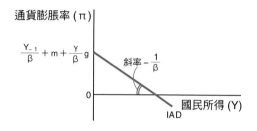

圖表 26-2 ● 通貨膨脹需求 (IAD) 曲線

圖表 26-3 ● IAD 曲線的上方位移

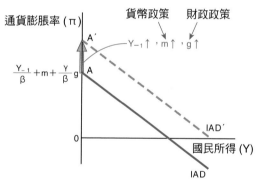

Point!

此與 AD-AS 分析中實施貨幣寬鬆政策與擴張性財政政策時，AD 曲線向上 (右) 方位移相似，因此以其為概念較容易理解。

Chapter
26

IAD
‧
IAS
曲
線

2. 通貨膨脹供給 (IAS) 曲線

通貨膨脹供給 (IAS) 曲線可利用奧肯法則 (Okun's law) 將 (物價版) 菲利浦曲線轉換後求出。

【1】奧肯法則

奧肯發現**失業率 (U) 與國民所得 (Y) 之間呈現負相關**，亦即當 Y 愈大的時候，U 愈小之關係 (奧肯法則)。

奧肯從過去的數據中發現了如此 Y 與 U 的關係，此可以解釋當 Y 愈小時，由於生產量較少，所以勞動需求量也少，因而失業率 (U) 較高，當 Y 愈大時，由於生產量較多，所以勞動需求量也多，因而失業率 (U) 較低。

【2】通貨膨脹供給 (IAS) 曲線

藉由利用奧肯法則，可以如下所示，從菲利浦曲線的 π 與 U 之關係，轉換成 π 與 Y 之關係，進而推導出通貨膨脹供給 (IAS) 曲線。

舉例來說，假設 (物價版) 菲利浦曲線如圖表 26-4〈A〉所示，呈現向右下方傾斜。當失業率以 $U_A \rightarrow U_B \rightarrow U_C$ 的方式增加時，通貨膨脹率將以 $\pi_A \rightarrow \pi_B \rightarrow \pi_C$ 的方式降低。

然而，從奧肯法則可知，當失業率上升的話，國民所得將降低。因此，當失業率以 $U_A \rightarrow U_B \rightarrow U_C$ 的方式增加時，國民所得將以 $Y_A \rightarrow Y_B \rightarrow Y_C$ 的方式減少。

如此一來，〈A〉**中向右下方傾斜的菲利浦曲線將如〈B〉所示，成為向右上方傾斜的 Y 與 π 之關係的圖形。此即通貨膨脹供給曲線 (IAS)。**

圖表 26-4 ●向右下方傾斜的 (物價版) 菲利浦曲線與 IAS 曲線之關係

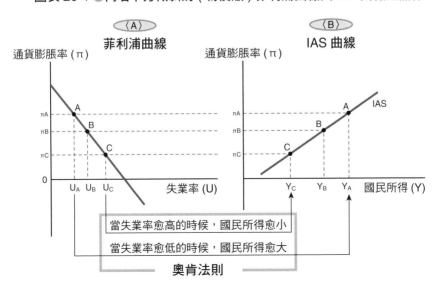

圖表 26-5 ●垂直的菲利浦曲線與 IAS 曲線之關係

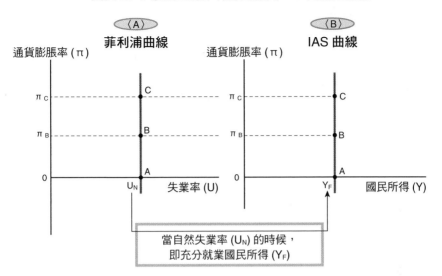

此外，如圖表 26-5〈A〉所示呈現**垂直的菲利浦曲線**，由於是當失業率為自然失業率 (U_N) 的時候，而國民所得為充分就業國民所得 (Y_F) 之故，所以將如〈B〉所示，呈現垂直的通貨膨脹供給 (IAS) 曲線。

✚ 補　充

　　然而，由於所謂菲利浦曲線乃指失業率與通貨膨脹率的關係，所以可說是考慮勞動市場的供需而決定通貨膨脹率。此處必須注意的是，未必勞動市場的供需相等，勞動市場才會呈現均衡。為何如此，乃因勞動市場均衡乃是當失業率 (U) 為自然失業率 (U_N) 的時候之故。

　　由於如此，將菲利浦曲線置換成 π 與 Y 之關係的通貨膨脹供給 (IAS) 曲線，可以定義為考慮勞動市場的供需 (並非「均衡」！) 之國民所得 (Y) 與通貨膨脹率 (π) 的組合所構成之集合。

3. IAD-IAS 均衡

舉例來說，假設如圖表 26-6 所示，通貨膨脹供給 (IAS) 曲線為 IAS₀，通貨膨脹需求 (IAD) 曲線為 IAD₀。IAD-IAS 分析的均衡所在，乃是通貨膨脹需求曲線 (IAD₀) 與通貨膨脹供給曲線 (IAS₀) 的交點 E₀。由於交點 E₀ 位於 IAD₀ 上，所以財貨市場與貨幣市場達到均衡，因為也位在 IAS₀ 上，所以也考慮到勞動市場中供需之 Y 與 π 的關係 (由於 IAS 乃將菲利浦曲線轉換而得，因此在菲利浦曲線上)。

如上所示，IAD-IAS 均衡乃考慮財貨市場、貨幣市場及勞動市場之 3 個市場的均衡。

圖表 26-6 ● IAD-IAS 均衡

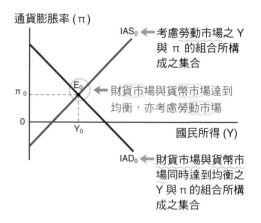

4. 貨幣學派的想法

【1】經濟政策的效果〈短期〉

貨幣學派假設短期菲利浦曲線為向右下方傾斜 (圖表 25-3)，所以通貨膨脹供給 (IAS) 曲線將如圖表 26-7 的 IAS₀ 所示向右上方傾斜。

如同已在圖表 26-3 說明過的，如果採用貨幣政策增加 m(名目貨幣供給量增幅)，採用財政政策提高 g(政府支出增幅) 的話，通貨膨脹需求 (IAD) 曲線將向上 (右) 方位移。如此一來，如圖表 26-7 所示，藉由貨幣政策與財政政策使 IAD 向上 (右) 方位移的話，國民所得將由 Y₀ 提高到 Y₁，通貨膨脹率也將從 π_0 上升到 π_1。

圖表 26-7 ● IAD-IAS 均衡

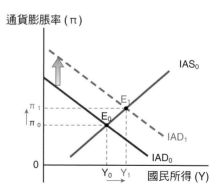

【2】經濟政策的效果〈長期〉

貨幣學派認為，長期而言菲利浦曲線將在自然失業率 (U_N) 的水準所在位置呈現垂直狀態 (自然失業率假說)。當為垂直的菲利浦曲線時，由圖表 26-5 可知，在 Y_F 的位置呈現垂直的通貨膨脹供給 (IAS) 曲線。

當為垂直的 IAS 曲線時，即便如圖表 26-8 所示，藉由經濟政策使 IAD 曲線從 IAD_0 向上方位移到 IAD_1，經濟則從 E_0 移動到 E_1，將只會造成通貨膨脹率上升，而國民所得卻不會改變。

接著，此處試著解答求出 IAD-IAS 分析之長期均衡的題目。

圖表 26-8 ●經濟政策的效果 (長期)

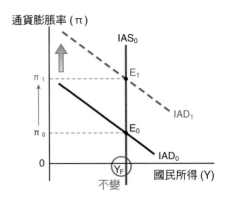

5. 理性預期學派的想法

理性預期學派認為，**就算在短期**，菲利浦曲線也是在自然失業率所在位置呈現垂直狀態 (圖表 25-3)。

由圖表 26-5 可知，當為垂直的菲利浦曲線時，**通貨膨脹供給曲線**將如圖表 26-8 所示呈現**垂直**狀態。

此時，即便藉由經濟政策使 IAD 曲線從 IAD_0 向右方位移到 IAD_1，如圖表 26-8 所示經濟從 E_0 移動到 E_1，也只會造成通貨膨脹率上升，而國民所得卻不會改變。

如此一來，即使是短期而言，經濟政策也不具效果為其主張。

【問題 26-1】

　　假設總體經濟以動態模型表示如下。

$$\pi = \pi^e + \lambda(Y-Y^*)$$

$$Y = Y_{-1} + \mu(m-\pi)$$

$$\pi^e = \pi_{-1}$$

$$\boxed{\begin{array}{l} \pi：通貨膨脹率，\pi^e：預期通貨膨脹率，Y：產出量（國民所得），\\ Y^*：充分就業產出量，m：貨幣供給增幅，Y_{-1}：上期國民所得，\\ \pi_{-1}：上期通貨膨脹率，\lambda、\mu：正的參數 \end{array}}$$

　　當本期以後貨幣供給增幅從 m 上升到 m_1 時，有關其通貨膨脹率 π 與產出量 Y 之下列敘述中，適當的選項為何者？此處，假設到上期為止，經濟處於長期均衡狀態，m 為 m_0 維持固定。

> 1. 無論就短期而言或長期而言，π 為上升。
> 2. 就短期而言，π 為上升，但長期而言則是不變。
> 3. 就短期而言，Y 為減少，但長期而言則是不變。
> 4. 就短期而言，Y 為增加，但長期而言則是減少。
> 5. 無論就短期而言或長期而言，Y 都會增加。

（國家公務員Ⅱ種）

解　法

　　有提到 $\pi^e = \pi_{-1}$，此乃本期的預期通貨膨脹率 (π^e) 與上期的預期通貨膨脹率 (π_{-1}) 相等，亦即本期也將延續上期對通貨膨脹率之預測（預期），表示即使本期的通貨膨脹率有所變動，也不會察覺的意思。可知此並非理性預期學派的想法，而是貨幣學派的想法。

　　若為貨幣學派的話，一旦提高貨幣供給量的增幅 (m) 使 IAD 曲線向上方位移的話，儘管短期而言將如圖表 26-7 所示，π 與 Y 都會增加，惟長期而言將如圖表 26-8 所示，π 會上升而 Y 不會增加。

　　由上可知，

1. 就短期、長期而言 π 都會上升，所以是正確的敘述。

2. π「長期而言為不變」的部分有誤。

3. Y「短期而言為減少」的部分有誤。

4. Y「長期而言為減少」的部分有誤。

5. Y「長期而言也會增加」的部分有誤。

正確解答　1

Part 7

IS-LM-BP 分析
一也想考慮日圓
升貶的影響！一

在第 5 部的 IS-LM 分析與第 6 部的 AD-AS 分析‧IAD-IAS 分析中，都假設為閉鎖經濟，未考慮海外市場。然而，日圓升貶等外幣匯率的變動對於日本經濟帶來莫大影響。因此，在第 7 部中，將學習在同時分析財貨市場與資本市場的 IS-LM 分析之外，也考慮海外的 IS-LM-BP 分析。然而，為了單純化起見，不分析勞動市場，而假設取決於與勞動市場之關係的物價為固定。

IS - LM - BP 分析

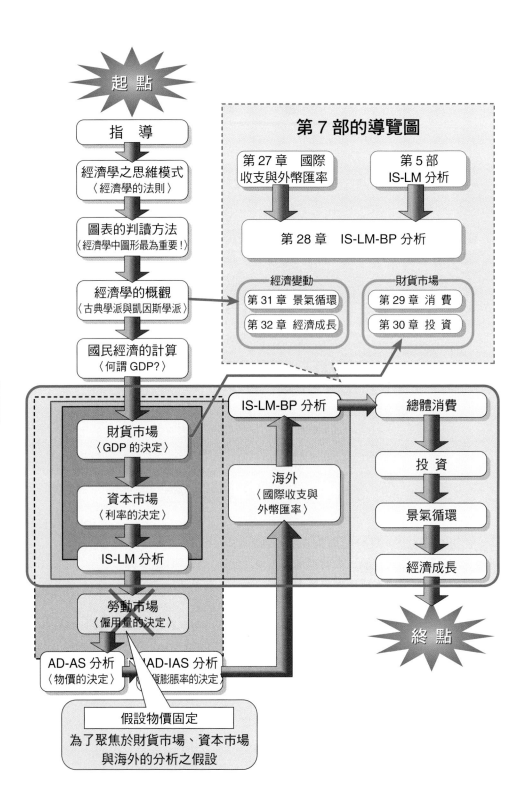

實體經濟 ─日圓升貶等影響國際經濟甚大─

日圓升貶等外幣匯率的變動對於日本經濟帶來莫大影響。一旦日圓走升的話，日本的出口企業其商品在外國變得難以銷售，連帶造成景氣惡化。舉例來說，在昭和60 年發生的日元升值蕭條，便是日圓升值對日本經濟造成的嚴重打擊。

以國際經濟來說，不僅是出口與進口等財貨的移動，國際間資金移動的影響也變得重要。

舞台 (分析對象) ─同時分析財貨市場、資本市場、海外─

因此，在此第 7 部中，將考慮有關海外，具體而言，即進出口與國際資本移動。然而，在此部中為了單純化起見，將不考慮勞動市場，而假設物價為固定。

物價固定→不考慮勞動市場

第 7 部的定位

```
┌──────────┐ ─ 45 度線分析
│ 財貨市場 │
└──────────┘           ┐ 資本市場同時分析財貨      ┐ 同時分析財貨市場・資
┌──────────┐           ├ 市場與資本市場〈IS-       ├ 本市場・國際收支〈IS-
│ 資本市場 │           ┘ LM 分析〉                  ┘ LM-BP 分析〉
│(貨幣市場·債券市場)│
└──────────┘                                        在第 7 部中分析

┌──────────┐
│ 海外部門 │ 在第 7 部中分析
└──────────┘

┌──────────┐
│ 生產要素市場 │ * 在第 7 部中未討論。 ──→ ┌──────┐
│(勞動市場)│                              │物價固定│
└──────────┘                              └──────┘
```

Part 7

IS
‖
LM
‖
BP
分
析

考慮海外的話，將開始出現外匯市場。所謂外匯市場乃指日圓與美元匯兌之市場。在外匯市場中，作為美元的需求者，外國產品的進口企業與使國際間資金移動的國際投資者也開始出場。作為美元的供給者，出口企業與使國際間資金移動的國際投資者也開始出場。

	需求者	供給者
財貨市場 （第 3 部）	家計單位 (消費、投資) 企業 (投資) 外國 (出口－進口)	企業
資本市場 （第 4 部）	家計單位、企業	中央銀行 (供給強力貨幣) 一般銀行 (存款創造)
勞動市場 （此部的第 27 章）	(美元的需求者) 進口企業 國際投資家	(美元的供給者) 出口企業 國際投資家

Part
7

IS
‑
LM
‑
BP
分
析

故事的進展 (構成)

在第 7 部裡除了財貨市場與資本市場，將進一步考慮海外市場。在國民所得與利率之外，國際收支與外幣匯率將出現並有所變動。

以在第 27 章所學習的國際收支與外幣匯率之知識為基礎，在第 28 章裡將學習同時考慮財貨市場、貨幣市場及海外的 IS-LM-BP 分析。藉由思考海外市場，進而瞭解與閉鎖經濟下的 IS-LM 分析之經濟政策效果有何差異。

接著，在第 28 章以後，將學習其他論點。在第 29 章與第 30 章裡，將學習凱因斯以外的消費與投資理論。然後，在第 31 章中則將學習有關短期而言景氣與不景氣不斷重複的景氣循環，在第 32 章中則將學習有關長期而言呈現變動的經濟成長。此處，也將理解與古典學派相近的學派與凱因斯學派在理論上之對立。

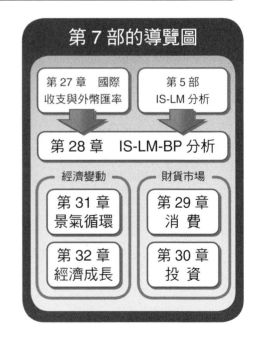

第 7 部的導覽圖

第 27 章 國際收支與外幣匯率 → 第 28 章 IS-LM-BP 分析 ← 第 5 部 IS-LM 分析

經濟變動
第 31 章 景氣循環
第 32 章 經濟成長

財貨市場
第 29 章 消費
第 30 章 投資

Chapter 27
國際收支與外幣匯率
—日圓升貶對經濟的影響為何？—

Point

1 所謂國際收支，乃將一個國家的資金收入與支出，加以綜合性地記錄而得，由經常收支與資本收支所構成。

難易度　B

2 所謂外匯市場，乃指某一貨幣與其他貨幣的兌換比率稱之，如同「1\$=100 日圓」一樣，在日本普遍採用以本國貨幣 (日圓) 為基準，來表示本國貨幣基礎 (國幣基礎) 的貨幣匯率。此非表示日圓，而是表示美元的價格。

出題可能性

國家Ⅱ種	C
國稅專門官	C
地方上級、市政廳、特別區	A
國家Ⅰ種	B
中小企業顧問	A
證券分析師	A
註冊會計師	B
政府辦公室等記錄	B
不動產估價師	B
外務專門職務	A

3 外幣匯率乃依外匯市場的需求與供給所決定。在需求與供給方面，即期而言會受各國的資產報酬率差異而造成的國際資本移動所影響 (資產法)，短期而言會受進出口所影響 (流量法)，長期而言會受物價水準所影響 (購買力平價理論)。

4 外幣匯率任由市場的需求與供給所決定之貨幣制度稱為浮動匯率制，外幣匯率經人為維持固定的貨幣制度稱為固定匯率制。固定匯率制為了固定外幣匯率，中央銀行將擔負干預的義務。

5 如果是浮動匯率制的話，藉由外幣匯率的調整，國際收支 (經常收支＋資本收支) 將達到均衡。

6 由於日圓升值將提高以美元報價的出口產品價格，所以通常將使出口減少。此外，將降低以日圓報價的進口產品價格，所以通常會使進口增加，進而減少財貨的需求 (Y^D)。相反地，由於日圓貶值通常會增加出口、減少進口，所以將提高財貨的需求 (Y^D)。

　　在本章裡，將學習有關國際收支與外幣匯率，此乃延伸閉鎖經濟的 IS-LM 分析，也考慮海外之 IS-LM-BP 分析上所必要的前提知識。

1. 國際收支

【1】何謂國際收支？

所謂**國際收支**，乃**將一個國家的資金收支（收入＝取得與支出＝支付），加以綜合性地記錄而得**。也就是說，將一個國家內資金的流入減去流出所得結果。**將資金流入以正值（黑字）、流出以負值（赤字）計算**。

Part
7

IS
-
LM
-
BP
分
析

【2】國際收支的形式

國際收支可概分為經常收支與資本收支。讓我們依循圖表 27-1 仔細地觀察。

【經常收支】

所謂**經常收支**，乃指經由財貨（物品）、服務、投資收益等管道所產生的現金流量，具體而言，有①**貿易・服務收支**，②**所得收支**，③**經常性移轉收支**等 3 個項目。

➕ 補　充 `:·□·:`

舉例來說，如果出口財貨的話，將獲得資金作為款項。像這樣，財貨的移動與資金的移動乃互為表裡的關係，也可記錄有關財貨的移動。

👉 Point!

或許提到黑字即會給人獲利的概念，但並非必然如此。如果從外國借款，因為是資金流入，所以國際收支將為黑字。

➕ 補　充 `:·□·:`

在統計上，國際收支為收入與支出相等之架構。此與現實中的收入和支出均衡與否無關，乃如三面等價原則時，統計上為求相等會進行調整（以「外匯準備增減」之項目作為統計上的修飾）之故。

圖表 27-1 ●國際收支的形式

		貿易收支 ------- 出口、進口
經常收支	貿易服務收支	服務收支 ------- 觀光、運輸、金融、通信
	所得收支 ------------------ 利息、股利	
	經常性移轉收支 ------------ 與消費財相關的無償資金援助	

		直接投資 ------ 直接經營控制為目的
資本收支	投資收支	證券投資 ------ 股票、債券
		其他投資 ------ 放款、借款
	其他資本收支 -------------- 與資本形成相關的無償資金援助	

外匯準備增減

誤差與遺漏

① 貿易、服務收支

為貿易收支與服務收支的加總。

1) 貿易收支

所謂**貿易收支**，乃指**透過財貨（物品）的出口與進口所產生的資金流量**。如果物品銷往外國的話，由於從外國得到款項，所以成為黑字，以正值表示。另一方面，若自外國進口物品的話，因為支付款項給外國，所以進口將成為赤字，以負值表示。因此，可以貿易收支＝出口－進口來計算。

2) 服務收支

如同運輸、觀光、金融及通信一樣並非物品，不具形體的商品稱為服務。與這些服務有關，來自外國的取得與支出稱為服務收支。

② 所得收支

所謂**所得收支**，乃指**資本（資金）與勞動等生產要素所獲得之所得的往來當中，屬於跨國往來的部分**。具體而言，包括貸款的利息與股票所配發的股利，在外工作之所得的匯款等。

③ 經常性移轉收支

對外國之財貨援助與繳納外國的稅金，自外國取得的稅金，在外工作之勞動者對母國之匯款等，無對價性之單方往來。像這樣例外的往來稱為經常性移轉收支。由於此經常性移轉收支屬例外性質，所以可以不用太在意。

以上為經常收支，其次，讓我們說明有關資本收支。

＋ 補 充

由於日本的出口比進口還多，所以貿易收支為正值呈現黑字。這表示因為出口較多，在外國銷售數量多而有所獲利的意思。

＋ 補 充

就日本而言，服務業較弱，服務方面以購買外國的服務而支出的情況較多，由於要付出金錢，所以日本的服務收支呈現赤字。

時 事

長年以來，日本將貿易黑字所賺得的資金，運用在對海外的放款與購買海外的股票。此結果，使得每年自外國進入日本，作為放款利息與股票所配發之股利的金額甚多，因而所得收支呈現黑字。

用 語

在一般的交易裡，若是提供財貨與服務的話，便可獲得資金，要是什麼都不付出的話，便無法獲得資金。此稱為對價性，而援助與稅金並無對價性。

【資本收支】

所謂**資本收支**，乃**表示對外資產與對外負債之增減**，具體而言，包括①投資收支，②其他資本收支等 2 項。

① 投資收支

投資收支乃是直接投資、證券投資及其他投資之加總。

1) 直接投資

所謂**直接投資**，乃指**以經營控制企業為目的而進行的股票投資**等稱之。

2) 證券投資

不以經營控制企業為目的所進行的股票投資與債券投資等稱之。由於此種證券投資以藉由短期內買賣並從中獲利為目的之資金為多，所以**每年有所不同，時而流入、時而流出，動向不甚安定。**

3) 其他投資

跨國資金的借貸等稱之。

② 其他資本收支

無償之資金援助等，使對方國家的資本 (= 此處為資金) 增加的項目。

【外匯準備增減】

金融當局 (日本央行) 所保有之外幣金額的增減。

【誤差與遺漏】

國際收支統計的誤差與遺漏之調整項目。

另外，在國際收支為赤字或是黑字的情況下，是**除了外匯準備增減之外的考量。**此國際收支也稱為綜合收支。

時 事

由於日本企業在外國設立了許多的關係企業 (子公司)，因而以經營控制為目的進行了大量的股票投資。也就是説，因為資金自日本流出，所以日本的直接投資呈現赤字。此赤字為最近的趨勢。

時 事

日本的證券投資也每年有所不同，時而黑字、時而赤字。

時 事

日本若對外國的新增貸放資金多的話，資金流出將為赤字，收回已貸出資金多的話則為黑字，每年會有所變動。

➕ 補 充

由於此「其他資本收支」屬例外性質，所以可以不用太在意。

➕ 補 充

由於此誤差與遺漏不太會被問到，所以可以不用太在意。

理 由

因為外匯準備增減乃是使國際收支總是維持均衡的調整項目之故。

國際 (綜合) 收支 = 經常收支 + 資本收支

　　以下將日本的國際收支整理在圖表
27-2 中。

重點如下：

①經常收支為黑字，資本收支為赤字

②與貿易黑字相比，所得收支的黑字較
　大

➕ 補　充　⌈∵□∵⌉

　　因為取得的利息‧股利等資金又進一步
運用在購買外國股票等用途之故。

➕ 補　充　⌈∵□∵⌉

　　並非出口大國，利用到目前為止出口所
賺得的資金購買外國的股票與債券，如今該
股息‧利息等收入的部分較多。

圖表 27-2 ●日本的國際收支 (平成 20 年，2008 年)

黑字
【經常收支】
(+ 19.8)

・貿易‧
　黑字服務收支
　(+ 7.3)

・貿易收支　　黑字 (+ 9.5)
・服務收支　　赤字 (−2.1)

・所得收支　　(+ 13.7)　　黑字
・經常性移轉收支　(−1.3)

赤字
【資本收支】
(−12.5)

・投資收支
　(−11.9)

・直接投資　　赤字 (−6.6)
・證券投資　　每年不同，時而黑字、時而赤字
　　　　　　　(+ 14.8)

・其他資本收支　　・其他投資　　赤字 (−20.3)
　(−0.6)

赤字
【外匯準備增減】
(−3.7)

赤字
【誤差與遺漏】
(−3.7)

(單位：兆日圓)

接著，試著解答有關國際收支的題目。

〈解答・解說〉

1. × 因為國際收支由經常收支・資本收支・外匯準備增減・誤差與遺漏所構成，所以錯誤。
2. × 經常收支不包含外匯準備增減，所以錯誤。
3. × 由於運輸屬於服務，列入服務收支之故，所以錯誤。
4. ○ 乃正確的敘述。
5. × 利息與股利的取得為持續性地發生，列入經常收支中的所得收支，所以錯誤。

正確解答　4

陷　阱

　　購買股票的款項與貸款的本金雖為資本收支，但每年獲得的股息與利息則列入經常收支中的所得收支，由於此點容易弄錯，所以請留意。

2. 外幣匯率

【1】何謂外幣匯率？

所謂外幣匯率，乃指某一貨幣與其他貨幣的兌換比率。該表示方法有直接報價與間接報價 2 種。

① 直接報價

所謂直接報價，乃指如「1$=100 日圓」一樣，以本國貨幣 (日圓) 為基準來表示。在日本普遍採用此方法。**此直接報價「1$=100 日圓」並非表示日圓的價格，而是表示美元的價格**，此為重點所在。

> **所謂 1$= ○○日圓，乃是以日圓來表示 1 美元的價格。**

② 間接報價

相對於此，所謂間接報價，乃指如「1 日圓 =1/100$」一樣，以外國貨幣 (美元) 為基準來表示。這樣的表示方式，在日本不太使用。**此間接報價「1 日圓 =1/100$」乃 1 日圓的價值，亦即表示日圓的價格**，此為重點所在。

【2】國際貨幣制度

決定外幣匯率相關的國際貨幣制度中，分為浮動匯率制 (Floating Exchange Rate System) 與固定匯率制 (Fixed Exchange Rate System)2 種。

① 浮動匯率制

所謂**浮動匯率制**，乃指**外幣匯率任由市場的需求與供給所決定之貨幣制度**。目前的日圓即為浮動匯率制。

＋ 補 充

也稱為價格報價法。

─ 舉 例

雖然從 1$=200 日圓變成 1$=100 日圓稱為日圓升值，但大家是否會認為「從 200 日圓變為 100 日圓相對便宜，為何不是日圓貶值卻是升值呢？」而覺得不甚合理呢？

其實，此乃因為 1$ 的價格從 200 日圓減半至 100 日圓，以致美元變得便宜之故。也就是說，日圓的價值變成 2 倍，故為「日圓升值」。

─ 舉 例

從 1 日圓 = $\frac{1}{200}$ \$ 變成 1 日圓 = $\frac{1}{100}$ \$(= $\frac{2}{200}$ \$) 的話，由於日圓的價值變為 2 倍，可知日圓升值。

---

② 固定匯率制

所謂固定匯率制，乃指為了將外幣匯率維持固定，中央銀行擔負起干預義務的貨幣制度。日圓匯率曾經固定在 1$=360 日圓。

然而，由於外幣匯率乃是外國貨幣與本國貨幣的相對價格，所以由外匯市場的需求與供給所決定。為了將作為該價格的**外幣匯率固定，中央銀行有必要持續性地干預**。

另外，日本央行(日本銀行)一旦進行賣出日圓、買進美元的干預時，日本央行所供給的強力貨幣增加，連帶貨幣供給量亦將提高。相反地，由於買進日圓、賣出美元的干預將使日本央行收回日圓，所以貨幣供給量將會減少。像這樣**藉由對外匯市場的干預以抵銷貨幣供給量的變動，用以調整國內貨幣政策所帶來的貨幣供給量之數量**，稱為**沖銷政策**(Sterilization Policy)。

【3】外幣匯率的決定

由於外幣匯率為外匯市場上的價格，所以由外匯市場上的需求與供給所決定，圖表 27-3 中即決定在需求曲線與供給曲線的交點。

此處，有必要注意作為縱軸價格的匯率。如圖表 27-3 所示，若在縱軸上取我們常用的直接報價(1$= ○ × 日圓)的話，由於此乃美元的價格，所以需求曲線與供給曲線並非日圓的，而是美元的需求曲線與供給曲線。然後，在美元的需求與供給之交點 E 上，美元的價格將決定在如 1$=105 日圓的位置。如此一來，雖然可知外幣匯率乃由需求與供給所決定，那麼，該需求量與供給量又將如何決定呢？

這個問題，一般而言，依期間的長短區分為「即期」、「短期」、「長期」3部分進行說明。

─ 舉 例 ─

當日圓的需求增加，在發生超額需求的情況下，日圓將會升值。因此，為了防止日圓升值，日本央行將就超額需求的部分，進行賣出日圓、買進美元的干預，以避免日圓升值。相反地，在日圓發生超額供給的情況下，為了防止日圓貶值，日本央行將就超額供給的部分，進行買進日圓、賣出美元的干預。在 1973 年，透過各國的中央銀行維持外幣匯率的固定變得困難，因而已開發國家轉移至浮動匯率制直到現在。

─ 舉 例 ─

為了防止日圓升值所採取的賣出日圓、買進美元之干預，由於乃由中央銀行供給日圓，所以使得強力貨幣增加。透由賣出操作，將該增加部分的強力貨幣收回使之減少，藉以確保強力貨幣的數量維持固定數額之政策。

圖表 27-3 ●外幣匯率的決定

直接報價
(1$= ○ × 日圓)

1$=105 日圓

美元的價格

需求量，供給量

美元供給

美元需求

E

➕ 補 充

也有以短期、中期、長期加以區分的。

① 即期：資產法 (Asset Approach)

所謂**資產法**，乃指**在財貨數量不變的即期內，由於各國的資產報酬率差異而引起國際資本移動，連帶影響外匯的需求與供給之理論**。

就連我們正在觀看電視新聞的當下，以及正在吃飯的當下，對外匯的需求與供給也時時刻刻地變動，促使匯率持續變動。在像這樣的「即期」裡，出口與進口等財貨的數量並未變動。因此，此情況下的變動，被認為是投機性之資金引起的資金快速波動所造成的。

② 短期：流量法 (Flow Approach)

認為「**在數個月之短期內，投機性的國際資本移動已結束，貿易將對於外匯的需要與供給造成影響**」之見解，即**流量法**。

如果日本的出口增加的話，藉由出口收取美元的企業，由於將在外匯市場賣出美元、買進日圓，所以日圓的需求會提高，因而美元貶值、日圓升值。

③ 長期：**購買力平價理論** (Theory of Purchasing Power Parity, PPP)

進一步考慮長期間的話，物價將會變動。**認為「在物價會變動的長期內，物價水準會影響外匯市場的需求與供給」**的即是**購買力平價理論**。因為解釋此理論乃以「大麥克匯率」最為有名，所以讓我們用圖表 27-4 加以說明。

用 語

即跨國資金之移動。

用 語

所謂投機性的資金，乃指將資產進行某種投資之資產運用的資金。由於英文的資產稱為 asset，所以此種想法稱為資產法。

舉 例

如果覺得日圓有利可圖，便會以大量的資金買入日圓進行日圓的運用，若認為美元有利可圖則會買入美元進行美元的運用。

補 充

由於資產法乃資產的運用，因此為存量，而貿易乃流量的概念，所以此想法稱為流量法。

補 充

相反地，如果日本的進口增加的話，從事進口的日本企業，由於將會賣出手中持有的日圓而購入美元用以支付款項，所以日圓的供給將提高，因而美元升值、日圓貶值。

用 語

所謂購買力平價，乃指使 2 種貨幣之購買力 (= 可以購買財貨的數量) 相同的意思。

圖表 27-4 ●大麥克匯率 (購買力平價理論)

日本	美國	外幣匯率
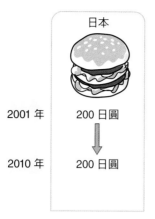	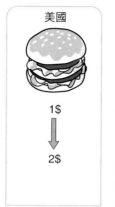	

2001 年	200 日圓	1$	1$=200 日圓
↓	↓	↓	↓
2010 年	200 日圓	2$	2$=200 日圓 (1$=100 日圓) 日圓升值

在起初 2001 年時，由於在日本 1 個大麥克為 200 日圓，在美國為 1$，所以 1$ 與 200 日圓等同於 1 個大麥克的價值，匯率為 1$=200 日圓。

然而，在 2010 年，假設在日本的物價不變仍為 1 個 200 日圓，但在美國的物價變為 2 倍，成為 1 個 2$。由於無論 200 日圓還是 2$ 都是 1 個大麥克的價值，所以匯率為 2$=200 日圓，也就是 1$=100 日圓，即為日圓升值、美元貶值。

④ 其他理論：利率平價理論 (Interest Rate Parity Theory)

儘管決定外匯的理論仍有其他多個理論，但以下將說明在外務專門職務與中小企業顧問中常出題的利率平價理論。

所謂**利率平價理論**，乃指**兩國之間雖存在利率上的差距，但將會為了達到報酬率相等而決定匯率的理論**。

舉例來說，假設日本的利率 (r_j) 為 1%，美國的利率 (r_a) 為 10%，直接報價的匯率 (e) 為 1$=100 日圓。根據利率平價理論，1 年後的利率 (e*) 將決定如下所示。

舉 例

由於用 1$ 買得到的東西，與用 100 日圓買得到的東西相同，所以 1$ 與 100 日圓的價值相同，因而成為 1$=100 日圓的匯率。

➕ 補 充

假設市面上只有大麥克，亦即大麥克的價格 = 物價。

☝ Point!

像這樣，由於物價一旦上漲，將造成以某金額之貨幣能夠購買的物品數量減少，導致貨幣價值降低之故，所以該國的貨幣價值下跌而變得便宜。

Part 7

IS
-
LM
-
BP
分
析

如果 100 萬日圓在日本國內運用的話，因為日本國內的利率 (r_j) 為 1%，所以 1 年後將為 100 萬日圓 $\times(1 + 0.01)=101$ 萬日圓 ……①

其次，讓我們考慮將此 100 萬日圓置於美國運用的情況。首先，將 100 萬日圓兌換成美元，假設為 100 萬日圓 $\div 100$ 日圓 / 美元 $=1$ 萬美元。然後，將此 1 萬美元運用於美國的利率 10%，1 年後將成為 1 萬美元 $\times(1 + 0.1)=1.1$ 萬美元。將此 1.1 萬美元兌換成日圓的話，將成為 1.1 萬 \$$\times$e* 日圓 ……②

在利率平價理論中，為了達到兩國之間的報酬率相等而決定匯率為其考量，所以在日本國內運用 1 年後之金額 (①) 與在美國運用 1 年後之金額 (②)，當兩者達到相等時，將決定 1 年後之匯率 (e*)。如此一來，

日本國內運用 (①)　　在美國的運用 (②)

101 萬日圓　$=$　1.1 萬 \$$\times$e*

認為應決定在

$$e^* = \frac{101\ 萬\ (日圓)}{1.1\ 萬\ (美元)} = 約\ 92\ 日圓$$

將以上數值用 r_j、r_a、e、e^* 表示的話，在日本國內運用 1 年後，成為

$(1 + r_j)\times 100$ 萬日圓 ……①

在美國運用 1 年後，成為

$$\frac{100\ 萬日圓}{e}\times(1 + r_a)\times e^* ……②$$

接著，由於在①與②相等所在位置決定 e*，所以

$(1 + r_j)\times 100$ 萬日圓

$$= \frac{100\ 萬日圓}{e}\times(1 + r_a)\times e^*$$

將此數學式整理之後，成為

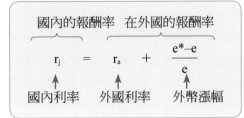

進一步改寫此數學式後，即為

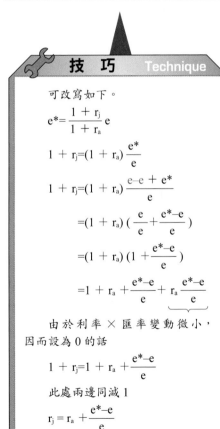

由於利率 $\times$ 匯率變動微小，因而設為 0 的話

$$1 + r_j = 1 + r_a + \frac{e^* - e}{e}$$

此處兩邊同減 1

$$r_j = r_a + \frac{e^* - e}{e}$$

另外，右邊的 $\dfrac{e^*-e}{e}$ 表示外幣的漲幅，乃匯率變動產生的報酬率（稱為匯兌收益）。

— 舉 例 —

假設目前的匯率 (e) 為 1 美元 =100 日圓，而 1 年後的匯率 (e*) 為 1 美元 =120 日圓，則每 1 美元得到 120 日圓 –100 日圓 =20 日圓的美元升值 / 日圓貶值收益。由於這是使用 100 日圓買進 1$ 時的報酬，所以報酬率為

$$\frac{120-100}{100} = \frac{20}{100} = 0.2(20\%)$$

像這樣，e*–e 表示美元升值所產生的利益，因此將其除以購買美元所必要的日圓金額 (e)，才是報酬率。

3. 外幣匯率與國際收支

【1】浮動匯率制的國際收支調整功能

所謂國際收支呈現黑字，乃指資金的流入高於流出的意思。所謂資金流入，乃指資金從外國進入日本國內，存在於外國的外幣，在外匯市場上將外幣兌換成日圓之後進入日本。為何如此，乃因在日本國內無法直接利用外幣之故。

相反地，資金流出即資金從日本國內流向外國，存在於日本的日圓，在外匯市場上將日圓兌換成外幣，並以外幣的形式匯出海外。為何如此，乃因在外國無法直接利用日圓之故。

因此，所謂國際收支呈現黑字，乃指資金流入本國的金額較多，所以買入本國貨幣、賣出外幣的情況較多，本國貨幣呈現超額需求，而外幣呈現超額供給的狀態。如此一來，在圖表 27-5 的美元市場中，若是向右上方傾斜之供給曲線與向右下方傾斜之需求曲線的話，美元呈現超額供給，因而美元將下跌 (= 日圓上漲) 促使需求與供給達到一致，亦即將在國際收支均衡所在 (即為 0) 的匯率水準 e* 之位置維持穩定。

相反地，在國際收支呈現赤字的情況下，美元出現超額需求，連帶美元的價值將上揚 (= 日圓下跌) 促使需求與供給達到一致，亦即將在國際收支均衡所在 (即為 0) 的匯率水準 e* 之位置維持穩定。像這樣，**藉由匯率的調整促使國際收支趨於均衡**。

復　習

所謂國際收支，乃將一個國家內資金的流入減去流出所得結果。

Point!

由於如此，所謂資金流入，乃由買入本國貨幣 (= 本國貨幣的需求)，以及賣出外幣 (= 外幣的供給) 所構成。

Point!

由於如此，所謂資金流出，乃由賣出本國貨幣 (= 本國貨幣的供給)，以及買入外幣 (= 外幣的需求) 所構成。

圖表 27-5 ●外匯市場與國際收支

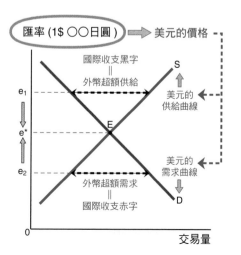

【2】貿易與匯率

① 流量法

就貿易收支而言，並非數量而是金額。如今，假設本國貨幣為日圓，貿易收支以日圓表示。舉例來說，試想日本因貿易黑字使得國際收支為黑字，促使日圓上揚，從 1$=200 日圓變動至 1$=100 日圓時 (日圓升值)。

此時，來自外國的進口商品在外國標價為 1$，而 1$ 的商品以日圓為單位計價的話，將從 200 日圓跌價至 100 日圓。相反地，運往外國的出口商品在日本國內為 200 日圓之價格的商品，以美元為單位計算的話，將從 1$ 上漲到 2$。如此一來，一般而言將使出口量減少而使進口量增加，貿易黑字將減少而趨於均衡。

> **補 充**
>
> 貿易收支 = 出口量 (EX)× 出口價格 (P_{ex})– 進口量 (IM)× 進口價格 (P_{im})。

② J 曲線效果 (J Curve Effect)

然而，在數量未發生變化的短期來看，若以剛才的例子而言，出口價格仍維持 200 日圓不變，但進口價格則從 200 日圓跌價至 100 日圓。如此一來，若出口‧進口兩者數量未有太大變動的話，進口價格下跌將造成進口金額減少，當然貿易黑字將會擴大。

像這樣，**短期而言因為匯率的變動，反而導致貿易收支不均衡的情況擴大之現象**，稱為 **J 曲線效果**。

此外，作為未發生「J 曲線效果」之外匯市場的安定條件，有**進口價格彈性與出口價格彈性之總和大於 1 的馬歇爾─勒納安定條件** (Marshall-Lerner Condition)。雖然要正確地將它計算出來非常麻煩，但請瞭解對於匯率的變動所造成之出口商品與進口商品的價格變動而言，出口量與進口量乃是其充份變動的條件。

圖表 27-6 ●**日圓升值對貿易造成的影響**

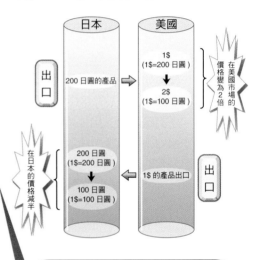

> **補 充**
>
> 就短期而言，從物理性的商品製造時間、運送時間與存在長期契約等方面來看，不會使貿易 (出口‧進口) 的數量發生變動。

> **補 充**
>
> 在縱軸上取貿易收支、在橫軸上取時間的話，由於將形成如同英文的 J 字母一樣之曲線，所以稱為 J 曲線。

【問題 27-2】

閱讀以下文章後，回答下述的提問。

下圖表示外匯 (此處為美元) 的需求與供給。一般而言，外匯的需求與供給，乃因國際之間的貿易交易與資本交易而發生，此處為了單純化起見，考慮只有進行貿易交易。縱軸表示匯率，愈向上走意指日圓貶值‧美元升值。橫軸表示外匯的需求量‧供給量。如今，畫出外匯的需求曲線為 D，供給曲線為 S。

此時，使外匯的需求與供給均衡的匯率決定在 E_0，貿易收支得以達到均衡。然而，①匯率位在 E_1 的水準時，貿易收支呈現黑字。如此一來，匯率將朝日圓升值‧美元貶值的方向前進，直到匯率調整至 E_0 為止，外匯市場將呈現均衡。

此處，我們關注在外匯市場上需求與供給的關係，看到了匯率的變動‧決定，在決定匯率的理論中，存在②購買力平價理論與利率平價理論等看法。

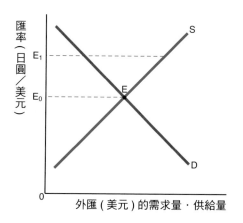

Chapter
27

國際收支與外幣匯率

提問 1

有關在文章裡的畫線處①，在貿易收支為黑字的情況下，一般認為外匯市場將呈現何種狀況。請選出最適當的選項。

A. 日圓的超額供給與美元的超額供給
B. 日圓的超額供給與美元的超額需求
C. 日圓的超額需求與美元的超額供給
D. 日圓的超額需求與美元的超額需求

提問 2

　　有關在文章裡的畫線處②，基於購買力平價理論，作為匯率變動的說明，最適當的選項為何者？

A. 假設其他條件不變，一旦美國的所得水準提高的話，匯率將趨於日圓貶值‧美元升值。

B. 假設其他條件不變，一旦美國的物價水準上揚的話，匯率將趨於日圓貶值‧美元升值。

C. 假設其他條件不變，一旦日本的所得水準提高的話，匯率將趨於日圓貶值‧美元升值。

D. 假設其他條件不變，一旦日本的物價水準上揚的話，匯率將趨於日圓貶值‧美元升值。

（中小企業顧問）

〈解答‧解說〉

（提問 1）

　　由於縱軸為日圓 / 美元 (1 美元＝○○日圓)，亦即美元的價格。因此，題目中的 D 為美元的需求曲線，S 為美元的供給曲線。因為在匯率 E_1 的位置供給較多，所以美元呈現超額供給。由於想要賣出美元、買進日圓的人較多，所以日圓呈現超額需求。

正確解答　C

（提問 2）

　　基於購買力平價理論，一旦日本的物價上揚的話，因為用 1 萬日圓可以買得到的物品數量將減少，所以日圓的價值下降，日圓將呈現貶值。

正確解答　D

Chapter 28

IS-LM-BP 分析

――一旦考慮國際經濟的話，經濟政策的效果會有所改變？――

Point

1
當國際收支達到均衡之國民所得與利率的組合所構成之集合，稱為 BP 曲線。在資本完全移動的情況下，將在國際利率的位置呈現水平，在資本不可移動的情況下，將在國民所得的位置呈現垂直，而在資本不完全移動的情況下，則是呈現向右上方傾斜。

2
在資本完全移動且浮動匯率制的情況下，雖然貨幣政策的效果極大，但財政政策無效。

3
在資本完全移動且固定匯率制的情況下，雖然貨幣政策無效，但財政政策的效果極大。

在本章裡，將延伸閉鎖經濟的 IS-LM 分析，學習也考慮海外之 IS-LM-BP 分析。首先，學習 BP 曲線，其次，學習有關在浮動匯率制時的經濟政策效果。然後，學習有關在固定匯率制時的經濟效果，並理解在浮動匯率制與固定匯率制下的經濟效果之差異。

難易度　C

出題可能性

國家 II 種	C
國稅專門官	B
地方上級、市政廳、特別區	B
國家 I 種	B
中小企業顧問	B
證券分析師	B
註冊會計師	A
政府辦公室等記錄	A
不動產估價師	A
外務專門職務	A

1. 何謂 IS-LM-BP 分析？

【1】為了單純化之假設

現實的國際經濟非常複雜，因為實體經濟的原貌過於複雜而無法直接分析，所以將就訂定假設加以單純化之 Model(模型) 進行分析。

①由於不考慮勞動市場，因此假設**物價為固定不變**。

②假設本國貨幣為日圓，外幣只有美元，而**經常收支＝貿易收支**。

③滿足馬歇爾─勒納安定條件，亦即日圓升值將使經常收支惡化，而日圓貶值將改善經常收支。

④**假設國際投資家預期目前的匯率往後也不會有所變動，有所謂靜態的匯率預期**。

⑤**假設所分析之對象國家乃無法影響外國國民所得與國際利率之小國〈小國之假設〉**。

⑥假設外國的國民所得、國際利率等其他條件維持固定。

⑦假設 IS 曲線為向右下方傾斜，LM 曲線為向右上方傾斜。

【2】BP 曲線

所謂 **BP 曲線**，乃指當**國際收支達到均衡之國民所得 (Y) 與利率 (r) 的組合所構成之集合**。運用此 BP 曲線與 IS 曲線、LM 曲線，可以使財貨市場、貨幣市場、國際收支等 3 方面在 3 個曲線的交點上同時達到均衡。

BP 曲線的形狀，會依國際資本移動的自由程度之高低而有所不同。因此，讓我們以①資本完全移動，②資本不可移動，③資本不完全移動等 3 種情況下的 BP 曲線加以思考。

補 充

也就是假設沒有服務收支、所得收支、經常性移轉收支，只考慮出口與進口。

用 語

所謂靜態的匯率預期，乃指擔負國際資本移動的國際投資家預期匯率將維持現有水準之假設。在此情況下，將會單純地使資本往利率高的國家移動。然而，在現實情況下，匯率時時刻刻都在變動，國際投資家並不會預期匯率不變而有所作為，因此也存在不符現實之爭議點。儘管如此，訂定此假設乃為了將實體經濟加以單純化，使其容易分析之故。

理 由

因為如果本國的利率與國民所得的變動會影響外國的話，討論起來將會變得複雜之故。

用 語

因為國際收支的英文為 Balance of Payment，所以稱為 BP 曲線。

補 充

由於已經學習過 IS 曲線、LM 曲線，所以此處 BP 曲線的理解變得格外重要。

復 習

稱為跨國資金的移動。以下將僅稱為資本移動。

① 資本完全移動的情況

在資本完全移動的情況下，基於假設④假定靜態的匯率預期，舉例來說，如圖表 28-1 的 A 點所示，本國的利率 (r) 為 r_a，一旦比國際利率 (r_f) 還要高的話，為了謀求較高的利率，國際間的資本 (資金) 將會流入，連帶資本收支出現大幅黑字，進而導致國際收支呈現黑字。

相反地，如 B 點所示，本國的利率 (r) 為 r_b，一旦比國際利率 (r_f) 還要低的話，為了謀求較高的利率，國內的資金將流向利率高的外國，連帶資本收支出現大幅赤字，進而導致國際收支呈現赤字。

如此一來，**由於國際收支達到均衡所在將為 $r=r_f$ 時，所以 BP 曲線將在 $r=r_f$ 的位置呈現水平，而在 BP 曲線上方為黑字，在下方為赤字** (圖表 28-1)。

② 資本不可移動的情況

由於資本不可移動，所以資本收支為零，即國際收支 = 經常收支。此外，由假設②可知，經常收支 = 貿易收支 = 出口 – 進口，所以國際收支 = 出口 – 進口。因為出口依對手國的國民所得而定，所以假設為固定，另假設進口 =mY 的話，經常收支 (= 國際收支) 將因 Y 提高連帶進口增加而呈現赤字化，或因 Y 下降連帶進口減少而呈現黑字化。

此處，假設在某國民所得水準 Y*，達到經常收支 = 國際收支 =0 呈現均衡。因此，一旦 Y>Y* 的話，進口將增加，導致經常收支 = 國際收支 <0 而呈現赤字，一旦 Y<Y* 的話，進口將減少，導致經常收支 = 國際收支 >0 而呈現黑字。

如此一來，BP 曲線在 Y=Y* 的位置呈現垂直狀態，右側為 BP<0(赤字)，左側為 BP>0(黑字)。

用 語

國際利率也稱為外國利率、全球利率，由於 foreign、world、international 因而大多以 r_f、r_w、r_i 來表示。

圖表 28-1 ● BP 曲線①
(資本完全移動的例子)

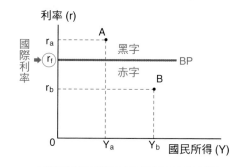

補 充

由於資本不可移動，所以資本收支恆為零。雖然國際收支 = 經常收支 + 資本收支，惟資本收支為零，故而國際收支 = 經常收支。

圖表 28-2 ● BP 曲線②
(資本不可移動的例子)

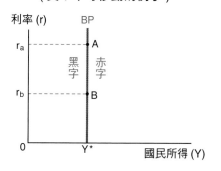

補 充

若為 Y=Y* 的話，無關乎利率 (無論 r_a 還是 r_b)，國際收支將維持均衡。

③ 資本不完全移動的情況

舉例來說，假設在圖表 28-3 的 A 點 (Y_0, r_0) 上國際收支達到均衡。當國民所得提高到 Y_1，從 A 點移動到 A′ 點的話，伴隨著國民所得的提高，進口將增加之故，所以經常收支赤字化，而該部分將導致國際收支呈現赤字。一旦利率從 r_0 稍微上升到 r_1 的話，由於資本從外國流入，促使資本收支出現某種程度上的黑字化，得以彌補經常收支的赤字，而使國際收支能夠達到均衡 (B 點)。

將此國際收支達到均衡的 A 點與 B 點連接起來，即為 BP 曲線，呈現向右上方傾斜。

另外，在 BP 曲線的右下方因為利率較低，所以資本流出而出現赤字 (或是因為國民所得較高，所以進口較多而出現赤字)。在 BP 曲線的左上方因為利率較高，所以資本流入而出現黑字 (或是因為國民所得較低，所以進口較少而出現黑字)。

▶▶**徹底解說**◀◀

所謂資本不完全移動，由於並非指資本不會移動，所以資金會流向高利率。然而，因為資本不完全移動並非完全自由移動，資金流入僅侷限在某種程度上，所以只能達到某種程度上的黑字化。如果是「①資本完全移動的情況」的話，利率一旦升高，將造成來自全球的資金大量湧入，這一點有所差異。

圖表 28-3 ● BP 曲線③
(資本不完全移動的例子)

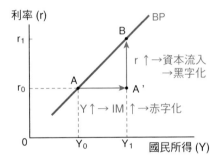

2. IS-LM-BP 均衡

接著，我們將最常被舉出的①資本完全移動的情況，亦即 BP 曲線在國際利率 (r_f) 所在位置呈現水平之例子，畫在圖表 28-4 中。

經濟位於 IS 曲線、LM 曲線與 BP 曲線的交點 E，而國民所得為 Y_e、利率為 r_f。此時，財貨市場、貨幣市場與國際收支同時達到均衡。

然後，讓我們試著解答求出 IS-LM-BP 均衡的計算題。

圖表 28-4 ● IS-LM-BP 均衡

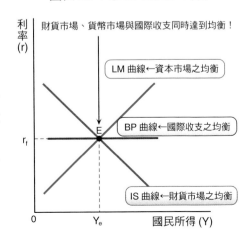

【問題 28-1】

考慮以下列模型所表示的經濟。

$$Y=C + I + G + X$$

$$C=200 + 0.8Y^D \qquad\qquad r=r^*=0.1$$

$$I=500–1{,}000r \qquad\qquad L=(0.6Y–2{,}000r)P$$

$$X=150–0.1Y + 100e\frac{P^*}{P} \qquad Y^D =(1–0.25)Y$$

此外，假設 P=P*=1，G=200，M=1,000。

> Y：國民所得，C：消費，I：投資，G：政府支出，X：經常收支，
> Y^D：可支配所得，e：匯率，P：國內物價水準，P*：外國物價水準，
> r：國內利率，r*：外國利率，L：貨幣需求量，M：貨幣供給量

此時，當政府支出 G 增加 100 時，求出當時的均衡國民所得。

> 1. 1,800
> 2. 2,000
> 3. 2,200
> 4. 2,400
> 5. 3,000

（國家公務員 II 種）

在計算上必要的知識

IS-LM-BP 模型 (浮動匯率制 / 資本完全移動)

補　充

　　在 IS-LM-BP 模型下，浮動匯率制、資本完全移動的例子，稱為蒙代爾—弗萊明模型。

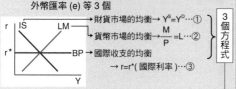

原則 13　**蒙 代 爾 ― 弗 萊 明 模 型**
(Mundell-Fleming Model)
均衡之計算

未知數為國民所得 (Y)、利率 (r)、外幣匯率 (e) 等 3 個

→ 財貨市場的均衡→ Y^S=Y^D…①
→ 貨幣市場的均衡→ $\frac{M}{P}$=L…②　　} 3 個方程式
→ 國際收支的均衡
　→ r=r*(國際利率)…③

用 3 個方程式解出 3 個未知數 Y、r、e

Point!

　　由於未知數為 Y、r、e 等 3 個，方程式亦為 3 個，所以可以求解。

Step 1　從題目中確認其為蒙代爾＝弗萊明模型。

Step 2　運用原則 13 計算出均衡。

計　算

Step 1　確認模型

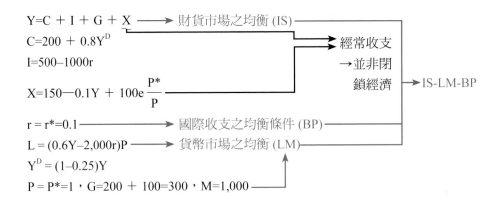

$Y = C + I + G + X$ ⟶ 財貨市場之均衡 (IS)

$C = 200 + 0.8Y^D$

$I = 500 - 1000r$

$X = 150 - 0.1Y + 100e\dfrac{P^*}{P}$

$r = r^* = 0.1$ ⟶ 國際收支之均衡條件 (BP)

$L = (0.6Y - 2,000r)P$ ⟶ 貨幣市場之均衡 (LM)

$Y^D = (1 - 0.25)Y$

$P = P^* = 1$，$G = 200 + 100 = 300$，$M = 1,000$

經常收支
→並非閉
鎖經濟 ➤ IS-LM-BP

從以上題目中的數學式可知為 IS-LM-BP 模型 。

然後，國際收支的均衡條件為 r = r*　　　如匯率 e = 200 一樣並非常數→ e 為變數

⬇　　　　　　　　　　　　　　　　　⬇

國際資本完全移動　　　　　　　　　浮動匯率制

蒙代爾—弗萊明模型

Step 2　均衡的計算

(1) 國際收支的計算

r = r* = 0.1

(2) 貨幣市場的均衡

$$L = (0.6Y - 2,000r)P$$

$$\frac{L}{P} = 0.6Y - 2,000r$$

$$\frac{M}{P} = \frac{L}{P}$$

$$\frac{1,000}{1} = 0.6Y - 2,000r$$

$$0.6Y = 1,000 + 2,000r$$

$$= 1,000 + 2,000 \times 0.1$$

$$= 1,200$$

$$Y = \frac{1,200}{0.6} = 2,000$$

💀 陷 阱 ✖

因為乘以物價 (P)，所以 L 是名目貨幣需求。

一般而言，在 $\dfrac{M}{P} = L$ 這樣的情況，與實質貨幣供給量（$\dfrac{M}{P}$）相等的 L，即實質貨幣需求。

正確解答　2

3. 經濟政策的效果①
（資本完全移動、浮動匯率制）

接著，讓我們運用 IS 曲線、LM 曲線與 BP 曲線，思考貨幣政策與財政政策的效果。

另外，假設資本完全移動，而且為浮動匯率制。

【1】貨幣政策的效果

首先，假設起初的經濟為圖表 28-5 的 E 點。

如今，假設中央銀行實施擴大名目貨幣供給量的貨幣寬鬆政策，導致 LM 曲線向右方位移，從 LM 移動到 LM'(①)。此結果，使得經濟成為 E' 點，利率下降 ($r_f \rightarrow r_1$)，國民所得提高 ($Y_0 \rightarrow Y_1$)。若為閉鎖經濟的 IS-LM 分析的話，將到此為止。然而，在也考慮海外的 IS-LM-BP 分析，則還有後續。

在 E' 點的國內利率為 r_1，比國際利率 r_f 還要低。因此，由於利率高的一方有利可圖，導致日本的資金流往利率高的海外。因為要將日圓賣出兌換成美元而流往海外，故而賣出日圓、購入美元，促使日圓貶值、美元升值。由於日圓貶值、美元升值促使出口擴大而進口縮減，導致財貨市場的總需求增加，連帶 IS 曲線向右方位移 (②)。只要日本國內的利率 (r) 仍是 $r < r_f$ 的話，資本將會流出而持續此過程，直到 IS 位移到 IS' 為止，屆時在 $r = r_f$ 將達到均衡狀態。如此一來，經濟將在 E'' 點 (Y_2, r_f) 呈現均衡。

由上可知，相較於閉鎖經濟，在浮動匯率制且國際資本完全移動的情況下，貨幣政策的效果將更為顯著。

用 語

運用 IS 曲線、LM 曲線與 BP 曲線的分析，稱為 IS-LM-BP 分析。

用 語

資本完全移動且為浮動匯率制的 IS-LM-BP 分析，稱為蒙代爾—弗萊明模型。

＋ 補 充

此處亦可用以下的方式換句話說。由於 E' 點在 BP 曲線的下方，所以國際收支呈現赤字，日圓出現超額供給 (美元出現超額需求)，因而日圓貶值、美元升值。

Chapter
28

IS
‐
LM
‐
BP
分
析

圖表 28-5 ● 貨幣政策的效果
（資本完全移動、浮動匯率制）

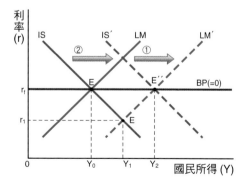

【2】財政政策的效果

首先，假設起初的經濟為圖表 28-6 的 E 點。

如今，實施擴張性財政政策促使 IS 位移到 IS′ (①) 的話，在圖表 28-6 中，經濟成為 E′ 點，利率上升 (r_f → r_1)，國民所得提高 (Y_0 → Y_1)。若為閉鎖經濟的 IS-LM 分析的話，將到此為止。然而，在也考慮海外的 IS-LM-BP 分析，則還有後續。

在 E′ 點的國內利率為 r_1，比國際利率 r_f 還要高。因此，由於利率高的一方有利可圖，導致全球的資金將流入利率高的日本。因為外國的資金為美元，所以將賣出美元、買入日圓，造成美元流入日本，促使美元貶值、日圓升值。由於日圓升值將導致出口 (EX) 減少，而美元貶值將帶動進口 (IM) 增加，因此財貨市場的總需求 (Y_D=C ＋ I ＋ G ＋ EX–IM) 下滑，連帶 IS 曲線向左方位移 (②)。只要仍是 $r>r_f$ 的話，資本將流入而持續此過程，直到 IS′ 回復到 IS 為止，屆時在 $r= r_f$ 將達到均衡狀態。

如此一來，經濟將回復到 E 點 (Y_0, r_f)。

由上可知，在浮動匯率制且國際資本完全移動的情況下，財政政策將為無效。

Part 7

IS – LM – BP 分析

➕ 補　充

此處亦可用以下的方式換句話說。由於 E′ 點在 BP 曲線的上方，所以國際收支呈現黑字，日圓出現超額需求 (美元出現超額供給)，因而日圓升值、美元貶值。

圖表 28-6 ●財政政策的效果
(資本完全移動、浮動匯率制)

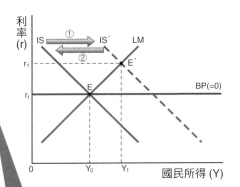

☠ 陷阱 ✖

有人會誤認為由於全球的「資金流入」，所以「貨幣供給量增加，LM 向右方位移。」然而，雖說「資金流入」，卻並非是存在於海外的日圓流入日本國內，因此日本國內的貨幣供給量並不會有所增加。

〈浮動匯率制 ‧ 資本完全移動的情況〉
貨幣政策極為有效，但財政政策無效

接著，這次讓我們考慮資本完全移動，但為固定匯率制的情況。

【1】貨幣政策的效果

在圖表 28-7 中，一旦實施貨幣寬鬆政策，促使 LM 位移到 LM′(①) 的話，經濟將成為 E′點，利率下降 ($r_f \to r_1$)，國民所得提高 ($Y_0 \to Y_1$)。

在 E′點的國內利率為 r_1，比國際利率 r_f 還要低。因此，由於利率高的一方有利可圖，促使日本的資金流往利率高的海外。因為要將日圓賣出兌換成美元而流往海外，故而賣出日圓、購入美元，連帶日圓貶值、美元升值。若是浮動匯率制的話，由於日圓貶值將促使出口增加而進口減少，所以財貨市場中總需求提高，帶動 IS 曲線向右方位移，因而貨幣政策的效果將為極大。

然而，此處因為是固定匯率制，所以中央銀行為了避免日圓貶值、美元升值，以維持匯率固定，而進行買入日圓、賣出美元之干預。由於中央銀行購買日圓乃是將市場上的日圓收回中央銀行的金庫，所以只要中央銀行不採取沖銷政策的話，日圓的強力貨幣將減少，導致 LM 曲線向左方位移 (②)。

到最後，只要日本國內的利率 r 仍是 $r < r_f$ 的話，資本將會流出而持續此過程，直到 LM′ 向左位移回復到 LM 為止，最終將回復到原來的 E 點，成為 $r = r_f$ 而達到均衡狀態。

如此一來，在固定匯率制且資本完全移動的情況下，貨幣政策將為無效。

圖表 28-7 ● 貨幣政策的效果
(資本完全移動、固定匯率制)

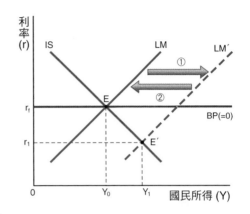

陷阱

有人會誤認為「日本的資金流向海外，連帶貨幣供給量減少，LM 曲線向左 (上) 方位移。」然而，雖說「資金流向海外」，卻並非是以日圓的形式流向海外，因此日本國內的貨幣供給量並不會有所改變。

 **Point!**

就算宣示 1$= ○○日圓，也無法使外幣匯率維持固定。中央銀行為了抵銷外幣匯率的變動，有必要進行徹底地干預。

【2】財政政策的效果

在圖表 28-8 中，一旦實施擴張性財政政策，促使 IS 位移到 IS′ (①) 的話，經濟將成為 E′ 點，利率上升 ($r_f \to r_1$)，國民所得提高 ($Y_0 \to Y_1$)。然而，**在 E′ 點的國內利率為 r_1，比國際利率還要高**。因此，由於利率高的一方有利可圖，**導致全球的資金將流入利率高的日本**。因為外國的資金為美元，故而將賣出美元、買入日圓，帶動美元流入日本，促使美元貶值、日圓升值。

若是浮動匯率制的話，由於日圓升值將導致出口減少、進口增加，所以使 IS 曲線向左方位移。**然而，在固定匯率制下，由於中央銀行擔負著干預的義務，為了避免日圓升值，因而進行賣出日圓、買入美元之干預。此結果，只要中央銀行不採取沖銷政策的話，強力貨幣將增加，導致 LM 曲線也向右方位移 (②)。**

到最後，只要日本國內的利率 r 仍是 $r > r_f$ 的話，資本將會流入而持續此過程，直到 LM 向右位移到 LM′ 為止，最終將在 $r = r_f$ 所在之 E″ 點達到均衡狀態。

如此一來，在固定匯率制且資本完全移動的情況下，經濟將成為 E″ 點 (Y_2, r_f)，財政政策將極為有效。

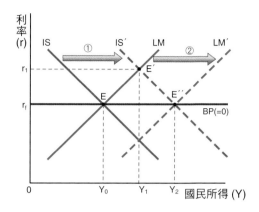

圖表 28-8 ●財政政策的效果
（資本完全移動、固定匯率制）

〈固定匯率制‧資本完全移動的情況〉
貨幣政策無效，而財政政策極為有效

像這樣，固定匯率制的經濟政策之效果，與浮動匯率制情況的經濟政策效果（貨幣政策極為有效，但財政政策無效）形成相反的結論。讓我們將此情況整理在圖表 28-9 中。

圖表 28-9 ●經濟政策之效果
（資本完全移動的情況）

	浮動匯率制	固定匯率制
貨幣政策	極為有效	無效
財政政策	無效	極為有效

【問題 28-2】

　　有關財政政策與貨幣政策對於國民所得與利率的最終效果，在以下的敘述中，適當的選項為何者？

1. 在固定匯率制且資本完全移動的情況下，即使藉由貨幣政策擴大貨幣供給量，也無法提高國民所得，利率也不會變動。
2. 在固定匯率制且資本完全移動的情況下，一旦擴大財政支出的話，將提高國民所得，利率也會上揚。
3. 在浮動匯率制且資本完全移動的情況下，一旦擴大財政支出的話，將提高國民所得，利率也會上揚。
4. 在浮動匯率制且資本完全移動的情況下，一旦藉由貨幣政策擴大貨幣供給量的話，將提高國民所得，而利率會下降。
5. 在浮動匯率制且資本不可移動的情況下，一旦擴大財政支出的話，雖然國民所得不會提高，但利率將會上揚。

（國家公務員II種）

〈解答・解說〉

1. ○ 乃圖表 28-7 的例子，為正確的敘述。
2. × 乃圖表 28-8 的例子。雖然「提高國民所得」正確，但並非「利率上揚」，而是回復到原來的水準（國際利率），所以錯誤。
3. × 乃圖表 28-6 的例子。此時「財政政策無效，所以國民所得不會增加，利率也會回復到原來的水準」，所以錯誤。
4. × 乃圖表 28-5 的例子。雖然「提高國民所得」正確，但並非「利率下降」，而是回復到原來的水準（國際利率），所以錯誤。
5. × 雖然未說明「資本不可移動的情況」，但由於選項 1 明顯正確，所以可以推斷此選項錯誤。

正確解答 1

　　接著，還有一題，請思考關於問答題應以何種架構寫出答案。

【問題 28-3】

請說明有關在開放經濟下的不景氣對策。

（外務專門職務）

〈參考答案〉

1. 所謂「不景氣對策」，乃指在不景氣時實施擴大總需求政策，亦即定義為貨幣寬鬆政策與擴張性財政政策。

2. 在分析上運用 IS-LM-BP 分析。所謂 IS-LM-BP 分析，乃指運用財貨市場達到均衡的 IS 曲線、貨幣市場達到均衡的 LM 曲線，以及國際收支達到均衡的 BP 曲線，以求出財貨市場、貨幣市場及國際收支等 3 方面同時均衡的分析方法。

3. 在進行分析時先訂定以下的假設。①浮動匯率制，②資本完全移動。③物價固定。④分析對象國家屬於小國。⑤為求單純化起見，假設本國貨幣為日圓，經常收支＝貿易收支。⑥滿足馬歇爾＝勒納安定條件。⑦靜態的匯率預期。⑧ IS 曲線為向右下方傾斜，LM 曲線為向右上方傾斜。

4. 依假設②、假設⑦，本國的利率 (r) 一旦比國際利率 (r_f) 還要高的話，資本將會流入，導致國際收支呈現黑字，本國的利率 (r) 一旦比國際利率 (r_f) 還要低的話，資本將會流出，導致國際收支呈現赤字。如此一來，國際收支達到均衡將是 r＝r_f 時，而 BP 曲線將在 r＝r_f 所在位置呈現水平狀態（〈圖 1〉）。

5. 起初，假設經濟在〈圖 1〉、〈圖 2〉中 IS、LM、BP 之 3 條曲線的交點所在 E 之位置，財貨市場、貨幣市場及國際收支同時達到均衡。

6. (1) 如果實施貨幣寬鬆政策，導致 LM 位移到 LM′ 的話，在〈圖 1〉中，經濟成為 E′ 點，利率將下降 ($r_f \rightarrow r_1$)，國民所得將提高 ($Y_0 \rightarrow Y_1$)。然而，由於 E′ 點在 BP 曲線的下方，所以國際收支呈現赤字，造成日圓貶值。由於日圓貶值將帶動出口擴大且進口縮減，導致財貨市場的總需求增加，連帶 IS 曲線向右方位移。只要仍是 r＜r_f 的話，資本將會流出而持續此過程，直到 IS 位移到 IS′ 為止，屆時在 r＝r_f 所在位置將達到均衡狀態。如此一來，經濟將成為 E″ 點 (Y_2, r_f)，貨幣寬鬆政策將極為有效。

(2) 其次，如果實施擴張性財政政策促使 IS 位移到 IS′ 的話，在〈圖 2〉中，經濟將成為 E′ 點，利率將上揚 ($r_f \rightarrow r_2$)，國民所得將提高 ($Y_0 \rightarrow Y_1$)。然而，由於 E′ 點在 BP 曲線的上方，所以國際收支呈現黑字，造成日圓升值。由

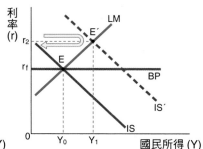

〈圖 1〉 〈圖 2〉

於日圓升值將帶動出口縮減且進口增加，導致財貨市場的總需求下滑，連帶 IS 曲線向左方位移。只要仍是 r > r_f 的話，資本將會流入而持續此過程，直到 IS′ 回復到 IS 為止，屆時在 r = r_f 所在位置將達到均衡狀態。如此一來，經濟將回復到 E 點 (Y_0, r_f)，財政政策將變為無效。

7. 接著，修正假設①，考慮在固定匯率制且資本完全移動的情況。

(1) 如果實施貨幣寬鬆政策，而導致利率下降的結果，資本將會流出而面臨日圓貶值壓力，中央銀行為了維持匯率固定，將進行買入日圓、賣出美元之干預，進而造成強力貨幣減少，而與貨幣寬鬆政策相互抵銷，導致貨幣政策變為無效。

(2) 如果實施擴張性財政政策的話，藉由利率上揚、資本流入，將會面臨日圓升值壓力，而中央銀行進行賣出日圓、買入美元之干預的結果，將造成強力貨幣增加，促使財政政策極為有效。

8. 在資本完全移動且浮動匯率制下，貨幣政策有效，而財政政策無效，在固定匯率制下，貨幣政策無效，而財政政策有效。

技 巧 Technique

在時間不夠充分的情況或答題頁面有所限制的情況下，此部分可不寫（省略），請儘可能在時間內寫出答案。

MEMO

Chapter 29

消　費
―人們也會考慮晚年才消費？―

Point

1 短期而言，雖然適用於 C=a＋bY 的凱因斯消費函數，但長期而言，則適用於 C=0.9Y 之顧志耐消費函數。為了將此短期與長期的消費函數整合說明，因而誕生了總體消費理論。

2 生命週期假說認為，會為了使一輩子所使用的金額與消費能夠達到均衡 (一生消費＝一生所得＋資產) 而進行消費。

3 恆常所得假設認為，並非以現在的所得，而是由恆常所得 (長期平均所得) 來決定消費。

4 相對所得假說認為，消費並非僅由現在個人的所得決定，也會受到以往本身的消費與現在其他人的消費所影響。

難易度	A

出題可能性

國家Ⅱ種	A
國稅專門官	A
地方上級、市政廳、特別區	A
國家Ⅰ種	A
中小企業顧問	B
證券分析師	A
註冊會計師	B
政府辦公室等記錄	A
不動產估價師	B
外務專門職務	B

　　在本章裡，將學習如何決定一個國家的消費金額之所謂總體消費理論。總體消費理論之所以特地加上「總體」，乃是為了與個體經濟學中所學習的消費理論有所區別之故。

　　說到總體消費理論，雖然已學習過凱因斯消費函數，但經過後來的調查瞭解，就短期而言，雖然凱因斯消費函數適用，惟長期而言並不適合。

　　因此，說明有關短期與長期之消費的理論相繼出現。這些稱為總體消費理論，我們將學習具代表性的 3 個理論，即生命週期假說、恆常所得假說與相對所得假說 (以上稱為三大假說)。然後，對這三大假說加以評價，在最後，將利用這些理論，思考日本儲蓄率急速下滑的原因，以及泡沫經濟瓦解導致消費低落的理由。

【1】凱因斯消費函數

凱因斯認為消費 (C) 為國民所得 (Y) 的函數，假設

C=a + bY

(a、b 為常數，a>0，0<b<1)

用 語

稱為凱因斯消費函數。

【2】顧志耐消費函數

然而，顧志耐 (Simon Kuznets) 調查過去長期間內國民所得 (Y) 與消費金額之關係的結果，得出以下調查結果。

C=0.9Y

用 語

稱為顧志耐消費函數。

補 充

如同採用同期中以所得階層區分之消費數據，這樣的數據稱為截面數據 (cross-section data)，用以區別與時間並列觀察消費金額如何變動之數據 (時間序列數據)。

【3】總體消費論爭

調查實體經濟後可知，長期而言，雖如顧志耐所調查的顧志耐消費函數一般，惟以數年的短期而言，<mark>依同期之所得階層的消費金額</mark>，將以凱因斯消費函數較為適當。

> 實體 ➡ 短期－凱因斯消費函數
> 經濟 ➡ 長期－顧志耐消費函數

因此，<mark>關於為何短期與長期而言消費函數不同這一點發生了論爭</mark>。在此論爭之中，<mark>相對所得假說‧生命週期假說 (Life-cycle Hypothesis)‧恆常所得假說 (Permanent Income Hypothesis) 最具影響力</mark>。

各個假設如何無衝突地說明短期而言為凱因斯消費函數，長期而言則為顧志耐消費函數，此為第 1 重點。其次，如何將現實中我們的消費行為做出很好地解釋，此乃第 2 重點。

圖表 29-1 ● 短期與長期的消費函數

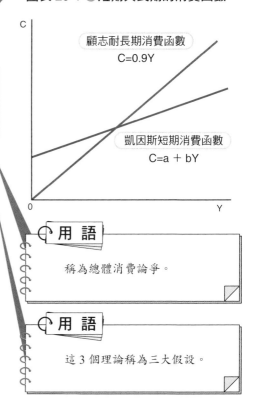

顧志耐長期消費函數
C=0.9Y

凱因斯短期消費函數
C=a + bY

用 語

稱為總體消費論爭。

用 語

這 3 個理論稱為三大假設。

Part 7

IS
‑
LM
‑
BP
分
析

2. 生命週期假說

【1】內容

所謂**生命週期假說**，乃指消費金額並非如凱因斯所說的，僅由現在個人的所得本身而決定，而是會**為了使一輩子所使用的金額與消費能夠達到均衡（一生消費＝一生所得＋資產）而進行消費**之見解。

假設從現在到死亡為止的年數為 T，從現在到退休為止的年數為 t 年，每年所得為 Y，初期持有資產為 W，每年消費為 C。

另外，為了單純化起見，

① 假設利率為零；

② 有關退休與死亡時間並無不確定性；

③ 直到退休為止，每年所得 Y 維持固定；退休後則為零；

④ 到死亡為止，每年消費 C 亦為固定；

⑤ 假設未遺留遺產。

> **補　充**
> 安東 (Alberto Ando) 與莫迪利安尼 (Franco Modigliani)、布倫貝格 (R. Brumberg) 的見解。

> **補　充**
> 如果以超乎此步調的方式消費的話，在途中便將面臨資金不足，以致晚年感到困擾。

> **補　充**
> 根據此假設，將可不考慮因為時間落差而造成的折現值等差異。

消費

圖表 29-2 ● 生命週期假說

一輩子可使用的 W ＋ tY= 一輩子所消費的 CT

因為一輩子可使用的金額乃一生所得＋初期持有資產，即 tY ＋ W。另一方面，一輩子的消費為 TC。由於為了達到此兩者均衡而進行消費，因此即為

tY ＋ W=TC

如此一來，1 年內的消費 (C) 為

$$C= \frac{W}{T} + \frac{t}{T} Y \quad \langle 生命週期假說 \rangle$$

【2】短期與長期的整合說明

就短期而言，**通常因為資產 (價值)** W 不致出現太大變動，所以假設為固定。

如此一來，

$$C=\frac{W}{T}+\frac{t}{T}Y$$

在上述式子中，由於 W/T 為固定所以假設為 a，而 $\frac{t}{T}$ 亦為固定所以假設為 b。因此，成為

$$C=a+bY$$

可得出短期的凱因斯消費函數。

然而，**就長期而言**，資產 W 當 Y 一旦增加的話，久而久之 W 也逐漸增加。因此，

$$W=fY \quad (f 為常數，f>0)$$

假設為上述單純的關係。

然後，

$$C=\frac{W}{T}+\frac{t}{T}Y$$

$$=\frac{(fY)}{T}+\frac{t}{T}Y$$

$$=\frac{f+t}{T}Y$$

假設 $\frac{f+t}{T}$ =0.9 的話，成為 0.9Y，

即長期的顧志耐消費函數為 C=0.9Y。

補　充

所謂「通常」，乃指並無泡沫經濟造成資產 (價值) 在短期內大幅上揚，以及泡沫經濟瓦解導致資產 (價值) 在短期內大幅下滑之情況的意思。泡沫經濟及其瓦解之特殊的例子，將在稍後加以分析。

補　充

此處，因為 T 為從現在到死亡為止的年數，t 為從現在到退休為止的年數，乃已經確定的事，所以為固定。

Point!

由於資產 (W) 就短期而言為確定，所以凱因斯消費函數有常數 (a)，惟長期而言，將隨著 Y 而變動，因此假設為 fY，常數 (a) 消失，而成為顧志耐消費函數。

【問題 29-1】

假設某人依循生命週期假說而訂定消費與儲蓄的計畫。此人的工作期間為 25 年，此期間每年有 400 萬日圓的所得，而退休期間為 15 年，此期間並無所得。此外，此人在工作期間的第 1 年初始時，擁有 800 萬日圓的儲蓄。當此人在一生中每年都以同樣金額進行消費時，工作期間第 1 年的新增儲蓄金額為多少呢？

此外，假設利率為 0，過世後沒有遺留財產。

> 1. 130 萬日圓
> 2. 150 萬日圓
> 3. 230 萬日圓
> 4. 250 萬日圓
> 5. 330 萬日圓

(國家公務員 II 種)

〈解答・解說〉

此人一生的所得為 400 萬日圓 ×25 年 =10,000 萬日圓。此外，由於還有 800 萬日圓的儲蓄餘額，所以一生所使用的金額為 10,000 萬日圓 + 800 萬日圓 =10,800 萬日圓……①

另一方面，因為每年進行的消費 (C) 歷經工作期間與退休期間，所以長達 25 年 + 15 年 =40 年。如此一來，一生中的消費金額為 40 年 ×C 萬日圓 =40C 萬日圓……②

在生命週期假說中，由於每年的消費金額 (C) 乃取決於一生可使用的金額 ① = 一生的消費金額 ②，所以

$$40C=10,800$$

因而　$C=\dfrac{10,800}{40}=270(\text{萬日圓})$

然而，題目所求並非消費，而是第 1 年的儲蓄。因為儲蓄 = 所得 – 消費，而第 1 年的所得為 400 萬日圓之故，所以

儲蓄 = 所得 (400 萬日圓)– 消費 (270 萬日圓)=130 萬日圓

正確解答　1

另外，可看出此題目對於儲蓄的敘述上，存在流量與存量的混亂。舉例來說，提到「第 1 年初始時，擁有 800 萬日圓的儲蓄」，但因為是第 1 年初始 (某一時點) 的持有量，所以是存量，稱為儲蓄餘額才正確。此外，提到「工作期間第 1 年的新增儲蓄金額」，所謂儲蓄乃指一定期間內的儲蓄餘額之變動量 (增加金額或是減少金額)，所以使用新增這樣的用語也不適當。個人認為，此題目恐怕不是使用經濟學的專門用語，而是採用一般用語之儲蓄意涵而作成的題目。

3. 恆常所得假說

【1】內容

所謂**恆常所得假說**，乃指**消費金額**並非如凱因斯所說的，取決於現在的所得，而是**由恆常所得 (長期平均所得) 來決定之見解**。

假設現在的所得為 Y，Y 乃由恆常所得 (Y_P) 與短期內會變動的可變動所得 (Y_T) 所構成 $(Y = Y_P + Y_T)$。

當景氣繁榮的時候，由於現在的所得 Y 比長期平均所得 Y_P 還高，所以 Y_T 為正值。然而，一旦景氣不佳，因為現在的所得 Y 比作為長期平均所得的恆常所得 (Y_P) 還少，所以 Y_T 為負值。

【2】短期與長期的整合說明

由於消費乃取決於恆常所得，所以假設消費函數為 $C=0.9Y_P$。

舉例來說，在圖表 29-3 中，考慮現在的國民所得從 Y_0 提高到 Y_1 的情況。就長期而言，因為作為長期平均所得的恆常所得也變動，順利地沿著 $C=0.9Y$ 移動到 B 點的 C_b，連帶消費增加 ($C_a \rightarrow C_b$)。

然而，短期而言，作為長期平均所得的恆常所得 (Y_P) 將維持在現在所得 (Y) 的水準不會提高，消費金額不會像 C_b 一樣增加，只會從 $C_a \rightarrow C_c$ 增加 (C 點)。

其次，考慮現在所得從 Y_0 減少到 Y_2 的情況。儘管長期而言，沿著 $C=0.9Y$ 移動到 D 點的 C_d，連帶消費金額減少，但短期而言，長期平均所得並未減少這麼多，所以只會從 $C_a \rightarrow C_e$ 減少 (E 點)。

由上所述，長期的消費函數為 DAB 所連接而成的顧志耐消費函數 $C=0.9Y$，

圖表 29-3 ●恆常所得假說

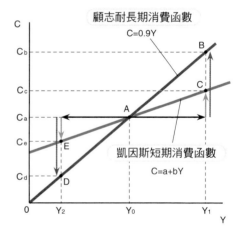

而短期的消費函數則是 EAC 所連接而成的 $C=a + bY$ 之凱因斯消費函數。

【3】與生命週期假說的關係

將恆常所得視為一生的長期平均所得思考的話，到頭來因為考量一生的所得而進行消費之故，以致恆常所得假說變成與生命週期假說相近的理論。

4. 相對所得假說

【1】內容

所謂**相對所得假說**，乃指**消費金額**並非如凱因斯所說的，**僅由現在個人的所得本身而決定**，也會受到以往本身的消費與現在其他人的消費所影響之見解。

> **╋ 補 充**
>
> 詹姆斯·杜森貝里 (James Stemble Duesenberry) 的見解。

> **╋ 補 充**
>
> 此稱為絕對所得。

【2】短期與長期的整合說明

① 受到以往本身的消費所影響

首先，假設長期而言 C=0.9Y 的顧志耐消費函數成立。然而，**消費不會急遽地大幅變動**。

舉例來說，在圖表 29-4 中，將現在的國民所得從 Y_0 下降到 Y_1 的情況說明如下。

雖然就長期而言，沿著 C=0.9Y 移動到 B 點的 C_b，連帶消費金額減少，但短期而言，只會減少 $C_0 \rightarrow C_c$ 為止 (C 點)。如此一來，長期的消費函數將是連接 AB 而成的 C=0.9Y，短期的消費函數則是連接 AC 而成的 C=a＋bY 之凱因斯消費函數。

② 受到周遭其他人的消費金額所影響

這次考慮未能立即瞭解周遭其他人的消費金額之變動的情況下，說明短期與長期的消費函數。

舉例來說，當國民所得從 Y_0 減少到 Y_1 的時候，短期而言，由於未察覺周遭的人正在減少消費，所以不會讓自己大幅減少消費，只會稍微減少消費從 $C_0 \rightarrow C_c$ (C 點)。因此，短期的消費函數為 AC。

然而，長期而言，將會察覺到周遭的人也減少了消費，所以消費金額會減少，將沿著 C=0.9Y 直到 B 點的 C_b 為止。

> **─ 理 由**
>
> 短期內即使所得有所變動，但消費習慣不至於驟然改變那麼多，所以長期契約下，消費不會減少等理由為其考量。

> **用 語**
>
> 像這樣，即使短期內所得減少，消費也不至少驟然減少那麼多，稱為棘輪效應 (Ratchet Effect)。

圖表 29-4 ●相對所得假說

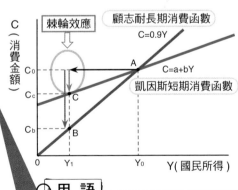

> **用 語**
>
> 個人的消費金額不僅受到本身所得的影響，也會受到其他人之消費水準的影響，稱為示範效應 (Demonstration Effect)。

上述假設都可將長期與短期的消費函數加以整合說明。以下重點可見其能否解釋實體經濟。

【1】生命週期假說

我們考慮晚年(退休後)的生活而儲蓄。也就是說，仍在工作時，減少該部分的消費。如此一來，將能理解如生命週期假說所說的一樣，考慮一生而做出消費行為的想法。

【2】恆常所得假說

如果認為不景氣而造成的所得減少只是暫時的，長期平均所得不會有所改變的話，應該也不會太過減少消費。就此意涵上也可理解恆常所得假說。若將此長期平均所得視為一生之所得的平均的話，則與考慮一生全部所得的生命週期假說幾乎是相同的想法。

【3】相對所得假說

的確如此，我們不僅會以本身的所得決定消費，似乎也會在意周遭其他人的消費而進行消費。此外，自己以往的消費行為似乎也不會驟然改變。如此一來，可以說相對所得假說存在符合現實的部分。

【4】結論

到最後，三大假說都存在與現實中我們的消費行為相符合的一面。可以說我們的消費行為就如同三大假說所提及的多樣且複雜。如此一來，並非考慮三大假說何者正確，而是基於各自都有其擅長之處，所以應該並立加以思考。

接著，下面讓我們試著解答總體消費理論之諸多學說相關的題目。

Part 7

IS - LM - BP 分析

【問題 29-2】
有關消費函數理論的敘述，適當的選項為何者？

1. 顧志耐運用美國的長期數據，調查所得與消費的關係，認為所得隨時間流逝而同步增加時，平均消費傾向將會下降。
2. 凱因斯主張消費者擁有固定的消費習慣，認為現在的消費水準不僅取決於現在的所得水準，也與以往最高所得水準有所關聯。
3. 弗利曼認為所得可區分為可確實定期取得的恆常所得，以及臨時性取得的變動所得，消費有賴變動所得決定。
4. 杜賓主張消費不僅取決於所得，而且與流動資產有關，認為藉由所得中流動資產的佔比之變動，平均消費傾向也會改變。
5. 杜森貝里認為個人的消費行為，並非取決於本期的所得，而是由個人一生中所得的多寡而決定。

(特別區Ⅰ種)

〈解答·解說〉

　　杜賓的流動資產假說並非三大假說的理論。即使不知道流動資產假說，惟可知其他 4 個選項乃三大假說的知識，所以是僅以三大假說的知識即可解答的題目。順道一提，所謂杜賓的流動資產假說，乃指消費不僅取決於現在的所得 (Y)，也與流動資產 (現金與定期存款等容易變現的資產) 有關之理論，消費函數為

$\boxed{C=fM + bY}$ (f、b 為正的常數，M 為流動資產)。

　　後面與生命週期假說相同，短期而言 M 為常數，因此 fM 為常數，假設此為 a 的話，即 C=a + bY，成為凱因斯消費函數。長期而言，由於 M 隨著所得而變動，所以假設 M=gY 的話，C=f(gY) + bY=(fg + b)Y，令 fg + b 為 0.9 的話，即 C=0.9Y，成為顧志耐消費函數。

1. × 由於顧志耐消費函數為 C=0.9Y，平均消費傾向 $\dfrac{C}{Y}$=0.9 維持固定，所以錯誤。

2. × 並非凱因斯，而是杜森貝里相對所得假說的內容，所以錯誤。

3. × 弗利曼並非認為消費取決於變動所得，而是與恆常所得有關，所以錯誤。

5. × 選項的內容為生命週期假說，但提出者並非杜森貝里而是安東、莫迪利安尼、布倫貝格，所以錯誤。

　　由上所述，以消去法可知選項 4 正確。

　　順道一提，要對選項 4 加以解說的話，可將流動資產假說的 $\boxed{C=fM + bY}$ 除以 Y，即為

$$\frac{C}{Y} = \frac{fM}{Y} + b$$

$$=f\frac{M}{Y} + b$$

可知平均消費傾向 ($\dfrac{C}{Y}$) 隨著所得中流動資產的佔比 ($\dfrac{M}{Y}$) 而變動。

正確解答 4

6.　為何日本的儲蓄率急速下滑？

　　根據生命週期假說，年輕階層為了晚年所需而每年儲蓄，進而形成資產。其後，晚年期 (退休後) 該資產將逐漸縮減。

　　目前為止的日本，因為年輕階層較多，所以儲蓄的人多，可以做出儲蓄也多的結論。

▶▶徹底解說◀◀

　　由於晚年期 (退休後) 所得 Y 為年金等金額甚少，但消費金額 C 增加，所以儲蓄 S=Y–C<0。也就是説，大多數的退休者都是負儲蓄。

相反地，隨著近年來急速的高齡化，造成負儲蓄的人增加，可想而知**日本整體的儲蓄率將急速的下降。**

圖表 29-5 ●日本的家計單位儲蓄率之推移

家計單位儲蓄率 (%)

23.2% (1976)

15.1% (1991)

3.3%
(2007)

資料來源：內閣府 國民經濟計算統計

7. 泡沫經濟瓦解與消費低迷

據說 1990 年代在泡沫經濟瓦解與工作不安全感之下，消費呈現低迷狀態。

首先，讓我們思考有關泡沫經濟的瓦解。泡沫經濟瓦解即是資產價格下滑。由於在消費函數中加入資產價格的乃是生命週期假說，所以讓我們運用生命週期假說進行說明。

$$C = \frac{W}{T} + \frac{t}{T}Y$$

因此，可以解釋**照理說短期內應為固定的資產價值 (W)，一旦在特殊情況下於短期間內大幅變動，亦即因泡沫經濟瓦解而使股票與不動產等資產價值 (W) 下滑的話，消費 (C) 也將低迷的狀態。**

此外，根據生命週期假說，可以解釋對未來工作的不安全感，將促成一生所得或將減少而預作準備，並減少消費且增加儲蓄之作為。利用恆常所得假說也可以解釋，因為工作的不安全感造成自己的長期平均所得 = 恆常所得降低，所以消費將減少。

Chapter 30

投 資
―如何決定是否要興建工廠？―

Point

1 加速原理認為，投資乃為國民所得的增加差額 ($\triangle Y$) 之比例。
$I=v\triangle Y$　(v：資本係數為固定)

2 存量調整原理認為，理想的資本額與現在的資本額之差額，並非全部而是一部分用於投資。

3 杜賓認為，如果「q= 企業的市場價值 / 既有的資本重置成本」為 1 以上的話，應該進行投資。

　　在本章裡，將簡單地復習在第 14 章學習過的凱因斯投資邊際效率，並將學習其他主要的投資理論。然後，在最後，思考何種理論可以解釋實體經濟。

所謂**投資邊際效率理論**，乃指**藉由投資邊際效率與利率的比較，決定投資與否之凱因斯的見解。**

由於投資邊際效率為報酬率，只要此報酬率比向銀行借入時所支付的利率還要高的話，最終的報酬率將為正，因此便應該投資。

> **用 語**
>
> 所謂投資邊際效率，乃指未來可獲得的投資報酬之現在價值的加總，與投資成本相等時之折現率。雖然似乎是不太容易瞭解的定義，但總言之，乃是將投資的報酬率以利率來表示而得。

2. 加速原理

所謂**加速原理** (Accelerator principle)，乃指**投資與預期的國民所得之增量 (ΔY) 呈比例關係**之想法。此乃**凱因斯學派**的見解。

> **陷 阱**
>
> 請注意雖然是凱因斯學派的見解，但並非是凱因斯的想法！凱因斯為投資邊際效率理論。

【2】用語說明－資本係數

假設國民所得為 Y、資本為 K、資本係數為 v 的話，則所謂**資本係數**乃指資本除以國民所得而得到的比率，即 $v = \dfrac{K}{Y}$。

簡單來說，此指產出 1 單位的國民所得 (GDP：Y)，需要幾台機器之意思。此資本資係數 (v)，當作為資本借貸價格的利率，以及可說是勞動借貸價格的工資率之波動，因而導致企業的資本與勞動僱用量有所變動的話，便會隨之變動。

然而，**在加速原理中，假設資本係數 ($v = \dfrac{K}{Y}$) 為固定。**此乃避免發生勞動與資本的相互轉換。

> **舉 例**
>
> 如果 K=1,000，Y=200 的話，則 $v = \dfrac{K}{Y} = \dfrac{1,000}{200} = 5$，由於此表示 1,000 台機器產出 200 的 Y，所以加以平均後，產出 1 單位 Y 需要 5 台的機器。

> **舉 例**
>
> 假設只有工資率下降。如此一來，相較於資本，勞動方面反而相對便宜，所以企業為了達到利潤極大化，將減少資本而增加勞動。因為形成勞動用量高於資本的體制，所以作為「產出 1 單位國民所得 (Y) 所需要的機器數量」之資本係數將降低。

> **補 充**
>
> 此乃凱因斯學派的前提。古典學派認為，企業為了追求利潤極大，將機動性地轉換勞動與資本，連帶資本係數將會變動。

【3】投資金額的決定

由於 $v=\dfrac{K}{Y}$，所以 K=vY 之關係成立（在加速原理中 v 為固定）。所謂 K=vY，乃指「生產量（國民所得：Y）中，每產出 1 單位乘以必要的資本金額 (v)，即資本額 (K)」。

若僅就 K=vY 數學式之變動量來看，將為 $\Delta K=v\Delta Y$，由於所謂 ΔK（資本的變動量）不外乎是投資 (I)，所以即為 $I=\Delta K=v\Delta Y$，**投資金額與國民所得的增加差額呈現比例關係**。將此更清楚地推導的話，將如下所示。

假設去年度為 t−1。因此，去年度 $K_{t-1}=vY_{t-1}$。假設今年為 t，今年的預期國民所得為 $Y_t{}^*$，今年所期望的資本額為 $K_t{}^*=vY_t{}^*$。如果今年所期望的資本額 $K_t{}^*$ 完全達成的話，由於今年的投資金額將為今年資本額的增加差額，所以成為

$$I_t = K_t{}^*-K_{t-1}$$
$$= vY_t{}^*-vY_{t-1}$$
$$= v(Y_t{}^*-Y_{t-1})$$
$$= v\Delta Y$$

可知投資金額與國民所得的增加差額呈現比例關係。

> **加速原理 $I=v\Delta Y$**
> **(v：資本係數為固定)**

【4】評價

① 優點

對於尚未明確地瞭解本身的利益前，基於產能仍遠遠不及而擴充機器時的投資決策，能夠做出很好的解釋。

② 缺點

1) 與利潤極大化的關係不明確。

2) 投資未持續進行直到所期望的資本額 $K_t{}^*$ 為止，有只做部分投資的疑慮。

3. 存量調整原理

【1】內容

認為投資並非持續進行直到所期望的資本額 K_t^* 為止，而是實現其部分作為投資，即存量調整原理。

補 充

此乃意圖克服前頁的加速原理之爭議點「2) 投資未持續進行直到所期望的資本額 K_t^* 為止，有只做部分投資的疑慮。」

【2】投資金額的決定

$I_t = \lambda (K_t^* - K_{t-1})$　λ (讀作「Lambda」) 稱為調整係數，表示只投資所期望的資本額 (K_t^*) 與去年底的資本額 (K_{t-1}) 之部分差額 (λ 的比例) 的意思。$0 < \lambda < 1$。

舉 例

如果 $\lambda = 0.5$ 的話，並非是所期望的資本額與現在的資本額之差額的全部，而是只有投資一半。

【3】評價

雖然可以克服加速原理的爭議點 2)，惟若不知道如何決定 λ 的話，將無法決定投資金額之爭議點，以及 λ 與企業利潤極大化原理之關係不明確等爭議點依然存在。

舉 例

雖然 λ 作為常數，但 λ 將隨投資金額愈多而愈高，所以或許會為謹慎起見而使其值變得較小。

4. 杜賓的 q 理論

【1】內容

所謂杜賓 (Tobin) 的 q 理論，乃是將「$\dfrac{\text{企業的市場價值}}{\text{既有資本的重置總額}}$」命名為 q，如下所述之想法。

q>1 進行投資，

q=1 投資與否皆相同，

q<1 不進行投資，

杜賓的 q 之分子 (上) 所表示的所謂企業之市場價值，乃指股價總額＋負債總額。此企業的市場價值乃未來企業之利益的意思。杜賓的 q 之分母 (下) 的既有資本的重置總額，確切的說即資本的成本。

補 充

以股價總額購買所有股票，並進一步以負債總額繼承負債的話，股東與債權者將可以 100% 控制企業。也就是說，可以獲得企業所產出的全部收益。

舉 例

讓我們思考股價高且股價總額大的企業。說到為何股價高且股價總額大，乃由於認為該企業未來可獲得豐富的利益。因為股東可從企業未來的獲利取得配息，只要未來獲利佳的公司，考量未來也可獲得不少配息，所以即使股價較高也有人購買之故。

因此，杜賓的 q 可用以下方式判讀。

$$\text{杜賓的 q} = \frac{\begin{array}{c}\text{企業的市場價值}\\(\text{股價總額＋負債總額})\end{array}}{\begin{array}{c}\text{既有資本的重置}\\\text{成本總額}\end{array}}$$ ◀利益 ◀成本

如此一來，

所謂 q>1，乃指利益 > 成本，由於有利可圖因而進行投資，

所謂 q=1，乃指利益 = 成本，由於獲利為 0，所以投資與否都相同，

所謂 q<1，乃指利益 < 成本，由於造成損失因而不進行投資。

也就是說，所謂

$$\text{杜賓的 q} = \frac{\text{企業的市場價值}}{\text{既有資本的重置總額}}$$

>1，乃指

企業的市場價值 > 既有資本的重置成本總額，亦即

企業的未來利益 > 資本的成本。也就是說，由於投資所產生的利益大於成本，以致最終的利益為正值，所以將進行投資。

金額之間的關係並非這樣的密切，因而現實的適切性尚未確認。

> **➕ 補 充**
>
> 雖然設定為「利益」，但正確而言，乃指將負債全額清償，進而創造利益，表示「負債相關成本＋利益」。

> **➕ 補 充**
>
> 所謂 q>1，也可說是尚未達到足以投資的狀態。
> 所謂 q=1，乃指已達到最適投資水準，所以不用進一步投資的良好狀態。
> 所謂 q<1，乃指已是過多投資的狀態。

> **➕ 補 充**
>
> 以邊際效率理論來說，即所謂投資邊際效率 > 利率。

【2】評價

① 優點

    1) **考慮對於企業決策影響甚大的股票市場。**

    2) 可將企業投資所獲得的未來利益，用股價總額的形式測量。

    3) 由於總是以成為 q=1 為前提，所以並非考慮總是達到所期望的資本額，而是投資的調整成本。

② 缺點

    實證研究也發現過，q 的大小與投資

> **〇 用 語**
>
> 　一旦想要達到所期望的資本額而進行完全投資的話，將成為大規模的投資，連帶機器價格上揚等因素，將導致成本增加。一次性地完全投資時所造成的成本增加，稱為投資的調整成本。

5. 新古典學派的投資理論

【1】概要

所謂**新古典學派的投資理論**，乃指「在以資本邊際生產力遞減為前提之基礎上，所期望的資本額乃**達到利潤極大，亦即 (實質) 利率 (r)= 資本邊際生產力所在之資本額，為了填補其與現有資本額之間的差額，而決定投資金額**」之思維。

【2】投資金額的決定

① 最適資本額的決定

所謂資本邊際生產力 (MPK)，乃指「增加 1 單位資本時，生產量將增加多少個」稱之。

在新古典學派的投資理論中，假設資本邊際生產力遞減，邊際生產力曲線乃如圖表 30-1 所示，呈現向右下方傾斜。此外，假設實質利率為 10，亦即借入 1 台資本 (機器) 時的借貸價格為 10 個財貨。

由圖表 30-1 可知，當投入第 3 台資本 (機器) 時，生產量將提高 20 個，由於支付 10 個作為借貸價格，所以將可獲利 10 個產品。同樣地，第 4 台資本將獲利 15–10=5 個，第 5 台將獲利 12–10=2 個，第 6 台資本將增加 10 個生產量，由於支付 10 個作為借貸價格，所以追加 1 台資本 (機器) 所帶來的獲利為零。

如此一來，企業利潤極大之資本額為邊際生產力 = 利率 (1 台資本的借貸價格) 所在之交點 E 的資本額 K*。

另外，很多人會將圖表 30-1 與凱因斯的投資邊際效率理論有所混淆，但由於是不同的想法，因此請多加留意。在圖表 30-2 中整理出了兩者的差異。

圖表 30-1 ●最適資本額的決定

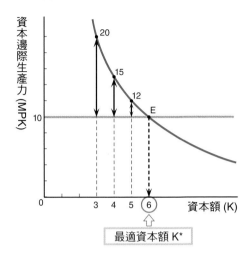

圖表 30-2 ●投資邊際效率理論與新古典學派的投資理論之比較

	圖表 14-6	圖表 30-1
理論	凱因斯的投資邊際效率	新古典學派的投資理論
橫軸	投資金額 (I)	資本額 (K)
縱軸	投資邊際效率	資本邊際生產力
成本	利率	實質利率
所決定的事項	最適投資金額 (流量)	最適資本額 (存量)

② 投資金額的決定

如上所示，一旦決定了最適資本額 K* 的話，投資金額 (I) 將為最適資本額 (K*) 與現有資本額之差額。

【3】評價

① 優點

與利潤極大化的關係明確。

② 缺點

1) 總是以最適資本額 (K*) 與現有資本額之差額的全部進行投資之想法，忽視了投資的調整過程，因而不符合現實情況。

2) 一旦進行投資，達到了所期望之投資金額 (K*) 的話，後續將不再投資。這無法解釋每年持續投資的行為。

---

6. 喬根森的投資理論

【1】內容

喬根森 (Jorgenson) 認為，如果企業進行一次性的投資，由於所投資之財貨的成本等調整成本變貴，從利潤極大化的觀點而言並非良策，如此一來，**為了接近最適資本額，將進行部分投資而非全部。**

因此，為了達到最適資本額所做的投資，每年仍存在尚未投資的部分，此將成為每年的投資金額。

> **➕ 補 充** ⬚⬚⬚
>
> 喬根森的投資理論在以新古典學派的理論為基礎的同時，克服了前面所敘述的新古典學派之缺點的 2)。

【2】評價

① 優點

在新古典學派的投資理論中，可說是採用了存量調整理論的見解。與利潤極大化的關係明確，也考慮到調整成本。

② 缺點

假設到達喬根森所期望之資本額為止，只有所需投資金額的一部分 λ (0< λ <1，λ 為常數)，惟並未說明 λ 要如何決定。

> **➕ 補 充** ⬚⬚⬚
> 與存量調整原理相同之爭議點。

若觀察現實中進行投資的企業，在採用重視利益的投資方式之企業中，似乎大多採用凱因斯的邊際效率理論。然而，重視數量的企業因應其需求，似乎也大多應用重視數量的加速原理與存量調整原理。

無論如何，企業的投資決策各有不同，實在無法以任何單一理論完全解釋。

接著，在最後，我們將各理論的重點整理在圖表 30-3 裡。

圖表 30-3 ●各投資理論的整理

	理論	進行投資的條件
利益派	凱因斯的投資邊際效率 新古典學派的投資理論 喬根森的投資理論 杜賓的 q 理論	投資邊際效率 > 利率 所期望的資本額 > 現有的資本量 每年就既往所剩餘的投資金額進行 投資杜賓的 q*>1
數量派	加速原理	因為 I= v△Y，所以 △Y>0

採用存量調整原理的想法

$$* 杜賓的 q= \frac{企業的市場價值}{既有資本的重置成本}$$

存量調整原理 (只進行部分投資)	所期待的資本額 > 現有的資本額

Part
7

IS
－
LM
－
BP
分
析

Chapter 31
景氣循環
—景氣為何好壞更迭？—

Point

1 薩繆爾森從加速原理與乘數效果解釋經濟變動。希克斯認為，該國民所得的變動將在天花板與地板之間週期性地發生。

2 貨幣學派認為權衡性貨幣政策是景氣循環的原因。

3 實質景氣循環理論 (Real Business Cycle Theory) 認為，經濟總是維持均衡，藉由技術革新等實質性的衝擊，將導致景氣變動發生。

　　景氣好壞更迭稱為景氣循環。如果景氣變差，將使國民所得下降，引發失業，而景氣好轉，將擴大國民所得，並達到充分就業。由於景氣循環對國民生活帶來重大影響，所以在總體經濟的分析也總是重要的課題。

　　在本章中，將學習與景氣循環相關的凱因斯學派之見解，以及與古典學派相近的貨幣學派之思維，還有實質景氣循環理論。

1. 景氣循環的種類

首先，讓我們從景氣循環的定義開始說明。所謂景氣循環，乃指國民所得 (GDP：Y) 的週期性變動。一般認為，「景氣高峰 (繁榮) →衰退→景氣谷底 (蕭條) →復甦→景氣高峰 (繁榮)」為 1 個週期 (循環)。

即使是景氣循環，也有短期循環與長期循環等各種分類。以下的 4 個為代表性的景氣循環。順道一提，基欽 (J. Kitchin)、朱格拉 (C.Juglar)、顧志耐 (S.Kuznets) 與康德拉季耶夫 (Kondratieff) 為發現該循環者的名字。

① 基欽週期 (Kitchin cycles)

　　1 週期大約 40 個月的波動。庫存投資的調整為其原因。

② 朱格拉週期 (Juglar cycles)

　　1 週期大約 10 年的波動。設備投資的調整為其原因。

③ 顧志耐週期 (Kuznets cycle)

　　1 週期大約 20 年的波動。建設相關活動的變動為其原因。

④ 康德拉季耶夫週期 (Kondratieff cycles)

　　1 週期大約 50 年的波動。戰爭與發現新大陸、技術革新為其原因。

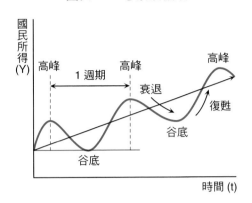

圖表 31-1 ●景氣循環

2. 希克斯─薩繆爾森模型 (凱因斯學派)

在**凱因斯學派**具代表性理論的**希克斯—薩繆爾森** (Hicks-Samuelson) **理論**中，假設**價格具僵固性**，並以**數量調整**為前提。此外，因為是凱因斯學派，所以**認為國民所得取決於有效需求**，並認為**投資僅就國民所得所增加之產量進行必要的投資，而投資將創造出其乘數之倍數的有效需求**，作為理論基礎。

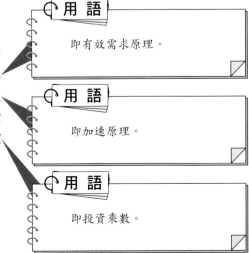

用 語

即有效需求原理。

用 語

即加速原理。

用 語

即投資乘數。

【1】說明

當處於景氣復甦期，國民所得增幅擴大→投資增加→有效需求擴大→國民所得增幅擴大→投資增加→……依此類推，國民所得增幅與投資的累積性擴張之機制發生作用。另一方面，當處於景氣衰退期，國民所得增幅縮減→投資減少→有效需求縮減→國民所得降低→投資減少→……依此類推，國民所得減幅與投資的累積性收縮（減少）之機制發生作用。此兩者的變動介於天花板與地板，可想成如同撞球一般的變動。

以上內容可用圖表 31-2 加以說明。經濟從 A 開始復甦，國民所得提高與投資累積性擴張之機制發生作用而成為 B。在 B 的位置，勞動力為其瓶頸，遭遇作為生產能力極限的國民所得 (Y_C)，以致國民所得無法進一步提高，乃上限的意思，即高峰。如此一來，經濟雖從 B → C 變動，但國民所得的增額為 0，因而投資將減少到零。

接著，此次當投資與國民所得的增幅之累積性收縮的機制發生作用，經濟將從 C → D → E 變動。然而，一旦到了 E，投資無法比固定資本耗損（折舊）還要低而減少到負值，所以投資的減幅縮小，也對國民所得的下降踩煞車。因此，為了達到 Y_L 的國民所得水準，此次必須進行固定資本耗損（折舊）數額的投資，使投資轉為增加，促使有效需求增加→國民所得增幅擴大→投資增加與擴張機制產生作用。如上所述，在天花板 (Y_C) 與地板 (Y_L) 之間如同撞球一般的變動。

補　充

　薩繆爾森將此以數學式做出精巧的模型。

補　充

　乃希克斯的理論。

圖表 31-2 ●希克斯─薩繆爾森模型

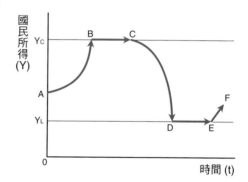

用　語

　因此，此理論也被稱為撞球桌理論 (Billiard Table Theory)。順道一提，所謂「Billiard」即撞球。

3. 貨幣學派

【1】貨幣政策的效果

　　貨幣學派的弗利曼以①價格的伸縮彈性，以及②資訊的不完整性為前提，討論貨幣政策的效果。

　　如果資訊完整，而以價格的伸縮彈性為前提的話，一旦名目貨幣供給量為 2 倍，則所有的價格將成為 2 倍，在只有物價變為 2 倍的情況下，對實體經濟不會造成影響。然而，**考量因資訊不完整之故，短期而言，權衡性貨幣政策將對實體經濟造成影響，而引起景氣循環。**

　　舉例來說，試想勞動者獲得物價上揚之資訊落後的情況。當名目貨幣供給量達到 2 倍時，由於經營者自家公司產品的價格變為 2 倍，將促使名目工資率 (W) 提高，勞動需求增加，以求擴大產能。至於勞動者因為並不知道自家公司產品的價格上漲乃整體物價 (P) 上揚所造成之資訊，因而產生實質工資率 ($\frac{W}{P}$) 提高之錯覺，連帶增加勞動供給量，被要求擴大產能。

　　然而，勞動者終究認清物價上揚，且察覺實際上實質工資率 ($\frac{W}{P}$) 與擴產前並無不同，使勞動供給量回復擴產前的狀態，因而生產量也回復到原有的水準。

【2】政策的時間落差

　　弗利曼認為政策並非只有最終的效果，直到效果出現為止的時間落差也是問題。因此，假設經濟政策上**存在認知落差、決策落差、執行落差與效果落差。**

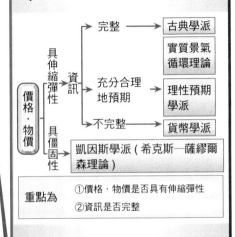

　　在景氣循環的理論中，依①價格是否具有伸縮彈性，②資訊是否完整，可整理如下所示。

重點為　①價格‧物價是否具有伸縮彈性
　　　　②資訊是否完整

補　充

此為古典學派的貨幣面紗觀之世界。

補　充

有關弗利曼的貨幣政策之效果，在自然失業率假說 (P.276) 中有說明。

Point!

　　像這樣，認為貨幣政策在短期而言，雖會藉由勞動者的貨幣幻覺而影響實體經濟，但長期而言，將察覺到貨幣幻覺而不會對實體經濟造成影響。

認知落差：從經濟狀況變化到察覺此事的
時間。

決策落差：從察覺到經濟狀況變化，到做
出因應對策的時間。

執行落差：決定政策之後到執行為止所花
費的時間。

效果落差：政策實施之後到國民所得增
長，物價穩定等效果顯現的時
間。

○財政政策與貨幣政策

雖然財政政策與貨幣政策都有認知落
差，但其他的落差在財政政策與貨幣政策
上有所不同。

由於財政政策有必要國會的表決，所
以做出決策要花費時間，決策落差甚大。
此外，因為預算的執行上也需要花費時
間，以致實行落差也大。然而，一旦實施
的話，政府支出的變動將立即反應在總需
求的變動上，因此效果落差甚小。

因為貨幣政策可由中央銀行的政策委
員會迅速決定，所以決策落差甚小，實施
也可即日進行，因而執行落差也小。然
而，即使實施貨幣政策，效果顯現需要一
段時間，效果落差大乃為人所詬病。凱因
斯學派雖指出要經過「實質貨幣供給量的
變動→利率的變動→民間投資金額的變化
→總需求的變化」之漫長過程，但具體的
過程，弗利曼並未提及。

【3】景氣變動的原因

弗利曼一方面認同貨幣政策對實體經
濟的影響，但也認同因為貨幣政策有效果
落差，需花費半年到 2 年的時間，所以不
景氣時的貨幣寬鬆政策之效果在景氣繁榮
期顯現，將造成景氣過熱；相反地，也有

圖表 31-3 ●政策的時間落差

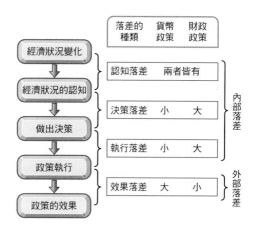

景氣增溫時的貨幣緊縮政策之效果在不景
氣時奏效之疑慮。如此一來，主張作為經
濟政策的**權衡性貨幣政策，反倒會激化景
氣變動，促成經濟不穩定。**

Point!

因為弗利曼認為，景氣變
動的原因乃源自於中央銀行所
實施的權衡性貨幣政策。

✚ 補　充

另外，弗利曼對於財政政策在出現落差
之前的效果本身抱持疑問 (藉由公債發行所
造成之財政政策的效果 P.230)。

【4】與其採取權衡不如依循規則

貨幣學派認為，權衡性貨幣政策將引起景氣變動。因此，主張**不應該實施權衡性貨幣政策，而是配合國民所得成長，以每年 k% 增加貨幣供給量即可**。這樣的思維稱為 k% 規則。

4. 實質景氣循環理論 (真實經濟週期理論)

實質景氣循環理論 (Real Business-Cycle Theory) 認為，**經濟總是呈現均衡狀態，儘管如此，會發生景氣循環，乃由於勞動供給在不同時間點之間的替代與技術革新等源自於外部的衝擊，所造成的影響之故**。

強調「實質」，乃因為認為貨幣性的原因不會影響實物經濟之故。也就是說，若資訊完整的話，假設以價格的伸縮彈性為前提，將成為與一旦名目貨幣供給量達到 2 倍，所有的價格都會成為 2 倍，以致物價變成 2 倍，而不會影響實物經濟，即與古典學派的貨幣面紗觀相近之見解。

Chapter 32

經濟成長

─經濟成長國家與衰退國家之差異為何？─

1 哈羅德─多馬理論認為，藉由資本係數為固定之假設，使保證成長率、自然成長率與實際成長率相等僅是偶然的巧合，一旦稍有偏差，乖離將愈來愈大。（刀口理論）

2 新古典學派成長理論認為，藉由資本與勞動的替代將改變資本係數之假設，因而使保證成長率、自然成長率與實際成長率相等，將達到穩定成長。

3 依據新古典學派的梭羅─史旺模型，在 sy=nk(s：儲蓄率，y：人均國民所得，n：人口成長率，k：人均資本) 之水準下，k 為均衡。（穩態平衡，新古典學派的基本方程式）

4 假設以 $Y=AK^{\alpha}L^{1-\alpha}$ 之總體生產函數為前提下，經濟成長率 $(\frac{\triangle Y}{Y})$= 技術提升率 $(\frac{\triangle A}{A})$ + $\alpha \times$ 資本增加率 $(\frac{\triangle K}{K})$ + $(1-\alpha) \times$ 勞動增加率 $(\frac{\triangle L}{L})$

難易度　C

出題可能性

國家Ⅱ種	B
國稅專門官	B
地方上級、市政廳、特別區	B
國家Ⅰ種	A
中小企業顧問	A
證券分析師	A
註冊會計師	A
政府辦公室等記錄	A
不動產估價師	B
外務專門職務	B

在本章中，並非思考作為短期經濟變動的景氣循環，而是思考有關長期經濟規模變動的經濟成長。此處認為物價固定的凱因斯學派及認為物價具伸縮性的古典學派(新古典學派)之間的理論差異甚為重要。

另外，經濟成長為困難的論點，尤其重點３的梭羅─史旺模型，由於是就算考過的人也未必充分瞭解的論點，所以即便覺得困難也不要在意。首先，請將重點１、重點２確實學會，並掌握凱因斯學派與新古典學派的差異之相關概念。

1. 用語

【1】經濟成長

所謂經濟成長，乃指作為長期趨勢的經濟規模之擴大稱之。相對於景氣循環表示週期性的經濟規模之變動，經濟成長則是對長期經濟規模變動加以分析。在大多數的情況下，經濟規模使用國民所得(GNP 或 GDP：Y) 來表示。

【2】資本係數 (復習)

所謂資本係數，乃指資本除以國民所得之比率，即 $v=\dfrac{K}{Y}$。總言之，此表示產出 1 單位國民所得 (GDP：Y) 需要幾台機器的意思。

【3】保證成長率 (G$_W$)

所謂**保證成長率** (Warranted Rate of Growth)G$_W$，乃指**充分運用資本所保證之國民所得的成長率**稱之。假設初期的經濟為充分運用資本之狀態，此時的資本係數為 v，儲蓄率 ($\dfrac{S}{Y}$) 為 s 的話，則

$$\text{保證成長率 (G}_W)=\dfrac{s}{v}$$

【4】自然成長率 (G$_n$)

所謂**自然成長率** (Natural Rate of Growth)，乃指**達到勞動充分就業之國民所得的成長率**稱之。假設初期的經濟為勞動充分就業之狀態，勞動市場的需求與供給相等，勞動人口成長率為 n，勞動生產力成長率為 λ 的話，則

$$\text{自然成長率 (G}_n)=n + λ$$

舉 例

如果資本係數為 5 的話，即指產出 1 兆日圓的國民所得需要 5 兆日圓的資本。

用 語

也稱為適度成長率。

補 充

可改寫成 $GW=\dfrac{\frac{S}{Y}}{v}=\dfrac{\frac{S}{Y}}{\frac{K}{Y}}=\dfrac{S}{K}$，

當財貨市場達到均衡時，由於儲蓄 (S)= 投資 (I)，所以可進一步改寫成 $\dfrac{S}{K}=\dfrac{I}{K}$。此外，因為投資 (I)= 資本的增加 (△K)，所以 $\dfrac{I}{K}=\dfrac{△K}{K}$ 可以改寫成資本的增加率。也就是說，G$_W=\dfrac{S}{v}$ 表示資本的增加率，只要產出 (Y) 也以資本增加的速度提升的話，資本將被充分利用的意思。

舉 例

假設勞動人口成長率為 10%，勞動生產力成長率為 5%。如此一來，因為即使勞動生產力不變，勞動人口也將增加 10%，所以要是生產量 (國民所得：Y) 未以 10% 成長，將使勞動出現剩餘。同樣地，如果勞動生產力增加 5%，即使勞動人口不變也可增加 5%，所以要是生產量 (Y) 未成長 5%，將使勞動出現剩餘。由上可知，當勞動人口成長率 10%、勞動生產力成長率 5% 時，要是生產量 (國民所得：Y) 未成長 10% + 5%=15%，將導致勞動出現剩餘。

2. 哈羅德—多馬理論

【1】假設

① 各價格具有僵固性，**物價為固定**。

② **資本係數** $v(= \dfrac{K}{Y})$ **為固定**。

【2】實際成長率 (G) 與保證成長率 (Gw) 為相異的情況

① G>Gw 的情況

一旦實際成長率 (G) 比充分運用資本的成長率 (Gw) 還要高的話，由於相形之下變得資本不足，所以企業將提高投資。投資增加將造成其乘數之倍數的國民所得上升，進而提高實際成長率 (G)，導致 G 與 Gw 的差距擴大，經濟將呈現資本更加不足的過熱狀態。

② G<Gw 的情況

一旦實際成長率 (G) 比充分運用資本的成長率 (Gw) 還要低的話，由於相形之下顯得資本過剩，所以企業將降低投資。投資減少將造成其乘數之倍數的國民所得減少，促使比實際成長率 (G) 還要更低，導致 G 與 Gw 的差距擴大，連帶資本剩餘擴增而經濟停滯。

【3】保證成長率 (Gw) 與自然成長率 (Gn) 為相異的情況

① Gw > Gn 的情況 (圖表 32-1)

假設起初經濟為 A 點，勞動、資本均被充分運用。其後，由於較小一方 Gn 的限制，將使實際成長率 (G) 以 Gn(<Gw) 的成長率，依 A → B → C 的路徑移動。

然而，在充分運用資本下，生產量 (GDP) 有必要沿著 Gw (= 保證成長率)，依 B′、C′、D′ 的方式增加。相較於此，

由於 B、C、D 的國民所得較小，所以將出現資本剩餘。此外，隨著時間經過，與 BB′、CC′、DD′ 之間的差距變大，資本剩餘也擴大。

> **➕ 補 充**
>
> 凱因斯學派假設物價固定。

> **➕ 補 充**
>
> 資本係數固定之假設乃是有別於下節將說明的新古典學派成長理論之重大差異。

👆 Point!

起初，實際成長率與保證成長率不同，在資本不足或是資本過剩而造成不均衡的情況下，不均衡將漸漸擴大，因而經濟變得不穩定。

Chapter 32

經濟成長

圖表 32-1 ●哈羅德—多馬理論 (Gw > Gn 的情況)

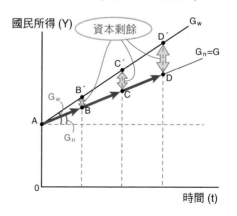

② $G_W < G_n$ 的情況 (圖表 32-2)

假設起初經濟為 A 點，勞動、資本均被充分運用。其後，由於較小一方 G_W 的限制，將使實際成長率 (G) 以 G_W ($<G_n$) 的成長率，依 A → B → C 的路徑移動。

然而，在充分運用勞動下，生產量 (GDP) 有必要沿著 G_n (= 自然成長率)，依 B′、C′、D′ 的方式增加。相較於此，由於 B、C、D 的國民所得較小，所以將出現勞動剩餘而發生失業。此外，隨著時間經過，與 BB′、CC′、DD′ 之間的差距變大，失業也將擴大。

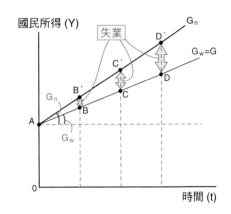

圖表 32-2 ●哈羅德—多馬理論 ($G_n > G_W$ 的情況)

【4】保證成長率 (G_W) 與自然成長率 (G_n) 為相等的情況

此時，如果實際成長率也與其相等的話，資本、勞動都將成為充分就業的成長率。像這樣**實際成長率 (G)、保證成長率 (G_W) 與自然成長率 (G_n) 都相等的理想狀態，稱為均衡成長。**

然而，在哈羅德—多馬理論中，由於假設資本係數 (v) 為固定，所以 $G_W = \dfrac{s}{v}$，$G_n = n + \lambda$ 的 s、v、n、λ 全部皆為常數，**並無使這 3 者相等的自動調整機制，僅可能是偶然巧合的相等罷了。此外，一旦 3 者稍微偏離的話，如上述【2】、【3】的情況一樣，不均衡將會擴大。**

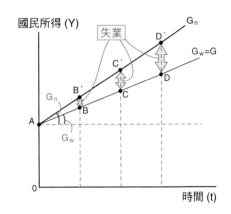

用語

因此，哈羅德—多馬的成長理論也稱為刀口理論。此乃表示能夠穩定地均衡成長，達到實際成長率 (G)= 保證成長率 (G_W)= 自然成長率 (G_n) 只是偶然的巧合，這如同處於刀刃上，任何的顫動都會立即掉落那樣的不穩定狀態。

【5】結論

實際成長率並不存在資本、勞動皆達到充分就業之成長率的自動調整機制，因而**主張為了穩定成長，政府有必要進行干預。**

補 充

主張藉由政府政策的這一點，與到目前為止的凱因斯學派之想法彼此相同。

【問題 32-1】

以下 1 到 5 的敘述中，請選出反映哈羅德—多馬成長理論之正確選項。此處，假設平均儲蓄傾向為 0.2、資本係數為 5，無折舊。

1. 保證成長率為 0.4。

2. 當資本存量有 100 單位時，每年將儲蓄 20 單位。

3. 當勞動生產力成長率 (技術革新) 為 0.02，呈現均衡成長的狀態時，人口成長率比勞動生產力成長率 (技術革新) 還高。

4. 當勞動生產力成長率 (技術革新) 為 0.02，呈現均衡成長的狀態時，自然成長率與平均儲蓄傾向相等。

5. 當人口成長率為 0.02、勞動生產力成長率 (技術革新) 為 0.03 時，保證成長率為比自然成長率還要低。

（國稅專門官）

〈解答‧解說〉

1. × 保證成長率 $(G_w) = \dfrac{s}{v} = \dfrac{0.2}{5} = 0.04(4\%)$。因此錯誤。

2. × 當 K=100 時，$v = \dfrac{K}{Y} = \dfrac{100}{Y} = 5$，$Y = \dfrac{100}{5} = 20$。

   另一方面，從平均儲蓄傾向 S/Y=S/20=0.2，由於得到 S=0.2×20=4，所以每年 20 單位的儲蓄有誤。

3. × 均衡成長時，$\dfrac{s}{v} = n + \lambda$。從 $\dfrac{0.2}{5} = n + 0.02$，得到 n=0.02。因為 n 與 λ 相等並未超過，所以錯誤。

4. × 由於均衡成長 G_w =0.04 與 G_n 相等，可知自然成長率 (G_n)=0.04，但與平均儲蓄傾向 0.2 並不相等，所以錯誤。

5. ○ $G_w = \dfrac{s}{v} = \dfrac{0.2}{5} = 0.04$。

   從 $G_n = n + \lambda = 0.02 + 0.03 = 0.05$，由於可知 $G_w < G_n$，所以是正確的內容。

陷阱

請注意不要被「只有勞動生產力成長率 (技術革新) 0.02，而無人口成長率的數值」，所以「無法計算自然成長率 (G_n)」所誤導！

正確解答 5

【1】假設

① 相信價格調整機制，工資率與利率具有伸縮彈性。

② 資本係數 $v(=\dfrac{K}{Y})$ 為可變動的。

【2】實際成長率 (G) 與保證成長率 (G$_W$) 為相異的情況

① G>G$_W$ 的情況

一旦實際成長率 (G) 比充分運用資本的成長率 (G$_W$) 還要高的話，由於相形之下變得資本不足，因而作為資本財之借貸價格的利率上揚，所以企業將縮減投資，而多僱用廉價的勞動力。此結果，因投資減少促使需求下滑，實際成長率 (G) 下降，終究成為 G=G$_W$。

② G<G$_W$ 的情況

一旦實際成長率 (G) 比充分運用資本的成長率 (G$_W$) 還要低的話，由於相形之下顯得資本過剩，因而作為資本之借貸價格的利率下滑，所以企業將縮減勞動力而增加廉價的資本。此結果，將導致實際成長率 (G) 上升，終究成為 G=G$_W$。

【3】保證成長率 (G$_W$) 與自然成長率 (G$_n$) 為相異的情況

① G$_W$ > G$_n$ 的情況

在圖表 32-1 中，就凱因斯學派的理論而言，將以 BB′ → CC′ → DD′ 的方式擴大差距，資本過剩也擴大。然而，在新古典學派的理論裡，一旦出現資本過剩的話，作為資本之借貸價格的利率將下滑，使價格低廉的資本多被使用，因而資本係數 $v=\dfrac{K}{Y}$ 上揚。此結果，導致 $G_W = \dfrac{s}{v}$ 下降，終究成為 G$_W$ =G$_n$。

復 習

就古典學派而言，所謂利率乃指資本的借貸價格。

補 充

價格機制運作而發揮功效。

用 語

由於放棄擴增資本而提高勞動力，稱為「從資本到勞動的替代」。

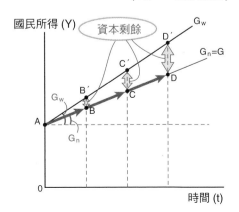

圖表 32-1(同前圖) ●哈羅德—多馬理論 (G$_W$ > G$_n$ 的情況)

國民所得 (Y)　　　　資本剩餘

② $G_w < G_n$ 的情況

在圖表 32-2 中，就凱因斯學派的理論而言，將以 BB′ → CC′ → DD′ 的方式擴大差距，失業 (勞動過剩) 也將擴大。然而，在新古典學派的理論裡，一旦出現勞動過剩的話，作為勞動服務之價格的工資率下降，將使價格低廉的勞動力多被使用，且資本則少被使用之故，因而資本係數 $v = \dfrac{K}{Y}$ 降低。此結果，導致 $G_w = \dfrac{s}{v}$ 上升，終究成為 $G_w = G_n$。

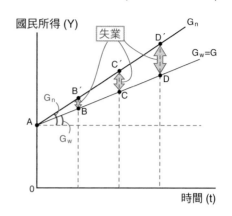

圖表 32-2 同前圖 ● 哈羅德—多馬理論 ($G_n > G_w$ 的情況)

【4】結論

如上所述，即使 G_w 與 G_n 不相等，藉由作為生產要素價格的利率與工資率的變動，連帶資本係數 v 變動之結果，$G_w = \dfrac{s}{v}$ 也變動，而調整為 $G_w = G_n$。在經濟裡，由於存在使資本、勞動都達到充分就業之成長率的自動調整機制，所以主張政府無須為了穩定的成長而進行干預。

在哈羅德—多馬理論中，由於假設資本係數固定之故，所以調整機制未作用。

$$\text{實際成長率 (G)} = \text{保證成長率 (G}_w\text{)} = \text{自然成長率 (G}_n\text{)}$$

$$\frac{s}{v} \qquad\qquad n + \lambda$$

資本係數會變動

4. 哈羅德─多馬理論與新古典學派成長理論的評價

① 凱因斯學派與新古典學派之何者適當，與價格調整機制是否充分地發揮作用有關。雖然有必要以實體經濟的實證分析加以判斷，但一般認為，**在經濟成長的長期而言，價格的調整機制將充分地發揮作用**。基於這層意義，**新古典學派**被認為較為**適當**。

② 兩者都是以資本與勞動之生產要素的數量為中心加以論述。然而，根據實證研究可知，對經濟成長的貢獻，技術方面比資本、勞動還要來得大。**將技術納入分析，建構成長理論有其必要**。此將與稍後說明的內生成長理論有所連結。

圖表 32-3 ●哈羅德─多馬理論與新古典學派成長理論的比較表

	哈羅德─多馬成長理論 （凱因斯學派）	新古典學派的成長理論
價格‧物價	固定 （工資率、利率也固定）	具伸縮彈性 （工資率、利率也具伸縮彈性）
資本係數 (v=K/Y)	固定	可變動的
實際成長率 (G) 保證成長率 (G_w) 自然成長率 (G_n)	無 3 者相等 之機制	藉由 v 的變動，G_w 將會隨之變動，而逐漸變為 $G=G_w=G_n$
經濟的穩定性	不穩定	穩定
經濟穩定化政策	必要	不需要

【問題 32-2】

有關經濟成長的理論，請從以下 1 到 5 中選出適當的選項。

1. 在哈羅德—多馬理論中，實際成長率、自然成長率及適度成長率理所當然相等，但在新古典學派成長理論中構築的理論卻並非相等。
2. 在哈羅德—多馬理論中，當分析經濟成長之長期現象時，雖然儲蓄與投資總是相等，但在新古典學派成長理論中，並非一開始就相同，而是將偶然達到相等時的成長率，特別設為自然成長率。
3. 在哈羅德—多馬理論中，假設因應勞動與資本之要素價格比的變動，企業藉由資源分配而節省勞動，因而經濟接近均衡狀態，但新古典學派成長理論中，假設實際成長率與適度成長率的乖離將擴大。
4. 在新古典學派成長理論中，基於凱因斯「一般理論」之生產要素不可替代的生產函數，著重投資的二元性而進行經濟成長的分析，週期性恐慌的不可避免性為理論上的根據。
5. 在新古典學派成長理論中，假設均衡成長狀態為資本存量，由於所有的生產都是以勞動力成長率而成長之故，所以長期而言，經濟成長率乃是取決於勞動力成長率。

（地方公務員上級）

〈解答・解說〉

1. × 題目中的適度成長率乃指保證成長率。在哈羅德—多馬理論中，三者之成長率相等僅僅是偶然，而新古典學派成長理論中則為相等，因此錯誤。
2. × 在哈羅德—多馬理論中，實際成長率未必與財貨市場達到均衡之保證成長率 (適度成長率) 相等。因此，財貨市場並非總是均衡，亦即儲蓄未必和投資相等。此外，自然失業率為勞動充分就業所在之成長率，所以錯誤。
3. × 在哈羅德—多馬理論中，不均衡將逐漸擴大，在新古典學派成長理論中，由於將發生勞動與資本的替代，所以錯誤。
4. × 在新古典學派成長理論中，藉由勞動與資本的替代，資本係數將發生變動，所以錯誤。
5. ○ 從 1 到 4 的選項都是錯誤，由此可知 5 是正確的敘述。在新古典學派成長理論中，透過資本係數的改變，保證成長率 (適度成長率) 變動而變得與自然成長率相等。如果無視於技術提升率，由於自然成長率即勞動人口增長率，所以經濟成長率將藉由勞動力成長率而決定。因此是正確敘述。

正確解答　5

本節中，將詳細說明作為新古典學派成長理論的梭羅─史旺 (Solow–Swan) 成長模型。梭羅─史旺成長模型以「人均」來思考國民所得、資本為其特徵。此處，我們將以小寫的字母表示人均。具體而言，將如下所示 (L 為勞動量)。

國民所得 (Y) → 人均國民所得

$$(y)=\frac{Y}{L}$$

資本 (K) → 人均資本額 (資本設備比)

$$(k)=\frac{K}{L}$$

然後，假設人均國民所得 (y) 與人均資本額 (k) 之關係 (人均生產函數) 以 y=f(k) 表示。

【1】提升 k 的力道：sy

○ y=f(k) 的圖形

首先，假設人均生產函數，亦即人均資本額 (k) 與人均生產量 (y) 之關係為 y=f(k)，並假設資本邊際生產力為遞減。

○ 人均儲蓄

假設儲蓄率 $\dfrac{S}{Y}$ (S：整體經濟的儲蓄) =s，則

S=sY ……①

將①的兩邊同除以勞動量 (L)，則

$$\frac{S}{L}=s\frac{Y}{L}$$

人均儲蓄 =s$\widehat{y}$……②

補　充

新古典學派常運用的柯布─道格拉斯生產函數 (Cobb-Douglas Production Function) (P.361) 乃勞動邊際生產力與資本邊際生產力兩者都遞減。

補　充

所謂資本邊際生產力，雖然指「勞動量固定下，每提高 1 單位的資本額時所增加的生產量之差額」，但此處則是勞動量為 1 人，且並非生產量而是國民所得，所以表示在勞動量 1 人的基礎下，當提高 1 單位的資本額時，所增加的國民所得之差額。以圖表 32-4 的 y=f(k) 之圖形而言，由於是當橫軸 k(人均資本) 提高 1 單位時，縱軸 y(人均國民所得) 的增加差額，所以不外乎是 y=f(k) 曲線之斜率。由於如此，所謂資本邊際生產力遞減，即表示 y=f(k) 圖形之斜率逐減遞減的意思，所以 y=f(k) 乃凸向左上方的曲線。

圖表 32-4 ●人均生產函數

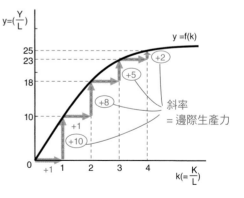

補　充

其實，即使不這樣做，也可直覺地想成將儲蓄率 (s) 乘以人均所得 (y)，即為人均儲蓄。

然而，由於如今假設 y=f(k)，所以代入②之後，即為

人均儲蓄 =s$\underbrace{\boxed{y}}$=s$\boxed{f(k)}$

在新古典學派的世界裡，利率乃是實物資本 (機器與農具等) 的借貸價格，在實物資本 (的借貸) 市場中，由想要出借實物資本之供給與有意借入資本的需求相等之水準所決定。

儘管儲蓄 (S)= 所得 (Y)– 消費 (C)，但要是儲蓄為手中持有，仍無法獲得利息。因此，合理的家計方式，應該運用儲蓄購買實物資本，並將該實物資本出借而獲得利息。如此一來，儲蓄 (S) 乃將全部實物資本出借，成為「實物資本的供給」。

另一方面，所謂有意借入實物資本，乃指對實物資本有需求，所以是投資。然而，此處的投資並非購買實物資本，而是借貸，亦即借入。

由上可知，「利率乃取決於實物資本的需求與供給相等之所在」，可以換句話說成為「利率乃取決於投資與儲蓄相等之所在」。

再者，也可以說「藉由利率變動，投資與儲蓄將總是達到相等」(圖表 32-6)。如果

I(投資)=S(儲蓄)

將兩邊同除以 L(勞動量) 的話，將成為

$\dfrac{I}{L}$ (人均投資)= $\dfrac{S}{L}$ (人均儲蓄)

也就是說，所謂人均儲蓄乃與人均投資相等，每個人的資本 (k= $\dfrac{K}{L}$) 將增加人均投資的金額。亦即**人均儲蓄乃提高人均資本額 (k) 的助力**。

— 舉　例 —

假設 y=f(k) 為圖表 32-5 中通過 O、A、B、C 之曲線，當 s=0.2 時，sy 為其高度之 0.2 倍，成為 10(A)×0.2=2(A′)、15 (B)×0.2 =3(B′)、20(C)×0.2=4(C′)，將 A′、B′、C′ 連接而成如 sy 一樣，將位於 y=f(k) 的下方。

➕ 補　充

此處，請考慮未有金融機構涉入仲介之單純的世界。

圖表 32-5 ⬤ sy(=sf(k)) 的圖形 (s=0.2 的例子)

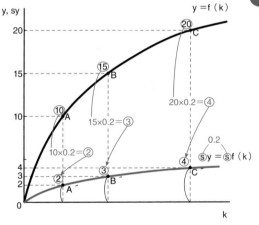

【2】縮減 k 的力道：nk

假設 n 為勞動人口成長率且為固定 (常數)。舉例來說，當 n=0.1(10%) 的話，亦即每年勞動人口將增加 10% 的意思。如果固定的勞動人口成長率 ($\frac{\Delta L}{L}$) 提高的話，由於人均資本為 k=$\frac{K}{L}$，所以一旦 L 增加，則 k 將變小。

因此，要是人均資本額 (k) 愈大，由於新加入而分得的資本額也變多，連帶 k 所減少的部分也變大。將此 k 的縮減力道將以單純化，而設為 nk 的話，將如圖表 32-7 所示。

【3】穩態平衡

梭羅─史旺成長模型認為，提升 k 的力道 (sy=sf(k)) 與縮減 k 的力道 (nk) 達到相等所在之點， k 將呈現均衡。讓我們利用圖表 32-8 來思考。

在圖表 32-8 中，將圖表 32-5 的 y=f(k)、sy 圖形與圖表 32-7 的 nk 圖形重疊在一起。

例如假設 k=k_1。如此一來，由於 sy(=sf(k)) 比 nk 還要多出 BC 的部分，而 k 的推升力道變大之故，所以 k 由 k_1 開始逐漸向 k* 增加。

相反地，如果 k=k_2 比 k* 還要大的話，由於這次 nk 比 sy(=sf(k)) 還要多出 FG 的部分，而縮減 k 的力道變大之故，所以 k 由 k_2 開始逐漸向 k* 減少。

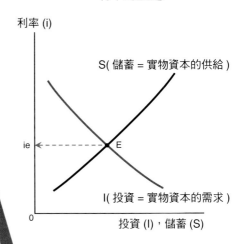

圖表 32-6 ● 在實物資本市場中利率的決定

補 充

此乃因為資本必須分給很多人，所以每個人得到的資本便會減少。

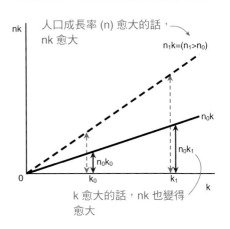

圖表 32-7 ● 人口增加導致 k 下降

如上所示，當 k=k* 時，在 k* 將為 sy=nk，k 的提升力道與縮減力道達到均衡，在該處維持穩定。sy=nk 所在之 E 點稱為**穩態平衡**，由 y=f(k) 圖形可知，人均國民所得 (y) 為 A 點之高度的 y*。

接著，讓我們試著解答此梭羅—史旺成長模型的題目。

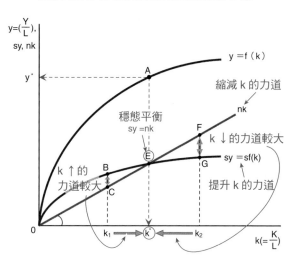

圖表 32-8 ●在經濟成長裡的穩態平衡

Chapter
32

經濟成長

【問題 32-3】

此圖乃說明新古典學派的經濟成長理論之恆常成長均衡 k*。

假設同為一次函數的 F 函數為 Y=F(N, K)，f 函數為 $\frac{Y}{N}$ =F(1, $\frac{Y}{N}$)=f($\frac{K}{N}$)。

此處，假設 y= $\frac{Y}{N}$ ，k= $\frac{K}{N}$ 時，表示直線 g 的為何者？

(Y：產出量，N：勞動量，K：資本額，n：勞動力成長率 (常數)，s：儲蓄率 (常數))

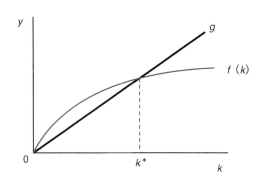

1. nsk

2. $\frac{k}{ns}$

3. $\frac{n}{s}$ k

4. $\frac{s}{n}$ k

5. $\frac{(n-s)k}{s}$

(國稅專門官)

〈解答‧解說〉

所謂新古典學派成長理論的恆常成長均衡 k*，乃指穩態平衡。在穩態平衡中，即為

sy=nk⋯⋯①

k* 所在之處①理應成立，在題目的圖中，

g=f(k)⋯⋯②

由於從題目中可知 y= $\frac{Y}{N}$ =f($\frac{K}{N}$)=f(k)，所以②式將可以改寫成

g=y⋯⋯③

為了使③與①相等，將①改寫成 y= ～的形式，

y= $\frac{n}{s}$ k⋯⋯④

由此可知，以下即為所求。

g= $\frac{n}{s}$ k

正確解答 3

6. 經濟成長的要因 (成長會計)

新古典學派的梭羅調查了實體經濟中何者為經濟成長的主要原因。

【1】假設

首先，**假設總體經濟為柯布─道格拉斯生產函數，**

$$Y=AK^{\alpha}L^{1-\alpha} \quad \cdots\cdots ①$$

(Y：國民所得，K：資本額，L：勞動量 α 為 $0<\alpha<1$ 的常數，A：正整數)

此外，雖然 $Y=AK^{\alpha}L^{1-\alpha}$ 似乎極為困難，但舉例來說，假設 A=5、 $\alpha=0.7$ 的話，將成為 $Y=5K^{0.7}L^{0.3}$。因此，請將 $Y=5K^{0.7}L^{0.3}$ 想成一旦 K 與 L 增加的話，Y 將增加的意思。如此一來，當 A 的值並非 5 而是 10 的話，即使是相同的 K、L 值，Y 也會增加，而 A 的數值被用來表示技術實力。由於 A 愈大的話，技術實力愈強，就算是相同的 K 與 L 值，也可使 Y 提高之故。

> **➕ 補 充**
>
> 柯布─道格拉斯生產函數與規模有關，表示收獲固定，邊際生產力遞減。

【2】分析

因此，將 ① 式的 $Y=AK^{\alpha}L^{1-\alpha}$ 取對數，以時間加以微分，將可改寫成②式。

> **➕ 補 充**
>
> 由於即使將①式取對數加以微分，應該仍不太能理解，所以請將②式乃從①式推導而得之事默記起來。

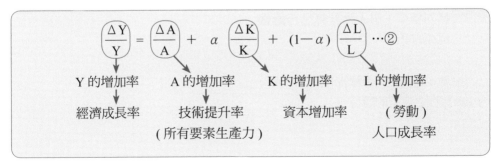

$$\left(\frac{\Delta Y}{Y}\right) = \left(\frac{\Delta A}{A}\right) + \alpha\left(\frac{\Delta K}{K}\right) + (1-\alpha)\left(\frac{\Delta L}{L}\right) \cdots ②$$

Y 的增加率 　　A 的增加率 　　K 的增加率 　　L 的增加率

經濟成長率 　　技術提升率 　　資本增加率 　　（勞動）

(所有要素生產力) 　　人口成長率

由於有關實體經濟的國民所得 (Y)、資本額 (K) 與勞動人口 (L) 都有數據，所以將這些代入之後，由②也可計算出 $\frac{\triangle A}{A}$。

$$\frac{\triangle A}{A} = \frac{\triangle Y}{Y} - \alpha \frac{\triangle K}{K} - (1-\alpha) \frac{\triangle L}{L}$$

然後，由該計算結果可知 $\frac{\triangle A}{A}$ 影響經濟成長最大。

【3】評價

① 優點
  1) 用實證的方式調查經濟成長的主要原因為何，對於思考成長理論的適切性上，也是非常重要的。
  2) 經濟成長的最主要原因乃是技術進步之事實，一般認為也與我們的現實感覺相同。

② 爭議點
  1) 現實中的生產函數並不限於 $Y = AK^{\alpha}L^{1-\alpha}$。
  2) 存在如何思考資本 (K) 與勞動 (L) 之品質的爭議。舉例來說，優秀的勞動者與未及其水準的勞動者，都同樣以 1 個人來計算是否適當這樣的爭議。

接著，讓我們試著解答有關經濟成長的主要原因之典型的題目。

【問題 32-4】

某經濟的總體生產函數被給定如下。

$Y=AK^{0.4}L^{0.6}$

此處 Y 表示實質 GDP，A 表示技術水準，K 表示資本額，L 表示勞動量。當實質 GDP 成長率為 3%，資本成長率為 4%，勞動成長率為 1% 時，此經濟的技術提升率為多少呢？

1. 0.5%
2. 0.8%
3. 1.1%
4. 1.4%
5. 1.7%

（國家公務員 II 種）

原則 14

$$Y = AK^{\alpha}L^{1-\alpha}$$

$$\left(\frac{\Delta Y}{Y}\right) = \left(\frac{\Delta A}{A}\right) + \alpha\left(\frac{\Delta K}{K}\right) + (1-\alpha)\left(\frac{\Delta L}{L}\right)$$

經濟成長率　技術提升率　資本增加率　勞動人口成長率

〈解答・解說〉

由於總體生產函數為 $Y=AK^{0.4}L^{0.6}$，則應用**原則 14**

$$\boxed{\frac{\Delta Y}{Y}} = \frac{\Delta A}{A} + 0.4\boxed{\frac{\Delta K}{K}} + 0.6\boxed{\frac{\Delta L}{L}}$$

| GDP 成長率 | 資本增加率 | 勞動成長率 |

$$\boxed{3\%} = \frac{\Delta A}{A} + 0.4\times\boxed{4\%} + 0.6\times\boxed{1\%}$$

技術提升率 $(\frac{\Delta A}{A}) = 3\% - 0.4\times 4\% - 0.6\times 1\%$

$= 0.8\%$

正確解答 2

7. 內生成長理論

【1】在梭羅—史旺成長模型中的技術提升

① 分析

在梭羅—史旺成長模型中，並未詳細說明有關技術提升。此乃由於技術為來自外部給定的常數之故。

然而，儘管如此，梭羅—史旺成長模型並非完全不能說明技術進步促使人均國民所得的增加。舉例來說，原本固定的技術提升的話，就算同樣的人均資本額 (k)，也應可生產出較多的人均國民所得 (y)。將此具體地以圖示表現的話，圖表 32-9 的 $y=f(k)$ 之生產函數將如 $y=g(k)$ 所示向上方位移。

在技術提升前的 $y=f(k)$ 時之穩態平衡，乃位於 $sf(k)=nk$ 所在之 E_0 點，即 $k=k_0$，$y=y_0$。此處技術進步發生，促使生產函數向上方位移到 $y=g(k)$，sy 也從 $sf(k)$ 向上方位移到 $sg(k)$，穩態平衡移動到 $sg(k)=nk$ 所在之 E_1 點，k 增加到 k_1，y 也增加到 y_1。此乃伴隨著技術進步帶動的人均所得增加，人均儲蓄也增加，人均儲蓄增加進而提高了人均資本額，連帶也提升了人均國民所得。如此一來，藉由原本固定的技術向上提升，即可解釋人均國民所得的增加。

圖表 32-9 ●在梭羅—史旺成長模型中的技術提升

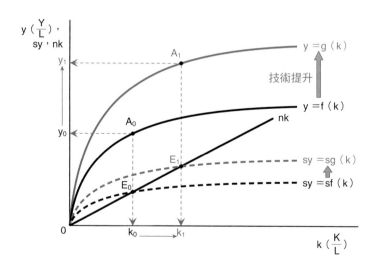

② 評價

1) 優點

可說明藉由技術提升促使人均國民所得逐漸提高之多數已開發國家的趨勢。

2) 爭議點

如果將技術提升視為經濟成長的最主要原因的話，技術提升不僅要考慮「由外在給定的數值 (外生變數) 改變時」，還有為何引發技術進步，技術提升又將引發何種主要原因之分析同樣重要，卻未對此做分析。

【2】在內生成長理論中的技術提升

① 考慮技術提升的主要原因

因此，**技術提升並非以由外在給定的數值 (外生變數) 思考，而是在理論之中，作為經由某主要原因而逐漸改變的數值 (內生變數) 來處理，並試圖分析有關技術提升的主要原因，這樣的見解即內生成長理論。**

內生成長理論雖有多個理論，但本書中想就內容簡單且在考試中也常出題的 AK 理論加以說明。

② AK 理論

在 AK 理論中，總體生產函數表示為 $Y=AK$(A：正的常數，K：廣義的資本)

因此，技術提升並非考慮外在所給定的常數 A 變大，而是思考像是透過教育改革而促使技術進步的話，藉由教育制度的改善，增加優秀的研究人員與勞動者，藉此提高廣義的資本 (K)，依 $Y=AK$ 可知國民所得 (Y) 將提高。

> **用 語**
>
> K 並非通常的資本，而是作為廣義的資本，除了被視為一般資本的機器與道路等之外，包括教育制度、研究開發制度、研究員人數、創意事業化制度、以往延續至今的專利、創意‧know-how 等之累積等項目，足以促使技術進步的主要原因都涵蓋在內。

【問題 32-5】

　　有關經濟成長理論之以下 A.～ C.的敘述中，僅將適當的內容全數列舉者為何？

A. 在新古典學派成長理論 (梭羅—史旺成長模型) 中，由於以固定的資本係數為前提，而市場機制未作用之故，所以均衡成長的過程變得不穩定。

B. 在哈羅德—多馬之成長理論中，市場機制發揮作用，促使資本與勞動的投入比率有所調整，長期而言，將達到保證成長率與自然成長率相等之均衡成長。

C. 在內生成長理論中，並非外生所給定的技術提升，而是包含教育與研究體制之基礎設施的廣義資本存量的成長，將帶來經濟成長。

> 1. B
> 2. C
> 3. A、B
> 4. A、C
> 5. A、B、C

（國稅專門官）

〈解答‧解說〉

　　A. ✕ 新古典學派成長理論乃藉由資本係數 (v) 的變動，而達到穩定成長，所以錯誤。

　　B. ✕ 在哈羅德—多馬中，資本與勞動的投入比率為固定，資本係數 v 也固定，並無促使保證成長率與自然成長率相等之市場機制，所以錯誤。

　　C. ○ 乃內生成長理論中具代表性的 AK 理論之主張。

正確解答 2

索　引

國家圖書館出版品預行編目資料

超圖解總體經濟學入門／石川秀樹著；徐先正
譯. ――初版.――臺北市：五南, 2018.06
　面；　公分
譯自：速習!マクロ経済学―試験攻略入門塾
ISBN 978-957-11-9675-6（平裝）

1.總體經濟學

550　　　　　　　　　　　107004630

1MOF

超圖解總體經濟學入門

作　　者 ― 石川秀樹

譯　　者 ― 徐先正

發 行 人 ― 楊榮川

總 經 理 ― 楊士清

總 編 輯 ― 楊秀麗

主　　編 ― 侯家嵐

責任編輯 ― 黃梓雯

文字校對 ― 劉祐融、許宸瑞

封面完稿 ― 謝瑩君

內文排版 ― theBAND・變設計 ― Ada

出 版 者 ― 五南圖書出版股份有限公司

地　　址：106台北市大安區和平東路二段339號4樓

電　　話：(02)2705-5066　　傳　　真：(02)2706-6100

網　　址：http://www.wunan.com.tw

電子郵件：wunan@wunan.com.tw

劃撥帳號：01068953

戶　　名：五南圖書出版股份有限公司

法律顧問　林勝安律師事務所　林勝安律師

出版日期　2018年6月初版一刷
　　　　　2020年4月初版二刷

定　　價　新臺幣500元

速習!マクロ経済学―試験攻略入門塾
COPYRIGHT©2011 HIDEKI ISHIKAWA
ORIGINAL JAPANESE EDITION PUBLISHED BY CHUOKEIZAISHA,
INC.
COMPLEX CHINESE TRANSLATION RIGHTS ARRANGED WITH
CHUOKEIZAI-SHA, INC. TOKYO THROUGH LEE'S LITERARY
AGENCY, TAIWAN.
COMPLEX CHINESE TRANSLATION RIGHTS©2018 BY WU-NAN
BOOK INC

經典永恆・名著常在

五十週年的獻禮 —— 經典名著文庫

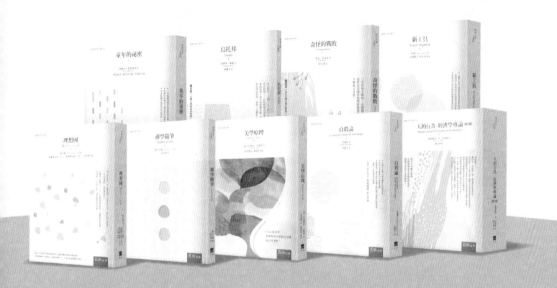

五南，五十年了，半個世紀，人生旅程的一大半，走過來了。
思索著，邁向百年的未來歷程，能為知識界、文化學術界作些什麼？
在速食文化的生態下，有什麼值得讓人雋永品味的？

歷代經典・當今名著，經過時間的洗禮，千錘百鍊，流傳至今，光芒耀人；
不僅使我們能領悟前人的智慧，同時也增深加廣我們思考的深度與視野。
我們決心投入巨資，有計畫的系統梳選，成立「經典名著文庫」，
希望收入古今中外思想性的、充滿睿智與獨見的經典、名著。
這是一項理想性的、永續性的巨大出版工程。
不在意讀者的眾寡，只考慮它的學術價值，力求完整展現先哲思想的軌跡；
為知識界開啟一片智慧之窗，營造一座百花綻放的世界文明公園，
任君遨遊、取菁吸蜜、嘉惠學子！